DER INDUSTRIEMEISTER BUCH 1

HERAUSGEBER DR. RUDOLF RÖHR

DER INDUSTRIE MEISTER Buch 1

Anton Gerstmair, Refa-Ing.
Aribert Peeckel, Dr. rer. pol.
Franz Reitmeier, Dipl.-Ing.

Grundlagen für kostenbewußtes Handeln

CIP-Titelaufnahme der Deutschen Bibliothek

Der Industriemeister / Hrsg. Rudolf Röhr. — Hamburg: Feldhaus.
    ISBN 3-88264-099-5
NE: Röhr, Rudolf [Hrsg.]
    Lehrbuch für die Weiterbildung zum Industriemeister.
Buch 1: Fachrichtungsübergreifender Teil. Grundlagen für kostenbewusstes Handeln / Anton Gerstmair . . . —
10., überarb. und teilw. neugefasste Aufl. — 1991
ISBN 3-88264-095-2

ISBN 3 88264 **095** 2

Alle Rechte vorbehalten
Nachdruck und fotomechanische Vervielfältigung, auch auszugsweise, verboten
© Copyright 1991 by FELDHAUS VERLAG, Postfach 73 02 40, 2000 Hamburg 73

Druck WERTDRUCK, Hamburg
Gedruckt auf chlorfrei gebleichtem Papier

Aus dem Vorwort zur 9. Auflage

Das Fachbuch »Der Industriemeister« hat als Standardwerk für den fachrichtungsübergreifenden Teil der Industriemeisterausbildung die Schaffung und Entwicklung dieser wichtigen Weiterbildungsmöglichkeit im industriell-technischen Bereich von Beginn an begleitet. Die Entwicklung des Buches im Laufe der bisherigen acht Auflagen spiegelt die Veränderungen wider, die sich hinsichtlich der Anforderungen an die Position des Industriemeisters seit Jahren vollziehen. Mit der vorliegenden neunten Auflage, die von Grund auf neu verfaßt und gestaltet wurde, ist ein weiterer Schritt in diese Richtung getan worden.

Unmittelbarer Anlaß für die Neufassung war der Erlaß weiterer Rechtsverordnungen über die Prüfung zum anerkannten Abschluß »Geprüfter Industriemeister« sowie das Erscheinen des Rahmenstoffplanes mit Lernzielkatalog des Deutschen Industrie- und Handelstages zur Fortbildung zum Industriemeister, Fachrichtung Metall und des Stoffkataloges für Industriemeisterlehrgänge »Metall« des Bundesinstitutes für Berufsbildung.

Die Rechtsverordnungen gelten bundeseinheitlich und sind im fachrichtungsübergreifenden Teil für alle Fachrichtungen nahezu gleich; dementsprechend sind sie breit und umfassend angelegt. Die jetzt vorliegende Neufassung des Fachbuches »Der Industriemeister« bietet erstmalig zu jedem in dem erwähnten Rahmenstoffplan und dem Stoffkatalog enthaltenen Lernziel grundlegende Ausführungen. Auch die Gliederung des Werkes entspricht den Rechtsverordnungen und dem Rahmenstoffplan.

Darüber hinaus ist das Werk zu einem kompletten Lernprogramm ausgebaut worden: Zu jedem Buch »Der Industriemeister« erscheint ein »Prüfungsbuch«, das in gleicher Gliederung und Reihenfolge eine ausreichend große Zahl von zusammen 1641 Fragen enthält, mit deren Hilfe die Kenntnisse über den gesamten Lehrstoff systematisch durchgetestet werden können. Ein Ziffernsystem verbindet den Text der Lehrbücher mit den Aufgaben und Lösungen der Prüfungsbücher. Die Fragen werden sowohl in programmierter Form als auch in herkömmlicher, ungebundener Form gestellt. Die Prüfungsbücher enthalten ferner Beispiele für die in der Prüfung im Bereich »Zusammenarbeit im Betrieb« geforderten Situationsaufgaben.

Eine gründliche Anleitung für die Arbeit mit den Büchern und wertvolle Hinweise über effektive Lernmethoden und systematische Prüfungsvorbereitung sowohl für die Gruppenarbeit in Industriemeisterlehrgängen als auch zum Selbststudium und zur individuellen Prüfungsvorbereitung ermöglichen die größtmögliche Nutzung des Lernprogrammes.

Jeder Band kann unabhängig von den anderen Büchern benutzt werden.

Das Lernprogramm erleichtert auch die Arbeit des Dozenten: Bei der Vorbereitung und Durchführung des Unterrichts durch die gründliche, umfassende Darstellung des Lehrstoffes; beim Ausarbeiten, Durchführen und Korrigieren von Lernkontrollen und Klausuren durch den umfangreichen Fragenkatalog in den Prüfungsbüchern.

Obwohl für die gezielte Weiterbildung zum anerkannten Abschluß »geprüfter Industriemeister« konzipiert, leistet das Werk durch seine starke Ausrichtung auf die Erfordernisse der Praxis dem Industriemeister und allen, die eine entsprechende Funktion ausüben, auch bei der Bewältigung ihrer Aufgaben im Betrieb als Leitfaden und Nachschlagewerk gute Dienste.

Vorwort zur 10. Auflage

Die bei der neunten Auflage verwirklichte Konzeption des Werkes als ein Lernprogramm mit Lehr- und Prüfungsbuch sowie dem beide Teile verbindenden Ziffernsystem hat sich in der Praxis bewährt und zu einer gesteigerten Verbreitung des Werkes geführt.

Bei der Bearbeitung der zehnten Auflage wurden die Änderungen und Erweiterungen des DIHT — Lernzielkataloges in der überarbeiteten Fassung vom März 1989 vollständig berücksichtigt.

Darüberhinaus wurde der gesamte Inhalt durchgesehen und in wesentlichen Teilen gründlich neu bearbeitet und aktualisiert. Dabei hat sich der Umfang leicht erhöht. Das etwas größere Format wurde gewählt, um die Buchseiten großzügig und übersichtlich gestalten zu können.

Die in Vorbereitung befindliche Neuauflage des ergänzenden Lernprogramms »Der Berufsausbilder« wird in gleicher Form erscheinen.

Herausgeber und Verlag danken den Autoren für die erneute, große Arbeitsleistung, die mit der Bearbeitung verbunden war. Unser Dank gilt auch Herrn Dipl.-Ing. Rolf-Heinz Schaper für seine Tätigkeit als Berater, sowie den Institutionen und Betrieben, die bei der Beschaffung des Grundlagenmaterials behilflich waren, insbesondere dem REFA-Verband für Arbeitsstudien und Betriebsorganisation e.V. für die Abdruckgenehmigung zahlreicher Abbildungen in den betreffenden Textteilen.

Herausgeber und Verlag

Inhaltsverzeichnis
BUCH 1

Teil 1: Grundlagen für kostenbewußtes Handeln

Aribert Peeckel

1	**Aus der Volkswirtschaftslehre**	19
1.1	**Grundlagen**	19
1.1.1	Bedürfnisse – Motiv des Wirtschaftens	19
1.1.2	Güter – Mittel zur Bedürfnisbefriedigung	20
1.1.2.1	Der Güter-Begriff	20
1.1.2.2	Gütergruppen	20
1.1.2.3	Beispiele für Güterknappheit zwischen Angebot und Nachfrage	21
1.1.2.4	Warum der Dienstleistungsanteil zunimmt	22
1.1.3	Wirtschaften – Inhalt, Grundsätze und Maßstäbe	23
1.1.3.1	Was heißt Wirtschaften?	23
1.1.3.2	Das ökonomische Prinzip	23
1.1.3.3	Unternehmenskennzahlen als Maßstäbe	24
1.1.4	Unternehmerische Zielsetzungen	25
1.1.4.1	Leitmaximen	25
1.1.4.2	Zielkonkurrenz	27
1.1.4.3	Einige Maßstäbe und ihre Anwendung	27
1.1.5	Investitionen	30
1.1.5.1	Begriff und Arten	30
1.1.5.2	Finanzierungsarten	31
1.1.5.3	Die volks- und betriebswirtschaftliche Bedeutung von Investitionen	32
1.1.6	Die Wirtschaftssektoren	33
1.1.7	Der Produktionsprozeß als Faktorkombination	34
1.1.7.1	Die volkswirtschaftlichen Produktionsfaktoren	34
1.1.7.2	Die Minimalkostenkombination als betriebswirtschaftliches Ziel	35
1.1.8	Der volkswirtschaftliche Kreislaufprozeß	35
1.2	**Wirtschaftssysteme, Geldwesen, Konjunktur**	40
1.2.1	Wirtschaftssysteme	40
1.2.1.1	Idealtypen und Realtypen	40
1.2.1.2	Soziale Marktwirtschaft	42
1.2.2	Geldwesen und Konjunktur	45
1.2.2.1	Begriff, Funktion und Kreislauf des Geldes	45
1.2.2.2	Die Bedeutung der Währung	46
1.2.2.3	Inflation, Deflation und Währungspolitik	46
1.2.2.4	Ursachen der Konjunktur?	48
1.3	**Betriebliche Rechtsformen und Konzentrationsformen**	51
1.3.1	Einführung	51
1.3.1.1	Überblick über die wichtigsten Rechtsformen	51

1.3.1.2	Einige Grundbegriffe	51
1.3.2	Die Einzelunternehmung	54
1.3.3	Personengesellschaften	55
1.3.3.1	Allgemeines	55
1.3.3.2	Die Gesellschaft bürgerlichen Rechts	55
1.3.3.3	Die Offene Handelsgesellschaft (OHG)	56
1.3.3.4	Die Kommanditgesellschaft (KG)	57
1.3.4	Die Kapitalgesellschaften GmbH und AG	58
1.3.4.1	Allgemeines	58
1.3.4.2	Die Gesellschaft mit beschränkter Haftung (GmbH)	58
1.3.4.3	Die Aktiengesellschaft (AG)	60
1.3.5	Andere Rechtsformen	61
1.3.6	Wichtige Merkmale ausgewählter Rechtsformen	63
1.3.7	Konzentrationsformen der Wirtschaft	63
1.3.7.1	Zusammenschlußrichtungen	63
1.3.7.2	Kartelle, Konzerne, Trusts	64
1.3.7.3	Auswirkungen von Konzentrationen in der Wirtschaft	66
1.4	**Nationale und internationale Organisationen und Verbände der Wirtschaft**	67
1.4.1	Nationale Organisationen und Verbände	67
1.4.1.1	Arbeitnehmerorganisationen	67
1.4.1.2	Arbeitgeberorganisationen	67
1.4.1.3	Kammern	68
1.4.1.4	Fachverbände	69
1.4.2	Internationale Organisationen	70
1.4.2.1	Die europäische Gemeinschaft (EG) und ihre internationale Bedeutung	70
1.4.2.2	Andere internationale Organisationen der Wirtschaft	72
	Literaturverzeichnis und Bildernachweis	74

Franz Reitmeier, Anton Gerstmair, Aribert Peeckel

2 Aus der Betriebswirtschaftslehre 75

Franz Reitmeier

2.1	**Wesen und Funktion des Industriebetriebes**	75
2.1.1	Was ist ein Betrieb?	75
2.1.1.1	Die Betriebsformen Handwerk und Industrie	76
2.1.2	Die Hauptfunktionen des Industriebetriebes	78
2.1.2.1	Beschaffungsfunktion	79
2.1.2.2	Fertigungsfunktion	80
2.1.2.3	Verwaltungsfunktion	81
2.1.2.4	Absatzfunktion	83
2.1.2.5	Leitungsfunktion	83
2.1.3	Der betriebliche Produktionsfaktor Arbeit als Beitrag des Menschen zur Gütererstellung	84
2.1.3.1	Arten menschlicher Arbeit	85
2.1.3.2	Der Produktionsfaktor Arbeit aus quantitativer und qualitativer Sicht	86
2.1.3.3	Die Bedingungen einer optimalen Produktivität der menschlichen Arbeit	87
2.1.3.3.1	Leistungsfähigkeit und Leistungsbereitschaft	87
2.1.3.3.2	Eignungspotential der Belegschaft	87
2.1.3.3.3	Äußere Arbeitsbedingungen – Umfeld und Umwelt	88
2.1.3.3.4	Entlohnung als beeinflussender Faktor der Produktivität	89

2.1.3.3.5	Mitbestimmung im Rahmen einer optimalen Produktivität der menschlichen Arbeitsleistung	91
2.1.3.4	Die menschliche Zusammenarbeit und das Arbeitssystem	92
2.1.3.5	Der Leistungsgrad nach REFA	94
2.1.4	Die Produktionsfaktoren Betriebsmittel und Werkstoff	97
2.1.4.1	Auslastung der Kapazität der Betriebsmittel	97
2.1.4.2	Instandhaltung der Betriebsmittel – Probleme und Aufgaben	100
2.1.4.3	Die Bedeutung des Produktionsfaktors Werkstoff	101
2.1.4.4	Die Einteilung der Werkstoffe	102
2.1.4.5	Wirtschaftliche Probleme der Werkstoffe	103
2.1.5	Der betriebliche Kreislaufprozeß, Vorschlagswesen und Wirtschaftsschutz	104
2.1.5.1	Betriebspolitische Maßnahmen im Rahmen des Kreislaufprozesses	106
2.1.6	Das betriebliche Vorschlagswesen	108
2.1.7	Der betriebliche Wirtschaftsschutz und Selbstschutz	109
2.1.7.1	Maßnahmen des Wirtschaftsschutzes	109
2.1.7.2	In Betrieben vorkommende Deliktformen	110
2.2	**Die Organisation des Industriebetriebes**	111
2.2.1	Begriff und Aufgabe der Organisation	111
2.2.2	Was ist Aufbauorganisation?	112
2.2.3	Der Unterschied zwischen Aufbau- und Ablauforganisation	113
2.2.3.1	Die Ursachen für die Unterschiede in der Aufbauorganisation einzelner Betriebe	116
2.2.4	Das methodische Vorgehen im Rahmen der Aufbauorganisation	117
2.2.4.1	Zweck und Wesen der Aufgabenanalyse	118
2.2.4.2	Zweck und Wesen der Aufgabensynthese	118
2.2.5	Arbeitsgestaltung und Arbeitsstrukturierung	121
2.2.6	Bedeutung und Wesen der Rangordnung (Leitungshierarchie) im Industriebetrieb	122
2.2.6.1	Die wichtigsten formalen Organisationseinheiten	122
2.2.6.2	Die Arten der Kommunikation zwischen den einzelnen Stellen	123
2.2.6.3	Das Wesen der Instanz, Befugnisse oder Kompetenzen	124
2.2.6.4	Aufgaben, Kompetenzen, Verantwortung einer Stelle (Instanz)	125
2.2.6.5	Die Rangordnung der Stellen durch Delegation von Aufgaben und Kompetenzen	125
2.2.6.6	Systeme der Rangordnung (Organisationssysteme): Liniensystem, Funktionalsystem, Stabliniensystem	126
2.2.6.7	Aufbau eines Organisationsplanes (Abteilungsgliederungsplan)	127
2.2.6.8	Gliederungsmerkmale der Aufgabensynthese und der Leitungshierarchie (Rangordnung) im Aufbau des Organisationsplanes	129
2.2.6.9	Was ist, was leistet der REFA-Verband?	130
	Literaturverzeichnis	133

Anton Gerstmair

2.3	**Arbeitsplanung**	134
2.3.1	Die Aufgaben der Fertigungsplanung	134
2.3.1.1	Die Aufnahme neuer Produkte oder Produktionsverfahren	134
2.3.1.2	Die Erzeugnisgliederung	136
2.3.1.3	Die Gliederung des Arbeitsablaufes	136
2.3.1.4	Die Gliederung der Vorgabezeit	138
2.3.1.4.1	Die Gliederung der Auftragszeit	138

2.3.1.4.2	Die Gliederung der Belegungszeit	140
2.3.1.5	Methoden der Daten- und Zeitermittlung	142
2.3.1.5.1	Die Zeitaufnahme	143
2.3.1.5.2	Der Leistungsgrad	145
2.3.1.5.3	Die Multimomentaufnahme	146
2.3.1.5.4	Berechnen von Prozeßzeiten	148
2.3.1.5.5	Schätzen und Vergleichen	149
2.3.1.5.6	Systeme vorbestimmter Zeiten (SvZ)	149
2.3.1.5.7	Planzeiten	150
2.3.1.6	Die Betriebsstättenplanung	151
2.3.2	Die Grundlagen der Fertigungsablaufplanung	153
2.3.2.1	Formen der Arbeitsteilung	153
2.3.2.2	Die Gestaltung des Materialflusses	154
2.3.2.2.1	Räumliche Faktoren	155
2.3.2.2.2	Fertigungstechnische Faktoren	155
2.3.2.2.3	Fördertechnische Faktoren	155
2.3.2.3	Arbeitssysteme	156
2.3.2.4	Methoden der Ablaufanalyse	158
2.3.2.5	Die Bedeutung der Planungsebenen	164
2.3.2.6	Fristen- und Terminplanung	166
2.3.2.7	Die Vorwärts- und Rückwärtsterminierung	167
2.3.2.8	Möglichkeiten zur Verkürzung der Durchlaufzeit	169
2.3.3	Aufgabe und Bedeutung des Fertigungsplanes	170
2.3.3.1	Daten des Arbeitsgegenstandes	171
2.3.3.2	Daten der Betriebsmittel	172
2.3.3.3	Daten für den Menschen	174
2.3.3.4	Fertigungsabläufe festlegen	174
2.3.3.5	Werkstoffbedarfsrechnung	176
2.3.3.6	Das Zusammenwirken von Mensch, Betriebsmittel und Arbeitsgegenstand	178
2.3.4	Grundsätze zur Gestaltung des Arbeitsplatzes und des Arbeitsvorganges	178
2.3.4.1	Aspekte der Arbeitsplatzgestaltung	178
2.3.4.2	Arbeitsplatztypen	179
2.3.4.3	Ablaufprinzipien	180
2.3.4.4	Ergonomische Arbeitsplatzgestaltung	185
2.3.4.4.1	Anthropometrische Arbeitsplatzgestaltung	185
2.3.4.4.2	Physiologische Arbeitsplatzgestaltung	187
2.3.4.4.3	Psychologische Arbeitsplatzgestaltung	189
2.3.4.4.4	Informationstechnische Arbeitsplatzgestaltung	189
2.3.4.4.5	Sicherheitstechnische Arbeitsplatzgestaltung	190
2.3.4.4.6	Organisatorische Arbeitsplatzgestaltung	190
2.3.4.5	Arbeitsgestaltung durch Bewegungsanalyse	190
2.3.4.6	Gestaltung des Bewegungsablaufes	190
2.3.5	Wege der Lohnfindung	191
2.3.5.1	Anforderungs- und leistungsabhängige Entgeltdifferenzierung	192
2.3.5.2	Akkordlohn- und Prämienlohngrundsätze	194
2.3.5.3	Prämienarten	194
2.3.5.4	Auswirkungen von Zeitlohn und Leistungslohn	195
2.3.6	Wesen und Aufgaben der Bedarfsplanung	196
2.3.6.1	Aufgaben und Grundsätze der Personalplanung	196
2.3.6.2	Aufgaben und Grundsätze der Betriebsmittelplanung	197
2.3.6.3	Aufgaben und Grundsätze der Materialplanung	197

2.3.7	Produktionsprogrammplanung und Auftragsdisposition	198
2.3.7.1	Bestellung, Auftrag und Auftragsarten	199
2.3.7.2	Produktionsprogramm	199
2.3.7.3	Auftragsdisposition, Betriebsmittel- und Materialbereitstellung	201
2.3.8	Überwachung des Materialflusses	202
2.3.8.1	Mengengerüst	204
2.3.8.2	Sammeln von Materialdaten	206
2.3.9	Methoden der Materialdisposition	207
2.3.9.1	Objekte der Materialbeschaffung	207
2.3.9.2	Bereitstellungsprinzipien	207
2.3.9.3	Methodik der Bedarfsbestimmung	208
2.3.9.4	Methodik der Vorratsplanung	209
2.3.10	Ziele und Möglichkeiten der Wertanalyse	210
2.3.10.1	Grundprinzip der Wertanalysemethode (DIN 69910)	210
2.3.10.2	Zusammensetzung und Aufgabe des Wertanalyseteams	211
2.3.10.3	Grundschritte des WA-Arbeitsplanes und die WA-Funktionsanalyse	211
2.3.10.4	Wertgestaltung und Wertverbesserung	213
2.3.10.5	Anwendungsbereiche der Wertanalyse	214
	Literaturverzeichnis und Bildernachweis	215
2.4	**Arbeitssteuerung**	216
2.4.1	Wesen und Aufgabe der Fertigungssteuerung	216
2.4.1.1	Aufgaben der Fertigungssteuerung	216
2.4.1.2	Teilgebiete der Auftragssteuerung	217
2.4.2	Aufgaben und Organisationsmittel der Arbeitsverteilung	218
2.4.2.1	Probleme und organisatorische Grundsätze der Arbeitsverteilung	218
2.4.2.2	Organisationsmittel der Arbeitsverteilung	219
2.4.3	Berichte und Kennzahlen der Fertigungssteuerung	221
2.4.3.1	Der Vortragsbericht	221
2.4.3.2	Der Versandbericht	221
2.4.3.3	Funktionen betrieblicher Kennzahlen	222
2.4.3.4	Methode der Kapazitätsermittlung	223
2.4.3.5	Verfahren der Fertigungssteuerung	225
2.4.4	Logistik, Durchlaufzeit, Losgröße	226
	Literaturverzeichnis und Bildernachweis	228
2.5	**Arbeitskontrolle**	229
2.5.1	Das Wesen der Terminüberwachung	229
2.5.1.1	Die Bedeutung der Terminkontrolle	230
2.5.1.2	Hilfsmittel der Terminkontrolle	231
2.5.2	Grundsätze und Methoden der Kostenüberwachung	235
2.5.2.1	Kostenstellenüberwachung	236
2.5.3	Überwachung der Arbeitsbedingungen	238
2.5.3.1	Die Abhängigkeit der Arbeitsleistung von den Arbeitsbedingungen	240
2.5.3.2	Beobachtung der Individualleistung der Mitarbeiter	240
2.5.4	Grundsätze der Betriebsmittelüberwachung	241
2.5.4.1	Der Einfluß des Betriebsmittelzustandes auf die Qualität des Erzeugnisses und die Wirtschaftlichkeit des Betriebes	242
2.5.4.2	Überwachung und Instandhaltung von Maschinen und Anlagen	242
2.5.4.3	Überwachung und Instandhaltung von Werkzeugen	243
	Literaturverzeichnis und Bildernachweis	244

2.6	**Organisations- und Informationstechniken**	245
2.6.1	Information	245
2.6.1.1	Die Bedeutung der Information	246
2.6.1.2	Informationsfluß und Informationsträger	246
2.6.1.3	Kommunikationswege und Kommunikationsverfahren	247
2.6.2	Die Systemelemente des Arbeitssystems	248
2.6.2.1	Arbeitssystem als Grundlage der Arbeitsgestaltung	248
2.6.2.2	Möglichkeiten der Arbeitssystemgestaltung	249
2.6.2.3	Die 6-Stufen-Methode der Systemgestaltung	249
2.6.2.3.1	Stufe 1: Ziele setzen	251
2.6.2.3.2	Stufe 2: Aufgabe abgrenzen	251
2.6.2.3.3	Stufe 3: Ideale Lösungen suchen	252
2.6.2.3.4	Stufe 4: Daten sammeln und praktische Lösungen entwickeln	253
2.6.2.3.5	Stufe 5: Optimale Lösung auswählen	254
2.6.2.3.6	Stufe 6: Lösung einführen und Zielerfüllung kontrollieren	254
2.6.3	Datenarten und ihre Ermittlung	255
2.6.3.1	Stammdaten, Strukturdaten und Bewegungsdaten	256
2.6.3.2	Aufbau- und Ablaufstrukturen	258
2.6.4	Grundbegriffe der Nummerungstechnik	262
2.6.4.1	Funktion von Nummern und Nummernsystemen	263
2.6.4.2	Erzeugnisgliederung als Anwendungsbereich der Nummerungstechnik	264
2.6.4.3	Auswirkungen der Erzeugnisgliederung auf den Fertigungsablauf	265
2.6.5	Manuelle Organisations-Hilfsmittel	266
2.6.5.1	Diagramme und Nomogramme	267
2.6.5.2	Grundlagen der Netzplantechnik	268
2.6.5.2.1	Netzplanarten	269
2.6.5.2.2	Netzplanstruktur	270
2.6.5.2.3	Zeitanalyse	270
2.6.5.2.4	Erweiterte Anwendungsgebiete	272
2.6.5.3	Aufbau und Anwendung von Plantafeln	273
2.6.5.4	Hängetaschen- und Breitstaffelkarteiorganisationen	274
2.6.6	Die EDV (Elektronische Datenverarbeitung) als maschinelles Organisationshilfsmittel	275
2.6.6.1	Methoden, Probleme und Einsatzmöglichkeiten der Datenverarbeitung	276
2.6.6.2	Aufbau einer Datenverarbeitungsanlage	277
2.6.6.3	Datenträger, Ein- und Ausgabegeräte	277
2.6.6.4	Hardware und Software	279
2.6.6.5	Anwendungsbereiche der Datenverarbeitung	279
2.6.6.6	Betriebsdatenerfassung	280
2.6.6.7	Logik der Programmerstellung	281
2.6.6.8	Die Bedeutung der Programmierung	284
2.6.6.9	Datensicherung	285
2.6.6.10	Möglichkeiten des Einsatzes von PC	286
2.6.6.11	Textverarbeitungs-, Kalkulations-, Datenbank- und Graphikprogramme	286
	Literaturverzeichnis und Bildernachweis	289

Aribert Peeckel

2.7	**Kostenrechnung**	290
2.7.1	Einige Grundbegriffe	290
2.7.1.1	Einführung	290
2.7.1.2	Ausgaben, Aufwand, Kosten	290
2.7.1.3	Einnahmen, Erträge, Leistungen	293
2.7.1.4	Ergebnisbegriffe	295
2.7.2	Teilgebiete und Aufgaben der Kostenrechnung	295
2.7.2.1	Einordnung der Kostenrechnung	295
2.7.2.2	Aufgaben der Betriebsabrechnung	297
2.7.2.3	Aufgaben der Kalkulation	299
2.7.2.4	Aufgaben einer Plankostenrechnung	300
2.7.2.5	Aufgaben einer Wirtschaftlichkeitsrechnung	301
2.7.3	Betriebsabrechnung	301
2.7.3.1	Überblick	301
2.7.3.2	Kostenartenrechnung	302
2.7.3.3	Kostenstellenrechnung (BAB)	305
2.7.3.4	Kostenträgerzeitrechnung	311
2.7.4	Kalkulation	313
2.7.4.1	Einführung	313
2.7.4.2	Vor- und Nachkalkulation – ihre Unterschiede	313
2.7.4.3	Divisionskalkulation	314
2.7.4.4	Zuschlagskalkulation	315
2.7.4.5	Die Grenzen der traditionellen Vollkostenrechnung	318
2.7.4.6	Deckungsbeitragsrechnung	318
2.7.5	Der Zusammenhang zwischen Beschäftigungsgrad und Ergebnis	323
2.7.5.1	Der Begriff Beschäftigungsgrad	323
2.7.5.2	Gesamtkostenkurve und Erlöskurve	323
2.7.5.3	Der Zusammenhang zwischen Gesamt- und Stückkosten	326
2.7.5.4	Vier »kritische Punkte«	326
2.7.6	Kostenvergleichsrechnung	329
2.7.6.1	Zwecke und Grundlagen	329
2.7.6.2	Gesamtkostenvergleiche	331
	Literaturverzeichnis	333

Stichwortverzeichnis 335

Inhaltsübersicht

BUCH 2

Diese Inhaltsübersicht enthält lediglich die Hauptkapitel des zweiten Buches. Ein vollständiges Inhaltsverzeichnis befindet sich im Buch 2 selbst.

Teil 2: Grundlagen für rechtsbewußtes Handeln

Hans-Jochen Gold

1 Grundgesetz, Gesetzgebung, Rechtsprechung
1.1 Grundordnung und Grundrechte
1.2 Die Gesetzgebung
1.3 Die Rechtsprechung

Volker Gärtner

2 Arbeitsrecht
2.1 Einführung
2.2 Individuelles Arbeitsvertragsrecht
2.3 Betriebsverfassungs- und Mitbestimmungsrecht
2.4 Tarifvertrags- und Arbeitskampfrecht

Hans-Peter Kreutzberg

3 Arbeitsschutzrecht und Arbeitssicherheitsrecht
3.1 Gesetzliche Grundlagen
3.2 Überwachung im Arbeits- und Umweltschutz
3.3 Verantwortung im Arbeits- und Umweltschutz
3.4 Sonderschutzrechte für besonders schutzbedürftige Personen
3.5 ASiG und betriebliche Arbeitsschutzorganisation
3.6 Verordnung über Arbeitsstätten
[Arbeitsstättenverordnung (ArbStättV)]
3.7 Verordnung über gefährliche Stoffe
[Gefahrstoffverordnung (GefStoffV)]
3.8 Gesetz über technische Arbeitsmittel
[Gerätesicherheitsgesetz (GSG)]
3.9 Gewerbeaufsicht
3.10 Die Berufsgenossenschaften (BGen)
3.11 Technischer Überwachungsverein (TÜV),
Technisches Überwachungsamt (TÜA), Sachverständige
3.12 Verhütung von Unfällen
3.13 Fachliche Aufgaben des Meisters im Arbeitsschutz
3.14 Psychologische Aufgaben des Meisters im Arbeitsschutz
3.15 Arbeitsschutz und Arbeitsmedizin
3.16 Persönliche Schutzausrüstung (PSA)

4 Umweltschutzrecht
4.1 Umweltschutz in Recht und Politik
4.2 Bundes-Immissionsschutz-Gesetz (BImSchG)
4.3 Gesetz zum Schutz vor gefährlichen Stoffen
[Chemikaliengesetz (ChemG)]

4.4 Politische Aufgaben
4.5 Wasserrecht
4.6 Entsorgung und Umweltschutz
4.7 Abwasserbehandlung
4.8 Beispiele zur Schadstoff-Entsorgung
4.9 Wiederverwendung von Abfällen

Ewald Huer

5 Sozialversicherungsrecht
5.1 Der soziale Rechtsstaat und das System der sozialen Sicherung
5.2 Krankenversicherung
5.3 Unfallversicherung
5.4 Rentenversicherung
5.5 Arbeitsförderung und Arbeitslosenversicherung
5.6 Die Sozialgerichtsbarkeit

6 Datenschutz
6.1 Ziele und Aufgaben des Datenschutzes
6.2 Rechtsquellen für den Datenschutz
6.3 Personenbezogene Daten
6.4 Zulässigkeit der Datenverarbeitung
6.5 Rechte der Betroffenen
6.6 Datensicherung
6.7 Kontrollen und Aufsicht
6.8 Straftaten und Ordnungswidrigkeiten

Teil 3: Grundlagen für die Zusammenarbeit im Betrieb

Heinz-Ludwig Horney

1 Grundlagen des sozialen Verhaltens des Menschen
1.1 Entwicklungsprozeß des einzelnen
1.2 Gruppenverhalten

2 Einflüsse des Betriebes auf das Sozialverhalten
2.1 Arbeitsorganisation und soziale Maßnahmen
2.2 Arbeitsplatz- und Betriebsgestaltung
2.3 Führungsgrundsätze

3 Einflüsse des Industriemeisters auf die Zusammenarbeit im Betrieb
3.1 Rolle des Industriemeisters
3.2 Kooperation und Kommunikation
3.3 Führungstechniken und Führungsverhalten

Teil 1:
Grundlagen für kostenbewußtes Handeln

Einführung

Die fachrichtungsübergreifenden Teile der Weiterbildung zum Industriemeister stellen ungewohnte Anforderungen an den im wesentlichen technisch Vorgebildeten, u.a. auch deshalb, weil die Terminologie (die Begriffslehre) auf einigen Gebieten nicht so präzise ist wie in technischen Bereichen.
So sind manche Begriffe der Wirtschaft von Betrieb zu Betrieb unterschiedlich. Vereinzelt werden in der Praxis betriebsindividuelle Traditionsbegriffe verwendet, die nicht gelehrt werden.
Erst wenn mit Hilfe des Lehrgangs einige Grundlagen- und Systemkenntnisse erworben worden sind, wird es nicht mehr verwirren, daß z.B. in dem einen Betrieb »Geschäftsbuchhaltung« heißt, was im anderen »Finanzbuchhaltung« genannt wird oder wenn mit dem Wort »Güter« einmal nur Waren, aber ein anderes Mal Waren und Dienstleistungen gemeint sind.
Der angehende Industriemeister kann sich da fragen, ob ihm das nicht alles gleichgültig sein kann. Warum soll man sich mit Dingen belasten, für die man im Betrieb nicht zuständig ist?
Es gibt mehrere Gründe dafür, den fachrichtungsübergreifenden Lehrstoff sorgfältig zu lernen.
Erstens bleibt die durch Rechtsverordnung geregelte Prüfung in diesen Fächern keinem Prüfungsteilnehmer erspart.
Zweitens muß ein Meister damit rechnen, daß er im Betrieb an Besprechungen teilnehmen und Aufgaben übernehmen wird, bei denen es nicht nur um fachrichtungsbezogene Fragen geht. Der Zusammenhang von Fragen der Kostensenkung, der technischen Rationalisierung und Automation mit sozialen Problemen und gesamtwirtschaftlichen Gegebenheiten muß im Betrieb berücksichtigt werden. Ohne ein Grundwissen in solchen Fragen kann der Meister kein sachgerechtes Urteil oder zumindest sachliches Verständnis haben. Um im Betrieb ernst genommen zu werden, muß er Begriffe und Inhalte verstehen, um die es geht. Zudem ist erwiesen, daß eine Erweiterung des Ausdrucksvermögens berufliche Verbesserungen erleichtert.
Der **dritte** wichtige Grund ist, daß die schnelle technische Entwicklung die Aufgaben im Betrieb verändert. An die Stelle handwerklicher Tätigkeiten treten zunehmend Steuerungs-, Führungs- und Verwaltungsaufgaben. Mit der Bewältigung von Lernfächern, die dem angehenden Industriemeister zunächst abwegig erscheinen, erbringt er zugleich den Nachweis, daß er auch mit neuen Aufgaben fertig wird, die **nicht** in der rein technischen Bewältigung seines Faches bestehen.
Ausgehend von der erwähnten Rechtsverordnung hat der Deutsche Industrie- und Handelstag (DIHT), die Spitzenorganisation der Industrie- und Handelskammern, einen Rahmenstoffplan mit Lernzielkatalog erarbeitet und im März 1989 überarbeitet herausgegeben. Diesem Lernzielkatalog folgen Gliederung und Inhalt des vorliegenden Lehrstoffes.

Hinweis

Die »Sternchen« im Text und die »Ziffern« am linken oder rechten Seitenrand dienen bei gleichzeitiger Verwendung des dazugehörigen Prüfungsbuches zum Auffinden der Prüfungsaufgaben.

Die Aufgaben sind über beide Bücher durchgehend numeriert. Die Ziffern 1 bis 758 befinden sich im Buch 1 und die Ziffern 759 bis 1783 im Buch 2.

1 Aus der Volkswirtschaftslehre

1.1 Grundlagen

1.1.1 Bedürfnisse – Motiv des Wirtschaftens

Die Frage nach dem Motiv des Wirtschaftens wird zumeist betriebswirtschaftlich beantwortet: »Um Geld zu verdienen«.
Der Volkswirt sagt: »Schon vor der Erfindung des Geldes wurde gewirtschaftet. Geld ist nur Tauschmittel, mit dem man bei Bedarf **Güter** erwerben kann, um **Bedürfnisse** zu befriedigen.« **Bedürfnisse sind der Anlaß allen Wirtschaftens**∗   ∗1
Davon ist auszugehen. Das Leben beginnt mit dem Bedürfnis nach Atemluft. Das nächste ist das Bedürfnis nach Nahrung. Beide bezeichnet man als **lebensnotwendige Bedürfnisse**.
Daneben gibt es Bedürfnisse, die nicht lebensnotwenig sind, so daß man unterscheiden kann: **lebensnotwendige** und **nicht lebensnotwendige,** auch genannt
lebensnotwendige und **verzichtbare** Bedüfnisse. ∗   ∗2
In den kalten Zonen der Erde gehören Kleidung und Wohnung zu den lebensnotwendigen Bedürfnissen. Ohne sie würde der Mensch dort über kurz oder lang erfrieren. Dagegen sind in den heißen und in den warmen Zonen der Erde Kleidung und Wohnung nicht überall lebensnotwendig.
Eine Abgrenzung zwischen lebensnotwendigen und verzichtbaren Bedürfnissen ist **nicht allgemeingültig möglich.**
Die Bedürfnisse richten sich wesentlich nach den Rahmenbedingungen: Die **Umwelt** (Klima, Ortsverhältnisse), die **gesellschaftlichen Bedingungen** (das Ansehen unter den Arbeitskollegen, die Meinungen Verwandter, Bekannter und Fremder), der **Stand der Technik** sind wichtige Bestimmungsgründe der Bedürfnisse.

Eingangs wurde ein unbewußtes Bedürfnis erwähnt, das Bedürfnis nach Atemluft. Gibt es unbewußte, dann gibt es auch bewußte Bedürfnisse. Also kann man unterscheiden:
Bewußte und **unbewußte Bedürfnisse**.
Man kann darüber streiten, ob ein unbewußtes Bedürfnis überhaupt ein Bedürfnis sein kann. Die Unterscheidung hat praktischen Nutzen und sie wird angewendet. Man will z.B. die unbewußten Bedürfnisse kennenlernen, um das eine oder andere zur Erhöhung des Umsatzes einzusetzen.
Ein Beispiel: Die meisten Menschen lieben angenehme Düfte. Ein Unternehmen kann sich diese Erkenntnis zunutze machen, indem es seine Produkte mit einem ansprechenden Duft versieht und erreicht dadurch einen höheren Umsatz. Oder es macht durch Werbung das unbewußte Bedürfnis zu einem bewußten und verkauft die entsprechenden Produkte.

Eine wieder andere Gliederung der Bedürfnisse ist die in
Individual- und **Kollektivbedürfnisse (= Einzel-** und **Gesellschaftsbedürfnisse).** ∗   ∗3
Individualbedürfnisse sind Bedürfnisse der Individuen, der einzelnen Menschen. Die oben genannten Beispiele für Bedürfnisse sind Individualbedürfnisse.
Kollektivbedürfnisse sind Gemeinschaftsbedürfnisse, etwa eines Volkes oder einer Dorfgemeinde oder der Bewohner einer Stadt usw. Beispiele sind Straßenbau, öffentliche Beleuchtung, Bau von Kanälen, Eisenbahnlinien, Flugplätze, die Landesverteidigung, der Bau von Badeanstalten, Gewässerschutz usw. ∗   ∗4

Selbst bei großer Genügsamkeit einzelner Menschen sind die **Bedürfnisse grundsätzlich unbegrenzt**. Sowie ein Bedürfnis befriedigt ist, entsteht das nächste. ∗   ∗5

1.1 Grundlagen   Teil 1: **1 Volkswirtschaft**

Begünstigt wird dies durch **Veränderungen im Zeitablauf:**
1. Die ständige **technische Entwicklung** und die damit verbundenen Möglichkeiten verändern die Bedürfnisse; anfängliche Luxusbedürfnisse werden im Laufe der Zeit allgemeine Kulturbedürfnisse. (Beispiel: Automobil.)
2. Viele Bedürfnisse sind durch das **gesellschaftliche Umfeld** bedingt. Sie verändern sich mit dem Wandel auf vielen Gebieten. (Beispiel: Moden in Kleidung, Sport, Kultur.)

* 6   Hauptsächlich diese Gründe machen die Bedürfnisse **wandelbar.** *
      Wirtschaftliche Bedürfnisse sind alle diejenigen, die durch Waren oder Dienstleistun-
* 7   **gen befriedigt werden könnten.** *
      Um diese Bedürfnisse geht es hier.

1.1.2 Güter – Mittel zur Bedürfnisbefriedigung

1.1.2.1 Der Güter-Begriff

Im volkswirtschaftlichen Sinne sind **Waren + Dienstleistungen = Güter.**
* 8   Die Begriffe »Sachgüter« und »Waren« sind gleichbedeutend. *
Es wäre ein Fehler, im Rahmen dieses Fachgebietes von »Gütern und Dienstleistungen« zu sprechen. Es wäre so, als würde man von Pferden und Hengsten reden.
(Volkswirtschaftliche Begriffe sind aber nicht verbindlich für andere Gebiete.)
Sachgüter sind feste, flüssige oder gasförmige Waren.
Es gibt aber auch **Rechte, Patente, Lizenzen, Geschäftswert u.ä.** Diese werden mitunter als »ideelle Güter«, in Gesetzestexten als »immaterielle Vermögensgegenstände« bezeichnet.
Volkswirtschaftlich zählen sie zu den Sachgütern, weil sie in den Unternehmen Sachgütern ähnlich behandelt werden. Wenn ein Preis für sie bezahlt wurde und sie über einen gewissen Zeitraum genutzt werden, dürfen sie entsprechend in den Bilanzen als Vermögensgegenstände aufgeführt werden.
Was sind nun **Dienstleistungen**?
Durch sie werden keine marktreifen Waren selbständig hergestellt. Die **Dienstleistung kann nicht als Vorrat aufbewahrt werden,** wenngleich ihr Ergebnis beständig sein kann (z.B. Reparatur).
Beispiele sind Beratungen, ärztliche Leistungen, die Ausübung des Handels, des Bank- oder Versicherungsgewerbes, des Hotel- oder Gaststättengewerbes, des Verkehrsgewerbes, Reparaturarbeiten, Friseurleistungen usw. Beim **Handwerk** muß man unterscheiden zwischen marktreif hergestellten Waren (produzierendes Handwerk) und Dienstleistungen
* 9   (Dienstleistungshandwerk). *

1.1.2.2 Gütergruppen

Es sind zu unterscheiden:
a) **freie** und **knappe Güter,**
b) **Produktionsgüter** und **Konsumgüter,**
c) **Gebrauchsgüter** und **Verbrauchsgüter.**

Zu a) freie und knappe Güter:
Freie Güter sind in unbeschränkter Menge verfügbar. Sie haben folglich keinen Preis. Was

nichts kostet, ist ein freies Gut. Dazu gehört z.B. die Atemluft. In der Wüste gehört der Wüstensand dazu, auf See das Meerwasser, wo Schnee liegt, der Schnee. ∗　　　∗ 10
Bei den Gütern hängt ähnlich wie bei den Bedürfnissen die Zuordnung von Bedingungen ab. Wenn man im Landesinnern ein Meerwasseraquarium einrichtet, merkt man, daß hier Meerwasser ein knappes Gut ist, das seinen Preis hat.
Knappe Güter an sich gibt es demnach nicht, **sie sind knapp in bezug auf ein Bedürfnis**. ∗　　　∗ 11
Als knapp wird ein Gut andererseits nicht erst bezeichnet, wenn sein Fehlen eine krisennahe Situation herbeiführt. Knapp ist volkswirtschaftlich gesehen jedes Gut, das nicht als freies Gut kostenlos in beliebiger Menge zur Bedürfnisbefriedigung verfügbar ist. Knappe Güter heißen auch »wirtschaftliche Güter«.

Zu b) Produktions- und Konsumgüter:
Produktionsgüter sind alle Güter im Produktionsbereich (in den Betrieben). Fließen sie dagegen dem Konsumenten zu, dann sind es **Konsumgüter**.
Wird ein Pkw privat genutzt, ist er Konsumgut; dient er einem Betrieb, ist er Produktionsgut. Gleiches gilt für den Kühlschrank, den Maschendraht, den Kran usw. Wenn sich ein Segel-Club einen Kran kauft, um damit Boote zu bewegen (nicht gewerblich), ist der Kran Konsumgut privater Endverbraucher.
Die Zurechnung eines Gutes zu den Konsum- oder zu den Produktionsgütern setzt also voraus, daß man ihren **Verwendungsbereich** kennt. ∗　　　∗ 12

Zu c) Gebrauchs- und Verbrauchsgüter:
Konsumgüter werden untergliedert in **Gebrauchsgüter** und **Verbrauchsgüter**. ∗　　　∗ 13
Das Kennzeichen der **Verbrauchsgüter** ist, daß man sie **nur einmal nutzen** kann (Lebensmittel, Zement, Seife, Schreibpapier).
Kennzeichen der **Gebrauchsgüter** ist dementsprechend, daß man sie **mehr als einmal nutzen** kann; es können kurzlebige (wie Feinstrumpfhosen) oder langlebige (wie Möbel) sein. ∗　　　∗ 14
Es ergibt sich folgendes Gliederungsschema:

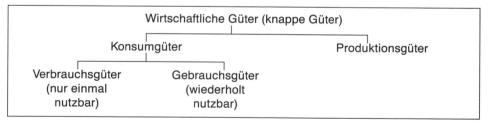

Abbildung 1: Gliederung der wirtschaftlichen Güter

1.1.2.3 Beispiele für Güterknappheit zwischen Angebot und Nachfrage

Der erste Grund der Knappheit ist ein **Bedürfnis**. Ein seltenes Gut z.B. ist nicht knapp, wenn kein Bedürfnis nach ihm besteht. Es ist dann kein wirtschaftliches Gut.
Ebensowenig wie die Seltenheit allein, sind die **Kosten** allein Gradmesser für den Nutzen eines Gutes zur Bedürfnisbefriedigung. Ein zu teuer gefertigtes Gut wird niemand zum Kostenpreis kaufen.
Nur der Preis ist der Gradmesser der Knappheit eines Gutes; aber nur der tatsächlich am Markt nach Angebot und Nachfrage gezahlte Preis, der Marktpreis, nicht etwa der

1.1 Grundlagen   Teil 1: **1 Volkswirtschaft**

∗ 15
vom Verkäufer geforderte oder vom Käufer gewünschte oder gar ein gesetzlich oder auf andere Art geregelter Preis.∗

Jedes wirtschaftliche Gut ist ein Beispiel für Güterknappheit: ein Pfennig-Bonbon, ein teurer Pkw, Kleidung, Edelholzmöbel, Indigo, das als Jeansfarbe fast aufgebraucht wurde, Gold als schmückender und als industrieller Werkstoff, das tägliche Brot.

Bei Preiserhöhungen, die für den Konsumenten eine Verknappung bedeuten (durch Verknappung seiner Kaufkraft), wird weniger gekauft. Bei Preissenkung steigt der Umsatz. Der Grad der Knappheit ändert sich. Das Gut bleibt ein knappes Gut.

1.1.2.4 Warum der Dienstleistungsanteil zunimmt

In den industriell hochentwickelten, marktwirtschaftlich orientierten Ländern ist zu beobachten, daß neben einem hohen Verbrauch an Sachgütern **zunehmend Dienstleistungen** gekauft werden (Abbildung 2).
Die am Markt wirksame Bedürfnisstruktur hat sich in diese Richtung erweitert.

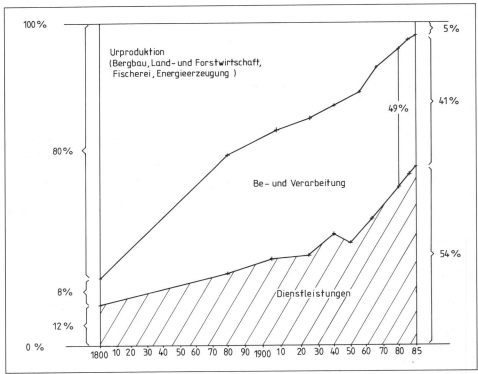

Abbildung 2: Zunahme der Erwerbstätigen im Dienstleistungsbereich im Vergleich zu anderen Wirtschaftsbereichen (in %; Gesamtwirtschaft = 100 %) von 1800 bis 1985

Welche **Gründe** hat das?
1. ermöglicht der starke **Export** unserer Wirtschaft entsprechend umfangreichen **Import**. Beides trägt unmittelbar **zur Ausweitung der Dienstleistungen von Handel und Verkehr** bei (Schiffahrt, Flug-, Bahn-, Lkw-Verkehr).

2. führen die **Anspruchserhöhung** im Sachgüterbereich und die entsprechende Differenzierung und Erweiterung des Sachgüterangebots ihrerseits zu einer erheblichen **Ausweitung des Handels und des Verkehrsgewerbes.**
3. kann eine gewisse **Sättigung mit Sachgütern** angenommen werden, die die Befriedigung des Bedürfnisses nach Dienstleistungen nahelegt (z.B. Reisen).
4. Grund ist das Bedürfnis, **erworbenen Besitzstand zu erhalten (Versicherungen** werden abgeschlossen).
5. wurden durch bargeldlose Lohn- und Gehaltszahlungen der Firmen **Bankleistungen in großem Umfang popularisiert.**
6. kommt das Bemühen hinzu, das Erworbene durch **Geldanlage** ohne eigene Arbeit zu mehren oder durch **Kredite** am Wohlstand teilzuhaben. (Banken werden in Anspruch genommen.)
7. ermöglichen **kürzere Arbeitszeiten,** sich mehr mit sich selbst zu beschäftigen. (Freizeitanlagen, Saunen, Bräunungsstudios, Fitnesscentren zeugen davon.)

Statistisch wurde weltweit festgestellt, daß die zunehmende Inanspruchnahme von Dienstleistungen mit einer **Zunahme des allgemeinen Wohlstandes** einhergeht. ∗   ∗ 16
Die Prozentzahlen in Abb. 2 zeigen die starke Zunahme im Dienstleistungsbereich zwischen 1800 und 1985, davon besonders in den letzten 50 Jahren.

1.1.3 Wirtschaften – Inhalt, Grundsätze und Maßstäbe

1.1.3.1 Was heißt Wirtschaften?

Es ist unmöglich, die zur Bedürfnisbefriedigung nötigen Güter zu freien Gütern, also in beliebiger Menge kostenlos verfügbar zu machen und dadurch die Knappheit der Güter zu überwinden. ∗   ∗ 17
Deshalb besteht der Inhalt wirtschaftlichen Handelns darin, die **Güterknappheit nach Kräften zu mindern.** ∗   ∗ 18
Wirtschaften ist zielbewußtes Handeln zur Befriedigung wirtschaftlicher Bedürfnisse mit knappen Mitteln. ∗   ∗ 19

1.1.3.2 Das ökonomische Prinzip

Um diesem Ziel möglichst nahe zu kommen, muß die Wirtschaft mit den vorhandenen Mitteln das mögliche Maximum an Gütern erzeugen; oder sie muß, um ein bestimmtes Gut zu erzeugen, dies mit einem Minimum an Aufwand bewerkstelligen. Im ersten Fall wird das sog. **Maximalprinzip,** im zweiten Fall das sog. **Minimalprinzip** (auch **Sparprinzip** genannt) angewandt.
Maximalprinzip und Minimalprinzip sind die beiden Varianten des **Wirtschaftlichkeitsprinzips,** das auch **ökonomisches Prinzip** genannt wird. ∗
Die Begrenztheit der eigenen Kraft und der verfügbaren Mittel bringen den Menschen als vernunftbegabtes Wesen dazu, beim Wirtschaften grundsätzlich das Wirtschaftlichkeitsprinzip anzuwenden. Durch unwirtschaftliches Handeln (Vergeudung) würde er seiner eigenen Zielsetzung entgegenwirken.   ∗ 20
Das Wirtschaftlichkeitsprinzip (oder ökonomische Prinzip) ist das Grundprinzip des Wirtschaftens. ∗   ∗ 21

1.1 Grundlagen   Teil 1: **1 Volkswirtschaft**

1.1.3.3 Unternehmenskennzahlen als Maßstäbe

Die Leistungserstellung der Volkswirtschaft vollzieht sich in Betrieben. Um die Einhaltung des ökonomischen Prinzips im Betrieb beurteilen zu können, wendet man betriebswirtschaftliche **Meßzahlen** an.
Meßzahlen, die einen betriebswirtschaftlich wichtigen Sachverhalt kennzeichnen, werden im Betrieb zumeist **Kennzahlen** genannt.
Produktivitäts-, Wirtschaftlichkeits- und Rentabilitätsmeßzahlen sind drei wichtige Gruppen von Meßzahlen, aus denen sich jeder Betrieb die für ihn wichtigen Kennzahlen auswählt.

Wodurch unterscheiden sich
a) Produktivität,
b) Wirtschaftlichkeit und
c) Rentabilität?

Zu a) Produktivität:
Sie kennzeichnet die **technische Ergiebigkeit** von Einsatzmengen.
Produktivitätsmeßzahlen geben ein Mengenverhältnis an, das Verhältnis von Aus-

∗ 22   **bringung zu Einsatz (Output zu Input).**[1]∗

Beispiele:

Bei Gießverfahren

$$\frac{t \text{ Ausbringung}}{t \text{ Einsatz}}$$

In der Porzellanbrennerei

$$\frac{\text{Verwertbare Stückzahl}}{\text{Charge}}$$

Stets wird die technische Ergiebigkeit eines Einsatzfaktors gemessen, also die **Ergiebigkeit**
  einer **Arbeitsleistung,**
  eines **Betriebsmittels** (Maschine, Anlage usw.) oder
  eines **Werkstoffes.**
Da man weder verschiedene Güter noch verschiedene Maßeinheiten vergleichen kann, lassen sich Produktivitätskennzahlen im Betrieb nur sehr begrenzt für Teilbereiche zu Vergleichen verwenden.

Zu b) Wirtschaftlichkeit:
Bewertet man Output und Input mit Geldeinheiten (DM), dann wird aus einem Mengenverhältnis ein Wertverhältnis. Damit verläßt man die Gruppe der Produktivitätsmeßzahlen als güterwirtschaftliche Meßzahlen und kommt zu den **Wirtschaftlichkeitsmeßzahlen.**
Die Wirtschaftlichkeit gibt ein **Wertverhältnis** an zwischen dem Wert einer Ausbringungsmenge und dem Wert einer Einsatzmenge; es wird der Wert einer Leistung zu ihren Kosten ins Verhältnis gesetzt.

∗ 23
$$\text{Wirtschaftlichkeit} = \frac{\text{Wert der Leistung (DM)}}{\text{Kosten der Leistung (DM)}} \ast$$

Die Bewertung von Kosten und Leistungen mit Geldeinheiten ermöglicht die Addition von zusammengesetzten Kosten und von zusammengesetzten Leistungen. Dadurch läßt sich die Wirtschaftlichkeit ermitteln, wo die Nichtaddierbarkeit der Kosten- oder Leistungsmengen einen Produktivitätsvergleich ausschließt.

---

[1] Volkswirtschaftliche Produktivität ist dagegen ein Wert (durchschnittlicher Wert der Produktionsleistung aller Inländer je Arbeitsstunde).

Die Anwendungsmöglichkeiten der Wertrelationen als Wirtschaftlichkeitsmeßzahlen sind so vielfältig, daß sie neben den absoluten Zahlen des betrieblichen Rechnungswesens die Hauptrolle bei seiner Auswertung und für die Planung spielen.

Zu c) Rentabilität:
Während sich Produktivität und Wirtschaftlichkeit auf den **Innenbereich** der Betriebe beziehen, zeigt die Rentabilität die relative Unternehmensleistung **im Markt**.
Rentabilität ist der Prozentsatz, um den sich risikotragendes Betriebskapital im Jahr vermehrt. Risikotragendes Betriebskapital ist das am Jahresanfang eingesetzte Eigenkapital. ∗

∗ 24

$$\text{Gewinn} = \text{Endkapital} - \text{Anfangskapital}$$

$$\text{Rentabilität} = \frac{\text{Gewinn (DM)} \times 100}{\text{eingesetztes Eigenkapital (DM)}} = x\,\% \ast$$

∗ 25

Rechenbeispiele:

$$\text{Rentabilität} = \frac{8.000,- \text{ DM Gewinn} \times 100}{100.000,- \text{ DM Eigenkapital}} = \frac{8 \times 100}{100} = \underline{8\,\%}$$

oder:
$$\text{Rentabilität} = \frac{8.000,- \text{ DM Gewinn} \times 100}{80.000,- \text{ DM Eigenkapital}} = \frac{10 \times 100}{100} = \underline{10\,\%}$$

oder:
$$\text{Rentabilität} = \frac{160.887,- \text{ DM Gewinn} \times 100}{1'340.276,- \text{ DM Eigenkapital}} = 0{,}12 \times 100 = \underline{12\,\%}$$

Wenn der Fremdkapitalzins niedriger ist als die Eigenkapitalrentabilität, kann man zumeist durch Fremdkapitaleinsatz die Rentabilität des Eigenkapitals noch steigern.

1.1.4 Unternehmerische Zielsetzungen

1.1.4.1 Leitmaximen

Eine Maxime ist ein Hauptgrundsatz.
Eine Leitmaxime ist ein **Hauptgrundsatz für das Leiten,** hier eines Unternehmens.
Leitmaximen der Unternehmensführung ergeben sich zunächst aus dem Gründungszweck.
Öffentliche Betriebe sollen vorrangig einer gesicherten öffentlichen Funktion dienen (Gas-, Wasser-, Stromversorgung, Müllabfuhr u.a.). Nicht erwerbswirtschaftliche Gründe sind Anlaß ihrer Tätigkeit. **Bedarfsdeckung** und **Gemeinnützigkeit** sollen die Leitmaximen sein. ∗

∗ 26

Privatunternehmungen werden dagegen in der Regel aus erwerbswirtschaftlichen Gründen betrieben. Zumeist steht deshalb bei ihnen das **Gewinnstreben als Leitmaxime im Vordergrund.** ∗

∗ 27

Daneben gibt es eine Reihe von rationalen Unterzielen (rational = durch Vernunft bestimmt), die mit dem Gewinnstreben zusammenhängen und sich in Zahlen ausdrücken lassen.

1.1 Grundlagen Teil 1: 1 **Volkswirtschaft**

Beispiele:
— Umsatzstabilisierung oder -steigerung
— Erhaltung oder Erhöhung des Marktanteils
— Wachstumssicherung
— Liquiditätssicherung
— Existenzsicherung
— Kapazitätsausnutzung
— Vollbeschäftigung
— Substanzerhaltung.

Ziele, die sich nicht rechnerisch begründen lassen und weitgehend durch Charakter und Wesen des Unternehmers bestimmt werden, sind z.B.:
— Prestigestreben
— Machtstreben
— Expansionsstreben
— Unabhängigkeitsstreben
— Qualitätsstreben
— Ethische und soziale Grundsätze.

Die rechnerisch erfaßbaren Ziele müssen erläutert werden:
Umsatzstabilisierung bedeutet, daß man seine Verkaufszahlen möglichst gleichmäßig erhalten will, z.B. um mit einem kleinen Fertigfabrikatelager bei gleichmäßiger Kapazitätsausnutzung auszukommen.

Umsatzsteigerung kann zur Gewinnerhöhung oder wegen unzureichender Kapazitätsausnutzung oder wegen zu hoher Lagerbestände angestrebt werden.

Erhaltung oder Erhöhung des **Marktanteils** bezieht sich auf den prozentualen Anteil am Umsatz der gesamten Branche für das betreffende Produkt, die Produktgruppe oder den Umsatzanteil der Unternehmung am Branchenumsatz.

Wachstumssicherung kann sichtbaren Ausdruck in einer Wachstumssicherungsrücklage finden, die aus nichtausgeschütteten Gewinnen gebildet und in der Bilanz ausgewiesen wird. Auch die Absicht, statt quantitativen (= mengenmäßigen) Wachstums qualitatives, durch Verbesserungen gekennzeichnetes Wachstum anzustreben, kostet Kapital für Forschung und Entwicklung.

Liquiditätssicherung ist ein Ziel, das in guten Zeiten der Unternehmung nur dem Finanzchef bewußt ist. In schlechten Zeiten bekommt es Vorrang vor allen anderen Zielen. Liquide sein, heißt flüssig sein, zahlungsfähig sein. Eine Unternehmung, die nicht zahlungsfähig ist, wird nicht mehr beliefert, Kredite werden abgezogen, das Unternehmen ist am Ende. ✱

✱ 28

Zur **Existenzsicherung** gehören Maßnahmen, die je nach dem Einzelfall festgelegt werden müssen. Es können vielfältige Maßnahmen vertraglicher Absicherung oder technischer Vorsorge sein.

Kapazitätsausnutzung bedeutet, daß die technisch mögliche Auslastung des Produktionsapparates in wirtschaftlich günstigem Maß anzustreben ist. Eine zu hohe Kapazitätsausnutzung bringt übermäßigen Verschleiß und andere überproportional zur Ausnutzung zunehmende Kosten. Andererseits ist nichts teurer als ungenutzte Kapazität. Sie muß fortlaufend bezahlt werden, ohne Gegenleistung. ✱

✱ 29

Als **Vollbeschäftigung** einer Unternehmung wird ein Beschäftigungsstand bezeichnet, bei dem die Ausbringungsleistung nicht mehr dauerhaft gesteigert werden kann, ohne daß die Kapazität erhöht würde.

Substanzerhaltung ist ein besonders bei Preissteigerungen betriebswirtschaftlich schwerwiegendes Problem. Die in Produktionsbetrieben ständig durch Verkauf und Wiederbeschaffung »gewälzten« Bestände werden, auch wenn ihre Menge nicht größer wird, in Zeiten mit steigenden Preisen mit ständig höheren Werten ausgewiesen. Rechnerisch entstehen Gewinne, die besteuert oder ausgeschüttet werden, was häufig durch Substanzverkauf finanziert werden muß.

1.1.4.2 Zielkonkurrenz

Obwohl nicht nur rationale Gründe das Hauptziel der Unternehmung bestimmen, kann doch in der Regel das Gewinnstreben als wichtigste Leitmaxime angesehen werden. Das Gewinnstreben setzt voraus, daß zunächst Nebenziele erreicht werden, um eine gesunde wirtschaftliche Basis zu schaffen. Jedenfalls gilt das für alle erwerbswirtschaftlich tätigen Unternehmen, die auf Dauer angelegt sind.
Eine Zielhierarchie (Zielrangfolge) als Grundlage für das Handeln im Betrieb ist erheblich von innerbetrieblichen und außerbetrieblichen Bedingungen (Konkurrenz, Umwelterfordernisse, Preisentwicklung für Produkte, Werkstoffe, Löhne und Geldmittel u.a.) abhängig. In vielen Punkten ergibt sich eine Zielkonkurrenz. Hinzu kommt, daß die Vielzahl der äußeren Einflüsse sich jederzeit ändern kann.
Man kann zwar die Leitmaximen nach (übergeordneten) **Hauptzielen** und (untergeordneten) **Nebenzielen** unterscheiden. Aber die Veränderungen, die im Zeitablauf eintreten, machen eine dauerhafte Festlegung, insbesondere der Nebenziele, gänzlich unmöglich. Je nach den Änderungen des Datenkranzes, der den Betrieb umgibt, sind Zielkorrekturen erforderlich.✱ ✱ 30

Eine andere Unterscheidung der Ziele als in Haupt- und Nebenziele ist die in
a) **konkurrierende,**
b) **komplementäre und**
c) **indifferente Ziele.**

Zu a) konkurrierende Ziele:
Konkurrieren die Ziele miteinander — wie z.B. Absatzmengenerhöhung und Verkaufspreiserhöhung —, dann sind es konkurrierende Ziele, auch konfliktäre Ziele (Heinen) genannt, weil man bei der Entscheidung vor einem Zielkonflikt steht.
Eines der beiden Ziele muß ganz aufgegeben **oder** jedes der Ziele kann nur zum Teil verwirklicht werden.✱ ✱ 31

Zu b) komplementäre Ziele:
Andere Ziele können sich ergänzen. Dann begünstigt die Verwirklichung des einen Ziels die Durchsetzung des anderen. Man nennt sie komplementäre (sich ergänzende) Ziele. So kann z.B. das Ziel Umsatzsteigerung dem Ziel Gewinnerhöhung dienen.

Zu c) indifferente Ziele:
Indifferente Ziele berühren sich nicht. Beispiel: Die Absicht, die vorhandene Kapazität auszulasten, berührt nicht das Ziel der Expansion durch Übernahme eines branchenfremden Unternehmens.

1.1.4.3 Einige Maßstäbe und ihre Anwendung

Für Entscheidungsvorbereitungen, Zielsetzungen und für die Überprüfung der Zielerreichung sind **Zahlen** die Grundlage.

1.1 Grundlagen   Teil 1: **1 Volkswirtschaft**

Die meisten dieser Zahlen sind **absolute Zahlen**, Sie zeigen die Größe eines Sachverhalts in DM (z.T. auch in Mengeneinheiten).
Aus den absoluten Zahlen werden Meßzahlen als Vergleichsmaßstäbe abgeleitet.
Aussagekraft entsteht erst durch Kenntnis der Größenordnung **und** ihrer Relation.

Zu unterscheiden sind:
— absolute Zahlen,
— Beziehungszahlen,
— Gliederungszahlen und
— Indexzahlen.

Absolute Zahlen sind im Betrieb den kaufmännischen Planungsunterlagen und der Buchhaltung zu entnehmen.

Beziehungszahlen zeigen die Beziehung zwischen zwei der Art ihres Inhalts nach verschiedenen Größen. Sinnvoll sind solche Beziehungszahlen nur, wenn zwischen den in Beziehung gesetzten Größen ein gewisser Wirkzusammenhang besteht.
Beispiel: Die Menge (Stückzahl) soll in Beziehung zur aufgewendeten Zeit (Stunden) gesetzt werden. Wenn 64.000 Stück in 8 Stunden gefertigt werden, dann lautet die Beziehungszahl: 64.000 Stück/8 Stunden; gekürzt: 8.000 Stück/Stunde.
Auch die schon erwähnten Meßzahlen für Produktivität, Wirtschaftlichkeit und Rentabilität sind Beziehungszahlen.

Gliederungszahlen gliedern eine Menge auf.
Beispiel: Das Gesamtkapital einer Unternehmung in Höhe von 1'000.000 DM bestehe aus 600.000 DM Eigenkapital und 400.000 DM Fremdkapital. Gliederungszahlen sind hier:

$$\text{Eigenkapital / Gesamtkapital} = 6 : 10 = 0,6$$
$$\text{Fremdkapital / Gesamtkapital} = 4 : 10 = 0,4$$

Indexzahlen geben eine Veränderung an gegenüber einer Ausgangsbasis, die gleich 100 gesetzt wird.
Haben sich z.B. Bronzebleche gegenüber einem Basisjahr um 12 % verteuert, dann ist der Preisindex jetzt 112.

Die meisten betrieblichen Meßzahlen sind Beziehungszahlen. Beispiele:

Aus dem technischen Bereich ist der Begriff **Wirkungsgrad** bekannt. Er kennzeichnet bei einer Maschine das Verhältnis von Nutzleistung zur zugeführten Leistung bei einem Arbeitsvorgang. Da die Austrittsleistung durch Reibungs- und andere Energieverluste stets kleiner ist als der Leistungseinsatz, ist der Wirkungsgrad stets kleiner als 1 (bzw. kleiner als 100 %). ✶

✶ 32

Allgemeiner wird das Verhältnis von Ausbringung zu Einsatz im Betrieb durch **Produktivitätsmeßzahlen** ausgedrückt. Es sei daran erinnert, daß sie das **Mengenverhältnis** von Ausbringung zu Einsatz wiedergeben, wobei sich in der Regel Ausbringung zu Einsatz der Art nach unterscheiden (Schrauben entstehen aus Stangen, Gehäuse aus Blechen usw.). Es genügt aber auch ein zumindest anteiliger Wirkzusammenhang.

Beispiele: . . . t Feinbleche   je Maschinenstunde;
            . . . t Walzstahl   je Maschinenstunde;
            . . . Schrauben Typ S   je Stunde Automat A;
            . . . Schrauben Typ S   je Stunde Automat B;
            . . . Stück Stanzteile je Tafel Stahlblech.

Bei gleichen Maßeinheiten in Zähler und Nenner (z.B. t Ausbringung zu t Einsatz) ergibt sich als Ergebnis ein Quotient zwischen 0 und 1. Je näher das Ergebnis der 1 kommt, desto größer ist die Produktivität. ✶

✶ 33

Teil 1: **1 Volkswirtschaft** 1.1 Grundlagen

Das Wertverhältnis »Leistung zu Kosten« gibt die Wirtschaftlichkeit an. Nach diesem Vorbild läßt sich eine Vielfalt von Wirtschaftlichkeitsmeßzahlen entwickeln. Sie begleiten die Produktion von Anbeginn durch Vergleich
- von Ist-Kosten mit Soll-Kosten,
- von Ist-Leistungen mit Soll-Leistungen,
- von Leistungen mit Kosten

und schließlich, was über den Innenbereich, die Produktionstätigkeit, hinausreicht und Markteinflüsse einbezieht, durch

die Beziehung **Ertrag zu Aufwand (Erfolgsmeßzahl).** *   * 34

Der Ertrag eines Abrechnungszeitraumes (z.B. Monat) ergibt sich aus den Umsatzerlösen ± Lagerbestandsveränderung der Periode:

$$\text{Ertrag} = \text{Erlöse} \pm \text{Bestandsänderung.}$$

Erlöse sind die Einnahmen aus dem Verkauf von Wirtschaftsgütern. Die Bestandsänderung ergibt sich aus Endwert minus Anfangswert des Lagerbestandes der Periode.

Der Aufwand der Periode ist der Wert der in dem Abrechnungszeitraum (z.B. Monat) verbrauchten Sachgüter und Dienstleistungen (Werkstoffe und Betriebsmittelabnutzung, Löhne, Gehälter, Versicherungen, andere Leistungsentgelte, Steuern und ähnliche Außenlasten).

Beispiel:

Ertrag Monat März $\quad = 370.000,-$ DM Erlös
$\quad\quad\quad\quad\quad\quad\quad\;\; -\;\; 67.500,-$ DM Bestandsminderung
$\quad\quad\quad\quad\quad\quad\quad\; = 302.500,-$ DM

Aufwand Monat März $= 275.000,-$ DM

$$\frac{\text{Ertrag}}{\text{Aufwand}} = \frac{302.500}{275.000} = 1{,}1$$

Der Periodenerfolg ist umso günstiger, je höher das Ergebnis über 1 liegt.

Aus der Vielzahl der möglichen Maßstäbe, die jeder Betrieb nach seinen Erfordernissen festlegt, werden nachfolgend einige Beispiele genannt. Dabei kommen auch Beziehungen zwischen Werten und Mengen vor. **Jede Beziehung, die einen Sachverhalt verdeutlicht, kann zu einer Kennzahl gemacht werden.**

Beispiele:

$$\frac{\text{Materialkosten (DM)}}{\text{Gesamtkosten (DM)}} = \frac{100.000}{400.000} = 0{,}25 = \frac{25}{100} = 25\,\%$$

$$\frac{\text{Fertigungslöhne (DM)}}{\text{Gesamtkosten (DM)}} = \frac{80.000}{400.000} = 0{,}20 = \frac{20}{100} = 20\,\%$$

$$\frac{\text{Fertigungslöhne (DM)}}{\text{Fertigungsstunden}} = \frac{80.000}{7.600} = 10{,}53\;\text{DM/Fertigungsstunde}$$

$$\frac{\text{Herstellkosten (DM)}}{\text{Fertigungsstunden}} = \frac{360.000}{7.600} = 47{,}37\;\text{DM/Fertigungsstunde}$$

$$\frac{\text{Betriebsertrag (DM/Monat)}}{\text{Herstellkosten (DM/Monat)}} = \frac{2.600.000\;\text{DM}}{2.340.000\;\text{DM}} = 1{,}111$$

Z.T. sind die Meßzahlen **Gliederungszahlen** wie auch die folgenden:

$$\frac{\text{Fertigungslöhne (DM/Monat)}}{\text{Gesamtlohnsumme (DM/Monat)}}$$

1.1 Grundlagen Teil 1: 1 Volkswirtschaft

$$\frac{\text{Monatsumsatz Produkt A (DM)}}{\text{Monatsgesamtumsatz (DM)}}$$

$$\frac{\text{Kopfzahl der Verwaltung}}{\text{Gesamtkopfzahl}}$$

Man kann die Kennzahlen ordnen in
— **finanzwirtschaftliche** und
— **produktionswirtschaftliche** Kennzahlen
und diese wieder untergliedern.
Man kann sie auch entsprechend **statistischen Auswertungsbereichen** ordnen für:
— Vertrieb,
— Beschaffung und Lager,
— Produktion,
— Personalbestand und -bewegung,
— Bilanz und Erfolg.

1.1.5 Investitionen

1.1.5.1 Begriff und Arten

Investition ist langfristige Geldkapitalanlage in Produktionsgüter.

Die **Investitionsarten sind nach ihren Zwecken** zu unterscheiden:
1. Erstinvestitionen
2. Ersatzinvestitionen
3. Rationalisierungsinvestitionen
4. Erweiterungsinvestitionen

* 35 5. Sonderinvestitionen, je nach Zweck *
Eine an Zwecken ausgerichtete Terminologie ist zwangsläufig zukunftsgerichtet. Es sind also zuerst einmal Planungsbegriffe.

Zu 1) Erstinvestitionen erfolgen bei der Errichtung eines Unternehmens. Sie müssen geplant und finanziert werden. Da in der Regel das Eigenkapital dafür nicht ausreicht, müssen vor der Planung die Möglichkeiten und Grenzen der Fremdkapitalinvestition ermittelt werden. Dabei darf nicht übersehen werden, daß in der Anlaufphase noch keine Erlöse erzielt werden und deshalb auch Werkstoffe, Löhne, Gehälter, Sozialleistungen usw. bis zum Verkaufsbeginn marktreifer Produkte vorfinanziert werden müssen.

Zu 2) Ersatzinvestitionen müssen vorgenommen werden, wenn Produktionsmittel (Maschinen o.ä.) verbraucht oder technisch überholt sind. Sie dienen der Substanzerhaltung der Unternehmung.
Für Ersatzinvestitionen wird auch der Begriff **Reinvestition** verwendet. Re-Investition bedeutet Wieder- oder Rück-Investition.
Reine Ersatzinvestitionen sind oft nicht möglich, weil nach Jahren der Nutzung einer Maschine durch technische Entwicklung aus der geplanten Ersatzinvestition häufig zugleich eine Rationalisierungsinvestition wird.

Zu 3) Zweck einer **Rationalisierungsinvestition** ist es, durch eine technisch möglich gewordene Rationalisierung (Senkung der Stückkosten) die Wirtschaftlichkeit zu
* 36 erhöhen. *

Zu 4) Erweiterungsinvestitionen haben Ähnlichkeit mit Erstinvestitionen, besonders, wenn ein zusätzlicher Produktionsapparat, ein zusätzlicher Betrieb errichtet werden soll. Andernfalls treten sie oft in Mischung mit Ersatz- und Rationalisierungsinvestition auf.

Zu 5) Der Begriff **Sonderinvestitionen** ist ein Sammelbegriff, um auszudrücken, daß je nach dem besonderen Zweck einer Investition sie entsprechend benannt werden kann. Hierzu gehören z.B. **Modernisierungsinvestitionen** im Einzelhandel. Die Neugestaltung einer Kaufhausfassade kann als **Werbeinvestition** aufgefaßt werden. Ähnliche Zwecke können vorliegen, wenn ein Produktionsbetrieb Zweigniederlassungen mit Kundendienst und Großhandelsberatung einrichtet.

Verschiedene Investitionsarten sind oft nicht voneinander abzugrenzen.＊ ＊ 37

1.1.5.2 Finanzierungsarten

Investitionen müssen finanziert werden.

»Finanzierung ist Kapitalbeschaffung für Betriebszwecke.« (Mellerowicz)
Die »finanzielle Sphäre« steht den güterwirtschaftlichen Bereichen Beschaffung, Leistungserstellung und Leistungsverwertung gegenüber.
Bei der Finanzierung von Investitionen handelt es sich um »langfristige Geldanlage«.

Will man Geld langfristig binden, dann muß man entweder Eigenkapital verwenden, das niemand vorzeitig zurückfordern kann, oder man muß langfristiges Fremdkapital beschaffen.＊ ＊ 38

Fremdkapital sind Kredite. In der Regel beschafft man sie von Banken. Nur vereinzelt und dann meist in geringem Umfang ist eine Fremdfinanzierung mit langfristigem Fremdkapital von Privatpersonen möglich (z.B. Hypotheken).

Das von Banken beschaffbare langfristige Fremdkapital ist dadurch begrenzt, daß man der Bank Sicherheiten in Form von langfristig wertbeständigem Betriebsvermögen, evtl. auch durch persönliche Bürgschaft mit dem eigenen Privatvermögen bieten muß.

Eigenkapital ist nicht nur, was ein Unternehmer an Geldkapital besitzt. Kapitalgesellschaften können sich Eigenkapital schaffen. Die Darstellung in Abbildung 3 verdeutlicht das.
Die Investitionen **der Einzelunternehmungen und der Personengesellschaften** können mit Mitteln der Innenfinanzierung (Einlagen und Selbstfinanzierung) und durch Außenfinanzierung mit Fremdkapital (Kredite) finanziert werden.

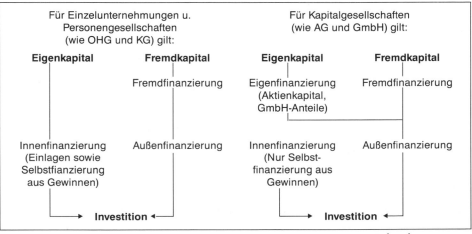

Abbildung 3: Gliederung der Finanzierungsarten nach der Herkunft des Investitionskapitals＊ ＊ ＊ 39
＊ 40

1.1 Grundlagen

Eigenkapital = Kapital der Beteiligten (= Anteilseigner)
Fremdkapital = Kapital von Dritten (Kredite)
Fremdfinanzierung = Finanzierung mit Fremdkapital
Eigenfinanzierung = Finanzierung einer Kapitalgesellschaft mit Eigenkapital (Aktienkapital, GmbH-Anteile)
Innenfinanzierung = Einlagen der Eigentümer sowie Selbstfinanzierung aus Gewinnen; bei Kapitalgesellschaften nur Selbstfinanzierung aus Gewinnen
Außenfinanzierung = Fremdfinanzierung, bei Kapitalgesellschaften Fremd- und Eigenfinanzierung∗

∗ 41

Die Investitionen der **Kapitalgesellschaften** können aus der Außenfinanzierung mit Eigen- und Fremdkapital und mit Mitteln der Innenfinanzierung (aus Gewinnansammlung) finanziert werden.

Eine andere Unterscheidung der Finanzierungsarten ist die nach der Häufigkeit in **laufende** Finanzierung und **besondere** Finanzierung.

Regelmäßige Investitionen für täglichen, periodischen oder in anderen, planmäßigen Abständen auftretenden Bedarf sind durch die laufende Finanzierung abzudecken.
Einmalige (gelegentliche), außergewöhnliche Investitionen unterliegen der besonderen Finanzierung.
Von den oben genannten Investitionsarten gehören nur die regelmäßigen Ersatzinvestitionen unter die laufende Finanzierung.∗

∗ 42

1.1.5.3 Die volks- und betriebswirtschaftliche Bedeutung von Investitionen

In einer lebendigen Wirtschaft spielen alle oben genannten Investitionsarten eine Rolle. Entstehung, Änderung, Erweiterung von Produktionskapazitäten gehören dazu.
Eine besondere Rolle spielt jedoch die **Ersatzinvestition**.
Der Verschleiß der Produktionsanlagen wird in den Preiskalkulationen der Unternehmungen durch einen Kostenbetrag »Abschreibungen« berücksichtigt. Man versucht, beim Verkauf der Produkte die Abschreibungen im Preis bezahlt zu bekommen, um die Substanz durch Ersatzinvestitionen erhalten zu können.

Während betriebswirtschaftliche Investitionsbegriffe zukunftsbezogene Zweckbegriffe sind, sind die volkswirtschaftlichen vergangenheitsbezogene rechnerische Gesamtgrößen, ermittelt aus den Zahlen des jeweils abgelaufenen Kalenderjahres.∗

∗ 43

Wurde in einer Volkswirtschaft in einem Jahr rechnerisch gerade der Verschleiß ersetzt, waren also die Investitionen insgesamt gerade so hoch wie die Abschreibungen, dann hat sich das Volksvermögen nicht geändert. Die sog. Brutto-Investition (= volkswirtschaftliche Gesamtinvestition) reichte gerade zur Ersatzinvestition.
Überschreitet die Brutto-Investition den zum Verschleißersatz erforderlichen Betrag, dann nimmt das Volksvermögen zu. Die Mehrinvestition, die den Vermögenszuwachs bewirkt hat, nennt man Netto-Investition.∗

∗ 44

∗ 45
Brutto-Investition = Ersatz-Investition + Netto-Investition
Netto-Investition = Brutto-Investition — Abschreibungen. ∗

Reicht die Brutto-Investition nicht zum Ersatz der Abschreibungen, dann schrumpft das Produktionsvermögen der Volkswirtschaft.
Stagnation, Verarmung oder Wachstum hängen von der Brutto-Investition ab.

Teil 1: **1 Volkswirtschaft**   1.1 Grundlagen

1.1.6 Die Wirtschaftssektoren

Die Volkswirtschaftslehre gliedert die Betriebe der Wirtschaft in drei Sektoren:
1. den primären (den ersten),
2. den sekundären (den zweiten),
3. den tertiären Sektor (den dritten Sektor).

Der **primäre Sektor** umfaßt die Betriebe der Urerzeugung (Rohstoffgewinnungsbetriebe).

Im **sekundären Sektor** befinden sich die Betriebe der gewerblichen Produktion (Bearbeitungs- und Verarbeitungsbetriebe).

Der **tertiäre Sektor** faßt alle Dienstleistungsbetriebe zusammen.

Diese Gliederung wird je nach dem Zweck oder den Möglichkeiten statistischer Erfassung jeweils mit etwas anderen Abgrenzungen angewendet. *   * 46
So können hier z.B. der primäre und der sekundäre Sektor zusammengefaßt werden, so daß sich ergeben:
A) Sachleistungsbetriebe (= Produktionsbetriebe)
B) Dienstleistungsbetriebe.

Im **sekundären Sektor** sind die Betriebe der »gewerblichen Produktion« zusammengefaßt.

Der Begriff »Produktion« grenzt alle Betriebe aus, die keine Sachgüter im Sinne marktreifer Produkte herstellen. Sie sind als Dienstleistungsbetriebe dem **tertiären Sektor** zuzuordnen.
Daß die Betriebe des sekundären Sektors zudem »gewerbliche« Produktionsbetriebe sein müssen, grenzt die Betriebe der nicht-gewerblichen Produktion aus diesem Sektor aus, deren Produktion also nicht in einer Be- oder Verarbeitung von Stoffen besteht. Das sind die Rohstoffgewinnungsbetriebe (Urproduktion). Sie gehören in den primären Sektor.

Unternehmungen		
Sachleistungsbetriebe		Dienstleistungsbetriebe

Primärer Sektor
 Urproduktion
 (Rohstoffgewinnungsbetriebe)
 Beispiele:
 — Bergbau
 — Wassergewinnung
 — Energieerzeugung
 — Landwirtschaft
   (einschließlich Tierhaltung)
 — Forstwirtschaft
 — Baumschulen
 — Fischerei
	Sekundärer Sektor
	 Gewerbliche Produktion
	 (Be- u. Verarbeitungsbetriebe)
	 Beispiele:
	 — Elektroindustrie
	 — Glasindustrie
	 — Fleischwarenindustrie
	 — Kunststoffindustrie
	 — Lederindustrie
	 — Metallindustrie
	 — Süßwarenindustrie
	   (auch produzierendes Handwerk)
		Tertiärer Sektor
		 Dienstleistungen
		
		 Beispiele:
		 — Handelsbetriebe
		 — Verkehrsbetriebe
		 — Banken
		 — Versicherungen
		 — Hotels, Gaststätten
		 — Theater, Kinos
		 — freie Berufe
		 — Dienstleistungshandwerk

Abbildung 4: Wirtschaftssektoren

Die Betriebe des **primären Sektors** produzieren durch **Nutzung des Bodens**. Der Begriff »Boden« ist hier im weitesten Sinne aufzufassen, so daß auch die Tiefen der Erde, die Gewässer und die Atmosphäre dazugehören.
Die Gewinnung durch Bodennutzung geschieht teils durch Abbau, teils durch Anbau. *   * 47
Zum **Abbau** gehören z.B. Bergbau, Binnen-, Küsten- und Hochseefischerei, Wasserkraftwerke, Holzgewinnung aus Urwäldern. Gewonnen werden u.a. Braunkohle, Steinkohle, Erdöl, Erdgas, Erze, Salze, Steine, Erden (z.B. Ton, Kaolin, andere Erden) usw., auch die Schätze des Wassers (Wassertiere und Wasserpflanzen der Flüsse, Seen und Meere, Eisberge usw.) und der Atmosphäre (Gase, Windkraft) gehören dazu.

1.1 Grundlagen — Teil 1: 1 Volkswirtschaft

Zum **Anbau** gehören Land- und Forstwirtschaft, einschl. Erzeugung von Tieren und Tierprodukten, sowie Baumschulen.

Zum sekundären Sektor: In der Übersicht (Abbildung 4) wurde nach den Hauptrohstoffen der Produktion gegliedert. Jedoch ist ein Hinweis darauf angeführt, daß Teile des Handwerks in diesen Sektor gehören. Das sind Handwerksbetriebe, die selbständig marktreife Produkte herstellen. Vor allem ist hier das wichtige Bauhauptgewerbe zu nennen (Hoch- und Tiefbau).

Zum tertiären Sektor: Da **Handelsbetriebe** keine Sachgüter produzieren, gehören sie zu den Dienstleistungsbetrieben.
Zu den **freien Berufen** gehören Makler, Rechtsanwälte, Steuerberater, Ärzte u.ä.
Das **Dienstleistungshandwerk** umfaßt alle Handwerksbetriebe, bei denen nicht die Herstellung marktreifer Sachgüter im Vordergrund steht: Friseure, Schornsteinfeger, Bäcker, Fleischer (Handel!). ✷

✷ 48

1.1.7 Der Produktionsprozeß als Faktorkombination

1.1.7.1 Die volkswirtschaftlichen Produktionsfaktoren

Im Jahre 1775 veröffentlichte der Engländer Adam Smith sein Buch »Untersuchung über die Natur und die Ursachen des Reichtums der Nationen«. Arbeitslohn, Kapitalgewinn und Grundrente (Pachteinnahmen) sind danach die Quellen. Dementsprechend wurden Arbeit, Kapital und Boden als die Faktoren bezeichnet, aus denen sich der Wohlstand entwickeln läßt. Spätere Systematiker haben die Reihenfolge geändert und **Arbeit und Boden als die ursprünglichen (originären) Produktionsfaktoren** vorangestellt und das **Kapital den abgeleiteten Produktionsfaktor** genannt; abgeleitet, weil er erst durch Kombination der originären Faktoren Arbeit und Boden (im weitesten Sinne) entsteht. Kapital in diesem Sinne sind Sachgüter, die nicht für Konsum verbraucht wurden.

✷ 49
✷ 50
Die klassischen **volkswirtschaftlichen Produktionsfaktoren** sind daher
Arbeit, Boden und Kapital. ✷   ✷

Ohne die primäre Tätigkeit des Menschen gäbe es keine Gütererzeugung.
✷ 51
In diesem Sinne ist der **Mensch der Träger des Produktionsfaktors Arbeit.** ✷

Bei der Behandlung der Wirtschaftssektoren zeigte sich, daß der Faktor **Boden** von den Unternehmungen des primären Sektors durch **Abbau** und durch **Anbau** genutzt wird. Seine dritte Nutzungsart ist die **Bebauung:** Alle Unternehmungen aller drei Sektoren nutzen den Boden als Standort (für Gebäude, Lager- und Verkehrsflächen); er ist dabei nicht zuletzt Standort industrieller Tätigkeit. ✷
✷ 52
In allen drei Nutzungsarten – zum Abbau, zum Anbau und zur Bebauung – ist der Boden volkswirtschaftlicher Produktionsfaktor.

Produziert der Mensch in einer Periode mehr Güter, als ihm in der Produktionsperiode als **Konsumgüter** zur Bedürfnisbefriedigung **zufließen,** dann schafft er bekanntlich **Produktionsgüter,** sei es in Form von Vorräten oder als eigentliche Produktionsmittel zur Verbesserung von Produktionsprozessen. Aus den ursprünglichen Produktionsfaktoren Arbeit und Boden entsteht der Faktor **Kapital.** Nur die vorproduzierten Güter, **nicht etwa Geldkapital,** sind der volkswirtschaftliche Produktionsfaktor Kapital. ✷
✷ 53

In der heutigen Industriegesellschaft hat Kapital entscheidende Bedeutung. Denn beim Faktor Arbeit läßt sich die Menge (Mannstunden pro Jahr) kaum vergrößern, nur die Qualität durch Ausbildung verbessern. Der Faktor Boden ist als Abbauboden, Anbauboden und als

Standort bei uns nicht vermehrbar. Er wird zu knapp, sogar für Wohngebiete, Bewegungsflächen und Abfallbeseitigung.

Kapital ist dagegen der Produktionsfaktor, bei dem sich Quantiät und Qualität (Hochleistungsmaschinen, Roboter, Computer) steigern lassen.
Kapital gibt Nutzungen ab, durch deren Kombination mit den ursprünglichen Faktoren Arbeit und Boden sich deren Ergiebigkeit erhöhen läßt. ∗   ∗ 54
Quantität und Qualität des Kapitals bestimmen die Leistungsfähigkeit der Industriewirtschaft. Selbst die meisten Dienstleistungen (z.B. Transport) setzen Kapitalgüter voraus.

Die Bedeutung des Kapitals als Produktionsfaktor hat in der Industriegesellschaft zwei Seiten. Die eine ist die **Humanisierung der Arbeitswelt** dadurch, daß Maschinen dem Menschen Schwerarbeit und die Monotonie repetitiven Arbeitsvollzugs abnehmen. Außerdem werden dem Konsumenten mehr Güter ohne mehr menschliche Arbeitsleistung zur Verfügung gestellt. Die andere Seite ist Starrheit der Kapitalbindung in industriellen Produktionsapparaten, die eine Anpassung an Nachfrageveränderungen erschwert. Die Folge sind Unternehmenszusammenbrüche und Entlassungen.

1.1.7.2 Die Minimalkostenkombination als betriebswirtschaftliches Ziel

Es gibt Produktionsprozesse, bei denen naturwissenschaftlich oder technisch bedingt nur **eine** bestimmte Kombination von Produktionsfaktoren das Erzeugnis ergibt; z.B. bei vielen chemischen Verbindungen.
Es gibt aber auch Fertigungsprozesse, bei denen in gewissen Grenzen ein Produktionsfaktor durch einen anderen ersetzt (substituiert) werden kann; z.B. kann menschliche Arbeitsleistung durch Kapital (Maschinen, Roboter) substituiert werden oder umgekehrt.
Hier wird es sinnvoll, die Kombinationsmöglichkeiten der Produktionsfaktoren durchzurechnen, um für eine angestrebte Erzeugnismenge die **günstigste** Faktorkombination zu ermitteln.
Allerdings sind die **Mengenverhältnisse** (Produktivität) nicht ausschlaggebend. Welcher Faktoreinsatz »günstiger« ist, hängt von seinen **Kosten** ab.
Man wird versuchen, jeweils den teureren der Produktionsfaktoren so weit durch den billigeren zu ersetzen, bis die Faktorkombination die **Minimalkostenkombination** ergibt. Je nach der gestellten Aufgabe bzw. der herzustellenden Stückzahl kann z.B. der Faktor Arbeit (Lohn) billiger oder teurer sein als der Faktor Kapital (Maschinenkosten) bezogen auf die geplante Leistung. ∗   ∗ 55

1.1.8 Der volkswirtschaftliche Kreislaufprozeß

Der Versuch, ein System zu erkennen, nach dem die wirtschaftlichen Beziehungen in einer Volkswirtschaft ablaufen, hat François Quesnay um 1758 zu der Entdeckung geführt, daß in der gesamten Volkswirtschaft Geld- und Güterströme kreislaufähnlich verlaufen und voneinander abhängen.
Das einfachste Modell des volkswirtschaftlichen Kreislaufprozesses hat zwei Teilnehmergruppen: die Haushalte und die Unternehmungen.
Private Haushalte benötigen Konsumgüter (Gebrauchs- und Verbrauchsgüter) und stellen Produktionsfaktoren (Arbeit, Boden, Kapitalgüter) zur Verfügung.
Unternehmungen stellen Güter her und benötigen dazu Produktionsfaktoren.
Die Abbildung 5 zeigt, daß die Haushalte den Unternehmungen **Produktionsfaktoren** zur

1.1 Grundlagen

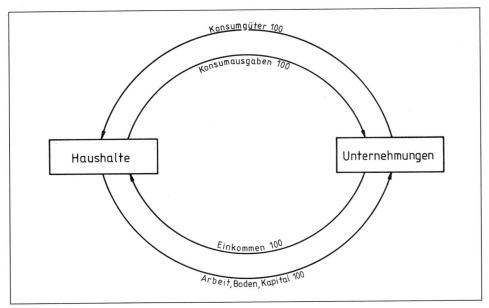

Abbildung 5: Wirtschaftskreislauf

Verfügung stellen. Die **Einkommen**, die den Haushalten dafür zufließen, bestehen dementsprechend aus Arbeitseinkommen, aus Mieten und Pachten für Bodennutzung und aus Kapitaleinkommen (Zinsen, Dividenden usw.).
Den Produktionsfaktoren fließt in Form der Einkommen ein **Geldstrom** entgegen.
Von den Einkommen bestreiten die Haushalte ihre **Konsumausgaben**. Diese fließen wiederum als Geldstrom den **Konsumgütern** entgegen.

✶ 56 **Der Wirtschaftskreislauf besteht demnach aus zwei gegenläufigen Kreisläufen, aus einem Güter- und einem Geldkreislauf. Beide Kreisläufe sind voneinander abhängig.** ✶

In den Unternehmungen werden im Gegenwert der eingesetzten Produktionsfaktoren Güter produziert. Es entsteht das sog. **Nettosozialprodukt zu Faktorkosten.** Dabei gehören Einkommen aus Unternehmertätigkeit zu dem Geldstrom »Einkommen« der Haushalte; entsprechend werden sie auch als volkswirtschaftliche Kosten der Produktion in das Nettosozialprodukt zu Faktorkosten eingerechnet.
Selbstverständlich gehören die aus Vorjahren übernommenen »Vorleistungen«, die in die Produkte eingeflossen sind, nicht in den Wert, der im betrachteten Kalenderjahr erzeugt wurde.

✶ 57 **Das Nettosozialprodukt zu Faktorkosten, das in einem Jahr erwirtschaftet wird, ist gleich dem Volkseinkommen desselben Jahres.** ✶
Wird ohne nähere Angaben vom »Sozialprodukt« gesprochen, dann ist üblicherweise das Nettosozialprodukt zu Faktorkosten gemeint.

Die im Gegenwert der Faktoreinkommen produzierten Güter werden in der Regel nur zum Teil von den Haushalten erworben (= Konsumgüter), die übrigen verbleiben im Bereich der Unternehmungen (= Produktionsgüter).

✶ 58 Die nicht für Konsum verwendeten Einkommen werden gespart – zwangsläufig, ob gewollt oder ungewollt. Sie wurden nicht verbraucht (Abbildung 6). ✶
Im gleichen Umfang bilden die nicht in den Konsum geflossenen Güter einen Zuwachs an Kapital: die Nettoinvestition des Jahres.

Teil 1: **1 Volkswirtschaft**   1.1 Grundlagen

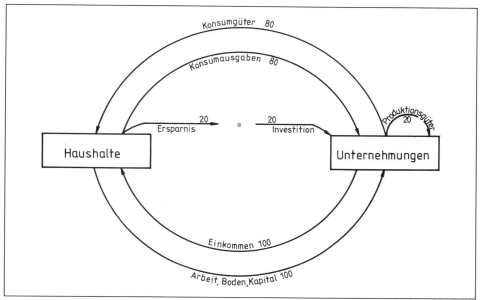

Abbildung 6: Wirtschaftskreislauf mit Ersparnis und Investition

Demnach ist **Konsumverzicht = Ersparnis = Nettoinvestition.** ∗   ∗ 59
Diesen Zusammenhang kann man auch anders formulieren:
Da vom Einkommen gespart wird, was nicht für Konsum verwendet wird, ist
Volkseinkommen = Konsumausgaben + Ersparnis.
Was aber an erzeugten Gütern nicht in den Konsumbereich der Haushalte geflossen ist, ist im Produktionsbereich verblieben, ob als gewollte oder ungewollte Investition.
Daraus folgt: Volkseinkommen = Konsumausgaben + Nettoinvestition.

In Abschnitt 1.1.5, Investitionen, wurde dargelegt, daß die gesamte Investition größer ist als die Nettoinvestiton, nämlich Bruttoinvestition = Ersatzinvestition + Nettoinvestition. Wo steckt die Ersatzinvestition in der Einkommensrechnung?
Da die Güterproduktion in Höhe der Ersatzinvestition nur der Ausgleich für produktionsbedingten Güterverschleiß ist, hebt sich dieser Produktionserfolg innerhalb des Unternehmensbereichs gegen seine Kosten auf; das Ergebnis ist Null. Nur die die Ersatzinvestition überschreitende Nettoinvestition bewirkt eine Änderung des Kapitalbestandes. Deshalb ist nur sie im Kreislaufmodell zu berücksichtigen.

Um das Bild des oben dargestellten Wirtschaftskreislaufes etwas realistischer zu machen, müssen noch zwei Teilnehmergruppen hinzugefügt werden: **der Staat (= öffentliche Haushalte) und das Ausland.** ∗   ∗ 60
Besteht eine Volkswirtschaft nur aus den drei Bereichen private Haushalte, Unternehmen und Staat, dann wird sie »**geschlossene Volkswirtschaft** mit ökonomischer Aktivität des Staates« genannt. Kommen Auslandsbeziehungen hinzu, dann ist es eine »**offene Volkswirtschaft** mit ökonomischer Aktivität des Staates«.

Mit dem Begriff **Staat** werden die öffentlichen Haushalte bezeichnet. Das sind die Behörden der Gemeinden und Gemeindeverbände, der Länder, des Bundes sowie die Sozialversicherungen (Renten-, Unfall-, Kranken-, Arbeitslosenversicherung). ∗   ∗ 61
Neben den gegenläufigen Geld- und Güterströmen zwischen den Teilnehmergruppen fließen auch reine Geldströme. Es sind **Steuern** und **Transferzahlungen.**

Direkte Steuern sind alle Steuern, für die man vom Finanzamt direkt belangt werden kann

1.1 Grundlagen

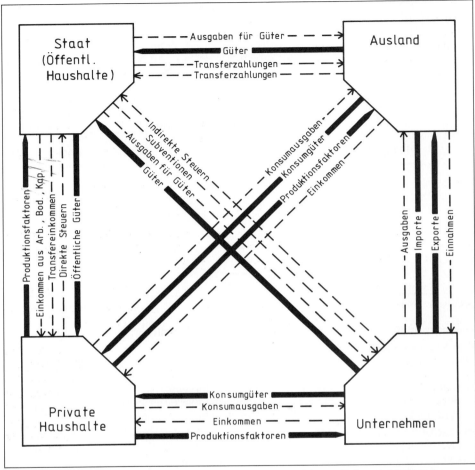

Abbildung 7: Kreislaufmodell einer offenen Volkswirtschaft (die eingezeichneten Ströme sind Beispiele)

(Lohn- und übrige Einkommensteuer, Erbschaft- und Schenkungsteuer u.a.). Die direkten Steuern sind neben Konsum und Sparen eine dritte »Verwendungsart« der Einkommen.

Volkseinkommen = Konsum + Ersparnis + direkte Steuern

Indirekte Steuern werden auf die Haushalte in den Preisen der Konsumgüter überwälzt. Es sind die Umsatzsteuer in Form der Mehrwertsteuer und Verbrauchsteuern, wie z.B. Mineralöl-, Salz-, Bier-, Tabak-, Zündwarensteuer.

Transferzahlungen sind **Einkommensübertragungen** größtenteils an die **privaten Haushalte** (Leistungen aus Sozialversicherungen, Zahlungen nach dem Bundes-Ausbildungsförderungsgesetz, Sozialhilfe u.a.), aber auch an **Unternehmen** (Subventionen) und das **Ausland** (besonders Beiträge an internationale Organisationen, aber auch Renten u.a.).

Den Steuern fließen keine individuellen Leistungen entgegen. Die gegenläufigen Ströme sind Staatsausgaben. Sie bestehen in »öffentlichen Gütern« zur Befriedigung von Kollektivbedürfnissen und in Transferzahlungen.

Der Staat tritt – außer daß er Einkommen umverteilt – **teils als Produzent und teils als Konsument** auf.

Er ist **Produzent**, wenn er in Regiebetrieben oder verselbständigten öffentlichen Betrieben Güter erzeugt, z.B. Dienstleistungen der Post und Bundesbahn, oder Waren, wie z.B. Gebrauchsporzellan in der staatlichen Porzellanmanufaktur »KPM – Königliche Porzellanmanufaktur GmbH« in Berlin.
Er ist **Konsument** mit dem gesamten Verbrauch für öffentliche Verwaltung, Sozial- und Gesundheitsfürsorge, innere Sicherheit u. dergl.

Mit dem **Ausland** als teilnehmendem Wirtschaftsbereich verbinden die Volkswirtschaft wechselseitige Faktorleistungen und Faktoreinkommen der beiderseits der Grenzen wohnenden Bevölkerung, Transferzahlungen (Renten und Alimentenzahlungen, vor allem aber Beiträge an internationale Organisationen) und besonders Import und Export.
Import ist Bezug von Waren und Dienstleistungen aus dem Ausland; **Export** ihr Verbringen in das Ausland. ✳   ✳ 62

Export minus Import ergibt den **Außenbeitrag zum Volkseinkommen**. ✳   ✳ 63
Besteht ein Export-Überschuß gegenüber dem Import des gleichen Jahres, dann übersteigt die Wirtschaftsleistung den inländischen Bedarf und umgekehrt.

Fügt man dem Nettosozialprodukt zu Faktorkosten die indirekten Steuern (Mehrwertsteuer, Verbrauchsteuern) hinzu und bezieht nun auch den Außenbeitrag mit ein, dann ergibt sich das Nettosozialprodukt zu Marktpreisen.
Und das **Bruttosozialprodukt** ergibt sich aus:
 NSP zu Marktpreisen + Ersatzinvestition = Bruttosozialprodukt (zu Marktpreisen).

Die folgende Zusammensetzung zeigt einige Zahlen aus der volkswirtschaftlichen Gesamtrechnung der Bundesrepublik Deutschland für das Jahr 1988 (Stand 1.7.89):

BSP zu Marktpreisen	2.121,5 Mrd. DM
− Abschreibungen	260,8 Mrd. DM
= NSP zu Marktpreisen	1.860,7 Mrd. DM
− indirekte Steuern	257,1 Mrd. DM
+ Subventionen	48,0 Mrd. DM
= NSP zu Faktorkosten = Volkseinkommen	1.651,6 Mrd. DM
= Einkommen aus unselbständiger Arbeit	1.123,3 Mrd. DM
+ Einkommen aus Unternehmertätigkeit und Vermögen	528,3 Mrd. DM

1.2 Wirtschaftssysteme, Geldwesen, Konjunktur

1.2.1 Wirtschaftssysteme

1.2.1.1 Idealtypen und Realtypen

Wirtschaftssysteme unterscheiden sich
— durch den Stand der Produktionstechnik
— durch die Wirtschaftsordnung
— durch die Wirtschaftsgesinnung.

Man unterscheidet zwei **Idealtypen** von Wirtschaftssystemen, im allgemeinen Sprachgebrauch genannt »Marktwirtschaft« und »Planwirtschaft«.

Die **Marktwirtschaft** heißt fachlich **Verkehrswirtschaft**. Sie ist durch arbeitsteilige Produktion gekennzeichnet, deren Güteraustausch durch Verkehr über Märkte mit Hilfe des Geldes erfolgt.
Bei dem Idealtyp der Verkehrswirtschaft werden alle Pläne für Gütererzeugung und Konsum von den einzelnen Teilnehmern am Wirtschaftsprozeß gemacht. Es besteht Freiheit der Arbeitsplatz- und Konsumwahl. Die Produktionsgüter sind Privateigentum.
Die Preise bilden sich im Wettbewerb am Markt, wo Angebotswettbewerb und Nachfragewettbewerb zusammentreffen. Der Marktmechanismus bringt die Einzelpläne der Wirtschaftenden durch Wettbewerb von Angebot und Nachfrage beim Marktpreis

✸ 64 **zur Abstimmung.** ✸

Das Zusammenwirken von Märkten, Wettbewerb und Preisen ergibt einen **Lenkungsmechanismus,** dessen Funktionieren eine teure und dabei weit weniger effiziente Lenkungsbürokratie überflüssig macht.
Je transparenter der Markt für Angebots- und Nachfragewettbewerb ist, desto sicherer lenkt der Preis die Nachfrage zum wirtschaftlich günstigsten Angebot. Da umgekehrt der Anbieter den höchsten Preis nimmt, zu dem er seine Produkte gerade noch verkaufen kann, wird durch den Eigennutz der Wettbewerber der sich bildende Preis stets die bestmögliche Güterlenkung an den Ort des größten Bedarfs bewirken und so die günstigste Verwendung der Produktionsfaktoren zur individuellen Bedürfnisbefriedigung herbeiführen.

Diesem Idealtyp steht der Idealtyp der zumeist **Planwirtschaft** genannten **Zentralverwaltungswirtschaft** gegenüber (Abbildung 8).
Hier werden Produktion und Konsum zentral geplant. Die erforderlichen Kapitalgüter (Maschinen, Werkzeuge, Werkstoffe usw.) werden den Betrieben zugeteilt (Kontingente),
die Konsumgüter den Konsumenten (z.B. durch Lebensmittelkarten, Kohlenkarten, Punkt-

✸ 65 tekarten für Textilien, Bezugscheine). ✸

Die Produktionsgüter sind Staatseigentum.
Märkte mit Angebots- oder Nachfragewettbewerb sind verboten. Sie würden das Zuteilungssystem stören.
Preise werden zentral festgesetzt und haben keine ökonomische Lenkungsfunktion. Dafür können Kollektivbedürfnisse nach rein politischer Entscheidung befriedigt werden.

Die **politischen Bedingungen** können für das Wirtschaftssystem von ausschlaggebender Bedeutung sein.
Schon allein die Abschaffung des Privateigentums zur Durchsetzung der Zentralverwaltungswirtschaft setzt die **Diktatur des Staates voraus (Befehlswirtschaft).**

Kriterien	Verkehrswirtschaft	Zentralverwaltungs-wirtschaft
Eigentum	privat (Privatkapitalismus)	staatlich (Staatskapitalismus)
Planung von Produktion und Konsum	Die Wirtschaftssubjekte planen selbständig	Zentralbehörde erstellt **einen** umfassenden Plan
Preise	bilden sich am Markt durch Angebot und Nachfrage	werden zentral festgesetzt

Abbildung 8: Wesentliche Unterschiede der Idealtypen Verkehrs- und Zentralverwaltungswirtschaft ∗   ∗ 66

Eine Marktwirtschaft kann dagegen unter jeder Staatsform existieren, wenn die in Abbildung 8 genannten Systemgrundlagen der Verkehrswirtschaft politisch unberührt bleiben.

Die Idealtypen gibt es nicht in der Wirklichkeit. Es entstanden zahlreiche Abstufungen dazwischen als **Realtypen**.

Bezüglich der freien Marktwirtschaft zeigte sich, daß das vor 200 Jahren in Frankreich erprobte »Laissez faire, laissez aller«, das Machen-lassen, Laufen-lassen, ohne ordnenden Eingriff des Staates (Nachtwächterstaat), zu schwerwiegenden Ungleichheiten führt; zu wirtschaftlichen Vorteilen für die einen, die schnell weiteren Nutzen daraus ziehen können, und zu wirtschaftlichen Nachteilen bis zu sozialem Elend für die anderen.

Auf der anderen Seite hat sich gezeigt, daß auch die Zentralverwaltungswirtschaft in einer dem Idealtyp angenäherten Form keine optimale Lösung bringt.

Die zentrale Entscheidung über Produktion und Konsum nimmt den Menschen die **individuelle Freiheit**. Eine solche Situation ist nur vorübergehend durchzuhalten und nur, wenn genügend Menschen Zweck und Ziel dieser Zwangssituation akzeptieren.

Eine **sozial gerechte Güterverteilung** ist dann nur auf niedrigstem Niveau möglich.

Bedürfnisbefriedigung durch Güterqualität und Gütermenge kann für rund eine Million verschiedener Güter nicht geplant werden. Es überfordert die Bürokratie; zumal es unmöglich ist, die unvorhersehbare technische Entwicklung und den Wandel der Bedürfnisse vorauszusehen. Eine Minimalkostenkombination der Produktionsfaktoren ist ausgeschlossen, weil es keine freien Preise als Orientierungsmittel gibt.

Eine Systemverbesserung ergibt sich aus **gröberer Planung**, die nicht nur den Konsumenten, sondern auch den Betrieben größeren Freiraum für differenzierende Entscheidungen läßt.

Die Frage der bestmöglichen Wirtschaftslenkung läuft auf ein Optimierungsproblem hinaus, da sich nicht alle Wünsche zugleich erfüllen lassen. **Ziele sind: Freiheit der individuellen Wirtschaftspläne, günstigste Faktorkombination zur Bedürfnisbefriedigung und sozial gerechte Verteilung der Güter.**

Die Übersicht (Abbildung 9) zeigt in stufenweiser Reihenfolge praktische Versuche, durch gesetzliche Wirtschaftsordnung das »beste« Wirtschaftssystem zu schaffen.

Bei den Realtypen der Zentralverwaltungswirtschaft wird heute im wesentlichen nur die Produktion geplant und als Soll vorgegeben, während die **Einkommensverwendung** der Haushalte im Rahmen der dann verfügbaren Güter weitgehend freigegeben ist. So gibt es dann beispielsweise »nur noch« Kohlenkarten, Wohnungszwangszuweisung und eine Kontingentierung bestimmter Güter (z.B. Pkw, Heizgeräte).

Auf der anderen Seite wird in den marktwirtschaftlich orientierten Ländern versucht, die Mängel der freien Marktwirtschaft – Konzentration privater wirtschaftlicher Macht und soziale Mängel der Einkommensverteilung – durch Bekämpfung wettbewerbshemmender Konzentration und soziale Gesetzgebung zu verringern.

> **Idealtyp »Verkehrswirtschaft«**
> 1) Freie Wirtschaft (»Laissez-faire-Wirtschaft«)
> 2) Staatliche Markt- und Wettbewerbsregeln
> 3) Staatliche wirtschaftliche Aktivität in Nichtwettbewerbsbereichen, insbesondere Schaffung »öffentlicher Güter«
> 4) Einkommensumverteilungspolitik (»Soziale Marktwirtschaft«)
> 5) Globalsteuerung durch Einnahmen / Ausgaben-Änderung der öffentlichen Haushalte (»Gelenkte Marktwirtschaft«)
> 6) Staatliche Steuerung bis auf Branchenebene (in Frankreich »Planification«)
> 7) Unternehmenssteuerung: z.B. durch Investitionskontrolle (»gemäßigter Sozialismus«)
>
> **Annäherung möglich??**
>
> 7) Betriebliche Investitionsfreiheiten (»Marktsozialismus«)
> 6) Staatliche Produktionssollvorgaben nur nach Branchen
> 5) Staatliche Produktionssollvorgabe nur nach Produktgruppen
> 4) Dezentralisierung der staatlichen Produktionsplanung
> 3) Freie Arbeitsplatzwahl
> 2) Zentrale Produktionsplanung: freie Konsumplanung
> 1) Zentrale Produktions- und Konsumplanung (»Befehlswirtschaft«)
> **Idealtyp »Zentralverwaltungswirtschaft«**

Abbildung 9: Reale Wirtschaftsordnungen zwischen den Idealtypen

1.2.1.2 Soziale Marktwirtschaft

Die Frage ist heute nicht mehr, **ob** der Staat regelnd eingreifen soll, sondern **wie** er eingreifen soll. Die **Lenkung ist Hauptproblem der Wirtschaftsordnung.**

Auf der Skala der 14 in der Übersicht (Abbildung 9) genannten Systeme von wirtschaftspolitischer Gesetzlosigkeit (Freie Wirtschaft) bis zu totaler staatlicher Wirtschaftsführung (Befehlswirtschaft) befindet sich die Soziale Marktwirtschaft der Bundesrepublik Deutschland im Mittelfeld marktwirtschaftlicher Ordnungen. **Das schließt die staatlichen Regelungen der vorgelagerten Systeme ein:**✶

✶ 67
- **Eigentum und Erbrecht** werden gewährleistet, aber mit der Einschränkung: »Sein Gebrauch soll zugleich dem Wohle der Allgemeinheit dienen.« (Grundgesetz, Artikel 14)
- Gesetze regeln **Marktordnungen** und sollen den Wettbewerb als Lenkungsinstrument der Wirtschaft gewährleisten (Gesetz gegen Wettbewerbsbeschränkungen, 1.1.1958)
- Ein funktionsfähiges, **gesundes Geldwesen** wird geschaffen.
- Der Staat hat die **Aufgaben in Nichtwettbewerbsbereichen** zu übernehmen, die volkswirtschaftlich produktiv, aber nicht rentabel sind (z.B. Bundesbahn). Er muß Kollektivbedürfnisse befriedigen durch »öffentliche Güter« (Verwaltungsleistungen, Straßen, Krankenhäuser, Schulen usw.).

In der Sozialen Marktwirtschaft kommen nun zwei Lenkungsmaßnahmen des Staates hinzu: Einkommensumverteilung und **Globalsteuerung.**

Die Maßnahmen zur **Einkommensumverteilung** (Redistributionspolitik) sollen die aus dem Wirtschaftsprozeß entstehende Einkommensverteilung, soweit sie als sozial ungerecht empfunden wird, ändern.

Ein Mittel dazu ist das **Steuerrecht.** Die progressiv gestaffelte Einkommensteuer schöpft große Einkommen prozentual stärker ab als kleine.

Andererseits werden **Sozialeinkommen** an Rentner und sozial Schwache gezahlt (Renten, Sozialhilfe, BaFöG-Zahlungen u.a.).

Eine zweite Säule der Marktwirtschaft der Bundesrepublik ist die **Globalsteuerung** der Wirtschaft durch den Staat, die das **Stabilitätsgesetz** (Gesetz zur Förderung der Stabilität und des

Teil 1: **1 Volkswirtschaft** 1.2 Wirtschaftssysteme

Wachstums der Wirtschaft vom 8.6.1967) vorsieht. Nachteile freier Marktwirtschaft sollen vermieden (oder gemildert) werden, ohne den Wettbewerb und die freie Entfaltung des einzelnen zu hemmen.
Die vier Ziele des Stabilitätsgesetzes
>**Vollbeschäftigung,**
>**Stabilität des Preisniveaus,**
>**Zahlungsbilanzausgleich mit dem Ausland**
>**bei stetigem, angemessenem Wirtschaftswachstum,**

wurden als »magisches Viereck« bezeichnet (Abbildung 10), weil es unmöglich ist, sie gleichzeitig zu erreichen (konkurrierende Ziele).∗ ∗ 68

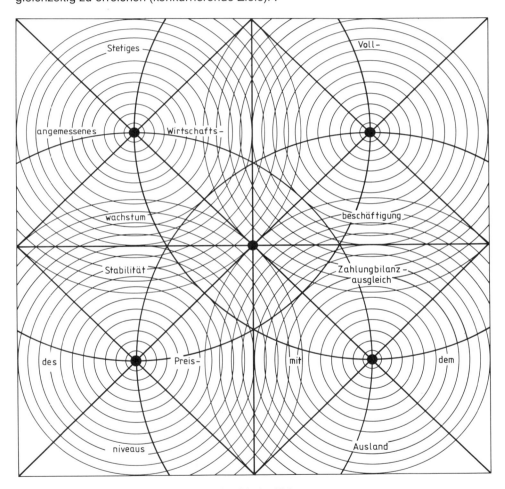

Abbildung 10: Das »magische Viereck« wirtschaftspolitischer Ziele

Als **Mittel zur stabilisierenden Lenkung** wurden
>Kreditaufnahmebegrenzung für den Staat,
>Konjunkturausgleichsrücklagen im Staatshaushalt,
>mittelfristige Finanzplanung (5 Jahre voraus) und
>die Aufstellung von Orientierungsdaten (für Wirtschaft und Tarifpartner)

vorgeschrieben.

1.2 Wirtschaftssysteme   Teil 1: 1 **Volkswirtschaft**

Als besonders wirksam haben sich erwiesen: **Steuerliche Maßnahmen** (Abschreibungsregelungen, Steuertarife, Subventionen) und die **Ausgabenpolitik** der Behörden (Nichtvergabe von Aufträgen und Einstellung der Mittel in die Konjunkturausgleichsrücklage bzw. in der Flaute verstärkte Auftragsvergabe).

Das Lenkungsinstrumentarium der Sozialen Marktwirtschaft wird ergänzt durch **Wirtschaftsaufsichts- und Wirtschaftsförderungsrecht;** z.B. Bankenaufsicht, Versicherungsaufsicht, Energieaufsicht, Subventionen und Preisstützung durch Überschußaufkäufe und neben der Branchenförderung regionale Förderung (Randgebiete, Finanzausgleich der Länder u.a.), Vergabe von Forschungsmitteln für förderungswürdige Technik.

An den Ordnungsrahmen der Wirtschaftsgesetze schließen die Gesetze an, die das »**soziale Netz**« (Abbildung 11) bilden. Beide Gesetzesbereiche greifen ineinander. Hierher gehören das **Arbeitsrecht** und das **Sozialrecht.**

Das **Arbeitsrecht** bezieht sich auf abhängige Arbeit (nicht eingeschlossen Beamte, Richter und Soldaten). Es umfaßt Vertragsrecht (Einzelvertragsrecht, Tarifvertragsrecht) und besonderes Schutzrecht (Kündigungsschutzgesetz, Arbeitsschutzrecht u.ä.).

Zum **Sozialrecht** gehört das Sozialversicherungsrecht (Kranken-, Unfall-, Renten-, Arbeitslosenversicherung) und verschiedene Schutzgesetze (Mieterschutzgesetz, Abzahlungsgesetz) zum Schutz des wirtschaftlich Schwächeren.

Zusammenfassend kann man sagen, daß die **Soziale Marktwirtschaft** den

marktwirtschaftlichen Wettbewerbsmechanismus zur Aussonderung wirtschaftlich schlechter Betriebe gewährleisten, dabei

durch Globalsteuerung den Wirtschaftsprozeß stabilisieren und

der Not derjenigen, die durch wirtschaftlichen Wandel oder persönliches Schicksal betroffen sind, mit Hilfe sozialer Gesetze abhelfen soll.

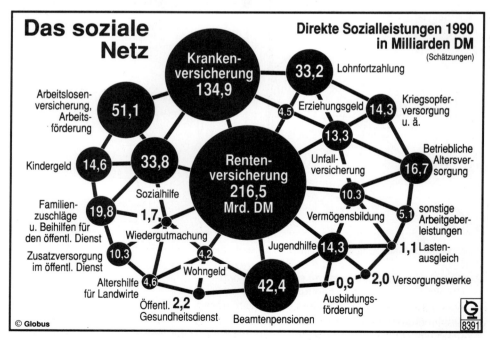

Abbildung 11: Das soziale Netz (ohne sozial begründete Steuererleichterungen)

1.2.2 Geldwesen und Konjunktur

1.2.2.1 Begriff, Funktion und Kreislauf des Geldes

Geld ist verfügbare Kaufkraft. ∗   ∗ 69
Es kommt in der Verkehrswirtschaft in zwei Formen vor:
   als gesetzliches Zahlungsmittel
   als Sichteinlagen.

Gesetzliche Zahlungsmittel sind Bargeld; und zwar **Zentralbanknoten**, die zur Begleichung von Zahlungsverpflichtungen in unbeschränkter Höhe angenommen werden müssen, sowie **Scheidemünzen**, die in DM-Münzen bis zum Betrag von 20 DM und in kleineren Münzwerten bis zum Betrag von 5 DM angenommen werden müssen.

Sichteinlagen sind »Buchgeld« oder »Giralgeld«. Man läßt sie bei einer Bank auf ein Konto buchen (Girokonto). Sie heißen Sichteinlagen, weil sie »bei Sicht«, also sofort, wie Bargeld, verfügbar sind – wenn man nur eine Zahlungsanweisung oder einen Scheck ausstellt.

Giralgeld kann durch Bankkredite vermehrt werden. Die dadurch entstehende Vermehrung der Geldmenge heißt **Geldschöpfung.** (Sie ist nur begrenzt zulässig.) ∗   ∗ 70

Geld als verfügbare Kaufkraft macht es möglich, Bedürfnisse am Markt als Nachfrage wirksam zu **Bedarf** werden zu lassen.
Es entsteht der volkswirtschaftliche **Geldkreislauf**.

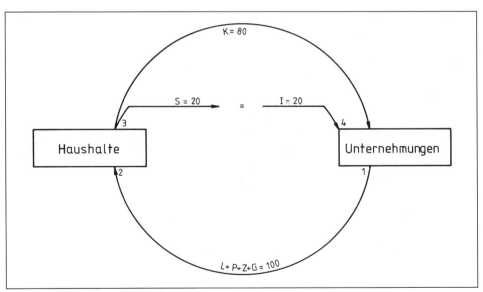

Abbildung 12: Geldkreislauf
L = Lohneinkommen; P = Pachten; Z = Zinsen; G = Gewinne;
K = Konsumausgaben; S = Ersparnis; I = (Netto-)Investition

1) Entstehung des Volkseinkommens: L + P + Z + G = 100
2) Verteilung des Volkseinkommens: L + P + Z + G = 100
3) Aufteilung des Volkseinkommens: K + S = 100
4) Verwendung des Volkseinkommens: K + I = 100 ∗   ∗ 71

1.2 Wirtschaftssysteme   Teil 1: **1 Volkswirtschaft**

Sein Wesen als verfügbare Kaufkraft macht das Geld für verschiedene Funktionen geeignet:
- als Tauschmittel (Zahlungsmittelfunktion),
- als Wertmaßstab (Recheneinheit) und

✻ 72   als Wertaufbewahrungsmittel (Vermögensanlage). ✻

Das Geld ist als Tauschmittel — aber auch unabhängig davon — Werttransportmittel.

Im Wirtschaftsleben ist die **Wertstabilität** des Geldes als Recheneinheit (besonders für internationalen Handel) und als Vermögensanlage (für Sparer) von großer Bedeutung.

1.2.2.2 Die Bedeutung der Währung

Im engeren Sinne ist **Währung** die allgemeine Bezeichnung des speziellen Geldnamens (Dollar, Rubel, Gulden usw.) für das Geld einer bestimmten Volkswirtschaft.
Devisen ist die allgemeine Bezeichnung für das Geld einer unbestimmten fremden Volkswirtschaft.
Im weiteren Sinne ist Währung die Verfassung des Geldwesens eines Landes bezüglich des in- und ausländischen Zahlungsverkehrs und seiner Wertbeziehungen.

Das Bundesbankgesetz (BBankG) vom 26. 7. 1957 bestimmte die Deutsche Bundesbank in Frankfurt am Main zum Träger der Geldpolitik (Hoheitsrecht!).
Sie allein hat das Recht, **Banknoten auszugeben**. Sie regelt »den Geldumlauf und die Kreditversorgung der Wirtschaft mit dem Ziel, die Währung zu sichern« (§ 3 BBankG).
Sicherung der Währung heißt: nach innen Erhaltung der Preisniveaustabilität, nach außen Stabilisierung des Austauschverhältnisses der DM gegenüber ausländischen

✻ 73   **Währungen.** ✻

Mit der Zuweisung der Verantwortung für Preisstabilität und Stabilität der Wechselkurse an die Währungspolitik wird die **Bedeutung der Währung** sichtbar sowohl dafür, daß der Teil des Volkseinkommens, der als **Wertaufbewahrungsmittel verwendet (gespart) wird, nicht an Wert verliert,** als auch dafür, daß sie als stabiles, frei konvertierbares (= frei in andere Währungen umtauschbares) Zahlungsmittel eine **Voraussetzung für den Zugang zum Weltmarkt der Güter bietet.**
Preisniveaustabilität ist wichtig für Sparer, besonders für Kleinsparer, die ihr Geld nicht spekulativ in Sachwerten anlegen können.
Ein stabiler Wechselkurs ist bedeutsam für Export und Import, weil dabei das Geld als Wertmaßstab, Tauschmittel und evtl. auch als Wertaufbewahrungsmittel verwendet wird. Der Lebensstandard der Bezieher von Transfereinkommen (Renten, Alimente) aus dem Ausland und der der Grenzgänger verändert sich mit dem Wechselkurs.

1.2.2.3 Inflation, Deflation und Währungspolitik

Preise hängen von Angebot und Nachfrage ab. Eine **Untergrenze für das allgemeine Preisniveau** ergibt sich aber aus den Kosten der Herstellung der Produktion. Unter diesem Preisniveau verkauft niemand, weil er sonst zusetzen würde. Der Angebotspreis bleibt so lange an der kostenbedingten Preisuntergrenze, bis eine weitere Erhöhung der Produktion an erste **Kapazitätsengpässe** stößt. Soll die Produktionsmenge erhöht werden, dann treten zusätzliche Kosten auf, die nur durch höhere Preise gedeckt werden. Die Preise der Angebotskurve steigen folglich mit zunehmender Produktionsmenge. Ist **Vollbeschäftigung** der Wirtschaft erreicht, dann kann die Produktionsmenge nicht mehr gesteigert werden. Tritt zusätzliche Nachfrage auf, dann tritt eine Verteilung der begrenzten Menge nach

Höchstgebot ein; das Preisniveau geht bei gleichbleibender Produktionsmenge steil nach oben (gesamtwirtschaftliche Angebotskurve in Abb. 13).

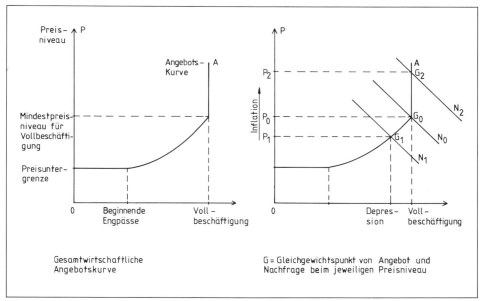

Abbildung 13: Angebotskurve mit schwankender Nachfrage (N_1 - N_0 - N_2)

Gegenüber der **Angebotskurve** verläuft eine **Nachfragekurve** etwa diagonal.
Zu einem hohen Preis wird nur eine kleine Menge nachgefragt. Je niedriger der Preis, desto größer wird die nachgefragte Menge. Eine Nachfragekurve verläuft also, wenn auf der x-Achse die Menge und auf der y-Achse das Preisniveau aufgetragen wird, von links oben nach rechts unten. Wo die Nachfragekurve die Angebotskurve schneidet, ist der Gleichgewichtspunkt (G). Zugleich gibt das Lot von diesem Punkt auf die x-Achse die zur Bedarfsdeckung erforderliche Produktmenge bzw. den Beschäftigungsgrad der Volkswirtschaft an.

In die Angebotskurve wurden drei verschiedene Nachfragekurven eingetragen, um sie zu vergleichen (Abb. 13).
Die linke Nachfragekurve (N_1) zeigt eine so zurückhaltende Nachfrage, daß keine Vollbeschäftigung erreicht wird. Die nur halbe Ausnutzung der volkswirtschaftlichen Kapazität bedeutet **Depression.** Es herrscht erhebliche Arbeitslosigkeit.
Nimmt die Nachfrage zu, so daß die mittlere Nachfragekurve (N_0) erreicht wird, dann zeigt sich ein neuer Schnittpunkt (G_0): **Auf höherem Preisniveau** (y-Achse) **tritt Vollbeschäftigung ein** (x-Achse). Preisniveausteigerung, also eine inflationäre Entwicklung ist der Preis, der für Vollbeschäftigung gezahlt werden muß.
Ließe sich das volkswirtschaftliche Gleichgewicht von Angebot und Nachfrage an diesem Schnittpunkt – **beim Mindestpreisniveau für Vollbeschäftigung** – stabilisieren, dann blieben Vollbeschäftigung und Preisniveau erhalten.
Tatsächlich wirkt die Nachfrage im **Boom** (= heftiger Aufschwung) in der Regel so mitreißend, daß ein weiterer inflationärer Preisauftrieb folgt, ohne daß sich die Gütermenge vermehren ließe. (Rechte Nachfragekurve, N_2)

Wie die Nachfragesteigerung zur **nachfrageinduzierten (durch Nachfrage eingeleiteten) Inflation** führt, kann ein Steigen der Angebotskurve (Minderung der Angebotsmenge bei gleichem Preisniveau bzw. Anstieg des Preisniveaus bei gleicher Erzeugungsmenge) zur **angebotsinduzierten Inflation** führen.

1.2 Wirtschaftssysteme

In der Wirklichkeit treten ständige Veränderungen von Angebots- und Nachfragekurve auf. Verschieben sich die Kurven gegeneinander in umgekehrter Richtung als im Beispiel beschrieben, dann tritt **Deflation** ein (= Senkung des Preisniveaus, Zunahme der Kaufkraft des Geldes).

Ist die Ursache von Inflation oder Deflation in einem Mißverhältnis des Geldvolumens zur verfügbaren Gütermenge zu sehen, dann spricht man von **monetär induzierter Inflation bzw. Deflation.** *

* 74

In diesem Fall ist es Aufgabe der Bundesbank, das **Preisniveau** mit Hilfe der Währungspolitik zu **stabilisieren.**

Ihre geldpolitischen Maßnahmen müssen das Geldvolumen dem Handelsvolumen anpassen.

Die sogenannte **Verkehrsgleichung,**

* 75

$$H \times P = M \times U *$$

besagt:
Handelsvolumen x Preisniveau = Geldmenge x Umlaufgeschwindigkeit
Handelsvolumen = alle getauschten Gütermengen
Preisniveau = Durchschnittspreis aller getauschten Güter
Die sog. »Umlaufgeschwindigkeit der Geldmenge« gibt an, wie oft (!) eine Geldeinheit im Durchschnitt im betrachteten Zeitraum zu Zahlungen benutzt wurde.

Durch **Beeinflussung der Geldmenge** kann die Bundesbank – gleichbleibendes Handelsvolumen vorausgesetzt – das Preisniveau beeinflussen. Von den Mitteln der Geldpolitik ist die **Beeinflussung des Zinsniveaus** durch die Bundesbank am bekanntesten (Diskontpolitik). Zinserhöhung verknappt die Buchgeldmenge; Zinsminderung erhöht sie. Daneben beeinflußt die Bundesbank die umlaufende Geldmenge durch **An- oder Verkauf von Wertpapieren (Offenmarktpolitik)** und schließlich begrenzt sie die Buchgeldschöpfung durch die Geschäftsbanken, indem sie diesen vorschreibt, wieviel Prozent des bei ihnen geführten Buchgeldes als **»Mindestreserve«** bei der Zentralbank gewissermaßen zu hinterlegen ist (Mindestreservepolitik).

Ziel der geldpolitischen Maßnahmen ist die Stabilität des Preisniveaus.

Infolge der Interdependenz (des Zusammenhanges) aller Geld- und Güterströme kann die unbedingte Preisniveaustabilisierung die Beschäftigung und die Wirtschaftsleistung hemmen.

1.2.2.4 Ursachen der Konjunktur?

Den **Konjunkturverlauf** bilden die um eine langfristige, als gleitender Durchschnitt errechnete Trendlinie schwingenden Wellen des Wirtschaftsverlaufs, bereinigt um Saisonschwankungen (Abb. 14, nächste Seite).
Der Zyklus besteht aus Aufschwung, oberem Wendepunkt, Abschwung und unterem Wendepunkt.
In der Bundesrepublik Deutschland ergaben sich bisher ziemlich regelmäßig etwa vier bis fünf Jahre dauernde Konjunkturzyklen (Abb. 15, übernächste Seite).
Saisonale Schwankungen kehren jahreszeitlich wieder. Sie hängen ab von der Ernte, vom Wetter, von natürlichen Reifeprozessen, von Urlaubszeiten, Festen, von der Mode u.a.

Die Ursachen für den zyklischen Konjunkturverlauf sind bis heute nicht bekannt, obgleich es eine eigene Wissenschaft der Konjunkurforschung gibt, die in zahlreichen Instituten betrieben wird. Es gibt entsprechend viele **Konjunkturtheorien.** *

* 76

Daß ein einzelner Steuerungsfaktor die Wellenbewegung auslöst, wird zumeist verneint. Im Vordergrund der Untersuchungen stehen die Investitionen mit ihren Auswirkungen. Monetäre, also im Geldsystem begründete, wie auch psychologische Ursachen werden zumeist als wesentliche, von manchen als vorherrschende Einflußfaktoren angesehen.

Teil 1: **1 Volkswirtschaft**   1.2 Wirtschaftssysteme

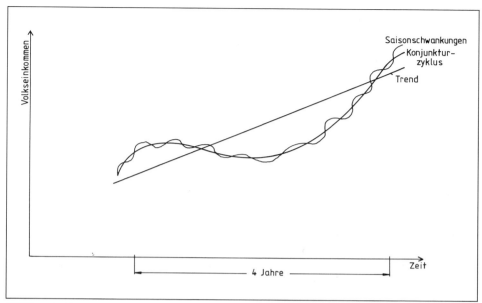

Abbildung 14: Trend, Konjunkturzyklus und Saisonschwankungen
Beispielschema für einen Vierjahreszeitraum

Wie schon erwähnt, ist ein Mittel der staatlichen Globalsteuerung zur Stabilisierung der Wirtschaft die **Ausgabenpolitik.** In der Hochkonjunktur sollen Bund und Länder Zurückhaltung üben und Geldmittel in eine Konjukturausgleichsrücklage einstellen. Im Abschwung dagegen sollen Staatsausgaben für öffentliche Aufträge die Wirtschaft aus der Depression bringen.

Mit erhöhten Staatsausgaben, Steuersenkung und Zinssenkung kann eine Aufschwungphase der Konjunktur eingeleitet werden. Wie dargelegt, ist mit der so finanzierten Zunahme der Beschäftigung der Volkswirtschaft ein Anstieg des Preisniveaus, also eine Minderung der Kaufkraft des Geldes verbunden. Deshalb muß man letztlich auch hier einen Mittelweg zwischen den konkurrierenden Zielen des »Magischen Vierecks« suchen.

1.2 Wirtschaftssysteme

Teil 1: **1 Volkswirtschaft**

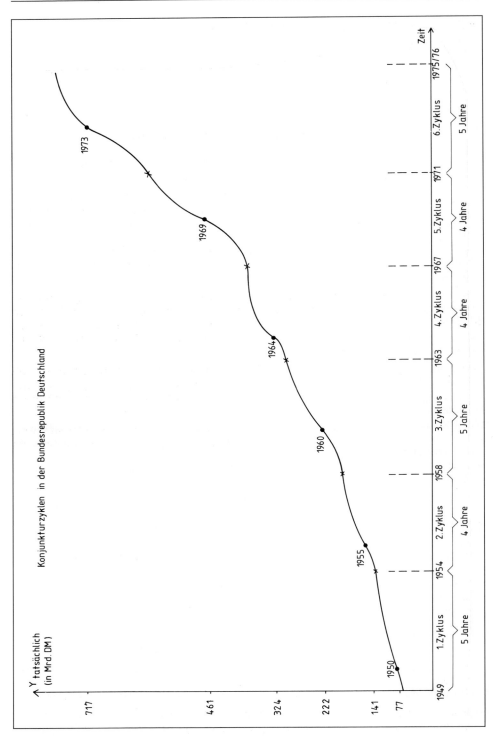

Abbildung 15: Konjunkturzyklen in der Bundesrepublik Deutschland

1.3 Betriebliche Rechtsformen und Konzentrationsformen

1.3.1 Einführung

1.3.1.1 Überblick über die wichtigsten Rechtsformen

Betriebe werden zu Unternehmungen, wenn mit ihnen Gewinne erzielt werden sollen und sie in eine entsprechende privatrechtliche Rechtsform eingekleidet werden.

Da es eine ganze Reihe verschiedener Rechtsformen gibt, die je nach Art und Zweck des Betriebes die richtige für ihn ist, soll ein Schema (Abb. 16, nächste Seite) zeigen, wie die wichtigsten Rechtsformen, mit denen die Betriebe ausgestattet sein können, zueinander stehen und wo sie einzuordnen sind.
Die Übersicht wirft Fragen auf, die im Laufe der Textabschnitte geklärt werden.
Zunächst zu der Frage, was denn »privates« und was »öffentliches Recht« ist, denn die Übersicht ist danach gegliedert.

Privatrecht ist der Teil des gesetzlichen Rechts, der (von Ausnahmen abgesehen) die **Beziehungen zwischen Privatpersonen regelt.** Das Privatrecht ist hauptsächlich im Bürgerlichen Gesetzbuch (BGB), im Handelsgesetzbuch (HGB) und Gesetzen über die Handelsgesellschaften, im Urheberrecht sowie im sehr zersplitterten Arbeitsrecht verankert.* * ✱ 77
✱ 78

Das **Öffentliche Recht** ist der Teil des gesetzlichen Rechts, der die **Beziehungen zwischen den Behörden sowie zwischen Behörden und Privatpersonen regelt.** Es umfaßt Verfassungsrecht, Staatsrecht, Verwaltungsrecht, Strafrecht und Verfahrensrecht für die Gerichte.✱ ✱ 79

Privatpersonen sind natürliche Personen und juristische Personen des Privatrechts. Die juristischen Personen des Öffentlichen Rechts sind keine Privatpersonen; sie gehören rechtlich zu den Behörden.
Der Begriff »juristische Person« wird im nächsten Abschnitt erläutert.✱ ✱ 80

1.3.1.2 Einige Grundbegriffe

Für das Verständnis der meisten Rechtsformen sind folgende Begriffe wichtig:
 1. Firma
 2. Geschäftsführung und Vertretung
 3. Haftung
 4. juristische Person
 5. Handelsregister

Zu 1. Firma:
» (1) Die Firma eines Kaufmannes ist der Name, unter dem er . . . seine Geschäfte betreibt und die Unterschrift abgibt.
 (2) Ein Kaufmann kann unter seiner Firma klagen und verklagt werden.« (§ 17 HGB)

Etwas anderes sind sog. **Etablissementsbezeichnungen.** Sie sind nur als Zusatz in Branchen zulässig, in denen ihre Anwendung üblich ist, wie bei Apotheken (z.B. »Einhorn-Apotheke«) oder Gaststätten (z.B. »Zum Hirschen«).

1.3 Rechts- und Konzentrationsformen   Teil 1: 1 **Volkswirtschaft**

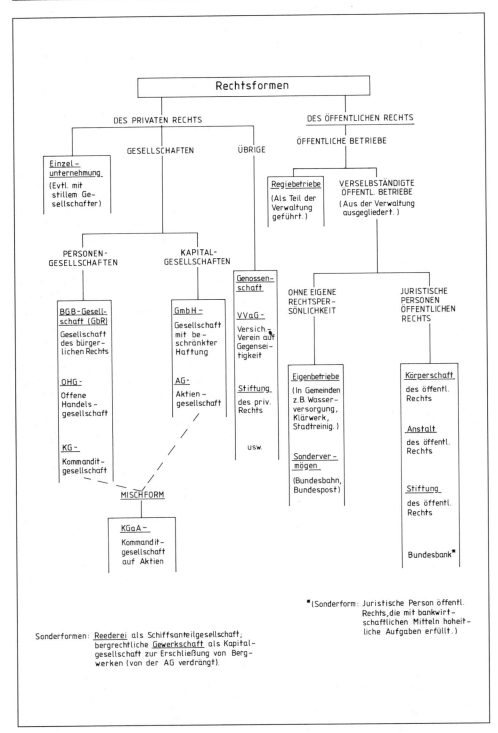

Abbildung 16: Betriebliche Rechtsformen

Zu 2. Geschäftsführung und Vertretung:

Geschäftsführung betrifft das Innenverhältnis. Sie umfaßt die Weisungsbefugnis gegenüber Beschäftigten, wie sie zur ordnungsmäßigen Geschäftsabwicklung erforderlich ist und schließt andererseits die Verantwortung für ordnungsgemäße und gesetzliche Unternehmensführung ein.

Vertretung betrifft das Außenverhältnis. Sie bedeutet Handlungsbefugnis gegenüber Dritten (wie Kunden, Lieferanten, Behörden). Wo nicht zwischen Geschäftsführung und Vertretung unterschieden ist (evtl. in Gesellschaftsverträgen), wird ein zur Geschäftsführung Bestellter auch als vertretungsbevollmächtigt angesehen. * * 81

Zu 3. Haftung:

Haftung ist die Verpflichtung, für eine Schuld einzustehen.
Haftet man gemeinsam mit anderen für eine Schuld, dann ist das eine **gesamtschuldnerische Haftung** oder **Haftung zur gesamten Hand**.
Die gesamtschuldnerische Haftung verpflichtet jeden einzelnen der Schuldner, für den Gesamtbetrag einzustehen, bis die Summe beglichen ist. Der Zahler kann die Schuldenanteile seiner Mitschuldner im Innenverhältnis von diesen zurückverlangen. * * 82

Zu 4. Juristische Person:

Alle Menschen sind »natürliche Personen«. Nach der Geburt wird man beim Standesamt angemeldet, zur Eintragung von Namen, Vornamen usw. in das Personenstandsregister.

Eine »juristische Person« wird nicht von Natur aus, sondern auf der Grundlage von Gesetzen juristisch geschaffen. Ihrem Wesen nach sind es Einrichtungen, Institutionen, Betriebe o.ä., die auf Beschluß von Menschen errichtet werden. Dazu muß für juristische Personen, die auf der Grundlage von **privatem Recht** errichtet werden, die **Gründung in notariell beurkundeter Form** erfolgen. Der Name der juristischen Person muß dann zusammen mit dem Vertrag **beim Amtsgericht in das richtige Register** eingetragen werden. Für Handelsgesellschaften ist es das Handelsregister, für Genossenschaften das Genossenschaftsregister, für Vereine das Vereinsregister. * * 83

Juristische Personen des **öffentlichen Rechts** sind Einrichtungen, denen dieser **Status durch behördlichen Rechtsakt verliehen** wurde. Die Industrie- und Handelskammern sind z.B. solche Einrichtungen. * * 84

Juristische Personen können nicht von sich aus handeln. Sie **brauchen Organe**. Beim Verein sind es z.B. der Vorstand und die Mitgliederversammlung, bei der Aktiengesellschaft sind es Vorstand, Aufsichtsrat und Hauptversammlung. * * 85

Personengesellschaften sind keine juristischen Personen. Sie brauchen keine Organe, denn Geschäftsführung und Vertretung der Gesellschaft liegen bei den Gesellschaftern selbst. * * 86

Die ordnungsgemäß errichtete juristische Person ist rechtlich eine Person, wie eine natürliche Person. Erkennbar ist das daran, daß die juristische Person für die in ihrem Namen eingegangenen Verpflichtungen **selbst haftet**; es haftet dann keine natürliche Person. (Wichtig bei Kapitalgesellschaften!) * * 87

Zu 5. Handelsregister:

Die Handelsregister werden bei den Amtsgerichten geführt. Sie registrieren alle Firmen, die ein »Handelsgewerbe« gem. § 1 HGB betreiben.
Als Handelsgewerbe gilt zudem jedes Unternehmen, das »nach Art und Umfang einen in kaufmännischer Weise eingerichteten Geschäftsbetrieb erfordert« (Buchführungspflicht), sofern es in das Handelsregister eingetragen worden ist.

Keine Eintragungspflicht besteht für land- und forstwirtschaftliche Betriebe und für Kleingewerbetreibende.

1.3 Rechts- und Konzentrationsformen Teil 1: **1 Volkswirtschaft**

* 88
Beschränkungen der Haftung oder der Vertretungsmacht von Gesellschaftern gelten gegenüber Dritten, wenn sie in das Handelsregister eingetragen sind. Der Außenstehende kann dann nicht Unkenntnis geltend machen.*

* 89
Die Handelsregistereintragungen kann jedermann kostenlos einsehen.*

1.3.2 Die Einzelunternehmung

Wer allein eine Unternehmung gründet, ist ein Einzelunternehmer. Die Unternehmung heißt **Einzelunternehmung.**
Da die Rechtsform im Handelsgesetzbuch geregelt ist, ist die Einzelunternehmung eine
* 90 privatrechtliche Unternehmensform.*

Firma:
Wenn die Unternehmung nicht so klein ist, daß sie »nach Art oder Umfang einen in kaufmännischer Weise eingerichteten Geschäftsbetrieb nicht erfordert«, dann hat der Einzelkaufmann »seinen **Familiennamen mit mindestens einem ausgeschriebenen Vornamen** als Firma zu führen« (§§ 4 und 18 HGB). Betreibt er ein »Handelsgewerbe«, wozu gem. § 1 HGB auch die industrielle Be- oder Verarbeitung von Waren gehört, so ist es beim Handelsregister anzumelden.
Zusätze zur Firma sind nur erlaubt, soweit sie »zur Unterscheidung der Person oder des Geschäfts dienen« (§ 18 HGB).

Leitung:
Dem Einzelunternehmer obliegen Geschäftsführung und Vertretung seiner Unternehmung, die nicht von ihm getrennt existiert. Er vertritt die Unternehmung wie sich selbst.

Finanzierung:
Der Einzelunternehmer muß für die Finanzierung der Investitionen allein einstehen. Über sein Privatvermögen hinaus kann er keine Sicherheiten zur Beleihung bieten, so daß die Möglichkeiten der **Fremdfinanzierung** sehr begrenzt sind. Eine Zufuhr weiteren Kapitals ist durch **Nichtentnahme von Gewinnen** und durch einen **stillen Gesellschafter** möglich.
Da dem Einzelunternehmer Gewinn und Verlust allein zustehen, ist die Nichtentnahme von Gewinnen, wenn vorhanden, kein Problem. Fraglich ist, ob man einen stillen Gesellschafter findet, der bereit ist, Geldkapital zur Verfügung zu stellen.

Der **stille Gesellschafter** hat seine Rechtsgrundlage in den §§ 230 ff. des HGB. Daraus geht hervor, daß sich die Rechtsform »Einzelunternehmung« nicht ändert.
Der stille Gesellschafter hat seine Vermögenseinlage »so zu leisten, daß sie in das Vermögen des Inhabers ... übergeht«! Der Inhaber wird aus den Geschäften des Betriebes »allein berechtigt und verpflichtet« (§ 230 HGB). »Der Firma darf kein Zusatz beigefügt werden, der ein Gesellschaftsverhältnis andeutet« (§ 18 HGB).
Stille Gesellschafter sind in der Regel Verwandte oder gute Bekannte des Geschäftsinhabers. Sie können, anders als eine Bank, Charakter, Vertrauenswürdigkeit und Tüchtigkeit des Einzelunternehmers einschätzen und wollen ihm vielleicht auch helfen. Die Kapitaleinlage hat daher stark den Charakter eines sog. Personalkredits, eines ohne reale Sicherheit **der Person** gegebenen Darlehens.
Eine Beteiligung des Gesellschafters am Verlust kann ausgeschlossen werden, nicht aber eine Beteiligung am Gewinn. Der stille Gesellschafter ist berechtigt, »die abschriftliche Mitteilung des Jahresabschlusses zu verlangen« und die Bücher und Papiere einzusehen
* 91 (vgl. § 233 HGB).*

Haftung:
Der Einzelunternehmer haftet allein, unbeschränkt, mit seinem gesamten Vermögen von
* 92 dem die Unternehmung ein Bestandteil ist.*

1.3.3 Personengesellschaften

1.3.3.1 Allgemeines

Personengesellschaften basieren maßgeblich auf dem **persönlichen Einsatz ihrer Mitglieder.** Die Verbindung der Fähigkeiten mehrerer Personen eröffnet größere Möglichkeiten im Vergleich zur Einzelunternehmung. Außerdem ist von mehr Personen mehr Eigenkapital zu erwarten. Während aber der Einzelunternehmer Herr im Hause ist, besteht bei Gesellschaftern stets die **Gefahr grundsätzlicher Führungsdifferenzen.** Schon aus diesem Grund ist die Anzahl der Gesellschafter, die sich zu Personengesellschaften zusammenschließen, meist nur gering.
Wegen der Bindung an bestimmte Einzelpersonen ist eine freie Übertragbarkeit der Mitgliedschaft im Normalfall ausgeschlossen. **Mit dem Ausscheiden eines Gesellschafters endet die Gesellschaft.** Doch lassen sich im Gesellschaftsvertrag andere Regelungen treffen.
Abstimmungen nach Köpfen sind die Regel (und nicht nach Kapitalanteilen); auch **Gewinnanteile werden weitgehend nach Köpfen** zugeteilt.
Das die Rechtssicherheit im Wirtschaftsleben stabilisierende Prinzip der Personengesellschaften ist – wie bei Einzelunternehmungen – die **persönliche Haftung.** * * 93
BGB und HGB regeln die Innenverhältnisse von Personengesellschaften jeweils für den Fall, daß vertraglich nichts anderes vereinbart ist. Daher können Personengesellschaften sehr variabel gestaltet werden.
Die Eintragung von Personengesellschaften in das Handelsregister erfordert keine notarielle Beurkundung, lediglich eine Beglaubigung der Unterschriften der Gesellschafter. * * 94

1.3.3.2 Die Gesellschaft bürgerlichen Rechts

Die Gesellschaft bürgerlichen Rechts (GbR) ist im Bürgerlichen Gesetzbuch (BGB) geregelt (§§ 705 bis 740). Sie wird auch BGB-Gesellschaft genannt.
Sie ist eine Personengesellschaft, in der sich natürliche wie juristische Personen als Gesellschafter vertraglich zusammenschließen können, um einen gemeinsam festgelegten Zweck zu erreichen.
Die GbR spielt im Wirtschaftsleben eine nennenswerte Rolle und ist zudem **die allgemeine Form der Personengesellschaften, deren Regelungen maßgeblich sind, soweit bei den Bestimmungen für die einzelnen Personengesellschaften im Handelsgesetzbuch keine speziellen Vorschriften getroffen sind.** * * 95
Sie eignet sich als Zusammenschlußform für Nichtkaufleute, wie Architekten, Ärzte (Praxisgemeinschaften), Rechtsanwälte, wie auch für Kaufleute. Diese verwenden sie für einmalige, in der Regel zeitlich begrenzte Zwecke, wie zeitweilige Arbeitsgemeinschaften (z.B. im Streckenbau, Stauwerksbau, Bau von Hafenanlagen); auch ein Bankenkonsortium zur Aktienemission (in dem sich Banken zusammenschließen, um einen zeitlich begrenzten Aktienverkauf durchzuführen), hat die Rechtsform der GbR.
Ein Vorteil dieser Rechtsform ist, daß Gründung und Auflösung unkompliziert und kostenlos sind. Ist der Gesellschaftszweck erfüllt, hört die Gesellschaft auf zu existieren. Hat sich jedoch Gesellschaftsvermögen gebildet, muß darüber eine Auseinandersetzung erfolgen.

Firma:
Eine GbR ist keine Handelsgesellschaft und hat daher **keine** Firma.

Leitung:
Die **Geschäftsführung** steht allen **Gesellschaftern** gemeinsam zu. Ist die Geschäftsfüh-

rung vertraglich einzelnen Gesellschaftern übertragen, dann sind die übrigen von der Geschäftsführung ausgeschlossen. Sofern vertraglich nichts anderes vereinbart ist, ist ein zur Geschäftsführung Befugter auch zur **Vertretung** der anderen Gesellschafter gegenüber Dritten ermächtigt.
Abgestimmt wird nach Köpfen.

Finanzierung:
Die Gesellschafter leisten Beiträge in Geld, Sacheinlagen oder durch Mitarbeit. Nichtentnommene Gewinne erhöhen das Gesellschaftsvermögen, das allen gemeinsam gehört.

Haftung:
Jeder Gesellschafter haftet persönlich unmittelbar als Gesamtschuldner und unbeschränkt.
Eine **Haftungsbeschränkung** auf das Gesellschaftsvermögen ist möglich, z.B. wenn die Gesellschaft auf ihren Briefbögen unter den Namen der Gesellschafter den Zusatz »Gesellschaft bürgerlichen Rechts mit Haftungsbeschränkung« führt und auch sonst keinen Zweifel an der Haftungsbeschränkung läßt.

1.3.3.3 Die Offene Handelsgesellschaft (OHG)

Nach § 105 des Handelsgesetzbuches ist eine Gesellschaft zum Betrieb eines Handelsgewerbes unter gemeinschaftlicher Firma dann eine »offene Handelsgesellschaft, wenn bei keinem der Gesellschafter die Haftung gegenüber den Gesellschaftsgläubigern beschränkt ist«.
Die Anmeldung der Gesellschaft beim Handelsregister ist von allen Gesellschaftern vorzunehmen. Sie muß u.a. enthalten:
        Namen, Vornamen, Stand und Wohnort jedes Gesellschafters,
        Firma und Sitz der Gesellschaft (§ 108 HGB).
Die OHG ist die Gesellschaftsform kleiner Unternehmungen.
Die **Nachteile** entsprechen denen jeder Personengesellschaft: Besteht dauernde Einigkeit in Grundsatzfragen? Reicht das Eigenkapital? Ist die unbeschränkte Haftung zur gesamten Hand kein zu großes Risiko?
Die **Vorteile** liegen in den geringen Gründungskosten, der relativ freien Gestaltungsmöglichkeit und der Interessenverbindung sachlich passender Partner.

Der **Jahresgewinn** dient zunächst zur Verzinsung der Kapitalanteile der Gesellschafter mit vier Prozent, wenn er dazu ausreicht. Der übrige Gewinn sowie Verlust werden nach Köpfen verteilt.
Durch diese Regelung wird einerseits der Kapitaleinsatz entschädigt, die Überschußverteilung nach Köpfen macht aber deutlich, daß nicht das Kapital, sondern die persönliche Leistung als ergebnisbestimmend angesehen wird. Vertraglich sind andere Regelungen möglich.

Firma:
Die Firma der OHG muß mindestens den Nachnamen eines der Gesellschafter mit einem Zusatz »oHG« oder »& Co.« oder die Namen aller Gesellschafter enthalten. Im Gegensatz zur Einzelunternehmung sind Vornamen hier nicht erforderlich.

Leitung:
Zur **Geschäftsführung** sind alle Gesellschafter berechtigt und verpflichtet, sofern im Gesellschaftsvertrag nicht einzelne dazu bestimmt sind. In diesem Fall sind die anderen von der Geschäftsführung ausgeschlossen, haben aber Kontrollrecht.

»Zur **Vertretung** der Gesellschaft ist jeder Gesellschafter ermächtigt, wenn er nicht durch den Gesellschaftsvertrag von der Vertretung ausgeschlossen ist.« (§ 125 HGB)* * 96

Finanzierung:
Die Finanzierung ist im wesentlichen auf Eigenkapital der Gesellschafter beschränkt. Insgesamt ist eine breitere Kapitalbasis durch die Zahl der Gesellschafter zu erwarten. Entsprechend größer kann das beleihbare Vermögen der Gesellschafter als Sicherheit für die Beschaffung von Fremdkapital sein.
Bei guter Ertragslage kommt Selbstfinanzierung durch Nichtentnahme von Gewinnen in Betracht.* * 97

Haftung:
Die Gesellschafter haften als Gesamtschuldner, persönlich unbeschränkt. Das Haftungsrisiko ist größer als bei der Einzelunternehmung, weil man nicht allein entscheiden kann.* * 98
Für Rechtsgeschäfte durch einen nicht vertretungsberechtigten Gesellschafter haften die Mitgesellschafter nicht, wenn der Ausschluß der Vertretungsmacht in das Handelsregister eingetragen wurde.

1.3.3.4 Die Kommanditgesellschaft (KG)

Die Kommanditgesellschaft ist eine hinsichtlich der Haftung **abgewandelte offene Handelsgesellschaft.**
Eine KG liegt vor, wenn bei einem oder einigen der Gesellschafter die Haftung auf eine bestimmte Vermögenseinlage (Kommanditeinlage) beschränkt ist, »während bei dem anderen Teile der Gesellschafter eine Beschränkung der Haftung nicht stattfindet« (§ 161 HGB).
Die persönlich unbeschränkt haftenden Gesellschafter werden **Komplementäre,** die nur mit ihrer Kommanditeinlage haftenden werden **Kommanditisten** genannt.* * 99
Die KG muß mindestens einen Komplementär haben. Dieser kann auch eine juristische Person (z.B. GmbH) sein.

Die Kommanditgesellschaft ist als Rechtsform für ältere Familienunternehmen geeignet, in denen von Nachfolgegenerationen nur noch einzelne Personen im Unternehmen mitarbeiten. Die übrigen Erben bleiben zumeist als Kommanditisten im Unternehmen, von dem sie Gewinnbeteiligung bekommen, ohne persönlichen Einsatz.
Die Stellung der Kommanditisten in der KG ist vergleichbar der Stellung des Stillen Gesellschafters in der Einzelunternehmung.

In den letzten Jahren hat die KG viel Verwendung durch neue Unternehmungen gefunden, weil sie leicht zu gründen ist und die Komplementäre durch Gründung einer GmbH aus der persönlichen Haftung herauskommen. Als Komplementär haftet dann die juristische Person GmbH mit ihrem Gesellschaftsvermögen.

Firma:
Es gilt, was für die OHG gilt, jedoch sind nur die Namen der Komplementäre für den Firmennamen zugelassen.
Haftet keine natürliche Person als Komplementär, so muß aus dem Firmennamen die Haftungsbeschränkung hervorgehen. Beispiel:
Komplementär = Neumann GmbH; Kommanditisten = & Co.; Rechtsform = KG.
Firmenname: Neumann GmbH & Co., KG.

Leitung:
Bei der KG sind die Komplementäre **geborene Geschäftsführer.** Kommanditisten sind von der Geschäftsführung ausgeschlossen. Gleiches gilt für die **Vertretung** der Gesellschaft.* * 100

Finanzierung:
Eigenkapital der Komplementäre und Kommanditeinlagen der Kommanditisten. Bei guter Ertragslage Selbstfinanzierung aus Gewinnen.
Bei hoher Rentabilität sind eventuell weitere Kommanditeinlagen (wegen Gewinnbeteiligung mit begrenztem Risiko) beschaffbar.

✶ 101 Fremdkapital ist je nach Beleihbarkeit des Vermögens der Komplementäre (einschließlich der Kommanditeinlagen) zu bekommen.✶

Haftung:
Komplementäre haften wie die Gesellschafter der OHG, persönlich unbeschränkt als Gesamtschuldner.
Kommanditisten haften bis zur Höhe ihrer vertraglichen Kommanditeinlage, soweit sie sie nicht bereits in die Gesellschaft eingezahlt haben.

✶ 102 Die Anmeldung zum Handelsregister muß außer den auch bei der OHG geforderten Angaben »die Bezeichnung der Kommanditisten und den Betrag der Einlage eines jeden von ihnen« enthalten (§ 162 HGB).✶

1.3.4 Die Kapitalgesellschaften GmbH und AG

1.3.4.1 Allgemeines

Kapitalgesellschaften sind **juristische Personen des privaten Rechts.** Sie haben selbständig Rechte und Pflichten. Sie können Eigentum erwerben, vor Gericht klagen und verklagt werden.

✶ 103 Zum Handeln benötigen sie **Organe,** die aus natürlichen Personen bestehen müssen.✶
Neben dem **Handelsrecht** ist das **Mitbestimmungsrecht** maßgeblich für die Zusammensetzung solcher Organe, insbesondere der Aufsichtsgremien (Arbeitnehmervertreter neben Vertretern der Kapitalgeber), aber u.U. auch der Leitungsgremien (Arbeitsdirektor).

Bei Kapitalgesellschaften steht nicht ein Personenzusammenschluß, sondern ein **Kapitalzusammenschluß** im Vordergrund.
Abstimmungen erfolgen nicht nach Köpfen, sondern **nach Kapitalanteilen.**
Es gibt hier keine natürlichen Personen als haftende Gesellschafter. Die **Gesellschaften selbst haften als juristische Personen mit ihrem Gesellschaftsvermögen.**
Der Beschränkung der Haftung auf das Gesellschaftsvermögen steht die gesetzliche Vorschrift eines Mindestkapitals gegenüber, das für die Gründung erforderlich ist.

Kapitalgesellschaften benötigen **Gründer,** die auf der Grundlage **notariell beurkundeter Verträge** die juristische Person ins Leben rufen und das **Gründungskapital** aufbringen.

Da Kapitalgesellschaften stets als Handelsgesellschaften gelten, sind sie **zum Handelsregister anzumelden.**

Der Bestand der Kapitalgesellschaften ist **rechtlich vom Wechsel der Anteilseigner unbeeinflußt.**

Die wirtschaftlich wichtigsten Kapitalgesellschaften sind die GmbH und die AG. Zwischen ihnen bestehen erhebliche Unterschiede hinsichtlich ihrer Möglichkeiten und ihrer Anwendbarkeit im Wirtschaftsleben.

1.3.4.2 Die Gesellschaft mit beschränkter Haftung (GmbH)

Die GmbH ist die »kleine Kapitalgesellschaft«.

Obgleich ihr Bestand **rechtlich** gesehen vom Gesellschafterwechsel unabhängig ist, kann das **wirtschaftlich** anders sein. Denn zumeist hat die GmbH ähnlich der OHG nur wenige Gesellschafter.
Sie kann durch **eine oder mehrere Personen** errichtet werden.
Ihre Gründung geht häufig von denselben Überlegungen aus wie die Gründung der OHG, daß nämlich wenige, sich sachlich ergänzende Partner sich unternehmerisch zusammentun wollen. Man möchte jedoch den Vorteil der Haftungsbeschränkung haben, den die GmbH bietet, und nimmt dafür in Kauf, ein Mindestkapital für die Gründung bereitstellen zu müssen.
In der Praxis findet man die GmbH oft auch als Rechtsform großer Unternehmungen (Beispiele: Osram GmbH, Telefunken GmbH).
Der Anmeldung zum Handelsregister muß der Gesellschaftsvertrag beigefügt sein, aus dem u.a. hervorgehen müssen: Firma, Stammkapital und die Anteile der Gesellschafter, ferner sind die Geschäftsführer und deren Vertretungsbefugnis anzugeben.

Firma:
Die Firma muß entweder
dem Gegenstand des Unternehmens entlehnt sein
oder die Namen der Gesellschafter enthalten
oder nur einen Gesellschafternamen mit einer Gesellschaftsbezeichnung
und in jedem Fall die Bezeichnung »mit beschränkter Haftung« enthalten.

Organe:
1. Gesellschafterversammlung
2. Geschäftsführer
3. Aufsichtsrat (wenn durch Gesellschaftsvertrag oder wegen Größe der Unternehmung gesetzlich vorgeschrieben). ✻   ✻ 104

Zu 1.: Die **Gesellschafterversammlung** ist das oberste Organ der GmbH. Sie entscheidet z.B. über
– die Feststellung des Jahresabschlusses und die Verwendung des Ergebnisses,
– Bestellung und Abberufung von Geschäftsführern,
– Prüfung und Überwachung der Geschäftsführung,
– Bestellung von Prokuristen und Handlungsbevollmächtigten,
– Vertretung der Gesellschaft in Prozessen gegen Geschäftsführer.
Abstimmungen erfolgen **nach Kapitalanteilen mit einfacher Mehrheit** (= Mehr als die Hälfte). Änderungen des Gesellschaftsvertrages erfordern jedoch drei Viertel der abgegebenen Stimmen und müssen notariell beurkundet werden.
Zu 2.: Eine GmbH muß einen oder mehrere **Geschäftsführer** haben. Zu Geschäftsführern können Gesellschafter oder andere Personen bestellt werden.
Den Geschäftsführern obliegt die laufende Geschäftsführung einschließlich der Buchführungspflicht.
Die **Vertretung** der Gesellschaft obliegt den Geschäftsführern.
Zu 3.: Sollte ein **Aufsichtsrat** vorhanden sein, so hat er die Geschäftsführung zu beaufsichtigen, ohne selbst geschäftsführend tätig zu werden. Die Verantwortlichkeit der Geschäftsführer bleibt unbeeinflußt. ✻   ✻ 105

Finanzierung:
Die GmbH muß zur Gründung ein »**Stammkapital**« von mindestens 50.000,— DM als Eigenkapital haben. Es ist von den Gesellschaftern in Form von »**Stammeinlagen**« aufzubringen. Jede Stammeinlage muß mindestens 500,— DM betragen. Größere Stammeinlagen müssen durch 100,— DM teilbar sein. Es sind auch Sacheinlagen zulässig (z.B. Grundstücke, Maschinen, Kraftfahrzeuge), die mit ihrem Wert im Gesellschaftsvertrag anzugeben sind.
Das Vermögen der GmbH ändert sich im Laufe der Geschäftstätigkeit. Entsprechend ändert sich der Wert einer Stammeinlage. Ihr Verkauf ist umständlich, weil sie eine Bewer-

tung der Unternehmung als Ganzes erfordert, um den Wert des Anteils beurteilen zu können.
Zusätzliches Kapital als **Eigenkapital** ist – außer durch Selbstfinanzierung aus nichtentnommenen Gewinnen – durch Nachschüsse der Gesellschafter oder durch Aufnahme neuer Gesellschafter beschaffbar.
Fremdkapitalaufnahme wird durch das Vermögen der GmbH als Beleihungsgrundlage begrenzt.✻

✻ 106

Haftung:
Den Gläubigern der Gesellschaft haftet nur das **Gesellschaftsvermögen.** Je nach dem Geschäftserfolg weicht das Vermögen vom Stammkapital ab.✻

✻ 107

1.3.4.3 Die Aktiengesellschaft (AG)

Die AG ist die Rechtsform für große Unternehmungen.

Mindestens fünf Personen müssen als Gründer den Gesellschaftsvertrag, der **Satzung** genannt wird, beschließen und notariell beurkunden lassen.
Sie müssen das zur Gründung erforderliche Kapital (mindestens 100.000,— DM), das bei der AG »**Grundkapital**« heißt, gegen Übernahme aller Aktien der AG zur Verfügung stellen. Die Aktien verbriefen Kapitalanteilsrechte.
Die von den Gründern übernommenen Aktien werden anschließend von einem Bankenkonsortium (GbR!) in der Regel breit gestreut verkauft (Aktienemission am anonymen Kapitalmarkt).
Gesellschafterwechsel vollzieht sich leicht durch Weiterverkauf, Vererben oder Verschenken von Aktien durch den Inhaber.

Firma:
Die Firma soll in der Regel dem Gegenstand der Unternehmung entnommen sein und muß die Bezeichnung »Aktiengesellschaft« enthalten.

Organe:
 1. Vorstand
 2. Aufsichtsrat
 3. Hauptversammlung✻

✻ 108

Die Reihenfolge, in der die Organe genannt sind, betont die starke Stellung des Vorstandes gegenüber den Kapitalanteilseignern, die ihre Interessen in der Hauptversammlung wahrnehmen.

Zu 1.: Der **Vorstand** wird vom Aufsichtsrat bestellt.
Soweit nach Mitbestimmungsrecht für Sozial- und Personalangelegenheiten ein **Arbeitsdirektor** in den Vorstand zu berufen ist, darf er nicht gegen die Stimmen der Mehrheit der Arbeitnehmervertreter im Aufsichtsrat bestimmt werden.
Dem Vorstand obliegen **Geschäftsführung und Vertretung** der AG in eigener Verantwortung.
Er hat dem Aufsichtsrat zu **berichten:**
– mindestens vierteljährlich über den Gang der Geschäfte und
– mindestens jährlich über die Eigenkapitalrentabilität, die beabsichtigte Geschäftspolitik und andere Grundsatzfragen.
Der Vorstand hat im Rahmen der Geschäftsführung die Verantwortung für die Buchführung und die **Aufstellung und Veröffentlichung des Jahresabschlusses.**
Ferner obliegt ihm die Einberufung der Aktionäre zur Hauptversammlung.

Zu 2.: Der **Aufsichtsrat** einer AG besteht aus drei bis einundzwanzig Mitgliedern, je nach Größe des Grundkapitals und dem, was die Satzung bestimmt. Seine Mitgliederzahl muß durch drei teilbar sein.

Mindestens die Hälfte der Aufsichtsratsmitglieder (je nach dem gesetzlichen Anteil der Arbeitnehmervertreter) wird von den Aktionären in der Hauptversammlung gewählt. (Vereinzelt gibt es ein Entsendungsrecht, das an bestimmte Aktien gebunden ist.)
Der Aufsichtsrat ist das **Kontrollorgan** der AG.
– Er hat die Geschäftsführung zu überwachen. Dazu darf er die Bücher einsehen und Bestände überprüfen.
– Bestimmte Arten von Geschäften (z.B. Grundstückskäufe) kann er von seiner Zustimmung abhängig machen.
– Er darf selbst keine Maßnahmen der Geschäftsführung treffen.
– Wenn es das Wohl der Gesellschaft erfordert, hat er eine Hauptversammlung einzuberufen.

Zu 3.: Die **Hauptversammlung,** die mindestens einmal jährlich stattfindet, besteht aus den Aktionären. Sie vertreten ihr geschäftliches Interesse an der AG durch Ausübung ihres Stimmrechts, vornehmlich in folgenden Fragen:
– Wahl der von den Aktionären zu bestellenden Aufsichtsratsmitglieder,
– Annahme oder Ablehnung der vom Vorstand vorgeschlagenen Gewinnverwendung,
– Entlastung von Vorstand und Aufsichtsrat,
– Bestellung des Abschlußprüfers,
– Entscheidung von Grundsatzfragen, wie Satzungsänderungen, Kapitalaufstockung oder -herabsetzung.

Über Fragen der Geschäftsführung kann die Hauptversammlung nur entscheiden, wenn der Vorstand es verlangt.
Beschlüsse werden mit einfacher Mehrheit des in der Hauptversammlung vertretenen Grundkapitals gefaßt. Satzungsänderungen, Kapitalerhöhungen und -herabsetzungen erfordern eine qualifizierte Mehrheit von drei Vierteln des vertretenen Grundkapitals, wenn die Satzung nicht noch höhere Anforderungen stellt.

Finanzierung:
Zur Gründung einer AG ist ein »**Grundkapital**« von mindestens 100.000,— DM erforderlich, das durch Aktien in handelbare Kapitalanteilsrechte zerlegt wird. Der Nominalwert einer Aktie darf nur auf 50,— DM oder 100,— DM oder einen durch 100,— DM teilbaren Betrag lauten. Gehandelt werden die Aktien an Wertpapierbörsen zu Kursen, die sich aus der Werteinschätzung der betreffenden AG ergeben. Dadurch weichen die »Aktienkurse« in der Regel vom nominellen Wert der Aktien ab.
Die von der Gesellschaft erwirtschafteten Gewinne werden zum Teil zur Selbstfinanzierung einbehalten, zum Teil als »Dividende« an die Aktieninhaber ausgeschüttet.
Zwar ist das Verfahren der Gründung einer AG und die Emission der ersten Aktien, wie auch die spätere Ausgabe »junger Aktien« zur Erhöhung des Grundkapitals, teuer. Es kann aber ein weltweiter Kapitalmarkt erreicht werden.
Neben dieser **Eigenfinanzierung** steht der AG die **Fremdfinanzierung** entsprechend dem Wert ihres Vermögens als Beleihungsgrundlage zur Verfügung. ∗ ∗ 109

Haftung:
Die Gesellschaft haftet als juristische Person ihren Gläubigern mit dem **Gesellschaftsvermögen.** Das ist der Wert des jeweils vorhandenen Vermögens, nicht der Nominalbetrag des Grundkapitals. ∗ ∗ 110

1.3.5 Andere Rechtsformen

Die folgenden Ausführungen erläutern kurz einige weitere Rechtsformen aus der Übersicht in Abbildung 16.

1. Kommanditgesellschaft auf Aktien:

Die KGaA wird vom Gesetz als juristische Person bezeichnet (§ 278 AktG), ist aber eine Mischform aus Personengesellschaft und Kapitalgesellschaft:

Die **Komplementäre** bleiben als »geborene Geschäftsführer« unabwählbar und **haften persönlich zur gesamten Hand;** andererseits wird das »Grundkapital« in Aktien zerlegt und von sog. »**Kommanditaktionären**« erworben, die nicht persönlich für Schulden der Gesellschaft haften.

Die Komplementäre bleiben im wesentlichen Herr im Hause, dennoch kann über den **Aktienmarkt** großer Kapitalbedarf gedeckt werden.

2. Genossenschaft:

Genossenschaften haben wirtschaftlich außerordentliche Bedeutung durch eine **Vielfalt von Anwendungsmöglichkeiten** als:
- Einkaufsgenossenschaften (Konsumgenossenschaften der Verbraucher, Einkaufsgenossenschaften des Handels, Bezugsgenossenschaften des Handwerks und der Landwirtschaft),
- Absatzgenossenschaften (der Handwerker, der Landwirtschaft),
- Produktionsgenossenschaften (Milcherzeugnisse),
- Nutzungsgenossenschaften (Landwirtschaftsmaschinennutzung),
- Kreditgenossenschaften (Genossenschaftsbanken),
- Verkehrsgenossenschaften,
- Wohnungsbaugenossenschaften u.a.

∗ 111 Die auf der Grundlage eines **Statuts** von mindestens sieben Personen errichtete Genossenschaft wird durch Eintragung in das **Genossenschaftsregister** eine vereinsähnliche juristische Person mit offener Mitgliederzahl und den Organen Vorstand und Aufsichtsrat. Ihr Zweck ist nicht Gewinnerzielung, sondern **Selbsthilfe.** Der **Genosse** muß eine Pflichteinlage einzahlen. Bei Austritt erfolgt Auszahlung seines Geschäftsguthabens. ∗

3. Öffentliche Betriebe:

a) Regiebetriebe

∗ 112 Sie werden in unmittelbarer Regie durch Behörden geführt. ∗

Beispiele: Öffentliche Schulen, städtische Krankenhäuser, Bühnen, Büchereien, Sportanlagen (Badeanstalten).

Werden solche Betriebe wirtschaftlich verselbständigt, ohne daß sie eine eigene Rechtsform annehmen, dann gehören sie zu den nachfolgend behandelten Eigenbetrieben.

b) Verselbständigte öffentliche Betriebe ohne eigene Rechtspersönlichkeit

Hierbei handelt es sich um wirtschaftlich verselbständigte Betriebe, oft wegen zunehmender Größe einer ursprünglich unter unmittelbarer Regie der Behörde ausgeführten gemeinwirtschaftlichen Aufgabe.

c) Körperschaften, Anstalten, Stiftungen des öffentlichen Rechts

Es sind selbständige Einrichtungen, die ihren Status als juristische Personen öffentlichen Rechts durch Gesetz verliehen bekommen.

Eine **Körperschaft hat Mitglieder,**
eine **Anstalt kann man nutzen** (gegen Gebühr),
∗ 113 eine **Stiftung wurde gestiftet.** ∗

Eine **Körperschaft** ist eine Personenvereinigung, deren Bestand als juristische Person unabhängig vom Wechsel einzelner Mitglieder ist.

Diese Rechtsform haben z.B.: Ortskrankenkassen, Barmer Ersatzkasse, Landesversicherungsanstalten, Bundesversicherungsanstalt, Berufsgenossenschaften, Universitäten, die Kammern (Handwerks-, Industrie- und Handels-, Apotheker-, Ärzte-, Anwaltskammern).

Teil 1: **1 Volkswirtschaft**   1.3 Rechts- und Konzentrationsformen

Die Namen der Einrichtungen können irreführend sein, wie z.B. die Bezeichnung Landesverischerungs**anstalt** beweist.
Körperschaften öffentlichen Rechts nehmen außerhalb der unmittelbaren staatlichen Behördenorganisation öffentliche Aufgaben unter staatlicher Aufsicht wahr.
Anstalten, die man gegen Gebühr nutzen kann, sind z.B. ARD und ZDF.
Stiftungen sind Vermögensmassen, die gestiftet werden, um einen bestimmten, meist gemeinnützigen Zweck damit zu erfüllen. Eigene Stiftungsorgane verwalten das Vermögen und sorgen für die bestimmungsgemäße Verwendung. Beispiel: Stiftung Warentest. (Stiftungen des privaten Rechts bedürfen behördlicher Genehmigung. Privatrechtliche Stiftungen sind z.B. Stiftung Volkswagenwerk, die Fortbildungsstipendien vergibt, zahlreiche Stiftungen für Einrichtung und Betrieb von Altenwohnheimen und dergl.).

1.3.6 Wichtige Merkmale ausgewählter Rechtsformen

Merkmale	Einzel-unternehmung	Personengesellschaften		Kapitalgesellschaften (Juristische Personen)	
		OHG	KG	GmbH	AG
Geschäftsführung und Vertretung	durch den Einzelunternehmer	durch die Gesellschafter	durch die Komplementäre	durch Geschäftsführer	durch den Vorstand
Organe	keine	keine	keine	Gesellschafterversammlung Geschäftsführer (Aufsichtsrat)	Vorstand Aufsichtsrat Hauptversammlung
Kapitalaufbringung	Eigenkapital u. nichtentnommene Gewinne (evtl. stiller Gesellschafter). Fremdkap. nach Beleihbarkeit des Vermögens	Eigenkapital der Gesellschafter und nichtentnommene Gewinne. Fremdkap. nach Beleihbarkeit des Vermögens	Eigenkapital der Komplementäre; Kommanditeinlagen; nichtentnommene Gewinne. Fremdkap. nach Beleihbarkeit des Vermögens	Stammeinlagen (Stammkapital mind. 50.000 DM); nichtentnommene Gewinne; evtl. Nachschüsse. Fremdkap. nach Beleihbarkeit des Gesellsch.-Vermögens	Aktienemission (Grundkapital mind. 100.000 DM); nichtentnommene Gewinne. Fremdkap. nach Beleihbarkeit des Gesellsch.-Vermögens
Haftung	Einzelunternehmer unbeschränkt (Das Kapital des stillen Gesellschafters haftet nicht)	Jeder Gesellschafter unbeschränkt als Gesamtschuldner	Jeder Komplementär unbeschränkt als Gesamtschuldner; Kommanditisten bis zur Höhe ihrer Einlage	GmbH mit ihrem Gesellschaftsvermögen	AG mit ihrem Gesellschaftsvermögen

Abbildung 17: Wichtige Merkmale ausgewählter Rechtsformen * *   * 114
* 115

1.3.7 Konzentrationsformen der Wirtschaft

1.3.7.1 Zusammenschlußrichtungen

Kooperation ist Zusammenarbeit, **Konzentration ist Zusammenschluß.**
Schließen sich Unternehmungen gleicher Produktions- oder Handelsstufen zusammen,

1.3 Rechts- und Konzentrationsformen Teil 1: **1 Volkswirtschaft**

dann spricht man von einem **horizontalen** (auf einer Ebene liegenden) Zusammenschluß. Beispiele: Hüttenwerk mit Hüttenwerk oder Brauerei mit Brauerei.

Schließen sich Unternehmungen vor- und nachgelagerter Produktions- oder Handelsstufen zusammen, dann ist das ein **vertikaler** (senkrechter) Zusammenschluß. Beispiel: Erzbergwerk – Eisenhütte – Walzwerk – Stahlhandel.

* 116
* 117
* 118
Schließlich gibt es eine Konzentration, bei der keine wirtschaftliche Verbindung zwischen den Tätigkeitsgebieten der Unternehmungen besteht. Untereinander **branchenfremde Unternehmungen,** auch unterschiedlicher Produktions- oder Handelsstufen, können zusammengefaßt sein. Es ist ein **Konglomerat,** eine nicht organische Anhäufung. Vereinzelt wird sie auch **diagonaler Zusammenschluß** genannt. * * *

1.3.7.2 Kartelle, Konzerne, Trusts

* 119
Zusammenschlüsse können auf der Grundlage von **Verträgen** oder auf der Grundlage von **Beteiligungen** zustande kommen. *

Von den graduell **unterschiedlich starken Verbindungen** – beginnend mit dem Konsortium über das Kartell, die Interessengemeinschaft und den Konzern bis zum Trust – werden hier behandelt:
  a) das Kartell,
  b) der Konzern
  c) der Trust.

Zu a, Kartell:
* 120
Das Kartell ist ein horizontaler Zusammenschluß auf vertraglicher Grundlage. Die wirtschaftliche und rechtliche Selbständigkeit der Unternehmungen bleibt im übrigen unberührt. *
Kartelle sind auf eine Einschränkung des Wettbewerbs gerichtet.
Das Gesetz gegen Wettbewerbsbeschränkungen von 1957 (GWB) verbietet Kartelle grundsätzlich, läßt aber Ausnahmen zu.
Man kann heute unterscheiden
  1) verbotene,
  2) erlaubnispflichtige,
* 121
  3) meldepflichtige *
Kartelle.

Strikt **verboten** sind z.B.:
– **Preiskartell** (einheitliche Preise würden das wichtigste Marktregulativ ausschalten)
– **Quotenkartell** (zur Festlegung von Produktions- oder Absatzquoten der Mitglieder)
– **Gebietskartell** (zur Festlegung der Absatzgebiete)
– **Syndikat** (gemeinschaftliches Verkaufsbüro).

Der **Erlaubnis** bedürfen:
– **Rationalisierungskartell** (Produktionsabsprachen zur besseren Produktionsanlagenausnutzung)
– **Exportkartell,** wenn sich die Absprachen auch auf das Inland auswirken
– **Importkartell** (zur Stärkung gegenüber ausländischen Monopolen)
– **Strukturkrisenkartell** (um Kapitalanpassungen durchzuführen)
– **»Ministerkartell«** (kann fallweise vom Wirtschaftsminister genehmigt werden, wenn das Gemeinwohl es erfordert).

Nur **anmeldepflichtig** sind:
- **Konditionenkartell** (zur Festlegung einheitlicher Liefer- und Zahlungsbedingungen)
- **Rabattkartell** (zur Festlegung einheitlicher Rabattgewährung)
- **Spezialisierungskartell** (Produktionsprogrammaufteilung)
- **Kooperationskartell** (Zusammenarbeit kleiner oder mittlerer Unternehmen)
- **Normen-** und **Typenkartell** (zur technischen Vereinheitlichung)
- **Angebotsschema-** und **Kalkulationsschemakartell**
- **Exportkartell,** wenn es sich nicht auf das Inland auswirkt.

Zu b, Konzern:
Im Konzern bleibt die rechtliche Selbständigkeit der einzelnen Unternehmungen bestehen. Sie verlieren jedoch ihre wirtschaftliche Unabhängigkeit und stehen unter einheitlicher Leitung.∗

∗ 122

Konzerne sind grundsätzlich erlaubt. Das Bundeskartellamt kann jedoch **Zusammenschlüsse untersagen, die zu einer marktbeherrschenden Stellung führen würden.**

Für Konzerne gibt es viele Zusammenschlußvarianten. Sie können durch Aufkauf von Beteiligungen oder durch Unternehmensvertrag (§ 291 f. AktG) zustandekommen.
Die beiden Grundtypen sind
    der Gleichordnungskonzern (§§ 18 f. AktG),
    der Unterordnungskonzern (§§ 16 ff. AktG).∗

∗ 123

Ein **Gleichordnungskonzern** liegt bei Gleichstellung der Unternehmungen vor, ohne Überordnungs- und Unterordnungsverhältnis. Es sind dann **Schwestergesellschaften.**
Ein typisches Beispiel waren die
    »Siemens & Halske AG« und die »Siemens-Schuckert-Werke AG«.

Beim **Unterordnungskonzern** spricht man von **Muttergesellschaft** und **Tochtergesellschaft.**
Beispiel: »Siemens AG« und »OSRAM GmbH«, an der die Siemens AG eine Mehrheitsbeteiligung hat.

Die Grundformen mischen sich bei vielfach verschachtelten Unternehmungen.
Liegt ein Unternehmenskonglomerat vor, dann nennt man das einen **Mischkonzern.** Beispiel: Hochseefischerei, Banken, Versicherungen, Nahrungsmittelherstellung (Oetker-Konzern).

Zu c, Trust:
Der Trust ist der **engste Zusammenschluß,** dessen **zentrale wirtschaftliche Leitung besonders ausgeprägt** ist. Auch die rechtliche Selbständigkeit der Unternehmungen kann aufgehoben sein.
Der Trust kommt in zwei Formen vor:
1) Eine **Holding-Gesellschaft (Dachgesellschaft, Kontrollgesellschaft)** hält die Mehrheitsanteile der nun abhängigen Gesellschaften. Sie ist Verwaltungs- und Kontrollgesellschaft.
   Durch ihre Kapitalmehrheit kann die Dachgesellschaft die kapitalseitigen Aufsichtsratsmitglieder wählen und über diese die Vorstände besetzen lassen. Mit Zielvorgaben steuert die Holding-Gesellschaft den Trust.
2) Durch **Fusion** (Verschmelzung) werden Unternehmungen zu einer einzigen zusammengefügt.
   Das Aktiengesetz (§§ 339 ff.) unterscheidet:
   Verschmelzung durch **Neubildung** einer Unternehmung,
   Verschmelzung durch **Aufnahme** der kleineren in eine große Unternehmung.
   Fusion hebt die wirtschaftliche und die rechtliche Selbständigkeit auf. Es gibt dann nur eine Firma, einen Vorstand, einen Aufsichtsrat und eine Hauptversammlung.∗

∗ 124

   Organisationsbeispiel: Ab 1. Okt. 1989 ist die Siemens AG in 15 Bereiche und zwei selbständige Geschäftsgebiete gegliedert. Sie werden von je einem Bereichsvorstand geleitet, der **für das Ergebnis einem Zentralvorstand verantwortlich** ist.

1.3.7.3 Auswirkungen von Konzentrationen in der Wirtschaft

Konzentrationen ermöglichen einerseits Rationalisierungen in den Bereichen Beschaffung, Produktion und Absatz. Andererseits wird der Wettbewerb, der sich zugunsten der Verbraucher auswirkt, eingeschränkt. Daraus können nicht nur hohe Angebots**preise** folgen, sondern auch eine Einschränkung der Angebots**vielfalt.**

Ob Konzentration das Angebot am Markt verbessert oder nachteilig ist, kann nur von Fall zu Fall entschieden werden.

1.4 Nationale und internationale Organisationen und Verbände der Wirtschaft

1.4.1 Nationale Organisationen und Verbände

1.4.1.1 Arbeitnehmerorganisationen

Neben kleinen fachbezogenen Arbeitnehmervereinigungen sind mit Arbeitnehmerorganisationen die **Gewerkschaften** gemeint.
Sie sind **Selbsthilfeorganisationen** von unselbständig Beschäftigten auf **freiwilliger Basis**, zumeist in der Rechtsform des nicht rechtsfähigen Vereins (historisch begründet). Sie finanzieren sich aus Mitgliedsbeiträgen und z.T. aus gewerkschaftseigenen Unternehmungen.
Wichtige Aufgaben der Gewerkschaften sind:
— Verbesserung der wirtschaftlichen und sozialen Situation ihrer Mitglieder
— Abschluß von Tarifverträgen (betr. Lohnhöhe, Arbeitszeit, Arbeitserleichterungen) mit den Arbeitgeberverbänden
— Vertretung der Arbeitnehmerinteressen in der Öffentlichkeit
— Beratung der Mitglieder in Arbeitsrechtsfragen
— Mitwirkung
  in der Arbeitsgerichtsbarkeit,
  bei der Wahl von Betriebsräten,
  bei der Wahl von Aufsichtsräten der Unternehmungen,
  als Arbeitnehmervertreter in der Sozialversicherung.

Zur Durchsetzung ihrer Forderungen dienen Verhandlungen, evtl. unter Einschaltung eines Schlichters, und der Streik.

Zu unterscheiden sind **Firmen-, Orts-, Bezirks-, Landes- und Bundestarifverträge** mit entsprechenden Geltungsbereichen.
Es gibt in Deutschland **rund 35.000 geltende Tarifverträge.**
Der **Organisationsgrad** der deutschen Arbeitnehmer liegt **bei 40%.**
Von diesen organisierten Arbeitnehmern waren am 1. 1. 1990 rund
7,9 Millionen im Deutschen Gewerkschaftsbund (DGB) mit 16 Einzelgewerkschaften,
0,8 Millionen im Deutschen Beamtenbund (DBB),
0,5 Millionen in der Deutschen Angestellten-Gewerkschaft (DAG),
0,3 Millionen im Christlichen Gewerkschaftsbund (CGB),
0,3 Millionen im Deutschen Bundeswehr-Verband (DBV).
Die größte Einzelgewerkschaft im DGB ist die Industriegewerkschaft Metall mit ca. 2,7 Millionen Mitgliedern.∗

∗ 125

1.4.1.2 Arbeitgeberorganisationen

Die **Arbeitgeberverbände** haben ihre größte Bedeutung als Tarifpartner der Gewerkschaften.
Ihre **Hauptaufgaben** decken sich weitgehend mit den gewerkschaftlichen Zielbereichen:
— Lohn- und Tarifpolitik, Arbeitstechnik
— Personal-, Beschäftigungs-, Mitbestimmungspolitik
— Arbeitsrechtsfragen, Sozialpolitik, Berufsausbildung usw.
— Eigentumsbildung u.a.
— Presse- und Öffentlichkeitsarbeit.

1.4 Organisationen   Teil 1: 1 Volkswirtschaft

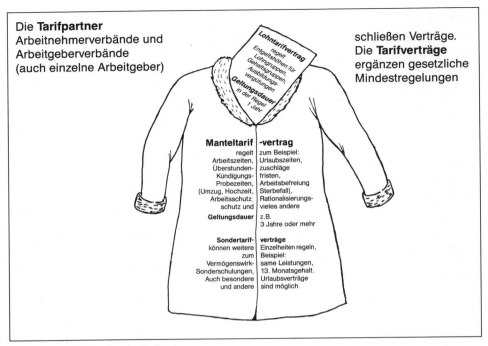

Abbildung 18: Die Verträge der Tarifpartner

Nicht alle Arbeitgeberverbände sind Verhandlungs- und Vertragspartner der Gewerkschaften.

Der **Organisationsgrad** der Arbeitgeber liegt bei **80%**.
Von den **über 800** Arbeitgeberverbänden (Mitgliedschaft ist freiwillig) seien einige Zentralverbände genannt:
- Arbeitgeberverband der Cigarettenindustrie e.V.;
- Arbeitgeberverband des privaten Bankgewerbes e.V.;
- Bundesarbeitgeberverband Chemie e.V.;
- Bundesverband Druck e.V.;
- Bundesverband des Deutschen Groß- und Außenhandels e.V.;
- Hauptgemeinschaft des Deutschen Einzelhandels e.V.;
- Hauptverband der Deutschen Bauindustrie e.V.;
- Verband Deutscher Reeder e.V.;
- Wirtschaftsverband Erdöl- und Erdgasgewinnung e.V.;
- Wirtschaftsvereinigung Bergbau e.V.;
- Zentralverband des Deutschen Baugewerbes e.V.

* 126   **Dachverband der Arbeitgeberverbände ist die Bundesvereinigung der Deutschen Arbeitgeberverbände e.V. (BDA) in Köln. Sie ist kein Tarifpartner.** *

1.4.1.3 Kammern

* 127   Kammern sind **regionale Selbstverwaltungseinrichtungen** ihrer Mitglieder (Apotheker-
* 128   kammern, Anwaltskammern, Ärztekammern, Industrie- und Handelskammern, Handwerkskammern usw.) in der Rechtsform von **Körperschaften öffentlichen Rechts.** *   *
In der Bundesrepublik Deutschland gibt es 83 **Industrie- und Handelskammern.** Es

besteht Pflichtmitgliedschaft in der Industrie- und Handelskammer (IHK) für alle gewerbesteuerpflichtigen Einzelkaufleute (§§ 1 u. 2 HGB; vgl. auch Abschn. 1.3.2), Handelsgesellschaften und juristischen Personen, die im Kammerbezirk eine gewerbliche Niederlassung, Betriebsstätte oder Verkaufsstelle unterhalten. Finanziert werden die Kammern durch Pflichtbeiträge ihrer Mitglieder (= teils natürliche, teils juristische Personen).

Die **Organe der IHK** sind die **Vollversammlung** und der **Präsident mit dem Präsidium** und die **Geschäftsführung.**

Zu den Aufgaben der Industrie- und Handelskammern gehören:
— **Vertretung der Gesamtinteressen** der zur Kammer gehörigen gewerblichen Wirtschaft des Bezirks gegenüber der Öffentlichkeit und der Verwaltung,
— **Förderung der gewerblichen Wirtschaft** des Bezirks unter abwägenden und überfachlich ausgleichenden Gesichtspunkten,
— **Unterstützung und Beratung der Behörden** durch Vorschläge, Gutachten, Berichte und Stellungnahmen,
— **Beratung der Mitglieder** in allgemeinen betrieblichen Fragen (Handelsbräuche, Recht, Steuern, Rationalisierung, Exportfragen),
— Maßnahmen zur **Förderung und Durchführung der beruflichen Bildung und Ausbildung sowie das Prüfungswesen,**
— **Ausstellung von Ursprungszeugnissen** für Warenexport und anderer dem Wirtschaftsverkehr dienender Bescheinigungen. ✻

✻ 129

Der Dachverband der Industrie- und Handelskammern ist der **Deutsche Industrie- und Handelstag e.V. (DIHT).** ✻
Er vertritt

✻ 130

— die Auffassungen der Kammern und die vielfältigen Belange der von ihnen vertretenen Unternehmen,
— sorgt für Abstimmung der Kammern, z.B. auch auf dem Gebiet der gewerblichen Ausbildung, und
— unterhält die Beziehungen zu den 38 deutschen Auslandshandelskammern – die wesentlich der Förderung der Exportbeziehungen dienen –
— und zur Internationalen Handelskammer in Paris.

1.4.1.4 Fachverbände

Im Vergleich zu den Arbeitgeberverbänden geht es bei den Wirtschaftsfachverbänden um den freiwilligen vereinsmäßigen Zusammenschluß nicht von Unternehmern, sondern von Unternehmungen.
Im Vergleich zu den Industrie- und Handelskammern, die überfachliche Zwangszusammenschlüsse der regionalen gewerblichen Wirtschaft zur Selbstverwaltung sind, sind Wirtschaftsverbände **fachlich ausgerichtet** und zunächst regional, dann auf Länderebene und schließlich auf Bundesebene in Dachverbänden organisiert.

Wirtschaftsverbände dienen der
— **Beratung der Mitglieder** und der
— **Interessenvertretung von Unternehmern** einzelner Branchen oder Unternehmensarten gegenüber Öffentlichkeit und Staat. ✻

✻ 131

Eine Gesamtvertretung ihrer Interessen gibt es nicht. Ihre fachlichen Spitzenorganisationen vertreten die wirtschaftspolitischen Ziele der Branchen. Allerdings gibt es auch überfachliche Zusammenfassungen, wie den Bundesverband der Deutschen Industrie e.V. (BDI). In ihm sind 34 industrielle Spitzenverbände zusammengeschlossen, zu denen über 500 industrielle Fach- und Landesverbände gehören.

Einige Namen von Wirtschaftsfachverbänden sind:
— Verband der Automobilindustrie e.V.

1.4 Organisationen   Teil 1: **1 Volkswirtschaft**

- Hauptverband der Deutschen Bauindustrie e.V.
- Wirtschaftsvereinigung Bergbau e.V.
- Verband der Chemischen Industrie e.V.
- Verband der Cigarettenindustrie e.V.
- Zentralverband Elektrotechnik- und Elektronikindustrie e.V.
- Wirtschaftsverband Erdöl- und Erdgasgewinnung e.V.
- Bundesverband Deutscher Banken e.V.
- Bundesverband des Deutschen Groß- und Außenhandels e.V.
- Deutscher Hotel- und Gaststättenverband e.V.
- Hauptgemeinschaft des Deutschen Einzelhandels e.V.
- Deutscher Bauernverband e.V.

Manche Verbände haben eine Doppelfunktion als Arbeitgeberverband und Wirtschaftsfachverband.

Als historisch bedingte Besonderheit ist zu erwähnen, daß die Fachverbände des Handwerks, die **Innungen** (z.B. Schornsteinfeger-Innung, Bäcker-Innung, Friseur-Innung) Körperschaften öffentlichen Rechts sind, mit freiwilliger Mitgliedschaft, wie Vereine.

Als zusammenfassende Gliederung aller Verbände des Unternehmensbereichs ergibt sich:

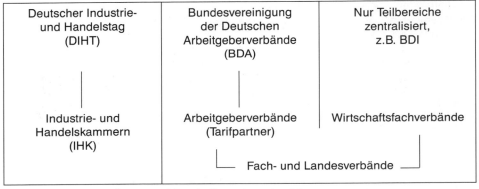

Abbildung 19: Die Verbandszusammenhänge im Unternehmensbereich

1.4.2 Internationale Organisationen

1.4.2.1 Die Europäische Gemeinschaft (EG) und ihre internationale Bedeutung

Als Grundlage der EG gelten die **Römischen Verträge von 1957, in Kraft seit dem 1.1.1958.**

Gründerstaaten waren die drei »großen« Staaten – Deutschland, Frankreich, Italien – und die drei »kleinen« BeNeLux-Staaten – Belgien, »Nederlande«, Luxemburg.
1973 kamen Großbritannien, Dänemark und Irland hinzu,
1981 Griechenland und
1986 Spanien und Portugal.

Organe der EG (Abb. 20):
– **Ministerrat** (= Gesetzgebung)
– **Kommission** (= Regierung = Gesetzesdurchführung)

Teil 1: **1 Volkswirtschaft** 1.4 Organisationen

– **Parlament** (= Einfluß durch Beratung u. Kontrolle; entscheidet z.T. über Haushaltsmittel).∗

∗ 132

Kontrollorgane:
– **Europäischer Gerichtshof**
– **Rechnungshof** (überprüft Ordnungsmäßigkeit der Haushaltsmittelverwendung).

Der **Ministerrat** besteht jeweils aus den 12 Fachministern der Mitgliedsstaaten, die für ein Problem zuständig sind. Er tritt nach Bedarf zusammen.∗

∗ 133

Das heutige Europa der Zwölf hat Anpassungsprobleme infolge der Vielfalt unterschiedlicher Rechtsordnungen auf allen Gebieten (Schulsysteme, Berufsausbildung, Wirtschaftsordnung, Steuern, Sozialwesen, bürgerliches Recht, öffentliches Recht usw.) und erheblicher Unterschiede in wirtschaftlicher Ausrüstung und Lebensstandard.

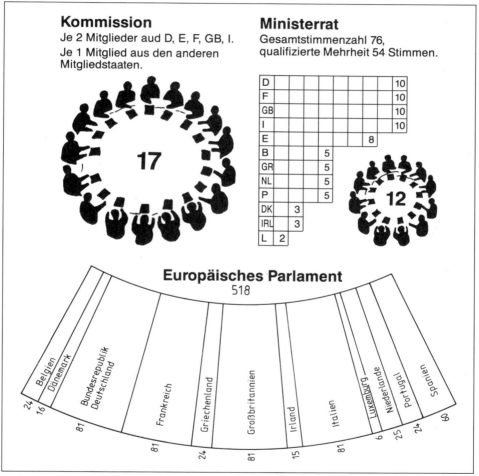

Abbildung 20: Die Leitungsstruktur der EG

Ziel ist, über einen **gemeinsamen Markt** hinaus eine einheitliche Währung und politische Einheit herbeizuführen und diese Staatengemeinschaft für weitere Staaten offen zu halten.

Die EG ist eine **Zollunion.** Das heißt, zwischen den Mitgliedsstaaten gibt es keine Zölle, gegenüber Drittländern haben alle Mitgliedsstaaten die gleichen Zölle.

1.4 Organisationen   Teil 1: **1 Volkswirtschaft**

Das Ziel eines einheitlichen Wirtschaftsraumes bedeutet neben **freiem Warenverkehr** und **einheitlichem Außenzoll** auch **freien Dienstleistungsverkehr, freien Kapitalverkehr** und **freien Personenverkehr** mit **Niederlassungsfreiheit** in allen Mitgliedsstaaten.

Obgleich die EG von den großen Märkten EG, USA, UdSSR und Japan die weitaus größte Einwohnerzahl hat, liegt ihr Bruttosozialprodukt an zweiter Stelle. Sie hat jedoch den führenden Anteil am Weltexport.

Durch eine Reihe von Verträgen sind die EG-Staaten in ein den freien Handel stabilisierendes System der westlichen Industriestaaten eingebunden.

1.4.2.2 Andere internationale Organisationen der Wirtschaft.

1. Die Europäische Freihandelszone (EFTA)
Die European Free Trade Association (EFTA) wurde 1960 gegründet. Sie ist eine **Freihandelszone:** Zwischen den **sechs Mitgliedsstaaten** – Finnland, Island, Norwegen, Österreich, Schweiz, Schweden – herrscht Zollfreiheit. Jeder Mitgliedsstaat hat aber **verschieden hohe Zölle gegenüber Drittländern.**
(Der Zollabbau zwischen EFTA und EG steht auf der Tagesordnung.)
Damit die Waren nicht jeweils über das Land mit dem niedrigsten Einfuhrzoll importiert und dann innerhalb der EFTA zollfrei verbracht werden können, muß jeder Ware ein **Ursprungszeugnis** beigefügt sein, das an der Grenze des Bestimmungslandes den dort geltenden Einfuhrzoll auslöst.

2. Der Rat für gegenseitige Wirtschaftshilfe (RGW)
Der RGW wird international COMECON genannt. Er wurde 1949 in Moskau gegründet und hatte 1989 **10 Mitgliedsstaaten:**
Sowjet-Union, Bulgarien, DDR, Kuba, Mongolische VR, Polen, Rumänien, Tschechoslowakei, Ungarn, Vietnam.

Zweck des Rates war die Abstimmung der Volkswirtschaftspläne der Mitgliedsstaaten, um den Warenaustausch durch internationale Arbeitsteilung zu verbessern. Weitere Ziele: Normung, Schwerpunktbildung für Forschung und Austausch wissenschaftlicher Erkenntnisse; langfristig: wirtschaftliche Integration.
Die in Grundsatzfragen verlangte Einstimmigkeit der Beschlüsse machte das System schwerfällig.

Das Verbot freien Währungsaustauschs, in Verrechnungsrubel unveränderlich festgesetzte Preise und staatliche Wirtschaftsplanung führten weitgehend zum überholten System des Warentauschs.
Die politischen Veränderungen in den sog. »Ostblockstaaten«, die sich in den letzten Jahren vollzogen, haben ihm 1990 die wirtschaftspolitischen Grundlagen entzogen. Seit seiner Auflösung (1991) findet eine Annäherung der Staaten an die EG statt.

3. Organisation für Wirtschaftliche Zusammenarbeit und Entwicklung (OECD)
Die »Organization for Economic Co-operation and Development« (OECD) ging 1960 aus der OEEC, der Organisation für Europäische Wirtschaftliche Zusammenarbeit (Marshall-Plan 1948) hervor.
Sie hat **24 Vollmitglieder,** die sog. »westlichen Industrieländer«:
Australien, Belgien, Dänemark, Deutschland, Finnland, Frankreich, Griechenland, Großbritannien, Irland, Island, Italien, Japan, Kanada, Luxemburg, Neuseeland, Niederlande, Norwegen, Österreich, Portugal, Schweden, Schweiz, Spanien, Türkei, USA; dazu Jugoslawien mit Sonderstatus.

Ziel war, durch vertragliche Vereinbarungen **Handelshindernisse abzubauen** und die **freie Konvertierbarkeit der Währungen** herzustellen. Hauptaufgaben sind heute die Abstimmung der **Konjunkturpolitik, der Währungspolitik** und die **Koordinierung der Entwicklungshilfe.**

Ihre **Kooperationspartner** sind die großen übernationalen Wirtschaftsorganisationen der Kontinente und der UN. Die OECD ist die führende Organisation zur marktwirtschaftlichen Regelung der Weltwirtschaft.

4. Allgemeines Zoll- und Handelsabkommen (GATT)

Das General Agreement on Tariffs and Trade (GATT), wurde 1947 als Provisorium gegründet und ist seit 1984 mit **93 Mitgliedsstaaten** selbständige Organisation innerhalb der UNO. Besondere Bedeutung hat die einheitliche Durchsetzung der **Meistbegünstigungsklausel,** die jeden Mitgliedsstaat verpflichtet, eine einem Land gewährte Zollbegünstigung auch jedem anderen Mitgliedsland zuzugestehen. **Dies trägt erheblich zum freien Welthandel bei.**

5. Der Internationale Währungsfonds (IWF) ∗   ∗ 134

Der IWF hat 151 Mitgliedsländer. Er wird von der **Weltbankgruppe** verwaltet. Sie vergibt
– langfristige Großkredite an Entwicklungsländer,
– sehr langfristige zinslose Kredite an die ärmsten Länder und
– fördert privatwirtschaftliche Initiativen in den Entwicklungsländern durch Kredite und z.T. durch Beteiligungen.

37,7 % der Mitgliedsquoten bringen die Entwicklungsländer, 62,3 % die Industrieländer auf, davon:

19,9 % USA	3,3 % Kanada
6,9 % Großbritannien	3,2 % Italien
6,0 % Bundesrepublik Deutschland	13,3 % sonstige Industrieländer,
5,0 % Frankreich	darunter die Staatshandelsländer
4,7 % Japan	Rumänien, Ungarn und Polen.

6. Europäische Bank für Wiederaufbau und Entwicklung (EBRD)

Im Mai 1990 wurde die European Bank for Reconstruction and Development unter vorrangiger Beteiligung der westlichen Industrieländer gegründet. Sie hat den Zweck, mit einem Gründungsfonds von rd. 20 Mrd. DM dem wirtschaftlichten Wiederaufbau und der Entwicklung der osteuropäischen Länder zu dienen.

Literaturverzeichnis und Bildernachweis zu 1

Bartling, Hartwig u. Luzius, Franz	Grundzüge der Volkswirtschaftslehre, 2. Auflage, München 1979
Beck-Texte	Deutscher Taschenbuchverlag (dtv), München/Berlin: AktG/GmbHG (Aktiengesetz/GmbH-Gesetz), 22. Aufl., 1989 BGB (Bürgerliches Gesetzbuch), 30. Aufl., 1987 GG (Grundgesetz), 24. Aufl., 1988 HGB (Handelsgesetzbuch), 23. Aufl., 1987
Wöhe, Günter	Einführung in die Allgemeine Betriebswirtschaftslehre, 15. Aufl. München 1984

Bildernachweis

Abb. 11: GLOBUS-Kartendienst GmbH, Hamburg 70
Abb. 15: Mit Genehmigung des Verlages Franz Vahlen, München, aus Bartling, H. u. Luzius, F., a.a.O., S. 186.

Teil 1: **2 Betriebswirtschaft**   2.1 Wesen und Funktion des Industriebetriebes

2 Aus der Betriebswirtschaftslehre

2.1 Wesen und Funktion des Industriebetriebes

Aus den grundlegenden Darlegungen über Betrieb und Unternehmen aus volkswirtschaftlicher Sicht im vorherigen Kapitel geht hervor, daß ein Betrieb eine Stätte der Leistungserstellung ist, d. h. eine räumliche, organisatorische und wirtschaftlich-technische Einheit, in welcher etwas geleistet, also gefertigt, produziert oder eine Dienstleistung erbracht wird. Ein Unternehmen dagegen ist eine organisatorisch-finanziell-rechtliche Einheit, die wirtschaftliche Zwecke verfolgt, und als solche der rechtlich-finanzielle Mantel eines Betriebes oder mehrerer Betriebe.∗   ∗ 135
Im folgenden werden Wesen und Funktionen des Industriebetriebes aus betriebswirtschaftlicher und arbeitswissenschaftlicher Sicht im Hinblick auf Aufgaben und Tätigkeit des Industriemeisters beleuchtet.

2.1.1 Was ist ein Betrieb?

Ein Betrieb stellt eine räumliche, organisatorisch-technisch-wirtschaftliche Einheit dar, deren Zweck die Erstellung bestimmter Waren oder die Erbringung spezieller Leistungen ist. Dies setzt eine straffe Organisation voraus, die von einem einheitlichen Willen geleitet wird und betriebswirtschaftliche Prinzipien beachtet.
Jeder Betrieb muß nach den Grundsätzen der Wirtschaftlichkeit Ergebnisse erzielen, wenn er mit Erfolg bestehen will.∗   ∗ 136
Jeder Betrieb ist jedoch auch ein soziales Gefüge, das durch Zusammenwirken von Menschen und individuellen Gruppen gebildet wird. Die individuellen Interessen dieser Menschen berühren auch den ökonomischen Zweck des Betriebes und bringen Konflikte mit sich. Unter Beachtung auch dieser humanen Gesichtspunkte ergibt sich für die Fragestellung: »Was ist ein Betrieb?« die Definition:
Ein Betrieb ist eine organisierte Zusammenfassung von Leistungsfaktoren mit dem Zweck einer Leistungserzeugung, die von einer einheitlichen Zielsetzung geprägt ist.∗   ∗ 137
Unter Einbeziehung auch der individuellen menschlichen Belange ist zu ergänzen:
Hierbei sind auch die Erfordernisse der Mitarbeiter bei einer konstruktiven Zusammenarbeit von individuellen Gruppen zu beachten, was eine humane Menschenführung voraussetzt!
Arbeitswissenschaftlich kann die Frage nach einem Betrieb auch wie folgt interpretiert werden:
In einem Betrieb wirken alle Produktionsfaktoren optimal ökonomisch zusammen, und mit den verfügbaren Mitteln wird etwas gefertigt, veredelt oder nutzbringend getan!
Im Unterschied zu den volkswirtschaftlichen ist nachfolgend von den betriebswirtschaftlichen Produktionsfaktoren die Rede. Dies sind
— dispositive Arbeit wie Planung, Organisation, Kontrolle,

2.1 Wesen und Funktion des Industriebetriebes — Teil 1: 2 Betriebswirtschaft

— objektbezogene Arbeit,
— Betriebsmittel,
— Werkstoffe,
— Informationen.

Der Produktionsvorgang ist ein komplizierter Kombinationsprozeß dieser Faktoren, der sich in mehreren Stufen vollzieht. Es gilt stets, die wirtschaftlichste Faktorkombination herauszufinden und zu realisieren. So muß z. B. nicht immer unbedingt der Einsatz der schnellsten Maschine die wirtschaftlichste Lösung sein. *

* 138

Sachleistungs- und Dienstleistungsbetrieb

Die allgemeine Charakteristik eines Betriebes als Stätte der Leistungserstellung gilt sowohl für den Produktions- oder Fertigungsbetrieb der Waren- und Gütererstellung als auch für den speziellen Bereich der vielfältigen und unterschiedlichsten Dienstleistungen. Je nach Art der von den verschiedenen Betrieben erbrachten Leistungen, oder der von ihnen erarbeiteten Erzeugnisse, kann unterschieden werden zwischen Betrieben der

— Grundstofferstellung,
— Investitionsgüterherstellung,
— erzeugenden Verarbeitung,
— Konsum-Verbrauchsgüterproduktion
— sowie den vielfältigen Dienstleistungen.

So vielgestaltig wie die Zwecke eines Betriebes sind, so unterscheiden sich auch die Art und die Menge der Aufgabenerfüllung in den verschiedenen Betrieben und Branchen. Als Ursprung ist hier das Handwerk mit einer ausgesprochen manuellen Herstellungsweise zu nennen. Die Entwicklung von Maschinen und Werkzeugen führte dann zur Mechanisierung auch der handwerklichen Fertigung und damit zu der Entstehung einer industriellen Produktion.

Als Sachleistungsbetrieb gelten alle industriellen Betriebsstätten und jene Bereiche des Handwerks, die eine unmittelbare Waren- und Gütererzeugung betreiben.

Anders ausgedrückt: Wo Produkte und Erzeugnisse hergestellt werden, die entweder zu einer anderen industriellen Erzeugung oder Förderung von Rohstoffen bzw. deren Weiterverarbeitung oder Veredelung benötigt werden oder Geräte, Maschinen, Bauteile und Anlagen, die der Investition dienen, oder wo Nahrungsmittel und Verbrauchs- oder Konsumgüter produziert werden, die den allgemeinen Bedarf der Bevölkerung decken.

Dienstleistungsbetriebe sind alle jene Betriebe, Stätten und Institutionen, die Arbeitsleistungen ohne Zwischenschaltung eines Produktionsbetriebes an den Verbraucher abgeben, z. B. Leistungen der Banken, Versicherungen, des Handels, des Verkehrs.

2.1.1.1 Die Betriebsformen Handwerk und Industrie

Nicht alles zwischen Handwerk und Industrie ist verschieden, denn in beiden Betriebsformen muß gearbeitet werden und die technologische Entwicklung der Arbeitsmittel hat inzwischen auch Eingang in das Handwerk gefunden. Abgesehen von der historisch unterschiedlichen Entwicklung des Handwerks aus den privilegierten Zünften im Mittelalter bis zu den heutigen Innungen oder Fachverbänden in der Industrie, aus staatlich geförderten Manufakturen (Porzellan, Glas, Textilien u. a.) und Verlagssystemen im 18. Jahrhundert bis zum heutigen Stand, liegen die gravierenden Unterschiede in der Fertigungstechnik, der Gütererzeugung nach Art und Menge, der Arbeitsorganisation und der Größe der Betriebe. *

* 139

Auch die Art der Arbeitsplätze und deren technische Ausstattung, die Qualifikation der Mitarbeiter, die Möglichkeiten der Finanzierung und die Beschaffung des Kapitalbedarfs unterscheiden sich wesentlich zwischen einem Handwerks- und einem Industriebetrieb. *

* 140

Auch ein Handwerksbetrieb muß den Grundsätzen der Wirtschaftlichkeit folgen und als Zielsetzung die Nutzung betriebswirtschaftlicher Produktionsfaktoren beachten. Spezialaufträge oder Einzelaufträge sind nicht allein auf das Handwerk begrenzt. Auch in den Industriebetrieben der Investitionsgüterfertigung, z. B. im Schiffs- und Anlagenbau, herrscht eine »Maßschneiderei« ähnlich der Auftragsabwicklung im Handwerk.

Je nach der Größe eines Betriebes und der Vielfältigkeit seiner Fertigungsmöglichkeiten ändert sich auch sein Aufwand sowohl im strukturellen Aufbau als auch in dem Umfang der anzuwendenden Organisation, die sich wie folgt kennzeichnen läßt:

Die Grundstufe kennzeichnet der Einmann-Betrieb im Handwerk. Es wird kein besonderer organisatorischer Aufwand betrieben, alle erforderlichen Maßnahmen werden aufgrund erworbener Erfahrung oder nach Erinnerung durchgeführt. Abgesehen von staatlich vorgeschriebenen steuerlichen Grundlagen der Einnahmen und Ausgaben sowie Lagerhaltung genügen Notizen als Hilfsmittel und primitive – nur angedeutete Organisation.

Die handwerkliche Fertigung basiert auf Geschicklichkeit und Berufserfahrung, die Ausführung wird durch den Einsatz mechanischer Hilfsmittel unterstützt. * *141

In einem wachsenden Betrieb, in dem auch Personal beschäftigt wird, erfordert der Verwaltungsaufwand organisatorische Grundlagen. Zunehmend ist eine Trennung der administrativen Aufgaben (Verwaltungsaufgaben) von den technischen Funktionen erforderlich.

In einer organisatorischen Zwischenstufe, die sowohl für das Handwerk als auch für den industriellen Mittelbetrieb Bedeutung hat, ist die Organisation sichtbar ausgeprägter durch:

Eine eindeutige Trennung der Sachaufgaben von den Verwaltungsfunktionen, wobei diese zumindest im Meisterbereich durchaus noch in einer Person zusammenfallen können.

Die eingesetzten Organisationshilfsmittel sind zweckgebunden und als Karteien, Vordrucke und Durchschreibe-Belege betriebstypisch verfeinert. Arbeitsteilige Fertigung wird praktiziert.

Diese Arbeitsteilung wird im Handwerk relativ wenig wirksam, da sie an einen Aufgabenkomplex gebunden bleibt, der in sich geschlossen eine Facharbeiteraufgabe darstellt. In der Industrie dagegen wird sie weit vorangetrieben, so daß der Einsatz angelernter Spezialkräfte in der Serien- und Massenfertigung möglich wird. Der Anteil qualifizierter Mitarbeiter kann geringer werden. * *142

Für beide Organisationsformen gilt, daß durch die Sachtrennung für die Auftragsdurchführung sowohl im Verwaltungsbereich als auch in der technischen Durchführung eine entsprechende Form der Abwicklung, Kontrolle und Abrechnung gefunden werden muß.

In der Herstellung und Verwendung technologisch neuzeitlicher mechanischer Handwerkszeuge gibt es keinen Unterschied zwischen Handwerk und Industrie von serienmäßig hergestellten standardisierten und genormten Bauteilen und Montageeinheiten und Systemen. Dies setzt bei der Vielzahl der angebotenen Artikel auch für den Handwerksmeister eine umfassende qualifizierte Sach- und Typenkenntnis voraus!

Für die Endstufe der Organisation, die besonders in Betrieben der Serien- und Massenfertigung von Bedeutung ist, eignet sich der Handwerksbetrieb nicht. Hier sind gegliederte Organisationsformen in einzelnen Betriebsfunktionen zwingend, wofür wiederum speziell ausgebildete Arbeitskräfte benötigt werden. Der Betrieb stellt sich zwar nach außen als Ganzes dar, bildet jedoch intern einzelne Aufgaben-Komplexe, die in der strukturellen Gliederung zu einer organischen Einheit zusammengefaßt sind.

Diese Organisationsform ermöglicht eine stärkere Spezialisierung in allen Betriebs- und Verwaltungsteilen und damit auch eine höhere Mechanisierung und Automatisierung vieler Verrichtungskomplexe und Aufgabenteilgebiete.

Der Einsatz geringen qualifizierten Personals fördert die Investitionsnotwendigkeit und den Einsatz moderner Maschinen und Betriebsmittel, um die durch gesteigerte Arbeitsteilung zergliederten Teilfunktionen im Industriebetrieb noch wirtschaftlicher durchführen zu können. Eine ständige Innovation sorgt bei dieser industriellen Produktionsorganisation für neue Impulse in allen Bereichen der Betriebsarbeit und führt zu einer Weiterentwicklung

2.1 Wesen und Funktion des Industriebetriebes — Teil 1: 2 Betriebswirtschaft

143 im Produktbereich, der Fertigung und innerbetrieblichen Gestaltung, auch durch systematische Arbeitsstudien und Gestaltung.

Die zur Organisation des Gesamtgeschehens erforderlichen Hilfsmittel sind ausgereift und auf die betriebsinternen Erfordernisse zugeschnitten. Disposition, Planung, Steuerung und Überwachung aller betrieblichen Vorkommnisse werden zentral erfaßt, wobei eine zentrale EDV-Anlage mit einzelnen Datenbänken in der Verkettung nahezu eine totale Steuerung und Kontrolle ermöglicht. Der gesamte arbeitstechnische Ablauf, Kapazitätsplanung und Betriebsmittelbelegung, Termin- und Fristenplanung, Materialdisposition und Kostenerfassung lassen sich über das Belegwesen steuern und erfassen. Dies erfordert andererseits auch ein ständiges Anpassen an veränderte Situationen, um ein wirksames Handeln auszulösen. Durch kontinuierlichen Anfall von Daten aus dem Produktionsprozeß ist der erforderliche Entscheidungsprozeß vorprogrammiert und zeitlich rechtzeitig möglich.

2.1.2 Die Hauptfunktionen des Industriebetriebes

Für den einzelnen Betrieb läßt sich kein allgemein gültiges festes Schema aufstellen, wie die anfallenden Betriebsaufgaben in ihrer Funktion zu gliedern sind und wie die Trennung der Aufgaben zu erfolgen hat. Hier gelten individuelle Sonderheiten innerhalb der Betriebe, die zu berücksichtigen sind. Generell jedoch ist wichtig, daß die Betriebsaufgaben sinnvoll ihrem Inhalt nach schwerpunktmäßig zu erfassen sind. Der Tradition folgend empfiehlt sich eine klare Trennung in:
— kaufmännische und verwaltungstechnische Aufgaben,

144 — fertigungs- und arbeitstechnische Komplexe.

Beachtet man den zeitlichen Ablauf der Aufgaben im Betrieb nach Auftragseingang, so folgen dem allgemeinen Verwaltungsakt die Funktionen der Beschaffung und der Lagerung von Stoffen und Mitteln sowie die Einleitung des Durchführungsvorganges der Fertigung. Diesem betrieblichen Leistungsvorgang – dem Fertigen – schließt sich das Absetzen der produzierten Erzeugnisse und Güter an (siehe Abbildung 21).

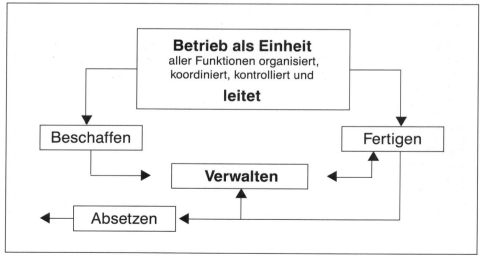

Abbildung 21: Ablauffunktionen eines Betriebsauftrages

Aus den vorgezeichneten Ablauffunktionen heraus lassen sich nach betriebswirtschaftli-

chen Überlegungen die Grundfunktionen eines Industriebetriebes kennzeichnen in:
— die Sachaufgaben des Beschaffens (auch Einkaufen),
— des Fertigens (oder Leistens) und des Absetzens (auch Verkauf)
— sowie die personellen und sozialen Funktionen des Leitens zum Koordinieren und Kontrollieren aller Sachfunktionen.✶ ✶ 145

Darüber hinaus fallen in jedem Betrieb zwischen den Hauptfunktionen spezielle weitere Sachfunktionen an, die zur Erreichung des betriebswirtschaftlichen und menschlichen Betriebszieles erforderlich sind. Sie ergeben sich unmittelbar aus der Organisation, der Planung, Überwachung und Kontrolle aller Betriebsvorgänge. Ohne diese Ordnungsfunktionen ist eine geordnete Betriebstätigkeit schwierig, weil durch diese ergänzenden Funktionen die Grundfunktionen erst wirksam werden. Generell sollte an einer eindeutigen Darstellung und Fixierung aller vorkommenden Aufgaben im Betrieb festgehalten werden, damit bei vorkommendem Personalwechsel sogleich die Grundlage für eine Neubesetzung gegeben ist.

Außerdem bietet eine solche Aufgabengliederung für die Heranbildung eines leistungsgerechten Nachwuchses eine solide Grundlage für alle Leitungsfunktionen. Das Schema, das Abbildung 22 zeigt, skizziert die Teilgebiete als Grundlage der Betriebsorganisation im Aufbau, Ablauf und Information, wonach sich die einzelnen zu bildenden Stellen mit ihren Aufgaben und Kompetenzen spezifisch nach den Vorstellungen der Leitung in Stellenbeschreibungen fixieren lassen.✶ ✶ ✶ 146 ✶ 147

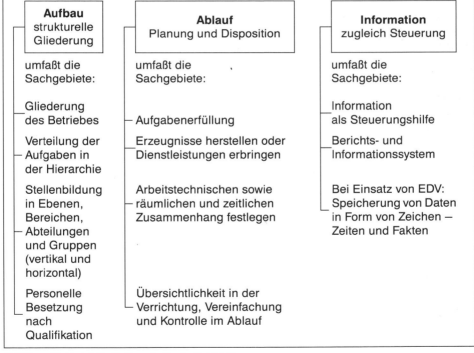

Abbildung 22: Modell für die Organisation im Betrieb✶ ✶ 148

2.1.2.1 Beschaffungsfunktion

Die Beschaffungsfunktionen umfassen alle Aufgaben, die mit der Vorbereitung des

2.1 Wesen und Funktion des Industriebetriebes   Teil 1: **2 Betriebswirtschaft**

Beschaffungsplanes, der Bestellung und der Verwaltung aller erforderlichen Stoffe, Materialien und Mittel zusammenhängen.
Aber auch erforderliche Hilfs- und Verbrauchsmaterialien sowie finanzielle Mittel schließen den Beschaffungskomplex ein. Auch die Erstellung neuer Betriebsgebäude und die Beschaffung von Fertigungsmaschinen und Einrichtungen sind einzubeziehen. Bei der Beschaffungsfunktion geht es darum, daß für die Fertigung der Erzeugnisse oder einen anderen Leistungsprozeß alle notwendigen Materialien und Betriebsmittel in ausreichender Menge zur rechten Zeit zur Verfügung stehen, um fristgerecht bereitgestellt zu

* 149   werden.*

Da ein solcher Beschaffungsvorgang und die sich anschließende Verwaltung und Lagerhaltung Kapital binden, ist auf eine besonders sparsame betriebswirtschaftliche Handhabung und eine sinnvolle Terminabstimmung zu achten! Wird zu viel beschafft, besteht die Gefahr einer Wertminderung durch Schwund oder Veralterung. Andererseits würde eine übertriebene Sparsamkeit bei der nicht ausreichenden Materialmenge den ablaufenden Verarbeitungsprozeß zum Stocken bringen, was im Sinne einer wirtschaftlichen und termingerechten Auftragsbearbeitung hinderlich ist. Da mit den Beschaffungsvorgängen bereits eine gewisse Beeinflussung der Wettbewerbsfähigkeit zugunsten für die Dominanz auf dem Markt des Erzeugnisses erreichbar ist, ist Sorgfalt angebracht. Andererseits kann die Beschaffungsfunktion durch Engpässe am Markt oder auch schwankende Preise einen besonderen Stellenwert bekommen, was bei materialintensiven Betrieben, bzw. bei der Entwicklung neuer Erzeugnisse für Betriebe mit kurzlebigen Erzeugnissen, eine besondere Bedeutung erlangt.
Für die Material- und Stoffbeschaffung besteht in der Regel ein eigener Teilbereich innerhalb der Betriebs- und Verwaltungsorganisation. Dabei wird im Normalfall die Einkaufsabteilung in den Beschaffungsvorgang einbezogen, die Beschaffung kann aber auch von der betrieblichen Materialbeschaffungsstelle (Materialplanung) oder der Projektbearbeitung direkt erfolgen. Ausschlaggebend für den internen Stellenwert dieser Aufgabe, der ihr von der Betriebsleitung eingeräumt wird, ist das Problem der Kapitalbindung.
Nach den allgemein üblichen Regeln kann der Beschaffungsvorgang sowohl auftragsabhängig, d.h. gebunden disponiert, aber auch auftragsunabhängig, d.h. lagerorientiert, erfolgen.
Im Falle einer auftragsungebundenen Beschaffungsorganisation liegt der Zweck in einer ständigen Verfügbarkeit aller Stoffe und Materialien im Sinne einer Reservehaltung für alle möglichen und unvorhergesehenen Situationen einschließlich interner Entwicklungsvorgänge. Sie kann aber auch durch eine beschäftigungsorientierte Konzeption gegeben sein, um bei schwankendem Absatz eines gängigen Bedarfsartikels oder Marktproduktes den Fertigungsvorgang kontinuierlich fortzusetzen und damit eine Vorratsdisposition zu betreiben. Bei einer auftragsgebundenen Beschaffung wird immer ein vorliegender Auftrag den Anstoß zur Beschaffung auslösen. Hier ist eine Bindung an das anstehende Projekt für die

* 150   Stoff- und Materialdisposition entscheidend.*

In diesem Fall werden durch eine Bedarfsanforderung, ausgelöst von betrieblichen Bearbeitungsstellen wie Arbeitsvorbereitung, Projektbearbeitung, Materialplanung oder Entwicklungsabteilung und Konstruktion, die weiteren Beschaffungsvorgänge in Gang gesetzt.

2.1.2.2 Fertigungsfunktion

Für einen Industriebetrieb ist der Prozeß Fertigen die wichtigste Funktion. Es entsteht durch die Erzeugung der Produkte eine Wertschöpfung, die sich **durch Umwandlung von Roh-**

* 151   **material zum Zwischen- oder Enderzeugnis vollzieht.***

Umschlossen wird der Fertigungsprozeß durch die Marktfunktionen Beschaffen und Absetzen.

Die Fertigung erfolgt in der Regel innerbetrieblich, abgesehen von Zulieferartikeln wie marktübliche Normalien oder Standardwaren, die in das eigene Erzeugnis eingehen.
Hinsichtlich der Gestaltung des Fertigungsablaufes gibt es verschiedene Möglichkeiten. Je nach Art des gefertigten Erzeugnisses wird der technische Ablauf als Werkstattfertigung oder in Reihenfertigung durchgeführt.
Im Falle der Werkstattfertigung werden alle mechanischen Vorgänge, unabhängig vom Endprodukt, in der Teilefertigung zentral vollzogen. Hier sind alle erforderlichen Fertigungseinrichtungen nach betriebsinternen Gesichtspunkten aufgestellt.
Im Falle der Reihenfertigung wird eine Verkettung der Fertigungseinrichtungen in Anpassung an die herzustellenden Erzeugnisse vorgenommen. Bei dieser Ordnung läßt sich auch ein Taktverfahren durchführen oder eine **Fließfertigung** organisieren.* ＊ 152
Bei einem in der Fertigung wechselnden Erzeugnis hat sich auch die Gruppenfertigung bewährt. Dabei werden die für ein bestimmtes Erzeugnis benötigten Fertigungseinrichtungen so zusammengestellt (gruppiert), daß eine Flexibilität im Austausch mit anderen Einrichtungen möglich, aber auch eine völlige Auflösung zwecks Neugruppierung leicht durchführbar ist. Diese Organisation hat sich besonders bei Engpässen und Schwachstellen im Fertigungsablauf bewährt.
In der REFA-Methodenlehre wird zwischen Betriebsorganisation, Produktionsorganisation und Fertigungsorganisation unterschieden. Unter Fertigungsorganisation definiert REFA im Band 2 »Planen und Steuern«:
Die Fertigungsorganisation umfaßt für die Teilefertigung, die Montage und den Versand
1. die Datenermittlung und Gestaltung von Arbeitssystemen,
2. die Kapazitäts-, Material-, Informations- und Ablaufplanung sowie
3. das Veranlassen, Überwachen und Sichern der Programm- und Auftragserfüllung.
Bei der Bewertung dieser Definition im Sinne des Arbeitsstudiums ist festzustellen, daß die Fertigungsorganisation nach REFA alles das umfaßt, was für einen reibungslosen Ablauf der Fertigung hinsichtlich Vorbereitung, Verfügbarkeit der Stoffe und Materialien, Durchlauf und Verfahren sowie Überwachung und Kontrolle bis zur Versandbereitschaft erforderlich ist. Die zugeordnete Datenermittlung ermöglicht darüber hinaus die frist- und zeitgerechte Festlegung der Kapazitäten und damit die Sicherung des Fertigungsablaufes.* ＊ 153

2.1.2.3 Verwaltungsfunktion

In jedem Betrieb, gleich welcher Branche und Größe, wo Menschen tätig sind, wo Stoffe und Materialien beschafft, gelagert und verarbeitet werden, Investitionsgüter und Gebäude vorhanden, wo Löhne zu zahlen sind, Rechnungen ausgestellt und Lieferantenrechnungen bezahlt werden, sind Verwaltungsfunktionen gegeben. Sie sind unumgänglich, wenn im Rahmen einer betrieblichen Ordnung Einblick und Übersicht über alle internen Vorgänge und Gegebenheiten, auch über Zahlungsfähigkeit und vorhandene Schulden erforderlich sind.
Alle Beschäftigten werden in der Personalverwaltung geführt. Die im Betrieb befindlichen Anlagen, Maschinen und Werkzeuge sind in der Betriebsmittelverwaltung, Stoffe und Materialien in der Lagerbestandskartei und die Betriebsgebäude einschließlich aller hygienischen, sozialen und anderer Sondereinrichtungen in der Vermögens- und Grundstücksverwaltung erfaßt.
Es gibt in einem ordentlich geführten Betrieb nichts, was nicht in irgend einer Form registriert ist und damit auch verwaltet wird.* ＊ 154
Während in früheren Jahren alle Bestände und der Besitz eines Betriebes in der Regel manuell in Büchern oder Karteien aufgezeichnet wurden, hat sich heute die Einspeicherung in EDV-Anlagen in vielen Betrieben durchgesetzt, sofern sich in der Größenordnung und im Umfang der zu speichernden Daten eine solche Maßnahme als zweckmäßig erwies.

2.1 Wesen und Funktion des Industriebetriebes   Teil 1: 2 **Betriebswirtschaft**

Die Verwaltungsfunktion zeichnet auf, welche festen Vermögen der Betrieb besitzt und andererseits, welche Kapitalbindungen durch variable Werte z. B. durch die im Lager befindlichen Fabrikate, Stoffe und Fertigungserzeugnisse bestehen.

Was von den gelagerten Materialien und Halbfabrikaten veraltet und damit als wertmindernd zu beurteilen ist, wird als Kapitalbindung betrachtet und unterliegt jährlichen Abschreibungen.

Weitere Verwaltungsbereiche sind die Betriebsbuchhaltung und die Finanzabteilung, die Betriebsstatistik u. a., die den Fertigungsbetrieb nur mittelbar berühren. Bestimmte Verwaltungsmaßnahmen greifen in die Fertigung und damit auch in die Leitungsfunktion des Industriemeisters ein. Hier ist besonders die Verwaltung der Betriebsmittel zu nennen, die in einer Kartei, der Maschinenkartei, geführt werden. Hierfür hat AWF (Ausschuß für wirtschaftliche Fertigung) praktikable Vordrucke für alle Maschinenarten entwickelt. Diese Karten enthalten alle maschinengebundenen Angaben und das Leistungsvermögen der Anlage. Erfaßt werden auch der Einsatzzustand und die Wartungsintervalle sowie die durchgeführten Inspektionen und Reparaturen. Diese Kartei bietet zusätzlich eine wertvolle Dispositionsgrundlage zur Ermittlung des Zeitpunktes einer Ersatzbeschaffung im Rahmen der Investitionsplanung. Hierfür erweist es sich als zweckmäßig, auch die jährlichen Einsatzzeiten der Betriebsmittel einzutragen, um damit die effektive Nutzung der einzelnen Anlagen nachzuweisen.*

* 155

Die Verwaltung von zentral gelagerten Handwerkszeugen, welche nicht zum einzelnen Arbeitsplatz gehören, sollte unmittelbar in der Werkzeugausgabe vor Ort karteimäßig durchgeführt werden. Die Ausgabe solcher allgemein verwendeten Handwerkszeuge an den Benutzer kann durch Werkzeugmarken vereinfacht geregelt werden, sofern kein Verschleiß zu erwarten ist und damit eine Wiederverwendung erfolgen kann. Solche simplen Verwaltungsverfahren ermöglichen zugleich auch die Auslösung einer Ersatz-Beschaffungsfunktion, wenn z. B. unbrauchbare Kleinwerkzeuge an die Ausgabe zurückgegeben wurden.

Bei der Verwaltung von Material ist zu unterscheiden, ob es sich um Hilfs- oder Betriebsstoffe handelt, die zwar zur Erzeugung der Produkte und Waren erforderlich, aber nach der Verwendung nicht mehr verwertbar sind, oder um Werkstoffe, die zur Fertigung der Erzeugnisse benötigt werden, also in das Produkt oder die Ware eingehen.*

* 156

Die Verwaltung von allgemeinem Verbrauchsmaterial sollte mit wenig Aufwand betrieben werden. Besonders dann, wenn keine Verwendung für den privaten Gebrauch zu befürchten ist. Anders dagegen ist die Verwaltung des Werkstoffes für angefertigte Erzeugnisse. Hier erfordert schon die Kalkulation dieser mengenabhängigen Kosten eine straffe Erfassung und Verwaltung. Dies gilt sinngemäß auch für Rohstoffe und Halbzeuge sowie Fertigungsstoffe und Normalienteile, die handelsüblich bezogen werden. Wobei die Kleinteile, wie Schrauben, Muttern und ähnliche Objekte, wenn sie einem ständigen Bedarf in der Werkstatt und Montage unterliegen, gegebenenfalls überhaupt aus der Verwaltung ausgeklammert werden und durch eine pauschale Ersatzauffüllung in einem transportablen Gestell oder Vorratsregal in der Werkstatt direkt vorrätig sind.

Die Verwaltung von Material hat nicht nur den Zweck, festzustellen, was verfügbar ist, sondern auch einen Überblick zu vermitteln über den Verbrauch und auch darüber, **was für welchen Auftrag oder welches Erzeugnis verwendet wurde,** damit kostentechnisch erfaßt werden kann. Generell zur Verwaltungsfunktion ist festzustellen, daß sie einen angemessenen Aufwand rechtfertigt, um Fehldispositionen zu vermeiden.*

* 157

Ein Verwaltungskomplex, der unmittelbar den Fertigungsmeister betrifft, ist die Verwaltung der auftragsgebundenen Fertigungsunterlagen wie Auftragsstücklisten und Arbeitsbelege.

Anhand der **Auftragsstücklisten** sind für die Fertigung die Art und der Umfang der Zugehörigkeit der einzelnen, durch Arbeitsscheine und Materialanforderungsbelege ausgewiesenen Fertigungsteile oder Montageeinheiten ersichtlich.*

* 158

Aus den **Arbeitsscheinen** gehen die Art und die Einzelheiten des Fertigungsablaufes mit

Verrichtungsfolge und Leistungsvorgaben sowie Arbeitsplatzkennzeichnung und Terminangaben hervor.∗

∗ 159

Beide Unterlagen sind für den Fertigungsmeister wichtige Dispositionsgrundlagen, nach denen er die Aufgabenverteilung, Arbeitsplatzbelegung, die Terminüberwachung und die Qualitätskontrolle durchführen kann. Ohne diese Dispositions- und Leistungsunterlagen ist ein planvolles Arbeiten für den Meister nicht denkbar. Im Falle eines Fehlens dieser Arbeitsbelege bleibt ihm nur die Improvisation.

2.1.2.4 Absatzfunktion

Die Absatzfunktion betrifft einen wesentlichen Teil der administrativen Aufgaben des Betriebes und speziell der Verkaufsabteilung. Dabei kann die Teilaufgabe des Versandes der Erzeugnisse dem Funktionsbereich des Fertigungsmeisters fallweise zugeordnet sein. Die Absatzfunktion nimmt in der betrieblichen Planung einen steigenden Stellenwert ein. Hängt es doch von der Ausdehnung des Absatzes ab, ob eine Erweiterung der Kapazitäten, eine Modernisierung der Fertigungsmittel, eine verstärkte Innovation in der Entwicklung möglich ist. Ein wichtiger Teilbereich für den Absatz ist die Marktforschung. Diese umfaßt die Situation auf dem Markt hinsichtlich Bedarf und Aufnahmefähigkeit sowie Zusammensetzung nach Erstbedarf, gelegentlichem Bedarf und Ersatzbedarf.

Ohne eine intensive Marktforschung ist eine optimale Absatzplanung kaum denkbar. Jeder Betrieb, der seine Produkte absetzen will, muß versuchen, die anstehende Markt- und Preisentwicklung, den Trend in der technischen Entwicklung, das mögliche Verhalten der Verbraucher, aber auch das der Konkurrenz, frühzeitig zu erfahren. Da solche Zukunftserwartungen jedoch immer auch Faktoren der Unsicherheit enthalten und ihnen Verdachtsdispositionen und Vermutungen zugrundeliegen, schlägt das unternehmerische Risiko hier voll durch!

Selbstverständlich kann ein solches Risiko durch das Marketing eingeengt werden, indem durch gewisse Risikostreuung vorgebeugt wird, sei es durch eine materielle Eigenvorsorge oder durch die Hilfe von Versicherungen oder auch durch Beteiligungsverträge mit anderen Betrieben, um ein breitgestreutes Sortiment zu schaffen. In der Wettbewerbsfrage gegenüber der Konkurrenz spielt das »Know-how« immer eine ausschlaggebende Rolle.∗

∗ 160

All dies übt eine Wirkung auf die Absatzsituation aus.
Beachtet werden sollte immer die Erkenntnis:

»Eine betriebliche Produktionsplanung im Rahmen der Absatzplanung orientiert sich anhand eines erwarteten Bedarfs sowie der gewonnenen Daten und Erkenntnisse der Marktbeobachtung!«

Für die Aufgaben des Industrie- und Fertigungsmeisters sei in diesem Zusammenhang hervorgehoben, daß er es mit seinem persönlichen Einsatz in der Hand hat, die Absatzfunktionen positiv und wirkungsvoll zu unterstützen!

Dies kann dadurch geschehen, daß er die erzeugten Produkte qualitativ hochwertig und funktionsgerecht fertigt, aber auch durch eine fristgerechte Ingangsetzung der Fertigung und die Sicherstellung der termingerechten Versandbereitschaft. Damit unterstützt der Fertigungsmeister die Wettbewerbsfähigkeit des Betriebes und fördert gegenüber der Konkurrenz die Repräsentanz der Firma auf dem Markt wirkungsvoll.∗

∗ 161

Auch finanziellen Schaden kann der Industriemeister dadurch abwenden, daß er termingebundene Aufträge rechtzeitig fertigstellt, die Abwicklung überwacht, Konventionalstrafen verhindert sowie dazu beiträgt, daß bei Exportaufträgen das Bank-Akkreditiv frei wird, wenn eine fristgemäße Versandbereitschaft gemeldet wird.

2.1.2.5 Leitungsfunktion

Die im Industriebetrieb bestehenden Grundfunktionen Beschaffen, Fertigen und Absetzen

2.1 Wesen und Funktion des Industriebetriebes

würden für sich allein nicht bestehen können und wirkungslos bleiben, wenn nicht die Funktion des Leitens koordinierend, kontrollierend und überdeckend zusammenwirkend vorhanden wäre.*

✱ 162

Da jedoch im industriellen Produktionsbereich auch noch andere spezielle Teilfunktionen zu erfüllen sind, die je nach der strukturellen Gliederung des Betriebes zu weiteren Kompetenzbereichen in der Hierarchie führen, fällt der Leitungsfunktion die wichtige Aufgabe zu, alle im Betrieb vorkommenden Aufgaben organisatorisch so festzulegen, daß die sie erledigenden Mitarbeiter ihre Sachaufgaben sowohl in der Planung der Aufgabendurchführung als auch in der Erledigung selbst optimal erfüllen!

Dies bedeutet, daß durch die Leitung jene Wege aufgezeichnet werden, wie die einzelnen Durchführungsschritte zu ordnen sind und in welchem Umfang und in welcher Art die Koordinierung zu erfolgen hat. Da sich diese Leitungsfunktionen über die Sachaufgaben direkt erstrecken, aber für die sie ausführenden Mitarbeiter hinsichtlich Aufsichtspflicht und humaner Fürsorge eine soziale Verantwortung beinhalten, bedarf es in der betrieblichen Organisation einer angepaßten Aufbaugliederung, die das gemeinsame Miteinander in einer hierarchischen Ordnung klarstellt und regelt. Nur dadurch werden die vorhandenen Sachfunktionen unmißverständlich umrissen, und das menschliche Nach- und Miteinander wird in eine erträgliche Zusammenarbeit gebracht.*

✱ 163

In diesem Zusammenhang sind alle Sachaufgaben in angepaßte Kompetenzbereiche einzuordnen, und die Frage der institutionellen Verantwortung ist zu klären, wobei auch befristete Delegation von Verantwortung gegeben sein kann. Erfahrungsgemäß eignet sich ein struktureller Aufbau mit wenig Leitungsebenen besser zur Durchsetzung von Informationen und sind Entscheidungen schneller zu treffen, als dies bei einer zu differenzierten Aufsplittung der Fall ist.

Zusammenfassend ist festzustellen:

Organisation und Leitung eines Betriebes stehen zueinander in einer Wechselbeziehung. Beide beeinflussen sich gegenseitig. Die Leitung hat die Aufgabe, die Ziele der Organisation zu erkennen, da diese den Rahmen und die Richtung anzeigen.

Die Leitung ist praktisch in die zentral geordnete Organisation eingebettet, sie kann sich nur innerhalb der vorgegebenen Richtlinien bewegen. Für individuelle Eigenheiten und Verhaltensweisen der Mitarbeiter gibt es keine Rezepte. Trotzdem müssen diese Kriterien beachtet werden, wenn die betriebliche Menschenführung reibungslos ablaufen soll. Diese Wechselwirkung erfordert eine Ausgeglichenheit oder ein Gleichgewicht zwischen der Erfüllung der Sachaufgaben und den sozialen Beziehungen der Mitarbeiter. Dies sollte durch eine humane und homogene Zusammenarbeit im Rahmen der Sachaufgaben erreichbar sein.*

✱ 164

Letztlich hat die strukturelle Aufbauorganisation eines Betriebes für die Zusammenarbeit der betrieblichen Stellen zu sorgen und regelt damit zugleich auch die Erfüllung der Sachaufgaben.

Solange eine Überschaubarkeit der Aufgaben und der damit verbundenen Kompetenz in der Durchführung zentral gegeben ist, kann auch die Leitungsverantwortung in einer Hand bleiben. Ist dies nicht mehr garantiert, können Kontrolle und Überwachung in der Durchführung der Aufgaben nicht mehr zentral von der Leitung erfaßt werden. Dann ist eine Dezentralisierung in den Leitungsfunktionen erforderlich.

2.1.3 Der betriebliche Produktionsfaktor Arbeit als Beitrag des Menschen zur Gütererstellung

Unter dem Begriff Arbeit versteht man allgemein betrachtet die Erfüllung von Aufgaben. Physikalisch gesehen errechnet sich das Ergebnis der Arbeit aus dem Produkt »Kraft $\times$

Weg«, und wirtschaftlich bedeutet der Begriff Arbeit einen Produktionsfaktor zur Herstellung von Waren und Gütern. So gesehen umfaßt der Produktionsfaktor Arbeit als Leistungsfaktor somit jede menschliche Tätigkeit im Betrieb, soweit diese direkt oder indirekt auf den Produktionsprozeß Auswirkungen hat. Alle menschlichen Verhaltensweisen können sich positiv und negativ auf den betrieblichen Aufgabenprozeß auswirken. Somit kann die menschliche Betriebsarbeit allgemein als **zielbewußte Tätigkeit** zur Erreichung eines dem Betrieb gegebenen Zweckes genannt werden.∗ * 165

Da auf die menschliche Arbeitsleistung verschiedene Faktoren einwirken, spielen sowohl subjektive als auch objektive Voraussetzungen für die Erfüllung menschlicher Arbeit eine wichtige Rolle, denn: **das zu erzielende Arbeitsergebnis kann nur so gut sein, wie die Gegebenheiten des Arbeitsplatzes dies zulassen!**

Außerdem spielen sowohl die fachlichen Kenntnisse, Erfahrungen und die Eignung des Mitarbeiters für eine bestimmte Arbeit eine Rolle. Hier liegt die Aufgabe der Personalführung und der betrieblichen Arbeitsorganisation, **den Mitarbeiter nach Ausbildung, Wissen und Interessen einzusetzen.** Eignung ist nicht allein durch die fachlichen Voraussetzungen und die körperliche Befähigung bestimmt, sondern auch der individuelle Charakter, die persönliche Einstellung zum Betrieb und der Arbeitsaufgabe sowie die soziale Einordnung in den Kreis der Arbeitskollegen und in das Organisationsgefüge des Betriebes sind mitentscheidend.

Man kann die menschliche Arbeit unter verschiedenen Aspekten betrachten. Entsprechend unterschiedlich werden auch die Definitionen ausfallen, z. B. in individuell-ökonomischer, psychologischer, philosophischer, soziologischer oder biologisch-medizinischer Sicht. Für die betriebliche Praxis und den Meister sind die Erkenntnisse der Ergonomie von besonderer Bedeutung. **Unter Ergonomie versteht man das systematische Studium der Menschen bei ihrer Arbeit, um die Arbeit und die Arbeitsbedingungen im Sinne einer optimalen Nutzbarmachung der menschlichen Leistungsfähigkeit zu gestalten.**

Ergonomisch betrachtet läßt sich Arbeit wie folgt definieren:
Arbeit ist sowohl der Umsatz von Energie als auch die Verarbeitung von Information bei der Erfüllung von Arbeitsaufgaben durch den Menschen.

In dieser Definition sind die ökologischen Kriterien und der technologische Wandel der Produktionstechnik unberücksichtigt. Das Problem Arbeit ist aber auch unter neuen Gesichtspunkten der allgemeinen Umweltfaktoren zu betrachten.

2.1.3.1 Arten menschlicher Arbeit

Arbeit umfaßt nicht nur rein technische, ergonomische, energetische und ökonomische Aspekte, sie ist mit weiteren Kriterien integriert zu betrachten. Menschliche Arbeit ist als geistig kreatives Denken wie auch als Einsatz individueller körperlicher und seelischer Kräfte zu verstehen. Arbeit ist nicht gleich Arbeit, weshalb dieser Begriff auch nur als Oberbegriff für viele Arten von Arbeit konzipiert werden kann.∗ * 166

Im Hinblick auf die Durchführung einer Tätigkeit läßt sich die betriebliche Arbeit gliedern in leitende, planende, verwaltende und ausführende Arbeit.

In dieser Betrachtung wird eine klare Trennlinie zwischen den geistig-psychischen und den körperlich-physischen, manuellen Tätigkeiten gezogen. Der Unterschied in dieser Gliederung läßt sich wie folgt definieren:

Leitende Arbeit = Verantwortung tragen und Entscheidungen treffen für das Tun anderer, es überwachen sowie die Durchführung koordinieren (den Ablauf im Einsatz lenken).∗ * 167

Planende Arbeit = das Tun anderer vordenken und den technisch-zeitlichen sowie technisch-räumlichen Ablauf nach Art und Umfang festlegen (den Ablauf in Folge und Zeit bestimmen).

Verwaltende Arbeit = den Werteumlauf und die dabei anfallenden Kosten erfassen und überwachen (den Aufwand sammeln, kontrollieren und kontieren).
Ausführende Arbeit = die gedanklich vorgezeichnete und vorbereitete Arbeit optimal durchführen (Arbeit wirtschaftlich verrichten oder erledigen).
Die technologische Entwicklung der Produktionsprozesse und der industriellen Arbeit verändert nicht nur die arbeitsteiligen Vorgänge in der Fertigung, sondern sie integriert auch kreative und psychische Komponenten in manuelle und maschinelle Tätigkeiten hinein. Dabei haben ökologische Forderungen für den Schutz der Menschen und der Umwelt eine zunehmende Bedeutung!

2.1.3.2 Der Produktionsfaktor Arbeit aus quantitativer und qualitativer Sicht

Arbeit in quantitativer Betrachtung ist die erbrachte Menge einer Sachleistung, die nach Zeit, Zahl oder Menge objektiv zahlenmäßig erfaßbar ist. Quantitative Merkmale werden gemessen. Die quantitative menschliche Leistung ist durch Konzentration, Übung, Routine

✲ 168 und Arbeitstempo beeinflußbar.✲

Aus qualitativer Sicht ist Arbeit meßbar oder auch nur **beurteilbar sowie anhand von Alternativmerkmalen klassifizierbar.**

Eine solche Quantifizierbarkeit beschränkt sich bei dem Urteil über Qualität einer Arbeitsaufgabe auf die Erfassung und Messung von Gütemerkmalen wie z. B. Oberfläche, Rauheit, Paßgenauigkeit und Funktionsfähigkeit, gegebenenfalls auf die Beurteilung der Schwierigkeit der erbrachten Arbeit. Auch lassen sich Kriterien im Vergleich zum Wert oder der Verwertbarkeit eines Erzeugnisses verwenden, zum Beispiel geringerer Ausschuß, Vermeiden von Unfällen oder unfallsicheres Arbeiten, weniger Stoffverbrauch und sparsamer Energiebedarf neben anderen. Grundlage der Qualität der menschlichen Arbeit sind jedoch die individuellen Gegebenheiten des Arbeitenden, wobei die Zuverlässigkeit, Geschicklichkeit, Auffassungs- und Beobachtungsgabe, Vorstellungsvermögen sowie Genauigkeit, innere Antriebe und Motivierbarkeit als subjektive Aussagemerkmale zu werten sind. Die letzteren qualitativen Merkmale sind mit nur wenigen Ausnahmen ausschließ-

✲ 169 lich beurteilbar, aber nicht exakt meßbar.✲

Quantität und Qualität lassen sich als Kriterien für den Produktionsfaktor Mensch – oder menschliche Arbeit – dadurch beeinflussen, daß die zur Erledigung der Arbeitsaufgabe verwendeten Arbeitshilfsmittel optimal beschaffen sind, also die Betriebsmittel dem Aufgabenzweck entsprechen und auf die zu verarbeitenden Stoffe und Materialien abgestimmt sind. Insofern sind beide Kriterien in ihrem Wirkungsgrad variabel und damit beeinflußbar. Die Arbeitsmenge ist durch den Einsatz von besseren Betriebsmitteln, verbesserte Arbeitsbedingungen oder eine andere Arbeitsmethode steigerungsfähig.

Die Qualität einer Arbeit läßt sich intensivieren, wenn eine **richtige Auswahl der Person bei der Aufgabenzuteilung erfolgt,** wenn also Eignung, Kenntnisse, Leistungsfähigkeit und Erfahrungen erhöht und durch eine verbesserte Sozialstruktur auch die Einsatzfreude, die persönlichen Antriebe und Dispositionsbefähigung gesteigert werden

✲ 170 können.✲

Verbessert man insgesamt gesehen sowohl das quantitative als auch das qualitative Niveau, dann kommt dem Produktionsfaktor Arbeit durch beide Kriterien eine besondere Bedeutung zu.

2.1.3.3 Die Bedingungen einer optimalen Produktivität der menschlichen Arbeit

2.1.3.3.1 Leistungsfähigkeit und Leistungsbereitschaft

Die Beachtung der Forderung der Produktivität, unter der das Verhältnis von Ausbringung zum Einsatz verstanden wird, oder nach der VDI-Richtlinie 2800 »die mengenmäßige Leistung zum mengenmäßigen Arbeitseinsatz«, setzt in erster Linie das Vorhandensein optimaler Arbeitsbedingungen für die Erbringung einer effektiven menschlichen Arbeitsleistung voraus.*

* 171

Die menschliche Leistung basiert sowohl auf sachlichen Gegebenheiten als auch auf den vorhandenen sozialen menschlichen und ökologischen Voraussetzungen.
Ein arbeitender Mensch ist nur so gut, wie ihm die verfügbaren Mittel und die ihn umgebende Umwelt es gestatten!
Unter die sachlichen Gegebenheiten zählen sowohl die technischen und organisatorischen Betriebsgegebenheiten als auch das Betriebsklima, welches durch den praktizierten Führungsstil geprägt wird. Gerade das betriebliche Miteinander und die vorherrschenden Leitungsgepflogenheiten sind wesentliche Voraussetzungen für die menschliche Leistungsfähigkeit und Leistungsbereitschaft! Die Leistungsfähigkeit des Menschen wird durch seine individuellen Faktoren wie Kenntnisse, Begabung, Wissen, Auffassung, Gewöhnung, Arbeitsverhalten und Erfahrung geprägt.*

* 172

Die vorherrschenden Umweltbedingungen im sozialen Bereich können sowohl positive als auch negative Wirkungen haben. Sie beeinflussen wesentlich die Leistungsbereitschaft des einzelnen Mitarbeiters, da sie sich in der individuellen Kondition, seinen Anspruchsvoraussetzungen wie Verdienststreben und Einsatzwillen, seiner persönlichen Aktivität auswirken und negativen Einfluß auf Antriebe und Einstellung zur Arbeitsaufgabe haben können. Aber auch die persönlichen Bedürfnisse, gesicherte Erwartungen und die Vorstellungen des einzelnen Mitarbeiters sollten nicht unbeachtet bleiben.*

* 173

Die generelle Einstellung zur Arbeitsaufgabe und zum Betrieb, die persönliche Stimmungslage und die Umgebung – neben anderen Schwankungsfaktoren, die sich aus Gesundheit, Wetter und jahreszeitlich bedingten Komponenten ergeben – sind beeinflußbar. Wirkungen auf den einzelnen Mitarbeiter erstrecken sich auch auf die Belegschaft. Auch wenn die Belegschaft in Ausbildung, Erfahrung und Übung eine hohe Effizienz aufweist, so reduzieren negativ wirkende Kriterien aus dem Führungsverhalten und dem sozialen Umfeld das Leistungspotential und die Leistungsbereitschaft erheblich. Deshalb müssen die Betriebsleitung, die Vorgesetzten und Meister alles tun, um durch optimal gestaltete allgemeine technisch-organisatorische Bedingungen das Eignungspotential der Mitarbeiter voll zu nutzen und durch ein kontinuierliches Training sowie betriebliche Weiterbildung und einen motivierenden Führungsstil ständig zu fördern und zu steigern.*

* 174

2.1.3.3.2 Eignungspotential der Belegschaft

Die Mitarbeiter sind die menschliche Arbeitskapazität eines Betriebes und stellen damit auch das Leistungspotential für alle anstehenden qualitativen und quantitativen Aufgaben dar.
Allein aus der Anzahl der verfügbaren Mitarbeiter läßt sich aber noch nicht das effektive Leistungs- und Eignungspotential ableiten, dies ist nur unter Beachtung der tatsächlichen Befähigung, der individuellen Eignung und der Einsatzmöglichkeiten der Mitarbeiter möglich.
In der industriellen Fertigung wird die arbeitsteilige Fertigung praktiziert. Sie bietet die Möglichkeit, auch mit weniger qualifiziertem Personal und angelernten Spezialkräften, beson-

ders an Maschinenarbeitsplätzen, auszukommen. Dieser personelle Kostenvorteil kann bei der Feststellung des Eignungspotentials des Betriebes negativ ausschlagen, weil eben nicht alle verfügbaren Mitarbeiter universell einsetzbar sind.

Bei der Einsatzdisposition und Aufgabenzuteilung ist folglich auf die Zusammensetzung und die Qualifikation der Mitarbeiter Rücksicht zu nehmen und zu beachten, ob die Eignung für die vorgesehene Aufgabe auch gegeben ist.

✳ 175
Je höher die fachliche Eignung der Mitarbeiter zu werten, je vielseitiger deren Einsatz in der betrieblichen Aufgabenerfüllung möglich ist, um so effizienter ist das daraus resultierende Eignungspotential des Betriebs. In Umkehrung dazu sind die zeitabhängigen Personalkosten höher, besonders dann, wenn es sich um einen personalintensiven Fertigungsbereich handelt. ✳

Die fortschreitende Hochmechanisierung und der Einsatz von numerisch gesteuerten Arbeitsmaschinen im Fertigungsbereich verschiebt oft das Verhältnis in der qualifizierten Besetzung der Maschinen mit Programmsteuerung. Wird hier auch die Erstellung der Programme in der zentralen Arbeitsvorbereitung vorgenommen und erfolgt z. B. Voreinstellung, Werkzeugwechsel und Störungsbeseitigung von einem Einrichter vor Ort, dann kann auch weiterhin mit weniger qualifiziertem angelerntem Bedienungspersonal gearbeitet werden. Konzentriert man jedoch Programmerstellung, Einstellung, Ablaufüberwachung und Werkzeugwechsel auf dieselbe Person an der Anlage (Werkstattprogrammierung), dann sind qualifizierte Facharbeiter unbedingt erforderlich.

Die Eignung eines Mitarbeiters ist arbeitspsychologisch feststellbar und bei vorhandener Begabung, Anpassungsfähigkeit und Veranlagung auch förderbar. Durch inner- und außerbetriebliche Weiterbildung und Training lassen sich Kenntnisse, Wissen und Erfahrungen erweitern, und das individuelle Arbeitsverhalten läßt sich durch Übung und Gewöhnung positiv beeinflussen. Je höher dadurch die fachlichen Qualitäten und die Leistungsbereitschaft des einzelnen Mitarbeiters gefördert und motiviert werden, um so mehr wird das gesamte Eignungspotential des Betriebes im Personalbereich ansteigen. Damit erhöht sich auch die Kapazität des Betriebes, soweit diese auf der Arbeitskapazität der Mitarbeiter

✳ 176
basiert. ✳
Jede betriebliche Arbeit ist bestimmten Verhaltensweisen durch die Mitarbeiter, neben den Anforderungen aus der Aufgabe, unterworfen. Sowohl im sozialen und im technischen Zusammenhang, als auch in der Interaktion von Mensch und Umwelt im umfassenderen Sinn, ist die Problematik des einsetzbaren Betriebspotentials weiterreichend, als allein die Betrachtung von Mensch, Betriebsmittel, Arbeitsumfeld und dem herzustellenden Erzeugnis ergibt.

2.1.3.3.3 Äußere Arbeitsbedingungen — Umfeld und Umwelt

Zu den Arbeitsbedingungen werden heute allgemein alle Faktoren und Merkmale gezählt, die das rein technische Umfeld des Arbeitsplatzes hinsichtlich Anlage, Gestaltung und Ausdehnung betreffen. Aber auch das physische Umfeld, wie Beleuchtung, Effektivtemperatur, Strahlung, Wärme, Vibration, Luftfeuchtigkeit und Wasserverdunstung, sowie das psychosoziale Umfeld, der strukturelle Aufbau und die Zusammensetzung der Arbeitsgruppe oder des Teams, der Betrieb als Ganzes in seiner Organisation, das wirtschaftliche Feld der Entlohnungsformen, die Pausengestaltung, die Produktivität und alle jene Komponenten, die das menschliche Leistungspotential mittelbar oder unmittelbar beeinflussen, gehören zu den äußeren Arbeitsbedingungen. Ebenso Maßnahmen, die der Überwachung von Schadensfaktoren für den arbeitenden Menschen dienen sowie die sich aus gesetzlichen Regeln ergebenden Maßnahmen zur Vermeidung von Unfällen und Verhinderung von Berufskrankheiten gehören dazu. Dies betrifft das gesamte Feld der Arbeitnehmerschutzvorschriften, wie Gewerbeordnung, Arbeitszeitordnung, Mutterschutzgesetz, Jugendschutzgesetz, technische Arbeitsmittel und weitere Vorschriften und Verordnungen, wie

z. B. die Arbeitsstättenverordnung. Aber auch die zur Unterstützung hinzuzuziehenden Organe der Arbeitsbehörde, der Gewerbeaufsicht und der Berufsgenossenschaft sind zu beachten.∗ ∗ 177

Die aus allen diesen Schutzmaßnahmen für den Betrieb sich ergebenden innerbetrieblichen Vorkehrungen schlagen sich in den Aufgaben des Unfallschutzbeauftragten, des Betriebsarztes wie auch in der Arbeitsgestaltung und der Organisation nieder.

In der engeren Betrachtung des Arbeitsplatz-Umfeldes ist dann die unmittelbare Reizsituation zu sehen, die eine Einwirkung auf die Umgebung des Arbeitsplatzes ausübt. Dies kann durch chemische und auch physikalische Größen wie Lärm, Strahlung, Hitze, Schwingungen, Belüftung, Luftgeschwindigkeit (Zug) und Feuchtigkeit geschehen, was dann zu einer direkten Belästigung und damit auch zu einer Tätigkeitsminderung führen kann.∗ ∗ 178

2.1.3.3.4 Entlohnung als beeinflussender Faktor der Produktivität

Jede betrieblich praktizierte Entlohnungsform soll unter Beachtung möglicher Bezugsgrößen ein Äquivalent zur menschlichen Arbeitsleistung darstellen. Nivellierungen von Verdiensten führen zu einer Wertminderung des angewandten Entlohnungsgrundsatzes und tendieren zum Soziallohn. Damit wirkt eine Gleichmacherei leistungshemmend. Bei der Bezugnahme auf menschliche Leistung sollte deshalb eine Trennung zwischen menschlicher und technischer Sachleistung erfolgen, und die Bezugskriterien müssen entsprechend abgestimmt sein.∗ ∗ 179

In den Abschnitten 2.1.3.2 (Qualität und Quantität) sowie 2.1.3.3 (optimale Produktivität) wurden bereits diese Kriterien dargestellt. Sie haben auch bei der Wahl eines anzuwendenden Entlohnungsgrundsatzes ihre Bedeutung. Es ist maßgebend, **was** getan wird und **wie** das Was getan wird. Einerseits sind die individuellen Anforderungen der gestellten Aufgabe bestimmend, andererseits muß berücksichtigt werden, wie die menschliche Leistung erbracht wird. Mit dem Was wird die Schwierigkeit einer Arbeitsaufgabe erfaßt, welche Aufmerksamkeit, Konzentration oder Nachdenken z. B. erforderlich sind, oder welche körperliche Muskelkraft, handwerklichen Fähigkeiten oder Geschick gebraucht werden, um eine qualitative Leistung zu erbringen. Daraus geht hervor, daß diese Anteile der menschlichen Arbeitsleistung einen Einfluß auf die Form der Entlohnung haben und deshalb spezifisch und differenziert zu betrachten sind.

Das **Was** umfaßt Kriterien, die in einer sozialpolitischen Betrachtung durch die Einordnung der Aufgabe in eine Lohn- oder Tätigkeitsgruppe geregelt werden und die Einstufung des diese Aufgabe Ausführenden beeinflussen.

Das **Wie** dagegen ist das Ergebnis der menschlichen Arbeitsleistung hinsichtlich Qualität und Menge und damit individuell beeinflußbar.∗ ∗ 180

Das heißt z. B. nach dem Maßstab der Qualität entweder sauber und maßhaltig, oder aber fehlerhaft und schlecht, oder nach der Quantität z. B. schnell und geschickt, oder auch langsam und nachlässig.

Daraus folgt, daß die anzuwendenden Entlohnungsgrundsätze und die betriebliche Entlohnungsform auf die gesamte menschliche Leistung Rücksicht nehmen sollten.

Dabei sind Staffelungen im Ansatz bei der Ermittlung der Anforderung nach Schwierigkeit der Aufgabe zu beachten, aber auch wie die erbrachte Leistung nach Art und Ausmaß im Wert oder in der Höhe der Anforderung zu bewerten ist. In dieser Beziehung spielt die Wahl eines richtigen Entlohnungsgrundsatzes für die Erzielung einer optimalen Produktivität eine wichtige Rolle. Dadurch wird der Anreiz des Mitarbeiters zum persönlichen Einsatz erhöht. Es gibt eine Anzahl Gründe für die Wahl des richtigen Entlohnungsgrundsatzes, weil ein Lohn in seiner Wirkung
— psychologische Funktionen hat, die auch leistungswirksam sind,

2.1 Wesen und Funktion des Industriebetriebes   Teil 1: 2 Betriebswirtschaft

— auch zur materiellen Sicherung dienen, zur sozialen Sicherung gegen Unvorhergesehenes und zu einer ideellen Sicherung des Mitarbeiters,

— sozialgerecht und wirtschaftsgerecht sein soll und dadurch auch als Arbeitsmarktregulator wirkt.

✱ 181   Aus diesen Gründen sollte jeder Entlohnungsgrundsatz im Prinzip ein Äquivalent zwischen Anforderung der Aufgabe und der erbrachten Leistung sein. Der für eine erbrachte Arbeitsleistung zu zahlende Lohn sollte als Gegenleistung gleichwertig sein. ✱

✱ 182   Die Quintessenz aus dieser Erkenntnis ist, daß ein anzuwendendes Entlohnungsverfahren sowohl ein **anforderungsgerechtes** als auch ein **leistungsgerechtes** Verfahren sein sollte. ✱

Vielfach werden im betrieblichen Sprachgebrauch im Zusammenhang mit der Lohnfindung die Begriffe Verfahren, Methode oder Form verwendet. Sozialpolitisch und arbeitsrechtlich ist der Begriff Entlohnungsgrundsatz neu eingeführt worden. Zur sozialpolitischen Klarstellung sei definiert:

Unter Entlohnungsgrundsatz versteht man die Ordnung, also das übergeordnete Prinzip, nach dem die Entlohnung vorgenommen wird, z. B. Zeitlohn, Akkord- oder Prämienlohn. Diese Begriffe sind tarifvertraglich, arbeitsrechtlich und gesetzlich im § 87

✱ 183   BtrVG festgeschrieben. ✱

Dagegen versteht man unter der **Entlohnungsmethode** die Art und Weise, nach der ein Entlohnungsgrundsatz angewendet werden soll, wie also ein Betrieb das Verhältnis zwischen der Arbeitsanforderung einerseits und dem Leistungsergebnis andererseits im ein-

✱ 184   zelnen innerbetrieblich regelt. ✱

Es sind also als gleichrangige Entlohnungsgrundsätze in der betrieblichen Praxis zu werten:

Zeitlohn, Akkordlohn und Prämienlohn.

Jedes dieser drei Verfahren hat eine eigene Gestaltungsform. Dabei werden der Akkord und die Prämie – im Gegensatz zum Zeitlohn – als Leistungsentlohnung bezeichnet. Dies bedeutet, daß in beiden Formen der Arbeitnehmer durch das Ausmaß seiner individuellen Leistung die Höhe seines Verdienstes weitgehend beeinflussen kann. Dies ist im Zeitlohn nicht in einer solchen unmittelbaren Auswirkung möglich. Für alle drei Entlohnungsgrundsätze gilt, daß sie in der anforderungsgerechten Einstufung der Aufgabenschwierigkeit gleich sind, sich jedoch der Leistungsanteil im Verdienst nach unterschiedlichen Kriterien

✱ 185   regelt. ✱

Die betriebliche Möglichkeit, eine den Gegebenheiten angepaßte Entlohnung durchzuführen, ergibt sich daraus, daß in der betrieblichen Arbeitswelt unterschiedliche Kriterien vorhanden sind, die die Bindung zwischen Leistung und Lohn oder Verdienst ermöglichen. Neben den tarifvertraglich festgeschriebenen Entlohnungsgrundsätzen gibt es viele individuelle Mischformen, die sich alle auf die Grundformen zurückführen lassen, im Unternehmen jedoch eine spezielle Anwendung erfahren.

Die drei Grundformen lassen sich inhaltlich wie folgt definieren:

Der **Zeitlohn** ist ein Entlohnungsgrundsatz, der dann zur Anwendung kommt, wenn ein Arbeitnehmer im Rahmen eines Arbeitsvertrages die ihm übertragene Arbeitsaufgabe ohne Bemessung einer Vorgabe oder Bezugsleistung zu erbringen hat. Die Ausführung erfolgt ohne Zeit- oder jeglichen Sachzwang! Als Bemessungskriterien bei der Lohnfin-

✱ 186   dung dient die fachliche Anforderung der Aufgabe. ✱

Der **Akkord** – auch Proportionallohn genannt – ist ein Entlohnungsgrundsatz, bei dem

✱ 187   sich das Leistungsergebnis und das Entgelt proportional verhalten. ✱

Die im Rahmen eines Arbeitsvertrages zur Ausführung kommenden Arbeitsaufgaben werden vorher durch eine Vorgabe festgelegt. Das individuell erbrachte Arbeitsergebnis wirkt sich als Äquivalent in einem proportionalen Verdienst aus!

Beispiel:

Das Verhältnis zwischen:	Vorgabe-Solleistung		erbrachter Sachleistung		Verdienst
sei:	1	zu	1	bleibt =	1
bei einer Mehrleistung von 50 % ergibt sich:	1	wird	1,5	dann =	1,5
			↑		proportional

Der **Prämienlohn** kommt als Leistungsentlohnung dann zur Anwendung, wenn wegen Fehlens einer individuell beeinflußbaren Komponente im Arbeitsablauf andere Sach-Ergebnisse als Bezugsdaten für die Bemessung eines erbrachten Arbeitserfolges verwendet werden müßten, z. B. Materialersparnis, Nutzung einer Maschine, Qualität und Menge, Termineinhaltung und andere. Auch die Kombination mehrerer Bezugskriterien ist möglich. Das aus dem Sachergebnis erzielte Entgelt, die Prämie, kann, je nach betriebswirtschaftlichen Zwecken, auch differenzierte Kriterien zur Bemessung der Steigerungsbeträge für das Entgelt beinhalten. Hierbei ist es möglich, die Prämienlohnkurve progressiv, degressiv oder auch mit in Stufen steigenden Bestandteilen zu gestalten. ∗   ∗ 188
Schließlich gibt es noch vereinzelt Sonderformen der Entlohnung.
Zusammenfassend ist zur Problematik der Lohngestaltung festzustellen, daß es zwei Kriterien sind, die miteinander in Beziehung stehen und ihren Einfluß in der betrieblichen Regelung ausüben.
a) die **Sache** – hinsichtlich dem Inhalt der Arbeitsaufgabe nach: Schwere, Qualität, Zeit und Menge,
b) der **Mensch** – in seinen Kenntnissen, Fähigkeiten, Erfahrungen, seinem persönlichen Verhalten, seine Einstellung und seine Mühen.
Die Arbeitsaufgabe wirkt auf den ausübenden Menschen belastend und auf seinen persönlichen Einsatz beanspruchend. Die Belastung wirkt auf alle gleich, aber die Beanspruchung ist unterschiedlich, da der individuelle Eignungszustand und die Anlagen bei den Menschen verschieden ausgeprägt sind, sich aber trainieren lassen. Durch den Einsatz technischer und organisatorischer Hilfsmittel ist eine Verminderung der Belastungskriterien möglich, die Beanspruchung ist durch gesteigertes Interesse an der Arbeit kompensierbar.
Von diesen Überlegungen ausgehend ist die Gestaltung eines Entlohnungsgrundsatzes zur Erzielung eines optimalen Arbeitsergebnisses:
a) **anforderungsgerecht,**
b) **leistungsgerecht,**
c) **verhaltensgerecht**
zu gestalten. Die betrieblichen Zielsetzungen müssen hier auf die sinnvollste Möglichkeit der Motivierbarkeit des arbeitenden Menschen abgestimmt werden, wenn die Gestaltung einer Lohnform in ihrer Effizienz für Mitarbeiter und Betrieb gleichermaßen wirkungsvoll sein soll!

2.1.3.3.5 Mitbestimmung im Rahmen einer optimalen Produktivität der menschlichen Arbeitsleistung

Die soziologische Darstellung der industriellen Beziehungen unterstreicht ihre Auffassung mit der Definition, daß das Verhalten der Menschen im Betrieb durch Normen bestimmt wird, also vieles durchorganisiert, vorbestimmt und vereinbart wird. Dadurch bleibt für den arbeitenden Menschen nur ein begrenzter Spielraum, um sich individuell zu verhalten. Betrachtet man unter diesem Gesichtspunkt den Bereich der betrieblichen Mitbestimmung, dann liegen sowohl durch das Betriebsverfassungsgesetz, durch geltende Tarifver-

2.1 Wesen und Funktion des Industriebetriebes　　　Teil 1: **2 Betriebswirtschaft**

* 189
träge als auch durch Betriebsvereinbarungen Verhaltensnormen vor, die den Umfang der gegenseitigen Verpflichtungen im Betriebsalltag normen. Durch die Vielzahl der Arbeitsgesetze sind Rahmenregelungen geschaffen worden, die in ihrer Anwendung das Betriebsgeschehen weitgehend regeln. Ob als Betriebsordnung, in der Arbeitszeit- und Pausengestaltung, in den Entlohnungsgrundsätzen, dem Jugendarbeitsschutz, der Arbeitsstättenverordnung und den Unfallverhütungsvorschriften, in vielen Bestimmungen wird das Verhalten im Betrieb festgeschrieben.*

Die betriebliche Mitbestimmung, wie sie durch das Betriebsverfassungsgesetz vorgeschrieben ist, regelt im einzelnen, wie sich z. B. die vertrauensvolle Zusammenarbeit zwischen Betriebsrat und der Betriebsleitung zu vollziehen hat.

Dabei spielen besonders die sozialen Bestimmungen des § 87 eine besondere Rolle, da hier die Kriterien für die Ermittlung von Leistungsbemessungen und die Anwendung von Verfahren der Entlohnung vorgezeichnet sind. Die volle Mitbestimmung in diesen Sachbereichen setzt eine korrekte Anwendung voraus. Beachtet man dabei, daß der Betriebsrat auch für die betriebswirtschaftlichen Belange seines Betriebes mit verantwortlich zeichnet, steht er bei seinen Entscheidungen zwischen den Zielvorstellungen des Betriebes im materiellen Bereich und der Erhaltung der Arbeitsplätze und der Einhaltung der Gesetze, Vorschriften und Vereinbarungen im personellen Bereich. Da im § 75 auch die Grundsätze für die Behandlung der Mitarbeiter und im § 80 die allgemeinen Aufgaben im Überwachungsrecht zugunsten der Mitarbeiter in der Einhaltung aller geltenden Gesetze, Vorschriften und Vereinbarungen vorgezeichnet sind, ist die Aufgabe des Betriebsrates nicht immer einfach im Hinblick auf die Erreichung einer optimalen Produktivität des Betriebes. Entscheidend ist es deshalb, ob es dem Betriebsrat in seiner Gesamtinstanz gelingt, das Gemeinsame und das Trennende in eine den Produktionsprozeß nicht hindernde Zusammenarbeit einzubringen. Daß hierbei oft Kompromisse notwendig sind, um den für alle Betriebsangehörigen

* 190
geltenden Betriebszweck einer optimalen Produktivität zu erreichen, liegt auf der Hand.*

2.1.3.4 Die menschliche Zusammenarbeit und das Arbeitssystem

Will man die menschliche Arbeit aus systemorientierter Sicht betrachten, ist es erforderlich, zunächst klarzustellen, was in natur- und arbeitswissenschaftlicher Betrachtung unter einem System verstanden wird.

In einem System besteht ein Zusammenwirken in der Funktion von mindestens zwei oder einer Vielzahl von Elementen, die einem bestimmten Zweck dienen.

Hierbei sind große und kleine Systeme in ihrem Umfang oder in ihrer Dimension zu unterscheiden. Die gesamte Natur als solche ist ein ökologisches System, der einzelne Arbeitsplatz ein kleines Arbeitssystem. Auch eine Behörde, der Betrieb, eine Abteilung oder ein Lager sind Arbeitssysteme, jedes jedoch mit einem unterschiedlichen Inhalt oder Systemelementen, zwischen denen sich die gegenseitigen Beziehungen gemäß der vorgegebenen Zielsetzung abspielen.

Betrachtet man den Betrieb als Stätte der Arbeit, in dem Menschen und Betriebsmittel vorhanden sind und wo Stoffe, Materialien und Informationen verarbeitet werden sowie kreative Planung, Entwicklung zum Zwecke der betriebswirtschaftlichen Zielsetzung betrieben wird, dann finden sich in einem solchen hierarchischen Gebilde eines Betriebes viele Ebenen mit unterschiedlichen Aufgaben als **Systeminhalte, die miteinander in einer Wechselbeziehung stehen.**

In der Chefetage, der Leitungsebene, sind Führungs- und Entscheidungs- sowie Informationssysteme vorhanden. Im Produktions- und Fertigungsbereich ergeben sich Beschaffungs-, Termin-, Vertriebs- und Kontrollsysteme neben anderen, die alle ihre funktionale Bestimmung haben.

Teil 1: **2 Betriebswirtschaft**   2.1 Wesen und Funktion des Industriebetriebes

Was bedeutet ein Arbeitssystem hinsichtlich der unterschiedlichen Bedingungen für den Menschen? — Nach DIN 19226 wird definiert:
»Ein Arbeitssystem ist eine Ganzheit von Elementen, deren Beziehungen einem bestimmten Zweck dienen. Es handelt sich um ein geordnetes Ganzes mit unterschiedlichem Umfang.« *

* 191

Nach REFA ist die Definition direkter auf die Arbeitsaufgabe zugeschnitten. Im Teil I der Methodenlehre heißt es:
»Arbeitssysteme dienen der Erfüllung von Arbeitsaufgaben, hierbei wirken Menschen und Betriebsmittel mit der Eingabe unter Umwelteinflüssen zusammen.«
Danach sind folgende Systembegriffe in einem Arbeitssystem als Elemente beschreibbar:

die Arbeitsaufgabe	das ist der Zweck des Systems;
der Arbeitsablauf	das ist die Information über den vorgesehenen räumlichen und zeitlichen Verlauf der Aufgabe;
die Eingabe (INPUT)	das, was in das System zur Verarbeitung eingegeben wird;
die Ausgabe (OUTPUT)	das Ergebnis aus den Eingabeelementen;
der Mensch	kreatives, manuelles und kapazitives Element im Arbeitssystem; *
das Betriebsmittel	die Kapazitäten des Arbeitssystems;
die Umwelteinflüsse	physikalische, soziale und organisatorische Einwirkungen.

* 192

Ein System besteht danach aus mehreren Systemelementen, die je nach Zielsetzung im System enthalten sind. Sie bestehen jedoch nicht wahllos nebeneinander, sondern stehen zueinander in einem bestimmten Aufbau, sie sind verkettet. *

* 193

Zum Beispiel ist ein Sandhaufen oder ein Haufen Steine allein noch kein System, da man Teile davon vertauschen, wegnehmen, hinzufügen oder auch umlegen kann. Das ist in einem System nicht möglich.
Nimmt man jedoch Sand, vermischt diesen mit Kalk und Wasser zu Mörtel, dann kann man auch die Steine zu einem Systemelement einbringen.
Das Prinzip eines Arbeitssystems liegt in der Steuerbarkeit, also der Möglichkeit, jederzeit in den Ablauf eingreifen und korrigieren zu können. Dies ist in einem sog. **geschlossenen System,** wie es die Natur darstellt, nicht möglich, weil die Naturgesetze in einem zeitlichen Wiederholungsrhythmus sich selbst steuern und regeln. *

* 194

Ein Arbeitssystem dagegen ist ein **offenes System,** in dem die Größe aller Sollwerte im Zufluß, d. h. der Eingabe so gestaltet sind, daß der durch die Zielvorgabe festgelegte Zustand des Systems erhalten oder wieder hergestellt wird. *

* 195

Die Prinzipskizze verdeutlicht diese Zusammenhänge.

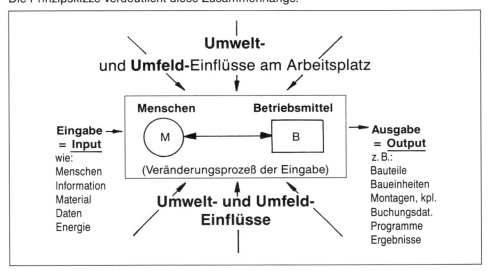

Abbildung 23: Prinzip der Arbeitsweise eines Arbeitssystems mit seinen Elementen.

2.1 Wesen und Funktion des Industriebetriebes		Teil 1: **2 Betriebswirtschaft**

✶ 196
Wenn der Mensch als kapazitives Element in einem Arbeitssystem eingeordnet ist, muß dieses als Regelkreis im kybernetischen Sinn verstanden werden. Zwischen Mensch und Betriebsmittel werden »Informationen ausgetauscht«, um die Eingabeelemente einem Veränderungsprozeß zu unterziehen, damit z. B. die Energie zur Maschine gesteuert wird, die Maßtoleranzen beobachtet oder nachgestellt werden bzw. ein Werkzeugwechsel vorgenommen wird, aber auch damit die Eingabe verändert oder daran gearbeitet wird. ✶

Die Beziehungskriterien der Systemelemente haben für den arbeitenden Menschen eine unterschiedliche Bedeutung. Je nach ihrer Wirkung ist der Einfluß der menschlichen Tätigkeit von der Art des Systems abhängig.

Wir unterscheiden rein **technische Systeme,** in denen das Betriebs- oder Arbeitsmittel (nach DIN 33 400) als numerisch gesteuerte Werkzeugmaschine oder der Fertigungsautomat und eine Transferstraße ohne eine direkte Einflußnahme durch den Menschen autonom aktiv sein können.

✶ 197
Ferner **sozio-technische Systeme,** in denen Menschen und Betriebsmittel miteinander wirken, um z. B. eine Maschine zu bedienen, einen Kran bzw. Gabelstapler zu fahren. ✶

✶ 198
Schließlich gibt es die rein **sozialen Systeme,** wo nur Menschen miteinander tätig sind. Dies ist bei der auf Zusammenarbeit angewiesenen formellen Gruppen- und Team-Arbeit der Fall, bei Besprechungen und Beratungen, im Diktat sowie bei Projektbearbeitung und gemeinsamen konstruktiven Entwicklungsarbeiten. ✶

✶ 199
Man muß folglich unterscheiden zwischen einem unmittelbaren Zusammenwirken von Mensch mit Menschen, zwischen Mensch und Betriebsmittel (siehe Prinzipskizze, Abbildung 23), und den nur technischen Systemen, bei denen der arbeitende Mensch kaum eine Rolle spielt! In diesen Systemen ist der Mensch als Beobachter tätig. Er verfolgt durch seine Sinnesorgane den technischen Ablauf, um eingreifen zu können, wenn ein aufgrund vorhandener gespeicherter Erfahrungen getroffener Entscheid eine solche Handlung erforderlich macht. Dadurch wird es dem Menschen möglich, bei äußeren Störungen an Maschinen und Anlagen, die sich z. B. aus Materialfehlern, Energieschwankungen, Qualitätsabfall und anderen Mängeln sichtbar zeigen oder hörbar wahrgenommen werden, spontan einzugreifen und dadurch ausgleichend und korrigierend aktiv zu werden! ✶

2.1.3.5 Der Leistungsgrad nach REFA

Bei dem Leistungsgrad nach REFA handelt es sich um ein subjektives Urteil über das menschliche Verhalten bei der Arbeit, welches nach Kriterien des persönlichen Einsatzes und des Mühens um den Erfolg des beobachteten arbeitenden Menschen gebildet wird. Der Begriff Leistung wurde in seinen Merkmalen im Abschnitt 2.1.3.3 allgemein unter dem Gesichtspunkt der Leistungsfähigkeit angesprochen. Um eine menschliche Arbeitsleistung zu vollbringen, muß der sie ausführende Mensch für diese Aufgabe geeignet, befähigt und trainiert (geübt) sein. Er muß die entsprechende Kondition und Disposition für diese Aufgabe haben und die richtige Einstellung mitbringen, also motiviert sein.

Eine Bereitschaft zum Handeln ist also von physiologischen, psychologischen und sozialen Komplexen abhängig und nicht allein vom Willen geprägt. Der Mensch ist folglich nicht nur ein physisch geprägtes Gebilde, sondern auch ein psychologisch-biologisches Wesen, das innere Triebkräfte als Motor seines Handelns entwickelt, andererseits aber durch äußere Umstände und Umfeld-Einflüsse in der Leistungsbereitschaft gestört wird. Da die Reaktionsfähigkeit des arbeitenden Menschen auch von den Umweltbedingungen abhängt, ist seine Leistungsfähigkeit damit auch von diesen äußeren Einflüssen nicht unberührt.

Während sich also die gegebenen Bedingungen am Arbeitsplatz auch auf die Leistungsfähigkeit bei der Durchführung einer bestimmten Arbeitsaufgabe auswirken, handelt es sich bei dem Urteil über den Leistungsgrad um den Eindruck, den der Beurteiler bei der beobachteten Arbeit bezüglich der Höhe der gezeigten Leistung gewinnt. Der menschliche Leistungsgrad, als Bestandteil der REFA-Methodenlehre, hat inzwischen Eingang in tarifliche Regeln über Vorgabezeitbestimmung bei Akkordarbeit gefunden und wird als Beurteilungsmaßstab im Vergleich einer beobachteten menschlichen Leistung mit der Normalleistung betrachtet. ∗

∗ 200

REFA definiert dies in der Methodenlehre (Band 2) wie folgt: »**Der Leistungsgrad drückt das Verhältnis von beeinflußbarer Ist- zur beeinflußbaren Bezugsmengenleistung in Prozent aus.**«

Zur Klarstellung sei hervorgehoben, daß der Leistungsgrad nach REFA als Beurteilungsmerkmal einer menschlichen Leistung nicht identisch ist mit dem im Bedaux-Verfahren verwendeten Begriff des Arbeitstempos. Für das Beurteilen des menschlichen Leistungsgrades verwendet REFA zwei Merkmale, die durch den Bewegungsablauf einerseits und den erreichten Erfolg der Arbeitsaufgabe andererseits, charakterisiert werden. REFA nennt dies **Intensität** und **Wirksamkeit**. ∗

∗ 201

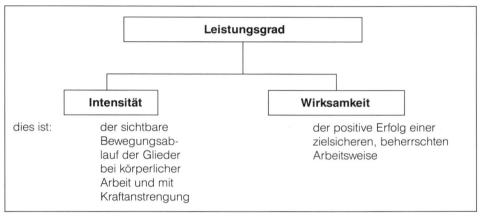

Abbildung 24: Schema nach REFA

REFA definiert die beiden Merkmale wie folgt:
»Die **Intensität** äußert sich in der Bewegungsgeschwindigkeit und Kraftanspannung der Bewegungsausführung.«
»**Wirksamkeit** ist ein Ausdruck für die Güte der Arbeitsweise der Arbeitsperson. Die Wirksamkeit ist daran zu erkennen, wie geläufig, zügig, beherrscht, harmonisch, sicher, unbewußt, ruhig, zielsicher, rhythmisch, locker gearbeitet wird.«
Es geht also darum, wie gekonnt eine Aufgabe erledigt wird.
Wie die praktische Erfahrung zeigt, sind die beiden Merkmale des menschlichen Leistungsgrades nicht immer vollkommen zu trennen. Viele menschliche Bewegungen sind intensitätsbetont, d. h. der Bewegungsverlauf kennzeichnet sehr deutlich, zum Beispiel beim Hinlangen und Transportieren, die Kraft und die Schnelligkeit dieser Verrichtung. Andere Tätigkeiten sind wirksamkeitsbetont, wie z. B. das Greifen und das Zusammensetzen kleiner Gegenstände beim Montieren oder Justieren von Instrumenten, die oft nur aus Korrekturbewegungen bestehen. Bei solchen Arbeiten sind mehr die Güte oder Qualität durch Routine und zielsichere Beherrschung der Arbeitsweise für das Gelingen der Aufgabe maßgebend. Es ist folglich möglich, daß eine erhöhte Intensität beobachtet, obwohl keine Wirksamkeit erzielt wird. Dies ist beim Feilen z. B. dadurch möglich, daß ohne Druck die Feile »hin und her« bewegt wird, ohne daß eine Spanabhebung erfolgt und keine Veränderung am Gegenstand erzielt wird. Durch ein derartiges »Fummeln« darf sich der Beurteiler nicht täuschen lassen, wenn er von der Sache etwas versteht!

Gut erkennbare Bewegungsabläufe, wo der Erfolg auch erkennbar ist, sind zum Beispiel Fensterputzen, Holzhacken, Sägen von Hand und Maschine, Steine bewegen oder setzen, Wasser pumpen mit Handschwengel usw. Die Arbeitsgeschwindigkeit läßt bei diesen Tätigkeiten eine gute Entfaltung zu und auch die aufgewendete Kraft wird sichtbar. Andererseits wird zum Beispiel in der Feinwerktechnik, bei der Reparatur oder Montage eines Meßgerätes ein qualitatives Ergebnis funktional nachweisbar erzielt, ohne daß ein besonderer Bewegungsablauf wahrgenommen wird! Die Wirksamkeit wird durch Fähigkeit und Geschicklichkeit im Arbeitsvollzug erreicht, ohne daß der Beobachter Gelegenheit hat, die Intensität zu beurteilen.

Bedingungen für die Beurteilung des menschlichen Leistungsgrades nach REFA
Bei der Beurteilung des menschlichen Leistungsgrades sind drei Fakten zu beachten, die zusammenwirken:
1. **Die Arbeitsaufgabe** als bearbeitetes Objekt bei der Bildung des Leistungsurteils;
2. **Der Mensch,** der die Arbeit ausführt;
3. **Der Arbeitsstudienmann,** der den arbeitenden Menschen beobachtet und seinen Leistungsgrad beurteilt.

Für diese Fakten sind bestimmte Voraussetzungen erforderlich, ohne die eine objektive Beurteilung nicht gewährleistet ist. Bei der Arbeitsaufgabe ist primär von Bedeutung, daß sie ganz oder überwiegend von dem ausführenden Mitarbeiter beeinflußbar ausgeführt werden kann. Dies ist nur bei manuell zu verrichtenden Aufgaben möglich. Es sollte keine Einzelaufgabe sein, und die zu verrichtenden Tätigkeiten sollten sich vielfach wiederholen, also in größerer Zahl bearbeitet werden.✻

✻ 202

Bei Maschinenarbeit ist die Beurteilung des menschlichen Leistungsgrades nicht möglich. Eine Arbeitsmaschine bestimmt den Ablauf und den Takt des menschlichen Eingreifens und engt damit die beeinflußbaren Arbeitsanteile ein. Soll durch Arbeitsstudien und Zeitaufnahmen bei anfallenden Nebenzeiten und Rüstzeiten der Leistungsgrad beurteilt werden, dann ist dies nur sinnvoll, wenn die Ergebnisse für den Einsatz bei Mehrmaschinenbedienung benötigt werden.

Auch bei reiner statischer Haltearbeit, also ausgesprochener Muskelarbeit, ist die Beurteilung eines Leistungsgrades nicht möglich. Gleiches gilt bei geistig-kreativen Tätigkeiten, Denken, Konzentration und Aufmerksamkeit, wie dies beim Beobachten von Anzeigegeräten, Skalen und Meßgeräten visuell erfolgt oder durch akustische und optische Signale gegeben ist.

Alle dispositiven und konstruktiven Entwicklungsarbeiten sowie Versuchs-, Prüf- und Kontrolltätigkeiten sind für ein Leistungsgrad-Urteil nicht geeignet. Auch bei Wartungs-, Reparatur- und einzelnen Montage- und Zusammenbauarbeiten sind die Beurteilungsfakten des Leistungsgrades nicht in den erforderlichen normalen Vorbedingungen erfüllt.

Für den die Arbeit ausführenden Mitarbeiter ist Voraussetzung, daß er nicht nur den Arbeitsablauf kennt und beherrscht, sondern auch die Bedingungen der REFA-Normalleistung erfüllt. Nach der REFA-Methodenlehre, Band 2, lautet diese Definition wie folgt:

»Unter REFA-Normalleistung wird eine Bewegungsausführung verstanden, die dem Beobachter hinsichtlich der Einzelbewegungen, der Bewegungsfolge und ihrer Koordinierung besonders harmonisch, natürlich und ausgeglichen erscheint. Sie kann erfahrungsgemäß von jedem in erforderlichem Maße geeigneten, geübten und voll eingearbeiteten Arbeiter auf die Dauer und im Mittel der Schichtzeit erbracht werden, sofern er die für persönliche Bedürfnisse und gegebenenfalls auch für Erholung vorgegebenen Zeiten einhält und die freie Entfaltung seiner Tätigkeiten nicht behindert wird.«

Durch die Voraussetzung der REFA-Normalleistung wird eindeutig klargestellt, daß ein nicht geeigneter, nicht eingearbeiteter und ein ungeübter Mitarbeiter die Bedingungen der Normalleistung nicht erfüllt. Aber auch dann, wenn die vorgenannten Voraussetzungen gegeben sind, aber der Mitarbeiter in seinen Bewegungen zurückhält oder die vorgegebene Arbeitsweise nicht einhält und willkürlich wechselnde Verrichtungsabläufe vornimmt, ist keine objektive Beurteilung des Leistungsgrades im Sinne der Normalleistung möglich. Andererseits können auch Kriterien am Arbeitsplatz vorkommen, die der Mitarbeiter nicht zu vertreten hat, die aber seine freie Entfaltung nicht gestatten (z. B. Umfeldeinflüsse).

Literaturhinweis:
REFA-Methodenlehre des Arbeitsstudiums
Teil 2 – Datenermittlung, Abschnitt 3.3.1

2.1.4 Die Produktionsfaktoren Betriebsmittel und Werkstoff

2.1.4.1 Auslastung der Kapazität der Betriebsmittel

Der Betriebszweck der Industrie ist es, Produkte herzustellen. Dies geschieht überwiegend durch eine absatzfähige Veränderung von Eingangs- und Ausgangsstoffen, bei denen ein Mengenabbau durch einen Werteaufbau vorgenommen wird. Hierzu werden unter dem als Produktionsfaktor tätigen Menschen besonders technische Arbeitsmittel und Anlagen benötigt. Dadurch wird eine wirtschaftliche Fertigungsweise erreicht. Für den Betrieb bedeutet dies eine hohe Anlageninvestition, um eine entsprechende Produktivität zu erreichen. Andererseits erfordert dies eine ständige technologische Anpassung an die sich kontinuierlich fortentwickelnde Technik.
Soll ein optimaler Betriebserfolg erreicht werden, müssen in qualitativer und quantitativer Hinsicht leistungsadäquate technische Arbeitsmittel für den Produktionsprozeß im Einsatz sein. Eine wirtschaftliche Produktion ist nur mit technologisch zeitgemäßen Betriebsmitteln möglich.
Qualitativ bedeutet, daß die Arbeitsmittel die richtigen Leistungsfaktoren in Größe und Einsatzfähigkeit besitzen, quantitativ, daß die betriebsnotwendige Abgrenzung in Leistung, Anzahl und im Umfang der Anlagen vorhanden ist, die im Sinne des Betriebszweckes zur Aufrechterhaltung des Produktionsprozesses notwendig ist.

Was sind Betriebsmittel?
Betriebsmittel im engeren Sinn sind alle technischen Anlagen, Maschinen und Arbeitsmittel sowie Werkzeuge und Vorrichtungen, die der Fertigung, Wartung und Instandhaltung dieser Betriebsmittel dienen. Nach systemorientierter Betrachtung sind alle diese technischen Arbeitsmittel Elemente im Systembereich Werkstatt oder Betrieb.∗   ∗ 203

Nutzungskapazität
Die theoretisch maximal mögliche Leistungskapazität der Betriebsmittel auszunutzen, ist in der Praxis nur selten möglich und auch meist im Hinblick auf Lebensdauer und Verschleiß des Betriebsmittels in negativer Auswirkung. Zudem wird die Einsatzzeit zwangsläufig durch Wartung, Reparatur und Umrüstung unterbrochen bzw. begrenzt.
Deshalb ist die Leistungsfähigkeit nur in einer optimal möglichen Nutzungskapazität innerhalb der vorliegenden Fertigungsaufträge und im Rahmen der vorhandenen Arbeitsmittel anzusetzen. Der effektive Einsatz der Betriebsmittel ist immer von vorhandenen Kundenaufträgen oder auf Vorrat erteilten Lageraufträgen abhängig.∗   ∗ 204
Betrachtet man den Begriff Betriebsmittel sehr allgemein, dann sind auch die Betriebsgebäude, Lagerhallen, Stellplätze und andere Einrichtungen hinzuzurechnen. Im engen Sinne der Produktion jedoch handelt es sich nur um reine Fertigungsmittel, also um die technischen Anlagen, Werkzeuge und Vorrichtungen.

Probleme der Substitution der menschlichen Arbeit durch Betriebsmittel

Der Einsatz von Betriebsmitteln und technischen Arbeitsmitteln nach DIN 33 400 erfolgt anhand vorliegender Arbeitsaufträge. Um einen optimalen Nutzungseffekt der Betriebsmittel zu sichern und den wirtschaftlichen Einsatz zu rechtfertigen, sollte eine organisatorische Abstimmung sowohl im Einsatz als auch in der Belegung der Betriebsmittel erfolgen. Der Einsatz technischer Arbeitsmittel ist nicht problemlos und erfordert die Beachtung mehrerer Komponenten im sozialen und humanen wie auch im ökonomischen und organisatorischen Bereich. So kann die Überlegung des Einsatzes technischer Arbeitsmittel gegenstandslos werden, wenn die herzustellende Menge des Erzeugnisses maschinell unwirtschaftlich ist, oder aber, wenn die menschliche Geschicklichkeit im Hinblick auf die vielfältigen Verrichtungskombinationen der Bearbeitungsvorgänge von einer technischen Einrichtung nicht erreicht werden kann. Dies ist typisch bei einer Einzel- und Kleinserienfertigung, wo der Einsatz teurer Betriebsmittelstunden unrentabel ist und sich lediglich die Unterstützung der Handarbeit durch einfache mechanisierte Handwerkszeuge sinnvoll

∗ 205 anbietet.∗

Aber auch bei funktionsabhängigen Montagen von Maschinen und Anlagen, bei allen generellen Wartungs- und Instandsetzungsarbeiten dominiert die Handarbeit, weil bei diesen Tätigkeiten außer dem Handgeschick und den individuellen Fertigkeiten auch die persönliche Erfahrung und die Kenntnisse eine wesentliche Rolle spielen. Der Einsatz von Betriebsmitteln ist hier, wenn überhaupt, nur bedingt als mechanisiertes Handwerkszeug

∗ 206 und Hilfsvorrichtungen zweckmäßig.∗

Organisatorisch – aber auch sozial betrachtet – gehen durch den Einsatz von Betriebsmitteln Handarbeitsplätze verloren. Darunter leidet mit Sicherheit die Flexibilität der Fertigung, wie sie bei einer handwerklichen Fertigungsweise typisch ist. Andererseits gibt es Arbeiten, die dem menschlichen Arbeitseinsatz nicht zuzumuten sind oder wo die geforderte Genauigkeit für Austauschteile und die Funktionsfähigkeit notwendiger Bauteile durch Handarbeit nicht mehr gewährleistet ist. Die dadurch bedingte maschinelle Fertigung kommt dann auch zugleich humanen Gesichtspunkten entgegen und bedeutet eine ergonomische Entlastung der menschlichen Arbeit.

Die kurzfristige Umstellung von Betriebsmitteln auf eine andere Produktion, wie dies bei wechselnder Fertigung oft vorkommt, ist aber kaum ohne die handwerkliche Vielseitigkeit des Menschen möglich. Es sei denn, der Betrieb hat ausreichend universell einsetzbare Maschinen in Reserve, um dadurch zweckentsprechend schnell umdisponieren zu können. Dies ist dann eine Frage der Rentabilität und der Ablauforganisation.

Sozial und psychologisch kann das Problem des Wegfalls von manuellen Tätigkeiten gemildert werden, wenn eine andere gleichwertige zumutbare Aufgabe bei einem Platzwechsel anforderungsgerecht vorhanden ist. Aber auch, wenn ein Ausgleich dadurch geschaffen werden kann, daß mit einer innerbetrieblichen Umsetzung zugleich eine Umschulung verbunden ist oder durch eine berufliche Weiterbildung die bisher ausgeübte Tätigkeit an einem neu geschaffenen Maschinenplatz erreicht werden kann.

Beim Einsatz der menschlichen Arbeitskraft an Betriebsmitteln entsteht eine Wechselbeziehung in der Nutzungsmöglichkeit. Dieser Einsatz des Menschen kann positive und auch negative Auswirkungen haben. Die qualitative Kapazität des Menschen wird durch sein Leistungsangebot gegeben, während das Betriebsmittel das Leistungsvermögen stellt. Alle am Betriebsmittel anfallenden Tätigkeiten im Einrichten, Umrüsten und Abrüsten der Anlage, Funktionen der Beschickung und Entleerung durch Eingangsmaterial und im Endzustand sowie Kontroll-, Meß- und Nachstellvorgänge müssen, sofern es sich nicht um numerisch gesteuerte, automatische Vorgänge handelt, manuell vom Bediener der Anlage vorgenommen werden. In zeitlicher Hinsicht können, abhängig vom Leistungswillen und der Leistungsfähigkeit des Menschen, Nutzungsverluste eintreten – aber auch Nutzungsvorteile dann, wenn die Stillstandszeiten des Betriebsmittels reduziert werden. Auch durch eine Optimierung der Bedienungsvorgänge sind Nutzungseffekte erreichbar. Technisch liegt die Problematik in einer richtigen Anpassung der Bedienungselemente an den Menschen. Richtige Einstellung, zügige Beschickung, zeitgerechter Werkzeugwechsel und permanente Kontrollen der bearbeiteten Erzeugnisse erfordern zwar eine volle Beanspruchung des die Anlage bedienenden Mitarbeiters, aber sein Mühen bringt entsprechende Vorteile im Nutzungseffekt, das durch eine angepaßte adäquate Entlohnungsform auch gewürdigt werden kann.

Die Bedeutung der Kapazitätsauslastung

Die Kapazitätsauslastung ist deshalb von besonderer Bedeutung, weil die betriebswirtschaftlichen Belange und die technisch-organisatorischen Kriterien bei einer optimalen Nutzung der Produktivitätsfaktoren Mensch und Betriebsmittel eng miteinander verknüpft sind.

Betriebswirtschaftlich betrachtet ist dies eine Rentabilitätsfrage in Verbindung mit der Kapitalisierung und der Tilgung der Anlage, was einen möglichst hohen Einsatznutzen bei einer permanenten Beschäftigung des Bedienungspersonals voraussetzt. Technisch-organisatorisch ist es eine Dispositionsfrage innerhalb der Ablauforganisation, um im Rahmen der Durchführungsphase sowohl den technischen Arbeitsablauf als auch die zeitlichen Vorgaben richtig zielorientiert festzulegen.

Die dispositive Auslastung von technischen Arbeitsmitteln, soweit diese unmittelbar im Produktionsprozeß installiert sind, ist deshalb eine betriebswirtschaftliche Notwendigkeit, weil die Maschinen-Stundenkosten auch dann anfallen, wenn die Betriebsmittel nicht im Einsatz sind – also ruhen oder stillstehen! Alle zeitabhängigen Kosten der Betriebsmittel im Fertigungsbereich laufen permanent weiter und wirken sich in den Maschinenstunden-Zuschlagskosten entsprechend aus.∗ ∗ 207

Hinzu kommt dann das zwangsläufig entstehende Problem der Disposition im Einsatz des Maschinenbedienungspersonals. Während bei einem gut eingearbeiteten Facharbeiterstamm im Leistungsangebot ein hohes Maß an Flexibilität durch die individuelle Vielseitigkeit im Einsatz der menschlichen Kapazität gegeben ist, engt sich die Leistungsfähigkeit bei den Betriebsmitteln in dem Grade ein, je spezieller die Einsatzmöglichkeit in den Abmessungen sowie im physikalischen Leistungsvermögen, in Ausstattung und Genauigkeit der Maschinen und der Anlagen, also im qualitativen Vermögen, für die Bearbeitung von Sonderaufgaben festgelegt ist.

Es ist unvermeidlich, daß sich in der Auslastung von Betriebsmitteln sowohl Engpaßkapazitäten ergeben als auch freie Belegungskapazitäten sichtbar werden, wofür keine Arbeiten vorhanden sind.

Hier muß die Kapazitätsplanung einsetzen, deren Aufgabe es dann ist, den vorhandenen Kapazitätsbestand mit dem Bedarf in Übereinstimmung zu bringen, also auch fehlende Kapazität zu beschaffen und diese termingerecht zum Einsatz bereitzustellen.

Das Ziel einer Deckung des Kapazitätsbedarfs sollte folglich sein:
die Deckung von Kapazitätsbestand und Bedarf zu gewährleisten!∗ ∗ 208
Um den Zustand der vorhandenen Deckung optisch aufzuzeichnen, kann als graphisches Hilfsmittel ein Netzplan von Vorteil sein (siehe unter 2.6.5.2).∗ ∗ 209

Maßnahmen zur Auslastung der Betriebsmittelkapazität

Um die vorhandene Kapazität der Betriebsmittel auszulasten, bedarf es einer vorherigen Abstimmung zwischen den vorliegenden Aufträgen und dem daraus ableitbaren Kapazitätsbedarf. Dabei erweist es sich, ob eine Über- oder Unterdeckung vorliegt. Dies läßt zugleich erkennen, für wie lange eine Betriebsmittelbelegung vorhanden ist und die Beschäftigung ausreicht. Branchentypisch spricht man deshalb auch von »Reichweite«. Hinzu kommt nach dem zeitlichen Überblick die Zuordnung der Arbeit nach der Verrichtungsart und dem Umfang der verschiedenen Betriebsmittelkapazitäten, die differenziert nach Fertigungsart und Terminabstimmung erfolgt. Hier ist es Aufgabe der Betriebsmittelplanung, für eine fristgerechte Einordnung aller Aufgaben entsprechend dem erforderlichen Leistungsvermögen zu sorgen. Reicht die betriebliche Bedarfsdeckung nicht aus,

2.1 Wesen und Funktion des Industriebetriebes   Teil 1: 2 Betriebswirtschaft

und kann innerbetrieblich keine Lösung durch Schichtarbeit oder Überstunden gefunden werden, müssen externe Möglichkeiten gesucht werden.

Dies ist möglich durch Fremdfertigung oder zusätzliches Fachpersonal, befristet auf Zeit, wenn eine zusätzliche Neuinvestition oder auch Leasing nicht erfolgen soll. Auf jeden Fall sind die Vorbereitungen rechtzeitig zu treffen und einzuleiten, um den fehlenden Kapazitätsbedarf abzudecken und die Überbelastung aufzufangen. Für solche Fälle genügt es nicht zu improvisieren, hier hilft nur rechtzeitiges Disponieren!

Zu diesem Zweck ist eine differenzierte Grundlage zu schaffen, die aussagefähig ist und auch eine optische Darstellung ermöglicht. Solche Planungshilfen sind in unterschiedlichen Formen erhältlich und sehr zweckmäßig.

Neben ökonomischen Komponenten ist bei der Auslastung der Kapazität vor allem die technisch-organisatorische Disposition vorrangig. Hier sollte darauf geachtet werden, daß eine

— Auftragserteilung nach der Verrichtungsart und den zeitlichen Fristen erfolgt;
— differenzierte Zuteilung der Arbeiten auf die verschiedenen Kapazitäten nach kurzfristigen und mittelfristigen Fertigungsterminen vorgenommen wird;
— sorgfältige Abstimmung der einzelnen Aufgaben im Hinblick auf die erforderliche Reihenfolge ihrer Durchführung erfolgt;
— langfristige Garantie für die rechtzeitige Verfügbarkeit aller erforderlichen Betriebsmittel

✽ 210   zum Bedarfszeitpunkt gewährleistet ist.✽

2.1.4.2 Instandhaltung der Betriebsmittel
– Probleme und Aufgaben

Die Instandhaltung der Betriebsmittel ist eineProblematik für sich. In vielen Betrieben wird dieser technischen Überwachungsfunktion weder organisatorisch noch kostentechnisch die Bedeutung beigemessen, welche aus produktionstechnischen und auch betriebswirtschaftlichen Gründen notwendig ist.

Die Fehleinschätzung liegt im wesentlichen in der fehlenden Systematik, mit der die betrieblichen Hilfsstellen im allgemeinen betrachtet werden. Dies zeigt sich immer wieder darin, daß z. B.

1. in der Dringlichkeitsordnung für die Erhaltung der Produktionsbereitschaft eine Unterbewertung erfolgt;
2. die anfallenden Kosten für den Personalaufwand im Wartungs- und Instandhaltungsbereich im Vergleich zum Produktionsausfall zu hoch bewertet werden;
3. die Reparaturkosten teurer sind, als der Aufwand für systematisch durchgeführte Instandhaltungsmaßnahmen;
4. Vorbeugungsmaßnahmen in der Instandhaltung im allgemeinen »als notwendiges Übel« nur mangelhaft betrieben werden!

Generell sollte hier der Grundsatz gelten:
Durch Instandhaltung vorbeugen ist wirtschaftlicher als die Instandsetzung einer ausgefallenen Anlage!

Besonders in Großbetrieben der Verfahrenstechnik, wo der Fertigungsprozeß einen kontinuierlichen Arbeitsablauf erfordert, hat man die Wichtigkeit einer Bereitschaft zur »Rund um die Uhr«-Instandhaltung erkannt und auch organisiert. Es sind immer wieder vorwiegend die Probleme einer Stellenordnung und die der Dringlichkeit, die bei der Organisation der Hilfsstellen für die vorbeugende Aufgabe der Wartung und Instandhaltung eine Rolle spielen. Die richtige Einschätzung ihrer wirklichen Bedeutung kann nur von Nutzen sein:
Nicht improvisieren, sondern eine geordnete Organisation.

Dies ist für einen Fertigungsbetrieb eine zwingende Notwendigkeit, wenn man nicht in unvorhergesehene fertigungstechnische Schwierigkeiten geraten will. Überwachung und

Instandhaltungspflege der im Einsatz befindlichen Betriebsmittel sind unumgänglich, wenn ein reibungsloser Produktionsprozeß erwartet wird.∗

∗ 211

Nach DIN 31 051 – Blatt 1 – wird unter dem Komplex Instandhaltung in der Rangfolge aufgeführt:
1. die **Wartung,** d.h. die Erhaltung eines einsatzfähigen Sollzustandes;
2. die **Inspektion,** d.h. die Feststellung des Istzustandes und dessen Beurteilung;
3. die **Instandsetzung,** d.h. die Wiederherstellung des einsatzfähigen Sollzustandes.

Ist im Betrieb eine für die Instandhaltung zuständige Stelle bestimmt, muß von da aus eine systematische Planung und Steuerung aller Maßnahmen organisiert werden. Dazu ist es wichtig, vor allem besondere Schwachstellen innerhalb des Betriebssystems festzustellen und sie schwerpunktmäßig kontinuierlich zu überwachen. Die Instandhaltungsaufgaben beginnen mit einer Wartung, die in einem periodisch gesteuerten Verlauf termingerecht erfolgen muß.

Dadurch wird rechtzeitig festgestellt, in welchem Zustand sich die Betriebsmittel befinden. Auf diesem Wege wird die optimale Funktionsfähigkeit der Anlagen ermittelt und in vielen Fällen der Einsatz-Sollzustand gesichert.

Nach DIN 31 051 wird der Umfang der erforderlichen technischen Maßnahmen als »Standardablauf« wie folgt aufgezeichnet:

Wartung umfaßt Reinigen, Pflegen, Ölen, Schmieren und Hilfsstoffe ergänzen;
Inspektion umfaßt die Feststellung und Beurteilung des Ist-Zustandes nach der Funktion in instrumenteller Hinsicht und der Bedienungshandhabung.

Damit ist vorgesehen, daß zur Erhaltung des funktionsfähigen Sollzustandes schon der Ersatz oder der Austausch von betriebsunfähigen Teilen gehört. Dazu rechnen auch alle Schwachstellen in den technischen Anlagen, die nur eine befristete Lebensdauer besitzen, wobei in solchen Fällen auch eine Verbesserung durch konstruktive Änderungen oder durch verschleißfestere Materialien möglich ist.

Für die Organisation einer **Instandhaltungsaufgabe** im Betrieb sollte man davon ausgehen, daß dieser die gleiche Dringlichkeit beigemessen wird, wie sie den Produktionsabteilungen zukommt!

Die personelle Bereitschaft der Instandhaltung muß zeitlich gleich mit den Arbeitszeiten der Fertigungsabteilungen laufen. Wartungspläne und Ersatzteilübersichten sollten erstellt werden. Wartungs- und Instandhaltungsverträge mit Fremdfirmen können – wenn über eigenes Betriebspersonal nicht ausreichend verfügt wird – abgeschlossen werden. Bei der Investition neuer Betriebsmittel sollte auf eine Typenbegrenzung geachtet werden, um den Umfang der Instandhaltung zu verringern und zu vereinfachen, also zu vereinheitlichen.

Daß die Instandhaltungsmaßnahmen durch Maschinenkarteien eine wertvolle Unterstützung erfahren, wurde bereits im Abschnitt 2.1.2.3 (Verwaltungsfunktion) aufgezeigt, dies sei hier nochmals herausgestellt.

2.1.4.3 Die Bedeutung des Produktionsfaktors Werkstoff

Der Produktionsfaktor Werkstoff muß, gleich dem Faktor Betriebsmittel, in qualitativer und in quantitativer Hinsicht dem Betriebszweck entsprechen. Dies bedeutet, daß alle Roh-, Hilfs- und Betriebsstoffe in geeigneter Form und in ausreichender Menge vorrätig sein müssen.

In qualitativer Hinsicht bedeutet dies, daß die richtigen Materialien, Stoffe und Fabrikate stets in verwertbaren Abmessungen, Güte, und nur in begrenzten Abweichungen am einzelnen Stück vorrätig sind.

Quantitativ erfordert dies eine betriebsnotwendige Begrenzung der Werkstoffe auf die im Produktionsprozeß hergestellten Erzeugnisse in erforderlichen Mengen, Größen und Formen. Der Bestand sollte aus betriebswirtschaftlichen Gründen möglichst niedrig gehalten werden, aber die Werkstoffe sollten in einer dem Produktionszweck entsprechender Menge vorhanden sein.

Literaturhinweis:
REFA »Methodenlehre der Planung und Steuerung« Teil 2 – Planung
DIN-Norm-Entwurf 1973 31 051 und 052

Der Begriff Werkstoff umfaßt als Oberbegriff eine Anzahl Stoffe, die als Arbeitsgegenstand speziellere Bezeichnungen tragen. Nach der REFA-Definition in der »Methodenlehre Planen und Steuern« Band 2 wird dies wie folgt formuliert:
»Mit Material werden alle Werk-, Hilfs- und Betriebsstoffe bezeichnet, die zum Erzeugen von Gütern erforderlich sind und dabei ihre ursprüngliche Form, ihre selbständige Funktion und die Möglichkeit zur anderweitigen Verwendung verlieren.«
Allgemein betrachtet kann man unter dem Begriff Material nahezu alle realen Sachgüter verstehen, die im Betriebsprozeß eingesetzt werden und damit ihre eigene Zweckbestimmung verlieren. Dazu gehören nicht nur gezogene Materialien, Stangen, Profile und Rohre, sondern auch gegossene Rohteile und geformte Erzeugnisse, die in Vorleistungsbetrieben bereits einen einsatzgerechten verwertbaren Zustand erfahren haben.

2.1.4.4 Die Einteilung der Werkstoffe

Der Oberbegriff Material bezeichnet alle im Betrieb verwendeten **Werkstoffe, Hilfsstoffe und Betriebsstoffe.**
Unter Bezugnahme auf die in der REFA-Methodenlehre verwendeten Definitionen wird dabei unter den einzelnen Benennungen verstanden:
»Der **Werkstoff** ist das Material, das zur Fertigung eines Teiles, einer Gruppe oder eines Erzeugnisses unmittelbar benötigt wird und in diesem entweder in unveränderter oder in veränderter Form nachgewiesen werden kann.«
»Der **Hilfsstoff** ist das Material, das zur Fertigung eines Teiles, einer Gruppe oder eines Erzeugnisses nur unmittelbar benötigt wird und in diesen nur in unbedeutenden Mengen nachgewiesen werden kann.«
»Der **Betriebsstoff** ist ein Material, das zur Fertigung eines Teiles, einer Gruppe oder eines Erzeugnisses erforderlich ist und in diesen nicht nachgewiesen werden kann.«
Folgt man den vorstehenden REFA-Definitionen, dann liegt der Schwerpunkt im **Werkstoff,** weil dieser den Hauptanteil der in ein Erzeugnis eingehenden Materialien darstellt.
Hilfsstoffe dagegen sind mittelbar verwendete Materialien, die zum Beispiel als Schweißdraht oder als Chemikalien bei der chemischen Oberflächenbehandlung und ähnlichen Verrichtungen notwendig sind oder auch als Elektroden bei einer galvanischen Behandlung benötigt werden.
Zu den Betriebsstoffen zählen alle Schmierstoffe wie Öle und Fette sowie Reinigungsmaterial, Glühbirnen, Schalter und Sicherungen, aber auch die Brennstoffe in flüssiger, fester und gasförmiger Form, soweit diese betrieblich verwendet werden.
Einzelne Stoffe finden, je nach ihrem Verwendungszweck, oft eine unterschiedliche Einteilung. So kann zum Beispiel das Maschinenöl sowohl:
a) ein **Werkstoff** sein, wenn es als Getriebeöl verwendet wird.
Es kann aber auch
b) ein **Hilfsstoff** sein, wenn es lediglich zum Einfetten als Schutz leicht rostender Teile oder von Oberflächen, dient;
schließlich kann es
c) ein **Betriebsstoff** sein, wenn es im Wartungsdienst von Werkzeugen und Produktionsmaschinen lediglich zum Abschmieren eingesetzt wird!

Diese Übersicht zeigt, daß die einzelnen Materialien, je nach ihrem Einsatzzweck in der Fertigungs- oder Verfahrenstechnik oder in einer Dienstleistung auch deshalb unterschiedliche Bedeutung erhalten, weil im Hinblick auf die Kostenzuordnung (Kontierung) eine differenzierte Betrachtung erforderlich ist. *

* 212

Im einzelnen fallen unter den Begriff Werkstoff zum Beispiel alle Rohstoffe, Materialien und Gußteile. Handelt es sich um einen Kunststoff, so wird auch das Ausgangselement, das Granulat, als Werkstoff betrachtet. Dagegen bezeichnet man als Fertigungsstoffe alle jene Grundstoffe, aus denen die Erzeugnisse hergestellt werden. Diese können dann aus eigener Fertigung stammen, aber auch als Fremdteil von auswärts bezogen werden. Auch die unter Handelsnormen bezogenen Fabrikate wie Halbzeuge, Kugellager, Schrauben und Metalle aller Art fallen unter diesen Begriff.

2.1.4.5 Wirtschaftliche Probleme der Werkstoffe

Neben der reinen material- und stofftechnischen Bedeutung sind beim Produktionsfaktor Werkstoff besondere betriebswirtschaftliche Aspekte zu beachten. Bereits die Einteilung der betrieblich benötigten Fertigungsmaterialien und Hilfsstoffe in verschiedene Klassen nach ihrem Verwendungszweck führt zwangsläufig nicht nur zu Kontierungsproblemen, sondern zwingt auch zu einer bewußten Lagerwirtschaft und in der Beschaffung zu überschaubaren verwaltungs- und organisationstechnischen Dispositionen und einer kostenbewußten Einkaufsorganisation. Die Auswahl hat nach verarbeitungsgemäßen Abmessungen neben funktionsgerechter Qualität und Korrosionsfestigkeit zu erfolgen.

Dabei spielen für den Fertigungsbereich die Materialdurchlaufzeiten neben dem Lagerumschlag und der Bestandssicherung auch die Werkstoffverluste in ihren verschiedenen Vorkommen eine nicht unbedeutende kostenverursachende Rolle. Die Material- oder Lagerumschlagsdaten, die sich direkt kostenbeeinflussend auswirken und damit kapitalbindend wirken, führen zu Zinsverlusten. *

* 213

Die Wirtschaftlichkeit eines Materiallagers spiegelt sich im Sparsamkeitsgrad wider. Um eine hohe Leistung bei möglichst niedrigen Kosten zu erzielen, ist mit Vorsicht, Fleiß, Umsicht und Geschick zu operieren. Dies bedeutet im Prinzip für die Beschaffungspraxis: zielgerichtet wählen, rechnen und vergleichen, und erst dann bestellen! Die Rentabilität des eingesetzten Kapitals spielt in der Lager- und Materialwirtschaft eine besondere Rolle, denn alle nicht umgeschlagenen und unverwendeten Stoffe und Güter, die brach liegen, bringen keine Verzinsung und verlieren auch noch an Wert. Je öfter also ein Lager umgeschlagen werden kann, um so besser ist die Wirtschaftlichkeit und um so höher damit auch die Rentabilität.

Werkstoffzeit

Der Begriff der Werkstoffzeit stammt aus der REFA-Lehre und hatte seine Bedeutung in der Anwendung vor der systemorientierten Betrachtung im Arbeitsstudium. Neben der Zeit des Arbeitenden und der Zeit für das Betriebsmittel wurde die »Zeit für den Werkstoff« als drittes Zeitkriterium im Rahmen der Ablaufstudien verwendet. Dabei ging es besonders um den unmittelbaren Zeitanteil, der für Veränderungen am Werkstoff durch die Bearbeitungsvorgänge erforderlich wurde. Dadurch konnten Relationen der Zeitverhältnisse, die gegenüber dem reinen Behandlungsprozeß entstanden, wie Transport- und Bewegungszeitanteile sowie anfallende Lager- und Stillstandszeitanteile, festgestellt werden.

Nach REFA verstand man unter diesen überholten Vorstellungen der Werkstoffzeit jene Zeitanteile, »in denen der Werkstoff oder das Erzeugnis im Hinblick auf den zu erreichenden Endzustand im Rahmen des Fertigungsauftrages einer Form- oder Lageveränderung unterzogen wurde.« *

* 214

Hinsichtlich der Terminologie im Zusammenwirken der drei Zeitkomponenten sagte die REFA-Lehre damals aus:
»Arbeiter, Betriebsmittel und Werkstoff sollen möglichst so zusammenwirken, daß:
— die Tätigkeit des Arbeiters nicht unnötig durch Wartezeiten unterbrochen wird,
— das Betriebsmittel nicht länger brach liegt, als unter den gegebenen Verhältnissen unvermeidbar ist,
— der Werkstoff nicht unnötig lange an den einzelnen Arbeitsplätzen liegen bleibt, ohne eine vorgesehene Veränderung erfahren zu haben.«
Die in der Methodenlehre des Arbeitsstudiums neu gefaßten Erkenntnisse, wie sie sich aus der systemorientierten Betrachtung ergeben, erfassen im System Arbeit nur den Menschen und das Betriebsmittel. Der Werkstoff wird, sowohl im Rohzustand als auch als Teil-Bearbeitungsobjekt oder auch als Bauelement, heute zu den Eingabeelementen des Arbeitssystems gezählt. Im System erfolgt dann eine Veränderung je nach Bearbeitungsvorgang oder Bearbeitungsstufe. Beim Rohstoff hinsichtlich seiner Form, in der Montage mehr im Hinblick auf den fortschreitenden funktionalen Endzustand.

Werkstoffverlust:
Im Bearbeitungsprozeß erfolgt vom Rohstoff ausgehend eine Veränderung, die durch Verformen, Zerspanen, Mischen oder Vermengen bzw. andere spezifische Verfahren erzielt wird. In allen Fällen wird durch die Einbringung von Rohmaterial oder Chemikalien eine Veredelung der Stoffe vorgenommen, die zugleich einen materiellen Zugewinn im Werteaufbau erbringt. Es entsteht in allen Fällen durch die Veränderung Abfall der unterschiedlichsten Art. Dies ist bei der Metallbearbeitung der Späneabfall, oder der Ausschnitt-Verlust in der Blechverarbeitung, bei der Holzverarbeitung verbleiben Späne und Reste, in der Bekleidungsfertigung ist es der Stoff-Ausschnittverlust, in der Nahrungsmittelindustrie sind es neben Säuberungsabfällen auch verdorbene Produkte. Außer den Ausgangsverlusten entstehen Verluste, die im Rahmen des Produktionsprozesses durch Ausschuß und schlechte Qualität anfallen. Bei Fertigprodukten schließlich entstehen Verluste, wenn durch Konstruktionsänderungen oder Konkurrenzerzeugnisse das bisherige Erzeugnis sich als überholt und veraltet erweist und dadurch nicht mehr verwertbar absetzbar ist.
Organisatorisch und kostenverursachend ergeben sich auch Werkstoffverluste, die durch Entnahme von Stoffen und Teilen ohne Entnahmeschein erfolgen oder weil eine Erfassung überhaupt unterbleibt. Aber auch durch fehlerhafte Notierungen entstehen Verluste und durch mangelhafte Eingangs- und Ausgangskontrollen.
Innerhalb der Lagerung können »Lagerhüter« entstehen, weil eine ungenaue Kennzeichnung zu einer falschen Lagerung führte, empfindliche Stoffe und Gegenstände unsachgemäß gelagert wurden und damit unbrauchbar geworden sind.
Verluste entstehen auch durch falsche Abmessungen bei den Rohstoffen oder durch den Einsatz von Rohstoffen, die den Funktionsbedingungen nicht entsprechen. Jeder Abfall führt zwangsläufig zu kostenverursachenden Verlusten und wirkt sich auch noch in Mehrkosten durch zusätzlichen Zeitaufwand im Arbeitsprozeß aus.
Neben Verarbeitungsabfall, unvermeidlichem Arbeitsausschuß und Mängeln in der Lagerverwaltung kann unsachgemäße Lagerung zu Korrosion und Verrottung führen, wobei durch Schädigung der Erzeugnisse Verluste nicht auszuschließen sind. Im Hinblick auf die Vielfalt der Ursachen, die zu Werkstoffverlusten im Produktionsbetrieb führen können, ist es Aufgabe der Industriemeister, diesem Bereich höchste Beachtung zu schenken.

2.1.5 Der betriebliche Kreislaufprozeß, Vorschlagswesen und Wirtschaftsschutz

Als grundlegende Forderung einer industriellen Betriebsführung gilt die Wirtschaftlichkeit, die zur Herstellung eines konkurrenz- und absatzfähigen Erzeugnisses auf dem Wege

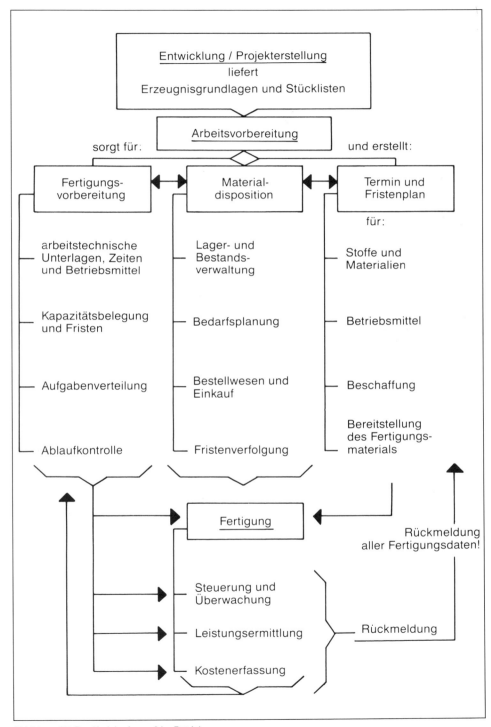

Abbildung 25: Der Kreislaufprozeß im Betrieb

2.1 Wesen und Funktion des Industriebetriebes Teil 1: **2 Betriebswirtschaft**

einer geordneten strukturellen Organisation aller betrieblichen Vorgänge und einer sinnvollen praktizierbaren Planung, Steuerung und Überwachung der Betriebsbereiche erreicht wird. Läßt sich dies in einem optimalem Umfang erzielen, so wird sich das auch in einem überschaubaren Kreislaufprozeß (recycling) aller Betriebsgeschehnisse von der Entwicklung, der Vertriebsorganisation, dem Einkauf und der Verwaltung bis zur Fertigung und dem Versand niederschlagen. Dieser betriebliche Kreislaufprozeß vollzieht sich im Zusammenwirken aller Betriebsfaktoren als koordinierter Ablauf der Gesamtheit der Betriebsgeschehnisse im Rahmen der Zielsetzung des Betriebes.*

* 215

Er ist von verschiedenen Gesichtspunkten aus darstellbar. Betriebswirtschaftlich umfassend für den Gesamtprozeß ist der Kapitalumlauf, beginnend mit der Finanzierung des Betriebes.

Für den Bereich der Produktion verläuft der Kreislaufprozeß von der Entwicklung der Erzeugnisse über den Herstellungsdurchlauf bis zur Auslieferung der fertigen Waren und Güter.

Dabei ist die Organisation der zur Bearbeitung vorliegenden Auftragsunterlagen, die Verfügbarkeit der Betriebsmittel und die Bereitstellung der Stoffe und Materialien sowie die Erfassung der tatsächlich im Fertigungsbereich angefallenen Ist-Daten entscheidend, um die erforderlichen Soll-Ist-Vergleiche in bezug auf das gefertigte Objekt durchzuführen. Zu erfassen sind neben den von der Entwicklung oder Konstruktion ausgegebenen sachbezogenen Objektunterlagen und den von der Arbeitsvorbereitung erstellten Fertigungsdaten, Terminen und einzusetzenden Betriebsmitteln vor allem die effektiv angefallenen Ist-Daten zur Kontrolle und als Vergleichkalkulation in der betrieblichen Kostenrechnung. Dieser Kreislaufprozeß ist in der Abbildung 25 (siehe Seite 105) für den Betriebsbereich und für die Produktion dargestellt.

2.1.5.1 Betriebspolitische Maßnahmen im Rahmen des Kreislaufprozesses

Soll der Fertigungsprozeß fristgemäß, organisatorisch reibungslos und qualitativ erfolgen, setzt dies eine termingerechte Verfügbarkeit aller Auftragsunterlagen, der Arbeitsmittel und der Materialien voraus. Nur dann ist ein wirtschaftlich gesicherter Arbeitsablauf möglich. **Dies bedingt eine koordinierende Zusammenarbeit aller an der Sache beteiligten Betriebsstellen, wenn eine planmäßige Durchführung garantiert werden soll.** Eine sinnvolle und zweckmäßige Planung der Durchführung ist Voraussetzung für den Erfolg. Unter Beachtung der in der Abbildung 26 skizzierten Beispiele betrieblicher Kreislaufprozesse erfordert dies im einzelnen:

1. **nach außen** = eine Marktorientierung, um den technischen Entwicklungsstand, die Innovationsmöglichkeiten und den Absatzbedarf zu ergründen,
2. **nach innen** = eine zweckorientierte Ausrichtung aller Betriebsziele, wobei
3. Teilkomplexe schwerpunktmäßig gesichert und betont hervorgehoben werden müssen.

Generell lassen sich keine allgemeingültigen Maßnahmen für einen betriebsüblichen Kreislaufprozeß festlegen, weil dieser in die Betriebsorganisation eingebettet ist. Nach arbeitswissenschaftlichen Erkenntnissen setzt dies eine Systemanalyse voraus, um besondere betriebspolitische Maßnahmen zu treffen. Alle anzuordnenden Maßnahmen haben sich strukturabhängig und branchenspezifisch an den vorhandenen Ursachen zu orientieren. Diese Ursachen müssen bekannt sein oder durch Untersuchungen festgestellt werden.

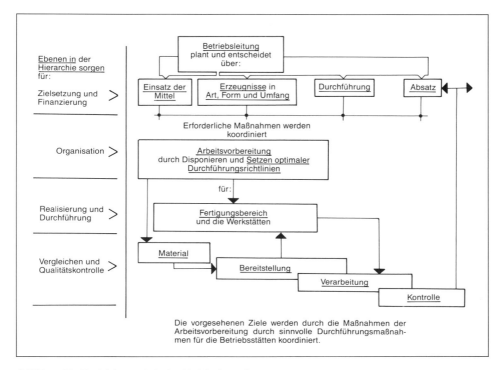

Abbildung 26: Produktionstechnischer Kreislaufprozeß

Sie können ihren Ursprung in der Organisationsstruktur, der Personalsituation, dem praktizierten Führungsstil haben, sie können kostenbedingt, erzeugnisabhängig und absatzbegründet sein, aber auch aus vielen anderen spezifischen Kriterien herrühren, die innerbetrieblich typisch sind.

Allein die Aussage: »Wir müssen billiger produzieren« — oder: »Der Betrieb ist zu teuer« beweisen noch nicht die Richtigkeit dieser Behauptung, sondern sind als Argument oft nur Wunschvorstellungen. Sind die tatsächlichen Mängel und Störungen im betrieblichen Kreislaufprozeß erkannt, lassen sich dann auch die intern erforderlichen organisatorischen und betriebspolitischen Anordnungen treffen, um die vorhandenen Engpässe abzustellen oder durch Gegenmaßnahmen zu überwinden. Die Mängel erkennen ist das oberste Gebot, ein Operieren im Unbekannten führt keinesfalls zum Ziel. Dies bedeutet, daß geeignete Mittel und Maßnahmen notwendig sind, um in der Organisation die gesetzten Ziele zu erreichen. Grundlagen dazu sind unter anderen:

1. sachlich bedingte und menschlich geeignete Wirkungsträger, die sich durch gegenseitige Ergänzung der gemeinsamen Aufgabe intensiv widmen können;
2. eine effektive Zusammenarbeit zwischen dem kaufmännischen und dem technischen Personal, um die zwischen diesen beiden Betriebsbereichen vorhandenen Diskrepanzen zu vermeiden und die natürlichen Spannungen in eine produktive Aufgabenerfüllung umzusetzen;
3. eine gute Betriebsorganisation, die dynamisch aktiviert ist und ständig verbessert werden kann. Eine gute Organisation ist nicht starr und kennt keinen Stillstand, da sie dem technischen Fortschritt angepaßt wird und durch neue Erkenntnisse permanent im Fluß ist gemäß der Devise: »das, was reibungslos abläuft, ist veraltet«;
4. rechtzeitige und vollständige Weitergabe von Informationen an die Wirkungsträger, um ein effektives Ergebnis in der von ihnen bearbeiteten Sache zu erreichen.*   * 216

An diesen Aufgaben kann der Industriemeister in seinem Bereich wirkungsvoll mitgestalten und Anregungen vermitteln.

2.1.6 Das betriebliche Vorschlagswesen

∗ 217
Ein Verbesserungsvorschlag ist eine verwertbare Idee eines Mitarbeiters, durch die bestehende Erschwernisse im Arbeitsablauf, Mängel in der Verwaltung, der Organisation oder in der Fertigungstechnik aufgezeichnet und zugleich geeignete Vorschläge zur Abstellung und einer Verbesserung gemacht werden. ∗

Solche Vorschläge gehen in der Regel über den normalen Rahmen des Aufgaben- und Kompetenzbereiches des Einsenders hinaus und stellen deshalb eine besondere Leistung dar, die damit auch eine gesonderte Honorierung über das eigentliche Arbeitsentgelt hinaus erfordert.

Für die Nutzung durch den Betrieb sollte deshalb ein Verbesserungsvorschlag verwertbar sein, durch den z. B.:
1. bei der Verwirklichung effektiv eine Verbesserung des bisherigen Zustandes im human-organisatorischen oder im arbeitstechnischen Sektor erreicht wird;
2. eine Verbesserung der Sicherheit und der Gesundheit der Mitarbeiter erzielt wird oder die Einsatzbereitschaft der eingesetzten Betriebsmittel, die Qualität der gefertigten Erzeugnisse und andere sachliche Gegebenheiten im Betrieb verbessert werden;
3. die Rentabilität des Betriebes erhöht wird oder eine generelle Besserung des Betriebsklimas und des angewandten Führungsstiles eintritt.

Es genügt folglich nicht, lediglich durch Kritik auf bekannte Mängel hinzuweisen, Schwachstellen aufzuspüren oder unzweckmäßige Vorgänge aufzuzeigen. Die Kritik muß von konkreten Angaben über die Abstellung der Mängel oder Verbesserung des vorhandenen Zustandes begleitet sein. Es genügt also nicht ein Hinweis, es ist ein praktizierbarer Vorschlag vorzulegen.

Bei der Bewertung des Vorschlages ist zu unterscheiden, ob es sich effektiv um eine innerbetrieblich durchführbare Verbesserung handelt oder ob qualifizierte technische Ideen vorliegen, die dem Betrieb eine Vorzugsstellung bringen, wie sich dies im gewerblichen Schutzrecht für Arbeitnehmererfindungen niederschlägt. In solchen Fällen gelten die besonderen Bestimmungen des Gesetzes über Arbeitnehmererfindungen. Dann schließt dies die Wertung als Verbesserungsvorschlag im Sinne dieses Gesetzes aus!

Das betriebliche Vorschlagswesen unterliegt gemäß § 87 Ziffer 10 des BetrVG der Mitbestimmung durch den Betriebsrat.

Zur Methodik des betrieblichen Vorschlagswesens sei hervorgehoben, daß sich dies nicht selbst organisiert! Ein in der Betriebsorganisation eingeführtes und angebotenes Vorschlagswesen funktioniert nur dann, wenn es einer ständigen Pflege unterworfen ist und durch neue permanente Impulse immer wieder darauf aufmerksam gemacht wird.

Da an die Freiwilligkeit der Mitarbeit appelliert und auf die innovatorische Ideenhergabe abgezielt wird, sollte vom Betrieb auch eine adäquate Gegenleistung für die Mitarbeit angeboten werden, damit nicht allein die Motivation, sondern auch die Anerkennung zu ihrem Recht kommen. Die Problematik des Vorschlagswesens liegt nicht in der Organisation des Vorschlagswesens, sondern vor allem darin, daß nach der Einführung eine Konstanz gesichert wird. Da es sich um kein selbstregulierendes Element handelt, ist ein ständiges Aufmerksammachen und Für-die-Ideen-werben durch den Träger des Betriebes erforderlich. Ein Vorschlagsvordruck und der Kasten zur Einreichung, neben der Bekanntgabe dieses Vorhabens, genügen nicht, um es zum Funktionieren zu bringen. Im Betrieb muß jemand zur Hilfestellung zur Verfügung stehen, um bei der Abfassung des Vorschlages und bei Erläuterungen der eingereichten Idee formulierend Beistand zu leisten. Nur dann wird eine sachgerechte Bearbeitung garantiert, wenn die Idee auch verständlich begründet ist. Hier liegt eine wichtige Aufgabe für den Industriemeister vor, bei der er seine führungstechnischen Mittel voll einsetzen muß.

2.1.7 Der betriebliche Wirtschaftsschutz und Selbstschutz

Maßnahmen zum Schutze der Wirtschaft sind in vielen Branchen und Bereichen aktuell. Der Wirtschaftsschutz umfaßt einen relativ breiten Raum in verschiedenen Sachgebieten, die sowohl aus wirtschaftspolitischen Aspekten vom Gesetzgeber durch Verordnungen festgelegt wurden als auch sich aus der Rechtsprechung ergeben.

Neben der allgemeinen Sicherheit der Betriebe im Sektor des Brand- und Katastrophenschutzes, der Geheimhaltung wirtschaftlicher und technischer Planungs- und Entwicklungsvorhaben sowie der Verfahrensanwendung und des allgemeinen Datenschutzes sind es vor allem Vorbeugungsmaßnahmen gegen Sabotage und Spionage, denen große Bedeutung zukommt. ✶　　　　　　　　　　　　　　　　　　　　　　　　　　　　　　　　　　　　　　　✶ 218

Jeder Betrieb ist bemüht, seine mit hohen Kosten erzielten Entwicklungsergebnisse vor Nachahmung und gegenüber der Konkurrenz zu sichern. Dazu bietet der gewerbliche Rechtsschutz eine allgemein anerkannte Möglichkeit. Der Rechtsschutz umfaßt gemäß dem zu schützenden Objekt alle Patente, Gebrauchsmuster und Warenzeichen, wobei – je nach den materiellen Gesichtspunkten – die eine oder andere Möglichkeit besonders genutzt wird. Reichen die betrieblichen Mittel nicht aus, bietet sich die Möglichkeit einer Lizenzvergabe an andere Betriebe zum Zwecke einer breiteren Nutzung an. Eine freiheitliche Wirtschaftsordnung kann nicht auf Sicherheit verzichten.

Die hochmechanisierte Technologie erfordert heute eine erhöhte Sicherheit, um das Eigentum des Betriebes oder den persönlichen Schutz der Mitarbeiter und die Geschäftsgeheimnisse vor dem Zugriff Betriebsfremder zu schützen und gegen Sabotage und Spionage vorzubeugen.

Die Notwendigkeit des betrieblichen Selbstschutzes hat in der Industrie zu zunehmender Spezialisierung geführt, so daß betriebsinterne Maßnahmen im Rahmen des Werkschutzes entstanden sind.

2.1.7.1 Maßnahmen des Wirtschaftsschutzes

Die komplizierte Struktur und die Abhängigkeit unserer Industriebetriebe vom technischen Leistungsprozeß, die damit verbundene Empfindlichkeit gegen fahrlässige und mutwillige Störungen, gegen Ausspähung, Spionage und Sabotage haben das Risiko für die Betriebe und damit auch das Schutzbedürfnis erhöht. Um dies zu erreichen, helfen nur aktive vorbeugende betriebliche Schutzmaßnahmen. Diese lassen sich in Komplexe personeller Bereiche, sachlich-materieller Objekte und in die Bildung betrieblicher Schutzeinrichtungen fassen.

Maßnahmen im personellen Bereich beginnen mit der Ausstellung von Werks- und Personalausweisen, die für Schlüsselkräfte und für Vertrauenspersonen erforderlichenfalls mit einem Magnetstreifen versehen sind und zum Beispiel eine erweiterte Befugnis im Zugang zu geschützten Objekten, Räumen und Vervielfältigkeitseinrichtungen ermöglichen. Dieser Personenkreis ist zu begrenzen und überschaubar zu halten. Auch die persönliche Kennzeichnung durch Personalanhänger mit Lichtbild, sichtbar am Oberkörper getragen, ist zu empfehlen, wobei noch eine zusätzliche unterschiedliche Farbkennzeichnung den Umfang der Kompetenz und die Verantwortlichkeit im Einzelfall ausweist.

Im sachlich-materiellen Bereich handelt es sich überwiegend um betriebliche Sachvorkommnisse, die als »Verschlußsache« der internen Geheimhaltung unterliegen. Unterlagen aus dem Forschungs- und Entwicklungsbereich sind hier zu nennen, aber auch alle weiteren Geschäftsdaten und Betriebsziele, wie zum Beispiel Investitionsvorhaben und -aufwand, einzusetzende Mittel, Ziele einer Produktionsausweitung und neue Fertigungs-

2.1 Wesen und Funktion des Industriebetriebes   Teil 1: 2 Betriebswirtschaft

verfahren sind, neben Betriebsvermögen, Auftragsauslastung und Umsatzdaten wichtige Fakten, die intern bleiben müssen.

Zu aktiv durchführbaren Einrichtungen gehören neben Eingangs- und Ausgangskontrollen an den Werkstoren die Personalüberwachung und die Durchführung von Stichproben im Begleitgepäck, die Stellung von Begleitpersonen bei Betriebsbesuchen, die Kennzeichnung von Sperrabteilungen und Einrichtungen, die nur einem begrenzten Mitarbeiterkreis in Vertrauensstellung – und mit besonderem Ausweis oder Schlüssel – zugänglich sind. Zur Bildung innerbetrieblicher Schutzorganisationen zählen die Pförtner, die Werksfeuerwehr, der technische Notdienst und der Werkschutz. Hier können u. U. mehrere Funktionen vom gleichen Personenkreis ausgeübt werden.

Die rechtliche Stellung des Werkschutzes

Dem Werkschutz stehen keine polizeilichen Befugnisse zu, da die Sicherung von Rechten grundsätzlich nur dem Staat und seinen Organen obliegt. Der Werkschutz als eine innerbetriebliche Institution hat für Ordnung und Sicherheit im Betrieb vorbeugende Maßnahmen zu treffen und eingetretene Störungen zu beseitigen. Dies ist möglich auf der Grundlage von Gesetzen, die jedem Bürger der Bundesrepublik Befugnisse zum Schutze von Personen und Sachen einräumen. Hierzu rechnen Fälle des Selbstschutzes, der Notwehr und des Notstandes.

✱ 219

Legt man den Dienstauftrag des Werkschutzes als private Einrichtung des Betriebes zugrunde, dann lassen sich folgende rechtmäßigen Aufgaben dieser Institution ableiten:
1. die Erhaltung des betrieblichen Eigentums und Wahrung der Sicherheit und der Ordnung innerhalb des Betriebes;
2. die Verpflichtung des Arbeitgebers, die Beschäftigten seines Betriebes vor Schaden des Lebens und der Gesundheit zu schützen.

2.1.7.2 In Betrieben vorkommende Deliktformen

Die in einem Betrieb vorkommenden Delikte, Störungen und Ordnungswidrigkeiten sind vielschichtiger Art, zeigen jedoch gewisse Schwerpunkte. Erfahrungsgemäß ist festzustellen, daß sich der weitaus größte Teil unmittelbar am Arbeitsplatz oder in der Betriebsstätte ereignet.

Da eine Verpflichtung zur Führung von Statistiken nicht besteht, sind die wirklichen Zahlen im Dunkeln. Eine korrekte Aussage über die Betriebs- und Wirtschaftskriminalität im Bereich von Betrug, Untreue, Sabotage oder Spionage ist deshalb nicht möglich. Diebstahl steht an der Spitze der Delikte, dem Unterschlagung, Betrug und Körperverletzungen durch tätliche Auseinandersetzungen folgen. Verstöße gegen Brandschutz, Zerstörung – mutwillig oder fahrlässig – von Einrichtungen, Verletzung der Wahrung von Betriebsgeheimnissen, Beleidigung und Hausfriedensbruch sind weitere, aber doch nur selten anfallende Widrigkeiten. Alle Vorkommnisse sind erfahrungsgemäß von Betrieb zu Betrieb verschieden, die Einzelheiten darüber bleiben in der Regel als »betriebsinterne Verschlußsache« in den Akten und werden in der Öffentlichkeit kaum bekannt.

2.2 Die Organisation des Industriebetriebes

2.2.1 Begriff und Aufgabe der Organisation

Mit dem Wort Organisation verbindet man in der Praxis verschiedene Vorstellungen, die meist aus beruflichen Erfahrungen stammen, aber oft auch mit negativen und kritischen Aussagen in Verbindung gebracht werden, z. B. durch eine Einengung der Befugnisse, übertriebene Verwaltung, zuviel Formulare, Kästchendenken, unnötige Kosten und andere Bemerkungen. Andererseits jedoch zeigt uns die Natur in ihrer Dynamik, daß überall ein organisches Zusammenwirken besteht und ein sinnvolles Funktionieren im Leben und im Sein gegeben ist.

In diesem Sinne ist unter der Organisation nichts anderes zu verstehen als das zweckmäßige Gestalten der systematischen planvollen Zuordnung von Menschen und Sachen zu einer geregelten Zusammenarbeit im Betrieb. Dabei ist das Ziel, daß die menschliche Zweckordnung wie ein Organismus in der Natur funktioniert. Dazu gehört eine zielbewußte systematische Vordenkarbeit, um diesem Vergleich nahezukommen.∗   ∗ 220

Da die Organisation eine vom Menschen zu schaffende Ordnung darstellt, sind Mensch und Sache so einander zuzuordnen, daß eine gegenseitige Ergänzung, zwecks Erreichen einer optimalen Lösung bei der gemeinsamen Aufgabenerledigung, möglich ist. Für die Betriebsorganisation finden sich in Praxis und Lehre unterschiedliche Vorstellungen. Mellerowitz z. B. definiert in seiner Betriebslehre der Industrie im Abschnitt 7:

»**Organisation ist systematische, planvolle Zuordnung von Menschen und Sachen zum Zwecke geregelten Arbeitsablaufs, die Summe der Regelungen, durch die der Betriebsvollzug gestaltet wird.**

Organisation ist eine Grundvoraussetzung für eine gute Betriebsführung. Ohne sie kann kein Betrieb bestehen, wenn er auf die Dauer optimal und erfolgreich die Betriebsziele erreichen will.

Zu den Aufgaben der Organisation im einzelnen gehören:
— Gliederung und Aufbau des Betriebes gemäß der Zielsetzung;
— Ausstattung und Einrichtung zweckbestimmter Anlagen;
— Maschinen und Einrichtungen;
— Schaffung eines harmonischen Arbeitsablaufes;
— Vermeidung von Leerlauf durch Koordination der Aufgaben, der Mitarbeiter und der Mittel;
— Gestalten von Übersichten der betrieblichen Ordnung in Form von Schemata und Organigrammen;
— Darstellen des Arbeitsablaufes im Umfang und in der zeitlichen Reihenfolge;
— Erstellen von Übersichten über die vorhandenen Bestände und Betriebsstoffe;
— Kontrolle der betriebswirtschaftlichen und produktionstechnischen Ergiebigkeit;
— ständige Verbesserung der Arbeitsbedingungen, humane und ergonomische Maßnahmen und Motivieren der individuellen Leistungsbereitschaft.

Betrachtet man die Organisation insgesamt als ein System von allgemein gültigen Dauerregeln, dann ist das Gegenstück dazu die Improvisation als Regelung von Lösungen im Einzelfall.

Eine gute Betriebsorganisation schafft die Voraussetzungen für das Zusammenspiel aller einzelnen Organisationsmaßnahmen und sichert durch Einsatz geeigneter Organisations-Hilfsmittel.

Als dauernde Aufgabe gilt, daß die verschiedenen Tätigkeiten im Betrieb gemäß ihren Aufgaben aufzugliedern und in ein sinnvolles Zusammenwirken zwischen Menschen und Betriebsmitteln zu bringen sind. Daraus folgt in der praktischen Durchführung, daß die

Betriebsorganisation inhaltlich durch die Aufbauorganisation einerseits und die Ablauforganisation andererseits gebildet wird.
Beide Organisationsformen sind erforderlich, damit die Betriebsorganisation als Ganzes wirtschaftlich gestaltet werden kann und eine in sich reibungslos funktionierende Ordnung zwischen allen Produktionsfaktoren erreicht wird.

2.2.2 Was ist Aufbauorganisation?

Der Abschnitt 2.1.2 schildert die Hauptfunktionen des Industriebetriebes. In den Abbildungen 21 und 22 sind die zeitlichen Grundstrukturen für die Abläufe der sich aus dem Aufbau des Betriebes abzuleitenden Aufgaben dargestellt und die wichtigsten Funktionen beschrieben. Jeder Betrieb muß eine interne Gliederung aufweisen, mit der die Grundlagen der Ordnung geschaffen werden. Es muß festgelegt werden, wie die einzelnen Aufgaben zu erledigen sind und wo die Zuständigkeit liegt.
Bei der Aufbauorganisation eines Betriebes geht es besonders um die hierarchische Gliederung, die sich durch Bildung von verantwortlichen Leitungs- und Funktionsebenen und Stellen zur Regelung des gesamten Betriebsgeschehens im Hinblick auf die betriebliche Zielsetzung ergibt.
Damit wird zugleich festgelegt, wie das Zusammenwirken der eingesetzten Mitarbeiter bei der Erledigung der Aufgaben koordiniert wird. Zur Vermeidung von Unklarheiten sind die einzelnen Funktionen in ihrem Verrichtungsinhalt zu formulieren, um die Betriebsziele damit einem einheitlichen Willen unterzuordnen.
Mit der Aufbauorganisation wird durch die strukturelle Gliederung die Zuständigkeit für die Erledigung der anstehenden Aufgaben geregelt, und mit der Festlegung der Zuständigkeit werden zugleich auch die Verantwortung und die Leitungsbefugnisse festgelegt. Das Nacheinander und das Miteinander der menschlichen Zusammenarbeit findet in der Aufgabenerledigung die organisatorische Grundlage innerhalb der Aufbauorganisation. Es ist

✳ 221 eindeutig festgelegt, wer für was zuständig ist. ✳
REFA definiert im Band 1 der Methodenlehre des Arbeitsstudiums:
»Zur Erfüllung der einzelnen Aufgaben benötigen Menschen und Betriebsmittel einen sinnvollen Ordnungszusammenhang, denn der Betrieb und die Arbeitsabläufe müssen organisiert werden«.
Je nach dem Schwerpunkt der Betriebsziele werden der Aufbau des Betriebes und die Zuordnung der Kompetenzen organisatorisch festgeschrieben. Zweckmäßig und sinnvoll ist es, wenn die Ordnung der einzelnen Aufgabenstellen mit der Kostengliederung des Betriebes zur Erfassung der Leistungsergebnisse in Übereinstimmung gebracht wird.
Die Anzahl der zu schaffenden Ebenen in der betrieblichen Hierarchie hängt sowohl von der Größe des Betriebes als auch von der Vielfältigkeit der erzeugten Produkte ab, was zu einer gesonderten Behandlung der Organisation und der Disposition führt und sich auch in der Stellenbildung auswirkt.
Hinzu kommen oft betriebswirtschaftlich unterschiedliche Meinungen, unterschiedliche technische und fertigungsorganisatorische Voraussetzungen sowie andere Einflüsse hinsichtlich der personellen Kontrollspannen, die einem Stelleninhaber – zum Beispiel einem Industriemeister – in der Zahl der ihm untergeordneten Mitarbeiter zuverlässig zugemutet werden können, damit er seine Aufsichtspflicht auch korrekt durchführen kann. Deshalb ist eine konkrete zahlenmäßige Angabe der personellen Kontrollspanne generell nicht möglich. Hier spielen auch die subjektiven und qualitativen Fähigkeiten des Stelleninhabers wie ebenfalls die Einsprechmöglichkeiten der vorgesetzen Stelleninhaber – und deren mögliche Vorbehalte – eine Rolle. Es können sowohl ca. 15 als auch 60 und mehr Mitarbeiter unterstellt sein, was davon abhängig ist, ob der Industriemeister als Gruppenlei-

ter, Abteilungsleiter, Einsatzleiter oder Betriebsleiter eingesetzt ist. Es kommt auch darauf an, in wieweit der Meister selbst noch im praktischen Einsatz aktiv ist oder vorwiegend organisatorische oder verwaltende Funktionen wahrnimmt.

In der Regel ist im Aufbau der strukturellen Gliederung des Betriebes die Unterteilung in nur wenige Leitungs- und Entscheidungsebenen für die Durchführung der Betriebsziele vorteilhafter als eine vielschichtige. Weniger Ebenen sind auch kostengünstiger, doch ist dies nicht immer möglich, um eine ideale Lösung zu erreichen! In der Abbildung 27 ist eine grobe Darstellung der Aufbaupyramide skizziert. In der Leitungsspitze sind außer der Verantwortung für die gesetzten Betriebsziele alle Entscheidungen und die Finanzierungsfragen konzentriert.

In den nachfolgenden Ebenen liegen die Aufgaben und die Verantwortungsbereiche der Organisation und der Disposition, wobei eine Untergliederung in Langfristziele und Feinziele in den Planungs- und Steuerungsvorgängen sinnvoll und praktikabel ist. Werden hier doch die Ausführungsrichtlinien für die unmittelbare Erledigung in der Durchführungsebene festgelegt und koordiniert.

Der Schwerpunkt in der Aufbau-Organisation liegt darin, daß die von der Betriebsleitung gewünschten Führungs- und Leitungsziele gesichert werden.

Dies ergibt sich aus der Informations-Richtung. Alle Leitungswege zielen von oben nach unten, alle Informationen und Berichte konzentrieren sich nach oben zur Spitze. Da durch die Form des hierarchischen Aufbaues in einer Pyramide ein Informationsgefälle entsteht, werden die aktuellen Ereignisse und Ziele in der untersten Ebene weniger vollständig ankommen, als dies in den oberen und mittleren Bereichen der Hierarchie der Fall ist. Ein Grund mehr, die im Betrieb üblichen Informationshilfsmittel so abzusichern, daß die verbleibenden Informationen eindeutig und für die bearbeitende Stelle vollständig sind. ∗ ∗ 222

Als betriebsübliches Beispiel hierfür sei die Stückliste genannt, die als Modell einer Aufbau-Organisation bezeichnet werden kann, wenn man sie als eine Struktur der Arbeitsverteilung zur Herstellung von Erzeugnissen ansieht. Durch die Arbeitsverteilung oder auch Aufgabengliederung entstehen anstelle von Baugruppen Teilaufgaben. Diese Teilaufgaben werden Stellen zugeordnet und von hierfür qualifizierten Mitarbeitern erledigt.

2.2.3 Der Unterschied zwischen Aufbau- und Ablauforganisation

Wie bereits festgestellt, werden durch die Aufbauorganisation die Verbindungen zwischen den betrieblichen Aufgaben einerseits und den für die Erledigung zuständigen Mitarbeitern andererseits hergestellt, und damit wird zugleich die menschliche Zusammenarbeit in den Verantwortungsebenen und Stellen aufgezeichnet und organisatorisch festgelegt.

Die Aufbauorganisation verwirklicht die Gliederung des Betriebes in seiner Struktur und legt damit die Beziehungen zwischen dem Aufsichts- und Leitungspersonal in der Hierarchie fest. Der Schwerpunkt der Aufbauorganisation liegt darin, daß die von der Betriebsleitung gewünschten Leitungsverhältnisse gesichert werden. Damit wird eindeutig klargestellt, welche Kompetenzen für die Erfüllung der einzelnen Aufgaben dem Stelleninhaber zustehen und wie der Informationsweg innerhalb der betrieblichen Ebenen und Stellen festgelegt ist.

Die Ablauforganisation befaßt sich mit den sachlichen Aufgaben der Produktion, der Fertigung und anderen Verrichtungen, z.B. Dienstleistungen, und sorgt für die Gestaltung des räumlichen und zeitlichen Zusammenwirkens von Mensch, Betriebsmittel und Arbeitsaufgabe in Richtung auf die betriebliche Zielsetzung. ∗ ∗ 223

Damit soll sichergestellt werden, daß eine rechtzeitige Verfügbarkeit von Informationen und

2.2 Organisation des Industriebetriebes

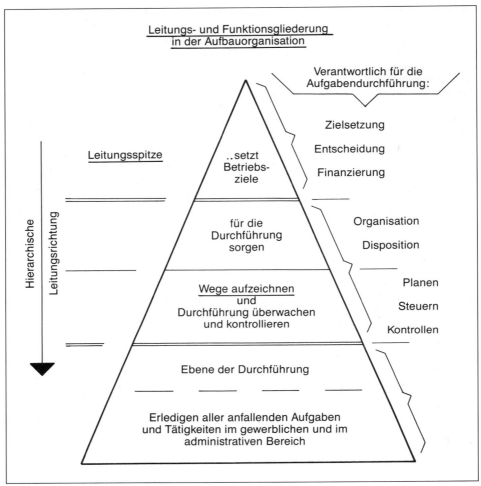

Abbildung 27: Leitungs- und Funktionsgliederung in der Aufbauorganisation

Werkstoffen für den Fertigungsprozeß neben der Bereitschaft der Mitarbeiter und der Betriebsmittel gegeben ist. In der Ablauforganisation geht es nicht mehr um die Beziehungen zwischen den Menschen, sondern in erster Linie um eine Abstimmung zwischen Menschen und Sachen im arbeitstechnischen System. Es kommt darauf an, wo und wie die Erzeugnisse hergestellt werden.

✱ 224

Bei der Ablauforganisation kann im Detail unterschieden werden zwischen Produktionsorganisation und Fertigungsorganisation, die unterschiedliche Schwerpunkte beinhalten.
Die Produktionsorganisation umfaßt die Bereiche Forschung, Entwicklung, Fertigung und Qualitätskontrolle im besonderen, oft wird auch die Beschaffung einbezogen, wenn es um neue Produkte geht und Piloterzeugnisse, Versuchsreihen oder -serien erstellt werden. Ziel ist es, in einer Makrogestaltung des Arbeitssystems die Steuerung der Aufgabendurchführung einschließlich Datenermittlung (Zeit, Menge und Kosten) zu erreichen.

✱ 225

Dagegen erstreckt sich die Fertigungsorganisation auf den Herstellprozeß in den Werkstätten, sowohl auf die Teilefertigung als auch auf den Zusammenbau und die Montage bis zum Versand der Erzeugnisse. Unter Beachtung der Wirtschaftlichkeit und der ergonomisch gestalteten Arbeitsbedingungen wird eine Feinplanung bei der Gestaltung des Arbeitssystems vorgenommen. Durch Datenermittlung für die Kapazitäts-, Material-, Informations- und Ablaufplanung wird das Programm für die Auftragserfüllung und dessen Überwachung gesichert.∗

∗ 226

In der betrieblichen Praxis wird die Fertigungsorganisation überwiegend mit dem Begriff Arbeitsvorbereitung bezeichnet. Mit dieser Kennzeichnung sind zugleich auch das Wesen und der Inhalt der Aufgabe erfaßt. Ablauforganisation ist im Prinzip die Vorbereitung der Aufgabenerledigung, wie sich dies auch in den Begriffen Arbeitsplanung und Arbeitssteuerung niederschlägt.∗

∗ 227

Nach AWF (Ausschuß für wirtschaftliche Fertigung) wird diese Aufgabe wie folgt definiert: »Die Arbeitsvorbereitung umfaßt die Gesamtheit aller Maßnahmen, einschließlich der Erstellung aller erforderlichen Unterlagen und der Bereitstellung für Arbeitsgegenstand, Menschen und Betriebsmittel mit dem Ziel, durch Planung Steuerung und Kontrolle für die Fertigung von Erzeugnissen und Gestaltung von Abläufen jeder Art ein Optimum aus Aufwand und Arbeitsgegenstand zu erreichen.«

Mit dem in Abbildung 28 dargestellten Schema wird die durch die Arbeitsvorbereitung vorzunehmende Datensetzung erläutert.

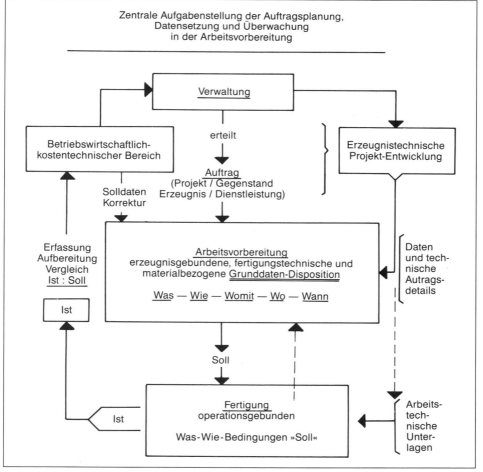

Abbildung 28: Zentrale Aufgabenstellung der Auftragsplanung, Datensetzung und Überwachung in der Arbeitsvorbereitung

Ergänzend dazu sei herausgestellt, daß die Mitarbeiter in der Arbeitsvorbereitung qualifizierte Spezialisten sein müssen. Für ihre Aufgabenerfüllung ist es erforderlich, daß sie neben qualifizierten Fachkenntnissen kreative Vorstellungen entwickeln, Kenntnisse aller technischen und kapazitiven Möglichkeiten im Fertigungsbereich besitzen, die Koordination aller Informationen für die an einem Objekt beteiligten Stellen zwecks Erreichen optimaler Ergebnisse und Nutzung des dispositionellen Optimums vornehmen, eine korrekte Datenerfassung zwecks Kontrolle und Korrektur der vorgegebenen Sollwerte nach den effektiven IST-Daten durchführen. Es ist die Aufgabe der Ablauforganisation, die Arbeitsabläufe in allen Betriebsbereichen in einen Ordnungszusammenhang zu bringen, um dadurch ein möglichst wirtschaftliches und menschengerechtes Betriebsgeschehen zu erreichen. Die Ablauforganisation kann nicht allein für sich bestehen, sie ist organisch eng mit der Aufbauorganisation verbunden. Beide ergänzen sich.

2.2.3.1 Die Ursachen für die Unterschiede in der Aufbauorganisation einzelner Betriebe

Mit der Aufbauorganisation werden die Aufgaben eines Betriebes auf verschiedene, in Rangstufen geordnete Ebenen und Stellen, nach Kompetenz und Verantwortung gegliederte Leitungsebenen, aufgeteilt, und damit wird zugleich die Zusammenarbeit in der Betriebshierarchie geregelt.
Vergleicht man verschiedene Betriebe miteinander, dann kann man gravierende Unterschiede der Aufbauorganisation zwischen Wirtschaftszweigen und Branchen feststellen. Aber auch innerhalb ähnlicher Betriebsarten und Größe kann man unterschiedliche Gliederungen in der Aufbauorganisation erkennen.
Teilweise hat dies historische Ursachen, weil die Form der Organisation empirisch gewachsen ist. In dem Maße, wie ein Betrieb größer wird, steigen auch die Aufgaben und Betriebsfunktionen an Zahl und an Schwierigkeit. Das Arbeitsvolumen eines wachsenden Betriebes steigt aber nicht in der gleichen zahlenmäßigen Folge, wie die anfallenden Aufgaben an Gewicht und Schwierigkeit zunehmen.
Außer diesen gewachsenen Organisationsformen gibt es viele andere Ursachen. Der Unterschied kann sowohl von einer Branchenverschiedenheit herrühren, aber auch im Aufgabenzweck eines Wirtschaftszweiges begründet sein. Eine Bank, eine Versicherungsgesellschaft, ein Warenhaus z. B. sind nicht nur strukturell intern anders geordnet, als dies in einem Produktions- und Fertigungsbetrieb üblich ist. Auch in solchen Betrieben befinden sich ungleiche Organisationsformen und Aufbaugliederungen. Dabei spielen vielfach die Größe und die Beschäftigtenzahlen eine beeinflussende Rolle, oft aber auch die Art der Produktion. Neue Erzeugnisse, die aus Forschung und Neuentwicklung in Einzelfertigung entstehen und Investitionen und Pilotprodukte erfordern, bedingen eine anders geordnete Betriebsorganisation als ein Betrieb, der Konsumgüter in Serien- oder Massenfertigung herstellt. Auch die Produktionsart, ob mehrteilige Produkte erzeugt werden oder einfache Erzeugnisse die Fertigung prägen, ob nur eine Produktart hergestellt wird oder ob mehrgleisig mit unterschiedlichen Erzeugnissen für verschiedene Wirtschaftszweige gefertigt werden muß – dies alles wirkt sich beeinflussend auf die Organisationsstruktur schon in der Leitungsebene aus, da das Erzeugnis mit dem größten Umsatzanteil schwerpunktmäßig auch auf alle anderen Funktionen und Bereiche des Betriebes ausstrahlt.
Vom rein organisatorischen Standpunkt aus betrachtet spielen auch unterschiedliche Bewertungsstandpunkte bei der strukturellen Organisationsgestaltung eine Rolle. So kann neben der Beachtung der Wirtschaftlichkeit einer Organisation im Betrieb, vor allem auch die Zweckmäßigkeit und das Gleichgewicht, sehr beeinflussend sein. Grundsätzlich sollte eine jede Organisation in erster Linie dem Gesamtziel des Betriebes nützen und nicht Selbstzweck sein. Auch von der Organisation verlangt man Rentabilität und Wirtschaftlich-

keit. Sie muß ihre Berechtigung nachweisen. Die Organisation muß beweglich sein und sich anpassen, sie darf nicht starr sein. Mit der Aufbauorganisation werden durch die Gliederung in Ebenen und Stellen Entscheidungs- und Verantwortungsbereiche geschaffen. Dabei ist es erforderlich, daß durch die Leitungsfunktionen auch die menschliche Zusammenarbeit koordiniert wird, wobei jeder Stelleninhaber noch so viel sachlichen Entscheidungsspielraum besitzen muß, daß die Eigeninitiative nicht beschnitten wird und ihm der nötige Handlungsspielraum dafür bleibt!

2.2.4 Das methodische Vorgehen im Rahmen der Aufbauorganisation

Im Abschnitt 2.1.3.4 wurde die menschliche Arbeit aus systemorientierter Sicht erläutert und dargestellt, welche verschiedenen Systeme innerhalb eines Betriebes funktionell auftreten können. Danach kann jeder kleine, aber auch große Aufgabenkomplex in seinen Dimensionen als Arbeits- oder Maschinenplatz, als Abteilung oder Betriebsteil bis zum Gesamtbetrieb organisatorisch als eine zweckbestimmende Einheit zu einem Arbeitssystem werden. Im gleichen Abschnitt wird das Prinzip eines soziotechnischen Arbeitssystems dargestellt.

Am Beginn einer jeden betrieblichen Organisation steht die Aufgabe. Je umfangreicher eine Aufgabe wird, oder je zahlreicher die Aufgaben werden, um so zwingender wird die organisatorische Notwendigkeit der strukturellen Gliederung aller Aufgaben im Betrieb. Durch die Schaffung einer Arbeitsverteilung zur Erledigung der Arbeitsaufgaben bei einer fortschreitenden Aufteilung der vorhandenen Betriebsaufgaben entsteht schließlich eine Aufbau-Organisation in mehreren Betriebsebenen. In der betrieblichen Aufbaugliederung wird der Komplex aller vorhandenen Aufgaben zu Teilaufgaben von oben nach unten in der Hierarchie festgelegt und damit zugleich auch der Umfang der Kompetenzen, also der Zuständigkeit für die Erledigung in ihren Grenzen fixiert. Die Aufgabengliederung erfordert praktisch auch die Festlegung von Kompetenzbereichen innerhalb der einzelnen Betriebsebenen. Damit verbunden ist dann auch eine entsprechende Handlungsvollmacht, das heißt, die Verantwortung innerhalb der Aufgabenzuständigkeit im Rahmen der gegliederten Aufgabenteilung. Aufgabe und Kompetenz mit der Zuordnung der hierfür erforderlichen Teilverantwortung bilden in der Betriebsorganisation eine Institution oder Stelle.

∗ 228

Abbildung 29: Zusammenhang zwischen Aufgabe und Kompetenz

Die Beschreibung einer Aufbauorganisation kann nur auf dem Wege einer Systemanalyse nach arbeitswissenschaftlichen Gesichtspunkten erfolgen. Zur Durchleuchtung der Organisation eines Betriebes und um eine Verbesserung der Organisation zu erreichen, sind zwei Schritte erforderlich:
1. Die **Aufgabenanalyse** zur Darstellung des gegebenen Status im Ist-Zustand, und danach zum Erkennen der Probleme und Hemmnisse, die eine Lösung erfordern.
2. Die **Aufgabensynthese** als Vorstellung eines besseren erstrebten Soll-Zustandes.

2.2.4.1 Zweck und Wesen der Aufgabenanalyse

Die Aufgabenanalyse ist ein Hilfsmittel des Arbeitsstudiums und hat den Zweck, vorhandene Organisationen, Aufgaben und Tätigkeiten auf ihre Zweckmäßigkeit zu überprüfen und nach wirtschaftlichen, ergonomischen und humanen Gesichtspunkten auf mögliche Verbesserungen entsprechend der betrieblichen Zielsetzung zu untersuchen.∗

∗ 229

Dabei bilden die Betriebsziele die orientierende Grundlage, um aus dem Ergebnis der Analyse Ansatzkriterien für eine Neugestaltung im Rahmen der Aufgabensynthese zu erkennen.

Zur Durchleuchtung bestehender Organisationen und Verrichtungen haben sich verschiedene Verfahren für das praktische Vorgehen bei einer Aufgabenanalyse durch Zergliedern des gegebenen Istzustandes entwickelt. Durch ein Vorgehen in mehreren Schritten gewinnt man Lösungsmöglichkeiten. Das Wesentliche einer Aufgabenanalyse beginnt im Kern mit der Feststellung des Aufgabenumfanges, der Aufgabenbegrenzung und des Aufgabeninhaltes durch die Erfassung des vorhandenen Ist Zustandes.

Dies ist gewissermaßen das Aufnahmeverfahren einer Inventur zur Klarstellung der Zusammenhänge einer Arbeits- oder Organisationsaufgabe. Durch die Beschreibung des vorhandenen Zustandes ist eine Herausstellung der Gegebenheiten im Hinblick auf die betriebliche Zielsetzung möglich, und es ergeben sich Anhaltspunkte für den Ansatz von Verbesserungen. Insgesamt ist das Vorgehen in der Aufgabenanalyse in vier Schritten zu vollziehen:

1. die **Erfassung des Aufgabenkomplexes und seiner Glieder als Analyse-Grundlage;**
2. das **Herausstellen der erkannten Erschwernisse, Mängel und Fehler im Hinblick auf deren Beseitigung gemäß den betrieblichen Zielsetzungen;**
3. die **Untersuchung der negativen Fakten in den Teilaufgaben des Ist-Zustandes,** um alternative Konsequenzen für Verbesserungsmöglichkeiten – zwecks Neugestaltung – zu entwickeln;
4. das **Entwickeln neuer Bedingungen zur Änderung des bisherigen Zustandes** in einen neuen, möglichst idealen Zustand.

Zur Durchführung einer Aufgabenanalyse ist die Verwendung eines Beobachtungsbogens erforderlich. Gemäß dem in Abbildung 30 wiedergegebenen Schema wird empfohlen, dem Betriebszweck angepaßte betriebliche individuelle Vordrucke zu entwickeln. Für die Gestaltung von Arbeitssystemen wurde weitergehend die 6-Stufen-Methode der Systemgestaltung von REFA erarbeitet.

2.2.4.2 Zweck und Wesen der Aufgabensynthese

Während die Aufgabenanalyse von der Untersuchung der Gesamtaufgabe zwecks Neugestaltung ausgeht, um damit durch Zerlegen in Teilaufgaben Einblick in Verbesserungsmöglichkeiten zu gewinnen, geht die Synthese als Gestaltungsmaßnahme den Weg in umgekehrter Weise. Es sollen nur die Funktionsteile der Gesamtaufgabe neu gestaltet werden, die von der betrieblichen Zielsetzung her gesehen eine Veränderung oder Neugestaltung erfordern.∗

∗ 230

Bei der Aufgabensynthese spielt die praktische Erfahrung des Gestalters eine entscheidende Rolle, da allgemeine Erkenntnisse für die speziellen Problemlösungen erforderlich sind.

Der Schwerpunkt der Neugestaltung von Organisations- und Aufgabenproblemen liegt nicht in der Analyse, sondern in der Synthese. Dies erfordert in den meisten Fällen eine zielgerichtete Orientierung. Oft spielt auch die persönliche Phantasie und der momentane Einfall bei einer Synthese eine wesentliche Rolle. Wer in der Arbeitsorganisation neu gestalten will, braucht einen großen Freiraum im Denken und muß Ideen entwickeln. Alte eingefah-

Teil 1: **2 Betriebswirtschaft** 2.2 Organisation des Industriebetriebes

Abbildung 30: Schema eines Analyse-Beobachtungsbogens für die betriebliche Nutzanwendung

rene Geleise müssen verlassen werden, um andere Möglichkeiten zu erproben. In der Arbeitssynthese liegt eine Parallele zum betrieblichen Vorschlagswesen, wo Ideen für Verbesserungen aus dem Stamm der Mitarbeiter verarbeitet werden. Die Arbeitssynthese ist für den Arbeitsgestalter mittelbar als ein »kompaktes Vorschlagswesen«, als eine »konzentrierte Ideennutzung« zu betrachten, wenn ein Erfolg erreicht werden soll. Das Freimachen von den üblichen Gewohnheiten ist eine Grundvoraussetzung für eine permanente Weiterentwicklung bestehender Gegebenheiten.

Zweifeln gehört bei der Aufgabensynthese zum Handwerk des Arbeitsgestalters, wenn er bemüht ist, optimale – oder gar ideale – Lösungen zu finden, was immer seine Zielsetzung sein sollte. Umfangreiches Wissen, fundierte Fachkenntnisse und ein ständiges »**Auf-dem-neuesten-Stand-sein**« ist eine Grundvoraussetzung, um neue Ideen zu entwickeln. Die Aufgabensynthese ist ihrem Wesen nach darauf ausgerichtet, herauszufinden, ob ein vorhandenes System neu entwickelt werden soll, ob es sich lediglich um eine Weiterentwicklung handelt oder ob eine Umgestaltung eines ungenügend funktionierenden Systems erfolgen soll. Synthetisches Vorgehen bedeutet, systematisch in die Zukunft denken und der Entwicklung mit rationalen Ideen vorauseilen!

Die Gliederungsmerkmale der Aufgabensynthese
Unter Aufgabensynthese wird das Zusammenfügen von Teilen zu einem Ganzen verstanden. Mit der Synthese kann der Aufbau einer analysierten Arbeitsaufgabe zu einem völlig neuen Ganzen gestaltet werden. Um optimale Lösungen zu erreichen, können hierfür besonders zuständige Stellen oder auch besonders geeignete Personen oder Arbeitsteams im Betrieb herangezogen werden, um spezielle Kriterien und neue Gesichtspunkte für die Synthese zu entwickeln. **Kosiol** hat in seiner Einführung in die Betriebswirtschaftslehre 5 Merkmale der Aufgabensynthese aufgestellt, die bei Übertragung an eine kompetente Stelle oder Person im Betrieb einer Neuordnung betrieblicher Aufgaben zugrunde gelegt werden sollen. Es handelt sich um die **Gliederungs-Merkmale des Verrichtens, des Gegenstandes oder Objektes, des strukturellen Ranges, der zeitlichen Ablaufphase und der Zweckbeziehungen** bzw. Betriebsart. Im einzelnen lassen sich diese fünf Merkmale wie folgt, nach **Kosiol,** interpretieren:

1. die Verrichtungsgliederung wird im industriellen Bereich nach den Funktionen der menschlichen Arbeit vorgenommen. Es überwiegen alle anderen Tätigkeiten, zum Beispiel das Leiten, danach lassen sich die Funktionen wie Forschen, Entwickeln, Konstruieren, Beschaffen, Disponieren, Arbeitsvorbereiten, Lagern, Fertigen, Kontrollieren, Absetzen u. a. zuordnen;
2. in Großbetrieben mit unterschiedlichen Erzeugnisbereichen kann die Gliederung nach hergestellten Produkten oder Erzeugnissen, die sich nach den Verrichtungsfunktionen überdecken, vorgenommen werden. Dies bedeutet, daß eine Produktions-Gesamtleitung Untergliederungen in Teilbereiche vornehmen kann – oder auch vornehmen sollte, wie zum Beispiel ein Betrieb, der Investitionsgüter herstellt, in:
    I. Gesamtbetrieb als organisatorische Produktionseinheit in:
      Teilbereich a: Apparate und Behälter;
      Teilbereich b: Kompressoren und Separatoren;
      Teilbereich c: Molkereianlagen und Armaturen.
    oder
    II. Kraftfahrzeugbau Produktionseinheit in:
      Teilbereich a: Motoren und Getriebe;
      Teilbereich b: Fahrgestell und Rahmen;
      Teilbereich c: Aufbau und Innenausstattung;
      Teilbereich d: Zubehör, Elektrik und Elektronik.
    Eine weitere Untersuchung nach **Kosiol** ist die nach dem **Merkmal Rang.**
3. Das Merkmal Rang kommt dann zum Ansatz, wenn die Verantwortungs- und Entscheidungsbefugnisse in einer unterstellten Funktionsordnung auf verschiedene Stellen aufge-

teilt wird. Aber auch, wenn die betrieblich praktizierte Regel üblich ist, daß ein gewerblicher Arbeitnehmer einem Gruppenleiter oder Vorarbeiter unterstellt ist, dieser seinerseits einem Meister, der Meister einem Obermeister oder Betriebsingenieur, diese ihrerseits dem Fertigungsleiter und dann dem Betriebsleiter in der hierarchischen Ordnung untergeordnet sind.

4. Die Untergliederung nach dem **Merkmal Phase** ist eine zeitliche, also chronologische Funktionsordnung der aufeinander folgenden Teilaufgaben, wie zum Beispiel: Aufgaben planen, Durchführung veranlassen, Aufgaben erledigen, Aufgaben ausführen, überwachen und kontrollieren, Abweichungen feststellen und Vorhaben korrigieren.
5. Die Untergliederung nach den Zweckbeziehungen erstreckt sich im wesentlichen auf die Dringlichkeit der Aufgaben, wobei nach primären und sekundären Aufgaben unterschieden wird. Bei dieser Untergliederung spielt die Art des Betriebes eine entscheidende und beeinflussende Rolle.∗

∗ 231

Je nach Schwerpunktslage des Betriebes, der Produktionstechnik oder der Dominanz der anstehenden Aufgaben ist zu unterscheiden, welche der vorgenannten Merkmale als Gliederung für die Aufgabensynthese maßgebend und für den Betriebszweck am vorteilhaftesten sind. Dies ist dann von Fall zu Fall bei einem synthetischen Vorgehen vom Arbeitsgestalter unmittelbar zu entscheiden.

2.2.5 Arbeitsgestaltung und Arbeitsstrukturierung

Im Rahmen der Aufgabensynthese ist als Mittel zielstrebiger Aufgabengestaltung auch die Arbeitsstrukturierung zu betrachten. Der wesentliche Unterschied zwischen Arbeitsgestaltung und Arbeitsstrukturierung besteht darin, daß sich die Arbeitsgestaltung als Zielsetzung mit der Erreichung optimaler arbeitstechnischer oder organisatorischer Ergebnisse einer Soll-Lösung befaßt, während die Arbeitsstrukturierung eine umfassendere Lösung innerhalb mehrerer Sachinhalte anstrebt.

Damit ist die Arbeitsstrukturierung gegenüber der Arbeitsgestaltung in ihrer Zielsetzung primär organisatorisch-wirtschaftlich orientiert und bemüht, innerbetrieblich neue Wege im Rahmen der Arbeitsproduktivität und der autonomen Selbstbestimmung im personellen Bereich zu gehen.

Die Arbeitsstrukturierung strebt eine Symbiose (wörtlich: Zusammenleben ungleicher Lebewesen zu gegenseitigem Nutzen) zwischen technischen, ergonomischen, organisatorischen und wirtschaftlichen Erkenntnissen an, die mit einer optimalen Gestaltung der Arbeitsaufgabe beginnt.

Die sich aus den veränderten Arbeitsbedingungen ergebenden Forderungen der Menschen nach mehr Verantwortung, erweitertem Handlungsspielraum und umfangreicherem Aufgabeninhalt versucht man durch verschiedene Wege aufgrund neuer arbeitsorganisatorischer Erkenntnisse zu erfüllen. Die Arbeitsstrukturierung bemüht sich, sowohl Einzelarbeit als auch Gruppenarbeit in ihrem Inhalt neu- oder umzugestalten.∗

∗ 232

Dazu bedient man sich der:
Arbeitserweiterung = job enlargment,
Arbeitsbereicherung = job enrichment,
und des Arbeitsplatzwechsels = job rotation.
Nach **Herzberg** (USA) sollen damit erreicht werden, wenn dabei die Arbeitsmotivation richtig gewählt wird:
— bessere Arbeitsproduktivität,
— höhere Leistungsergebnisse und
— mehr individuelle Selbstbestimmung.

2.2.6 Bedeutung und Wesen der Rangordnung (Leitungshierarchie) im Industriebetrieb

Die strukturelle Gliederung eines Betriebes in Verantwortungs- und Leitungsebenen ist hinsichtlich der Entscheidung und der Ausführung von Arbeitsaufgaben hierarchisch geordnet. Damit ist die betriebliche Rangordnung nach Über- und Unterordnung disziplinär geregelt. Die hierarchische Rangordnung findet in der betrieblichen Organisation dann Anwendung, wenn die Verantwortungs- und Entscheidungsbefugnisse nach Funktionen aufgeteilt werden und damit die personelle Einordnung von der Aufgabengliederung weitestgehend bestimmt wird. Dies schlägt sich in den strukturell geschaffenen Bereichen, Abteilungen und Stellen nieder.

∗ 233
Die **Aufgabe** ist als Begriff der Organisationslehre das auslösende Element. Für den Produktionsbetrieb ist das die Produktions- und Fertigungsaufgabe. Durch die Aufgabe wird im Betrieb damit auch Form und Umfang der strukturellen Gliederung und die Leitungsorganisation nach Form und Umfang der Verantwortung bestimmt.∗

Bei der Zuordnung der Menschen in die strukturelle Organisation eines Betriebes sind damit auch die Zuordnungen räumlich, zeitlich und personell zu regeln, die jedoch primär von technischen Notwendigkeiten und ihren Funktionen bestimmt werden.

Die Verteilung der Funktionen in personeller Hinsicht ist ein oft schwieriges organisatorisches Problem, da die Eignung für eine verantwortliche Leitungsstelle nicht allein von den fachlichen Qualitäten des Menschen abhängt, sondern stark von den menschlichen Qualifikationen geprägt wird. Oft verliert der Betrieb bei der Wahl der Person einen qualifizierten Fachmann und tauscht dafür auch noch eine unqualifizierte Führungskraft ein.

2.2.6.1 Die wichtigsten formalen Organisationseinheiten

In der Betriebshierarchie gibt es innerhalb der Aufbauorganisation verschiedene formale Funktionsträger mit unterschiedlich großem und kleinem Aufgabenumfang. Als kleinste Einheit gilt die Stelle, die sich als Funktionsträger in allen Ebenen des hierarchischen Aufbaues findet, unabhängig davon, ob einer Stelle Verantwortung und Entscheidungsbefugnisse zugeordnet sind. Einheiten im Betrieb als kleinste organische Stellen bilden gewissermaßen die Bausteine in der Aufbauorganisation. Man findet sie sowohl in der Betriebsspitze als auch in allen untergeordneten Ebenen bis zur untersten Instanz. Dies sagt jedoch noch nichts über die selbständigen Leitungsbefugnisse einer Stelle aus. Mit der hierarchischen Ordnung wird dann erst festgelegt, was sachlich zu tun ist und welche Stelle Weisungen empfängt und welche Richtung der Berichts- und Meldeweg einnimmt. Im Prinzip ist eine Stelle formell eine Funktionseinheit, die mit Einzelaufgaben betraut ist und zu deren Bewältigung mit einer oder mehreren dafür geeigneten Personen besetzt ist. Stellen ohne jegliche Leitungskompetenz sind zum Beispiel die Betriebspoststelle, eine Registratur, die Lichtpaus- und Vervielfältigungsstelle neben anderen ähnlichen Einrichtungen in verschiedenen Abteilungen. Stellen sind formell ein organisatorisches Ordnungsmittel und zur Erfüllung von Sachfunktionen verpflichtet!∗

∗ 234

Stellen mit Entscheidungs- und Anordnungsbefugnissen, also Stellen, die mit einem Leitungsbefugten besetzt sind, werden deshalb auch als Leitungsstelle und in der Regel dann als Instanz bezeichnet. Eine Leitungsstelle ist ein Funktionsträger mit bestimmten Weisungsbefugnissen der Betriebsorganisation.

Von der personellen Besetzung her hat der Stelleninhaber Kompetenzen und Befugnisse. Der Vorgesetzte einer solchen Stelle ist einer ihm übergeordneten Stelle untergeordnet und damit zur Ausführung der Anordnungen verpflichtet. Je höher die Stelle in der Rangordnung der Betriebshierarchie eingeordnet ist, um so umfangreicher werden die Leitungs-

und Entscheidungsbefugnisse und um so geringer wird auch die persönlich zu leistende Ausführungsfunktion.

Leitungsstellen basieren in ihrer Grundsubstanz auf einer sachlichen Aufgabenerfüllung mit subjektiver Handlungsvollmacht. Die Tätigkeit mit ihrem Aufgabeninhalt bestimmt die Befugnisse, die sich im Handlungsspielraum niederschlagen.

Aus der zugeordneten Verantwortung – oder auch nur Teilverantwortung – leitet sich der persönliche Handlungsspielraum ab. ∗

∗ 235

Stabsstellen befinden sich in der Linie der Leitungshierarchie unmittelbar zwischen der Betriebsleitung und den nachfolgenden verantwortlichen Teilbereichsleitungen oder auch den Hauptabteilungsebenen. Die Stabsstellen sind qualifizierte Sachstellen, die im allgemeinen direkt keine Leitungs- und Weisungsbefugnisse besitzen. Sie haben beratende Aufgaben innerhalb ihrer Spezialfunktion und bereiten Entscheidungshandlungen und Argumente für Betriebsleitung, Betriebsrat und Leitungsträger in den verschiedenen Betriebsebenen vor.

Die Sonderaufgaben der Stabsstellen werden in der Regel zentral bearbeitet und befassen sich im wesentlichen mit den Aufgabenkomplexen Personal- und Sozialwesen, Tarifpolitik, Rechtskunde und Patentwesen, Finanzen und Revision, zentrale Datenverarbeitung und anderen zeitlich anstehenden Sonderproblemen. In besonderen Fällen können auch die Stabsstellen zeitlich befristet mit Anordnungs- und Weisungsbefugnissen ausgestattet werden. ∗

∗ 236

Dies ist auch im Fertigungsbereich dann denkbar, wenn z. B. bei Einführung elektronischer Steuerungsorgane oder zur Durchführung besonderer Sicherheitsmaßnahmen und anderer Sonderaufgaben eine entsprechende Stabsfunktion geschaffen wird.

Abteilungen sind Stellen höherer Ordnung – auch höchster Befugnisse – in der Betriebshierarchie. Die Gliederung kann anhand der vorhandenen Grundfunktionen funktional oder auch nach sachlichen Gesichtspunkten erfolgen, wenn dies nicht durch eine Mehrzahl von Produkten, das bearbeitete Objekt und die Art der organisatorischen Aufteilung der Abteilungen bestimmt wird. Die Größe des Betriebes und auch eine gegebene räumliche Trennung von Betriebsteilen oder Werkstätten beeinflußt unter Umständen die Aufteilung in Top-Abteilungen und Normal-Stellen, wie dies in einem straff gegliederten kleinen Betrieb ist. Vom Sachgebiet her wird eine Gliederung nach technischen Mitteilungsarten und kaufmännischen Aufgaben und ggfs. nach Erfordernissen des Finanzwesens vorgenommen. Die Untergliederung bewegt sich dann innerhalb dieser drei Hauptsachgebiete. Zum Beispiel werden im technischen Bereich die Abteilungen Forschung und Entwicklung, das Patentwesen, die Produktion und Fertigung, das Materialwesen und ggfs. die Betriebsabrechnung einzugliedern sein. Zum kaufmännischen Sektor gehören die allgemeine Verwaltung, das Personalwesen, der Einkauf und der Verkauf, die Lagerwirtschaft, Buchhaltung, Kasse und alle weiteren, mit Leitungsbefugnissen ausgestatteten und selbständig tätigen Abteilungen. Selbständig operierende Betriebsabteilungen sind neben den einzelnen Fertigungswerkstätten zum Beispiel auch die Instandhaltung, der Werkzeugbau, die Elektroabteilung, die Qualitätskontrolle, das Lohnbüro und der Versand. Auch das Werkzeug- und Vorrichtungslager kann – je nach Umfang und verwaltetem Wert – eine selbständig verantwortliche Abteilung sein. Die Arbeitsvorbereitung als Gesamtheit und die Arbeitsstudienabteilung mit ihren Gliederungen sind ebenfalls als verantwortliche selbständig wirkende Abteilungen zu betrachten. ∗

∗ 237

2.2.6.2 Die Arten der Kommunikation zwischen den einzelnen Stellen

Innerhalb der Aufbauorganisation ist die Verbindung zu den einzelnen Betriebsebenen und den darin befindlichen Stellen zu regeln. Damit ist durch die Stellenbildung der senkrechte

2.2 Organisation des Industriebetriebes — Teil 1: 2 Betriebswirtschaft

Koordinationsweg festgelegt, da die übergeordneten Stellen nach unten kommunizieren, also innerhalb des Instanzenweges übermitteln. Aber auch innerhalb einer Ebene gibt es Stellen, die in waagerechter Informationslinie miteinander in Beziehung stehen und untereinander auf Zusammenarbeit angewiesen sind. Folglich ist auch ein Übermittlungsweg für Informationen unter gleichrangigen Stellen erforderlich.

Der Form nach unterscheidet man zwischen Weisungen, Anordnungen, Mitteilungen und anderen betrieblichen Informationen, Vorschlägen sowie Berichten, je nach Dringlichkeit, Herausgeber und Empfänger, also nach der Rangstelle des Urhebers.

Weisungen sind verbindliche Anordnungen, die der Empfänger oder der Stelleninhaber zu befolgen hat. Dagegen sind Vorschläge unverbindliche Anregungen, die der Empfänger befolgen kann! Mitteilungen wiederum gelten lediglich als Auskünfte, die den Zweck der Unterrichtung haben. Auch Berichte und Meldungen dienen der Information, die in der umgekehrten Richtung des Instanzenweges von unten nach oben an die übergeordnete Stelle gerichtet sind.

238 Da die hierarchische Ordnung bestimmte Regeln erfordert, gilt, daß Weisungen nur derjenige anordnen kann, der für Entscheide in einer bestimmten Sache auch zuständig ist. Das ist in der Regel immer die vorgesetzte Instanz.

Erfahrungsgemäß sollte man in der Praxis nicht darauf pochen, daß der direkte Anordnungsweg auf der Instanzebene auch für Mitteilungen und Vorschläge geeignet ist. Sinnvollerweise sollte man in solchen Fällen den direkten Weg wählen, da der Instanzenweg meist umständlich, oft beschwerlich und zeitraubend ist. Direkte Kommunikation von Stelle zu Stelle sollte hier die Regel sein.

Nicht unerwähnt sollen in diesem Zusammenhang alle jene betrieblichen Informationshilfsmittel bleiben, die als Arbeits- und Montageanweisungen, Betriebsanleitungen und als Arbeitsunterweisungen zum betrieblichen Alltag gehören. Da diese Arbeitsrichtlinien erzeugnis- und funktionsgebundene Kommunikationsmittel darstellen, die von zentraler Stelle als verbindliche Weisungen einer Aufgabendurchführung erstellt wurden, müssen sie auch Beachtung finden.

2.2.6.3 Das Wesen der Instanz, Befugnisse oder Kompetenzen

Die Instanz ist als Funktionsträger eine betriebliche Stelle mit Vorgesetzten – oder Leitungscharakter. Je nach der Art und dem Umfang der Aufgaben, die die Stelle zu erfüllen hat, ist die Instanz zur Weisungserteilung ermächtigt oder zur Ausführung von Anordnungen verpflichtet. Je höher eine Instanz in der Rangordnung der Betriebshierarchie eingeordnet ist, um so mehr Befugnisse und Leitungsfunktionen stehen ihr zu.

Befugnisse oder die Kompetenzen einer Stelle werden innerhalb der Aufbauorganisation nach der hierarchischen Ordnung geregelt. Die Kompetenzen einer Stelle sind von der Funktionsteilung, die sich aus der arbeitstechnischen Organisation ergibt, abhängig. Wird diese Verteilung dezentral vorgenommen, ist der Delegationsumfang dem Schwerpunkt entsprechend festzulegen, und die Grenzen der Zuständigkeit zur Nachbarstelle sind als Trennlinie eindeutig und unmißverständlich zu bestimmen. Dies sollte deshalb auch in

239 einem Organisationsplan festgehalten werden.

Als Stelle ist die Instanz eine sachlich orientierte Aufgabeneinheit. Sie wirkt in ihrer Fachkompetenz sowohl als Planungs- und Dispositions- als auch als selbständige Kontrolleinheit, je nach der Aufgabe oder dem Tätigkeitsobjekt. Da die Betriebsleitung in ihren Planungen und Dispositionen nicht in allen Einzelheiten ihre Anweisungen bis zur letzten Aufgabenstellung vorgeben kann, bleibt es den Befugnissen der Stelle vorbehalten, die Vorhaben und Weisungen der Betriebsleitung in den sachlichen Einzelheiten weiter auszuarbeiten und für die Weiterverteilung gemäß den Weisungsbefugnissen und ihrer Handlungsvollmacht zu sorgen. Ähnlich verhält es sich mit dem Überwachen und Kontrollieren der einer Stelle obliegenden Sachaufgaben. Da gleichartige Funktionen auch gleichartige Kontrollen erfordern, bildet eine Stelle damit zugleich auch die hierfür geeignete Sachinstanz. Aus wirtschaftlichen und organisatorischen Gründen empfiehlt sich auch eine Anlehnung an die Kostengliederung, was besonders bei einer dezentralen strukturellen Aufbauorganisation von Vorteil ist. Durch die vollständige Aufgliederung des Betriebes bis zur Endstelle mit einer klaren Abgrenzung der Einzelaufgaben im Rahmen einer arbeitsteiligen Sachgliederung ist es möglich, in den Ebenen und in den Stellen die Zusammenarbeit zu regeln und zu fördern und Mißverständnisse über eine Zuordnung der besonderen Aufgaben in den Stellen zu vermeiden. Nur dadurch wird auch der Anfall von Doppelarbeit und Leerlauf vermieden – oder zumindest eingeschränkt.

2.2.6.4 Aufgaben, Kompetenzen, Verantwortung einer Stelle (Instanz)

Stellen gelten in der strukturellen Organisation eines Betriebes als Instanzen, die sich aus der hierarchischen Aufgabengliederung ergeben. Durch die Funktionsgliederung wird die organisatorische Einheit des Betriebes gebildet und gesichert.
Ausgehend vom Umfang der Sachaufgaben, die eine Stelle als Funktionsträger insgesamt zu erfüllen hat, sind in Anlehnung an die Aufgabenerledigung diese organisatorisch abzugrenzen, und zwar je nach Gewicht und Bedeutung der Funktion entsprechend eng oder weit.
Jede Stelle als Instanz benötigt als Funktionsträger bestimmte Befugnisse, damit sie auch die Verantwortung für die Folgen ihrer Entscheidungen und Anordnungen übernehmen kann. Daraus leitet sich für eine Instanz der organisatorische Grundsatz ab:
»**Aufgabe plus Kompetenz und plus Leitungsverantwortung einer Stelle müssen einander entsprechen und eine Einheit bilden!**«
In Abbildung 31 ist dies schematisch dargestellt.

Abbildung 31

Die Verteilung der Verantwortung in einer Instanz ist zugleich verbunden mit der Übertragung selbständiger Leitungsbefugnisse. ∗   ∗ 240

2.2.6.5 Die Rangordnung der Stellen durch Delegation von Aufgaben und Kompetenzen

Wie bereits ausgeführt, gibt es in allen hierarchischen Ebenen der Aufbauorganisation Stellen mit sehr unterschiedlichen Aufgaben im Umfang wie auch in der Zuständigkeit. Entsprechend der Einordnung der Stellen, ob ganz oben in der »Chefetage« oder unten in den Ebenen der Durchführung, sind die damit verbundenen Befugnisse und Leitungsfunktionen und damit auch der Umfang einer selbständigen Verantwortung festgelegt.
Die Aufgabenverteilung im Betrieb sollte von unten nach oben aufgebaut werden, um sicherzustellen, daß in die darunterliegende Instanz nicht mehr delegiert wird, als zumut-

bar und durchführbar ist. Was also in einer Gruppe oder einem Meisterbetrieb nicht unterzubringen ist oder deren Möglichkeiten übersteigt, sollte gleich der richtigen Stelle zugeordnet werden. Eine Handhabung des »Abwälzverfahrens« ist in einer neuzeitlichen Betriebsorganisation ein Übel! Richtig dosierte aufgegliederte Funktionen im Aufgabenumfang, mit der Kompetenz und Entscheidungsvollmacht ausgestattet, ergeben ein ausgewogenes Verhältnis, das auch zur Wahrung der Autorität der Stelleninhaber beiträgt. Damit wird auch das **»Sich auf sich gegenseitig verlassen Können«** innerhalb der einzelnen Stellen und Kompetenzbereiche eine Bestätigung finden sowie Vertrauen und Zuverlässigkeit von oben nach unten und umgekehrt hergestellt. Jede Instanz kann verbindlich mit der Erledigung der delegierten Aufgaben im Rahmen der betrieblichen Zielsetzung rechnen. Die Rangordnung bildet sich dadurch, daß Teilaufgaben mit Kompetenz und Delegation der Verantwortung von einer Instanz auf die nachgeordnete Stelle übertragen werden. Die hierfür erforderlichen Beziehungen zueinander werden über die Organisationssysteme geregelt.

2.2.6.6 Systeme der Rangordnung (Organisationssysteme): Liniensystem, Funktionalsystem, Stabliniensystem

Typische Organisationsformen oder -Systeme haben sich im industriellen Produktionsbereich empirisch entwickelt. Als älteste Form ist die Linienorganisation zu nennen, welche vor allem im Kleinbetrieb noch heute ihre Bedeutung hat und in Mischform auch in anderen Systemen vorkommt. Ein weiteres System ist die von **Taylor** eingeführte funktionale organisatorische Gliederung, zu der auch das Funktionsmeistersystem zu zählen ist, das häufig in mittleren Betrieben anzutreffen ist. Das am häufigsten praktizierte System ist die Stablinienorganisation, eine Mischform, die sowohl in Mittelbetrieben als auch in Großbetrieben zum organisatorischen Aufbau angewendet wird.

Die **Linienorganisation,** als ältestes unter den Systemen, ist dem patriarchalischen Führungsstil entnommen. Sie kennt nur einen Organisationsweg und keine Spezialisierung innerhalb der Instanzen, da alle Leitungsfäden auf die Betriebsspitze gerichtet sind und es nur einen Weisungsweg gibt, den von oben nach unten. Lediglich bei der Berichterstattung wird der direkte Weg nach oben gewählt, und alle Zwischeninstanzen werden übersprungen. Ansonsten gilt der Dienstweg, was verständlicherweise schwerfällig und langsam abläuft, Entscheidungen verzögern kann und Überlastung von einzelnen Stellen zur Folge hat. Der Vorteil des Liniensystems liegt in der straffen Gliederung im Aufbau, in einer eindeutigen Festlegung der Befugnisse und der Verantwortung im strukturellen Aufbau. Die Geschlossenheit der betrieblichen Willensbildung und der Zielsetzung ist in der Einheitlichkeit begründet, womit die Durchsetzung aller Betriebsaufgaben abgesichert und garantiert wird.

Das **funktionale System** wurde von **Taylor** entwickelt und basiert auf einer Spezialisierung der Aufgaben nach Verrichtungen oder Funktionen. Ein Stelleninhaber kann, je nach Umfang seines Aufgabenkomplexes, von mehreren Stellen zugleich Anweisungen erhalten, die jedoch in der Regel vom Sachinhalt her der Spezialaufgabe des Weisungsbefugten entstammen. Ein Informationsaustausch auf gleicher Ebene ist möglich und auch erwünscht. Da die Einheit des Auftragsempfanges praktisch aufgehoben ist, wird die Koordination untereinander erschwert, weil auch die Befugnisse durch die Art dieses Systems eingeschränkt sind. Andererseits hat dieses System den Vorteil, daß es beweglicher ist, dadurch jedoch auch zu Kompetenzüberschreitungen führt, weil die Stellen gleichrangig sind. Persönliche Konflikte und Reibereien können die Folge sein. **Taylor** ging bei der Schaffung dieses Systems von der Überlegung aus, daß ein Meister nicht so universell sein kann, um alles zu wissen und auch nicht überall in seinem Aufgabenbereich zugleich präsent sein kann. Da eine Zerteilung des Aufsichtspersonals nicht möglich ist, liegt die

Teil 1: 2 Betriebswirtschaft   2.2 Organisation des Industriebetriebes

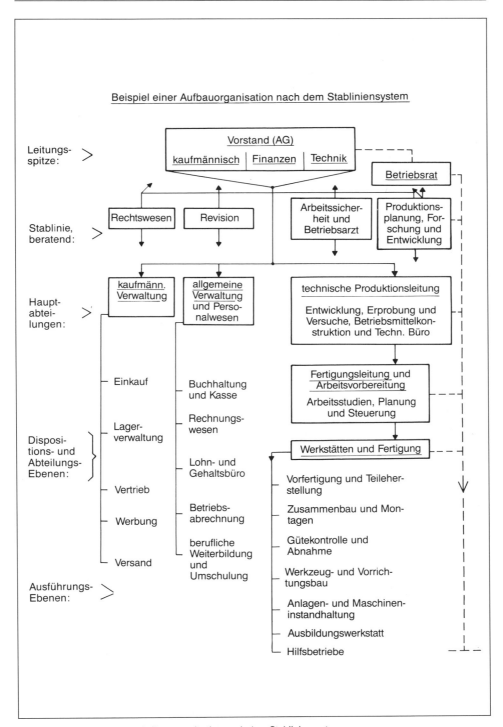

Abbildung 32: Beispiel einer Aufbauorganisation nach dem Stabliniensystem
(dargestellt an einem Organisationsplan eines Produktionsbetriebes bis zur Abteilungsgliederung)

Lösung im Einsatz von mehreren Arbeitsträgern (Meistern) in einer aufgegliederten Aufgabenteilung. Die Aufgabengebiete sind kompetenzmäßig streng voneinander getrennt, und damit ist für jeden Anweisungsbereich Klarheit geschaffen. Im Rahmen dieses Spezialisierungsvorganges auf der Meisterebene schuf **Taylor** folgende gleichrangige Funktionen:

Vorrichtungsmeister	Arbeitsverteiler
Geschwindigkeitsmeister	Unterweisungsbeamter
Prüfmeister	Zeit- und Kostenbeamter
Instandhaltungsmeister	Aufsichtsbeamter

Wie die Aufzählung zeigt, sind nicht alle Funktionen als Meister gekennzeichnet. **Taylor** unterscheidet bereits jene Aufgaben, die heute als technische Angestelltentätigkeiten bewertet werden. Durch den allgemeinen technischen Fortschritt und die Erkenntnisse auf dem Gebiet neuzeitlicher Betriebsorganisaton ist das Funktionsmeistersystem überholt, wird jedoch in vielen Mischformen noch immer praktiziert.

Die **Stablinienorganisation** ist die moderne Form in diesem Systembereich. Im Prinzip hat die Linienorganisation bei der Schaffung dieses Systems Pate gestanden, doch ist durch die Schaffung von Stabsstellen zwischen der Leitungsebene und den folgenden Linien ein organisatorisch sinnvolleres und wenig starres System, im Vergleich zur strengen Linienorganisation, entstanden. Die Stabsstellen sind reine Beratungsstellen ohne Leitungs- und Weisungsbefugnisse. Die Stablinienorganisation ist als Mischform zu betrachten. Die Hauptaufgabe der Stabsstellen liegt in der Beratung aller Leitungsstellen des Betriebes im Rahmen der Meinungsbildung durch sachkundige Unterstützung bei Sonderproblemen und Vorbereitung von Entscheidungsgrundlagen und Argumenten sowie bei zentralen Planungsvorhaben der Betriebsleitung.✶

✶ 241

2.2.6.7 Aufbau eines Organisationsplanes (Abteilungsgliederungsplan)

Um innerhalb der betrieblichen Zielsetzung das Zusammenwirken der einzelnen Aufgabenträger organisch zu ordnen, ist neben der Aufgabenplanung auch eine systematische Aufgabengliederung vorzunehmen. Diese Zuordnung von Menschen und Sachen ist anhand der zu erfüllenden Aufgaben in einen Ordnungszusammenhang zu bringen, und dafür sind auch die kompetenten und geeigneten Mitarbeiter einzusetzen. Dies erreicht man mit dem Organisationsplan.

In ihm finden die Aufgaben in ihrer Kompetenz und die Verantwortung, die dem hierfür eingesetzten zuständigen Mitarbeiter übertragen wurden, ihren organisatorischen Niederschlag. Die einer Instanz zukommende Einheit im betrieblichen Gesamtkomplex ist damit gewahrt.

Dem Organisationsplan sollte man möglichst keine allzu starre Form im Aufbau und in der Gliederung geben, damit noch eine gewisse Flexibilität in der Struktur erhalten bleibt. Wenn in einem Kleinbetrieb die Betriebsspitze von einer einzelnen Person in voller Verantwortung gebildet wird und damit alle Fäden in einer Stelle zusammenlaufen, kann sich diese Leitungsperson für die einzelnen Hauptfunktionen der Betriebsleitung Spezialisten als Mitarbeiter beistellen. Dies sollte jedoch möglichst vermieden werden, da einer allein eine solche Universalkompetenz selten erfüllen kann und überfordert wird. Anders geregelt ist dies in einem Großbetrieb. Je nach Rechtsform können im Vorstand oder in der Geschäftsleitung die Hauptfunktionen auf mehrere gleichrangige Leitungsträger aufgeteilt werden, von denen einer als Sprecher der Gesamtleitung oder des Betriebsvorstandes den Betrieb nach außen vertritt. In den unter der Leitungsspitze liegenden Hauptebenen werden dann die Hauptbereiche Beschaffen, technische Produktion und Vertrieb in der Leitungshierarchie geschaffen, wie dies aus dem in Abbildung 32 dargestellten Schema und der Übersicht der Aufgabengliederung in Abbildung 33 hervorgeht.✶

✶ 242

Organisationsebene / Organisationsaufgabe	Betriebs-organisation	Bereichs-organisation	Teilbereichs-organisation	Arbeitsplatz-organisation
Ziel und Aufgabe formulieren	neues Erzeugnis produzieren (Innovation)	neues Erzeugnis planen, gestalten und herstellen	neues Erzeugnis fertigen	Teile für neues Erzeugnis fertigen
Planungs- und Steuerungsrahmen bestimmen	Unternehmens-organisation	Produktions-organisation	Fertigungs-organisation	Arbeitsplatz-organisation
Aufgabendurchführung planen, Arbeitssysteme gestalten	Investitionen planen, Aufbauor-ganisation u. Infor-mationsfluß	Materialfluß und Arbeitsablauf planen und gestalten	Arbeitsplatzzuord-nung planen und gestalten	Arbeitsplatz planen und gestalten
Aufgabendurchführung veranlassen	Projektstart veran-lassen	Auftrag erteilen	Arbeitsverteilung vornehmen	Ausführung veran-lassen
Aufgabendurchführung	———	———	———	———
Aufgabendurchführung überwachen	Kosten und Leistungen überwachen	Produktionsplan überwachen	Fertigungsplan überwachen	Mengen, Termine, Qualität über-wachen
Aufgabendurchführung sichern	Sondermaß-nahmen ent-scheiden	Produktionsplan ändern, Sonder-maßnahmen anordnen	Fertigungsplan ändern, zusätzliche Kapazitäten bereit-stellen	aktuelles Eingreifen

Abbildung 33: Aufgaben-Übersicht in den verschiedenen Organisationsebenen eines Industriebetriebes

Wie mit dem Organisationsplan nach dem Stabliniensystem dargestellt und in der Übersicht der Aufgaben in den verschiedenen Organisationsebenen in Abbildung 32 gezeigt wird, erfolgt eine strukturelle Gliederung nach der wirtschaftlichen Zweckmäßigkeit innerhalb der drei Hauptbereiche Kaufmännisch, Finanzen, Technik und nach funktionsgerechten Erfordernissen. Dadurch wird auch eine Unter- und Überordnung nach sachlich geordneten Gesichtspunkten sowie disziplinärer Hinsicht durch eine weitere Aufgliederung in Abteilungen und Stellen nach dem Liniensystem im mittleren und unteren Bereich geschaffen. Diese Aufteilung wird als Ganzes auch als »Instanzenaufbau der Betriebsorganisation« bezeichnet. Dabei haben bei der Aufteilung der Aufgaben oft auch arbeitstechnische Gesichtspunkte einen Einfluß auf die Stellenbildung, wie dies besonders aus Abbildung 33 ersichtlich ist. Das eigentliche organisatorische Problem liegt innerbetrieblich da, wo die aus den Betriebsaufgaben sich ergebenden technischen Funktionen bei der Kompetenzverteilung durch eine zentrale oder dezentrale Delegation zu regeln sind.

In Abbildung 33 sind die unterschiedlichen Aufgaben in den Ebenen und Stellen dargestellt, welche in einem Großbetrieb als Einzelaufgaben zwischen Betriebsleitung und der untersten Ebene bis zur Durchführung der Aufgaben vorkommen können.

2.2.6.8 Gliederungsmerkmale der Aufgabensynthese und der Leitungshierarchie (Rangordnung) im Aufbau des Organisationsplanes

In dem Schema des in Abbildung 32 dargestellten Organisationsplanes wird das Gliederungsbeispiel eines Großbetriebes nach dem Stabliniensystem gezeigt. An der Spitze steht, wie dies in einer Kapitalgesellschaft üblich ist, ein Vorstand, bestehend aus drei ranggleichen Leitungsträgern für den Gesamtbetrieb mit je einem Verantwortungskomplex.* *243

2.2 Organisation des Industriebetriebes   Teil 1: 2 **Betriebswirtschaft**

In der Regel erfolgt die Aufgabenverteilung in der Spitze nach den **Hauptfunktionen Beschaffen, Finanzen und Technik oder Produktion.** Zwischen dem Vorstand, als oberste Instanz und den unterstellten Hauptebenen zu Beginn der Linienfunktionen, sind beratende Stabsfunktionen als Stellen zwischengeordnet. In diesem organisatorischen Bereich ist auch der Betriebsrat angesiedelt. Die im Beispiel eingeordneten Stabsstellen sind Spezialisten für die Sachgebiete Rechtswesen (und ggfs. Soziales), Revision, Arbeitssicherheit und Betriebsarzt, Produktionsplanung (und ggfs. auch Patentwesen). Nach den Stabsstellen folgen die Hauptabteilungsebenen, die in der Regel – wie skizziert – in den Verwaltungsbereich und die Technik aufgeteilt sind. Im Verwaltungsbereich trennt man meist noch in die reine kaufmännische Verwaltung und in die allgemeine Verwaltung, unter der auch oft die Personalabteilung und die berufliche Weiterbildung zugeordnet ist.

Die weitere Untergliederung im Liniensystem folgt den anfallenden Aufgaben, die je nach dem Sachbereich und ihrer Bedeutung der betrieblichen Rangordnung eingeordnet ist.

Neben der Über- und Unterordnung der einzelnen Sachbereiche sind im Organisationsplan auch die personellen Besetzungen ersichtlich. Es ist erkennbar, wer für was in der Hierarchie zuständig ist. Ferner sollte aus der betrieblich gewählten Funktionsgliederung hervorgehen, daß der Grundsatz der Zweckmäßigkeit und der des Gleichgewichtes nach dem Merkmal der Verrichtung gewahrt und die Rangordnung nach objektiven und nicht subjektiven Überlegungen erfolgt ist. Hierbei spielen analog auch die Gesichtspunkte einer menschlichen Zusammenarbeit in der Gesamthierarchie eine nicht unbedeutende Rolle.

2.2.6.9 Was ist, was leistet der REFA-Verband?

Auf REFA wurde bisher im Text häufig Bezug genommen, es wurden Definitionen zitiert und Grundregeln dargestellt.

Auch im folgenden Teil dieses Buches werden Verfahren und Techniken der REFA-Methodenlehre mehrfach behandelt, und es werden Beispiele angeführt. Deshalb soll an dieser Stelle das, was REFA ist, leistet und für die Wirtschaft bedeutet, zusammenfassend kurz umrissen werden.

Der REFA-Verband als weltgrößte Organisation auf den Gebieten **Arbeitsstudium und Betriebsorganisation** befaßt sich laut seiner Satzung »mit der Entwicklung, Anwendung und Verbreitung von Erkenntnissen und Erfahrungen auf dem Gebiet des Arbeitsstudiums, der Betriebsorganisation und verwandter Gebiete. Damit soll sowohl dem Aufbau und der Erhaltung einer leistungs- und wettbewerbsfähigen Wirtschaft als auch dem arbeitenden Menschen gedient werden.« Diese in der Satzung als »Zweck des Verbandes« bezeichnete Aussage ist seit mehr als 60 Jahren Grundlage und Triebfeder der Verbandsarbeit. Um seinem Zweck zu entsprechen und die daraus abgeleiteten Ziele zu erfüllen, hat sich der REFA-Verband eine Organisationsstruktur gegeben, die rechtlich föderativ und fachlich zentralistisch ist:

Die ca. 45 000 Einzel- und 3 000 Firmenmitglieder in Deutschland – daneben gibt es Mitglieder in vielen anderen Ländern – gehören 150 örtlichen Gliederungen an, die sich ihrerseits zu 11 Gebiets- bzw. Landesverbänden und diese wiederum zum REFA-Bundesverband mit Sitz in Darmstadt zusammengeschlossen haben.

Dieser hat mit seinem REFA-Institut die Aufgabe, das bei den Mitgliedern und in der übrigen Fachwelt vorhandene Wissen zu sammeln und auszuwerten und daraus praxisgerechte Techniken und Methoden auf dem Gebiet des Arbeitsstudiums und der Betriebsorganisation zu entwickeln, die in Seminaren und Vorträgen von den örtlichen Gliederungen, aber auch vom Bundesverband selbst, vermittelt werden und darüber hinaus in Büchern und Zeitschriften den Anwendern in der Wirtschaft zur Verfügung stehen.

Während zu Beginn der Schwerpunkt der Verbandstätigkeit auf den Gebieten Arbeitsstudium und Fertigungsorganisation lag, gehört heute die Büro- und Verwaltungsorganisation ebenso dazu wie der gesamte Bereich des Industrial Engineering, die Betriebs- und Verwaltungsinformatik und die Unternehmensführung schlechthin.

Auf diesen Gebieten bietet der REFA-Verband heute in der gesamten Bundesrepublik nach einheitlichen Standards und auf gleichem Niveau – es gibt aufgrund der Länderkulturhoheit keine staatliche Ausbildung, die diesen Vorteil bietet – folgende Ausbildungsschwerpunkte an:

— die REFA-Grundausbildung im Arbeitsstudium,
— die REFA-Fachausbildung mit den Lehrgängen Datenorganisation, Statistik, Kostenwesen, Planung und Steuerung sowie einem abschließenden branchenorientierten Fachlehrgang,
— die REFA-Techniker-Ausbildung als Weiterführung und als Abschluß der vorgenannten Stufenausbildung,
— die REFA-Ingenieur-Ausbildung im Industrial Engineering als Aufbau des Ingenieurstudiums an Hoch- und Fachhochschulen,
— die REFA-Organisatoren-Ausbildung für Büro und Verwaltung,
— die REFA-Ausbildung in Betriebsinformatik und EDV-Anwendung,
— die Seminarreihe Unternehmensführung,
— firmenneutrale und maßgeschneiderte firmenbezogene Sonderseminare und Spezialausbildungen auf dem gesamten Gebiet des Arbeitsstudiums und der Betriebsorganisation.

Diese Ausbildungen basieren inhaltlich auf Methodenentwicklungen, die in
— der sechsbändigen Methodenlehre des Arbeitsstudiums (MLA),
— der fünfbändigen Methodenlehre der Planung und Steuerung (MLPS),
— der vierbändigen Methodenlehre der Organisation für den Verwaltungsbereich (MLO),
— speziellen Lehrunterlagen für Teilnehmer und Dozenten,
— ergänzenden eigenen Büchern und Schriften

niedergelegt sind. Sie werden ferner begleitet und vertieft durch ein fachlich sinnvoll aufeinander abgestimmtes Fachzeitschriftenangebot:

— die sechsmal jährlich erscheinenden »REFA-Nachrichten« für die Fachleute des Arbeitsstudiums und der Betriebsorganisation,
— die ebenfalls zweimonatlich erscheinende »Fortschrittliche Betriebsführung Industrial Engineering«, die sich an die Führungskräfte im Unternehmen richtet sowie
— die »Zeitschrift für Arbeitswissenschaft«, die der REFA-Verband zusammen mit der Gesellschaft für Arbeitswissenschaft vierteljährlich für den Kreis der Arbeitswissenschaftler in Unternehmen, Instituten und Hochschulen herausgibt.

Mit diesem von den Fachleuten der Verbandszentrale in Darmstadt und mit Unterstützung einer großen Zahl von nebenberuflich tätigen Wissenschaftlern und Praktikern sowie 40 Grundsatz- und Fachausschüssen erarbeiteten Know-how wendet sich der REFA-Verband an Fach- und Führungskräfte aller Bereiche und Ebenen eines Unternehmens, und zwar in allen Branchen der Wirtschaft. Daß dieses Angebot für Industrie und Behörden wichtig, ja unverzichtbar ist, zeigen einige Daten:

— Jährlich führen 2 000 arbeitswissenschaftlich geschulte und pädagogisch ausgebildete REFA-Lehrkräfte etwa 40 000 Lehrgangsteilnehmer zu anerkannten Abschlußqualifikationen.
— Den Umfang dieser Ausbildungsmaßnahmen verdeutlicht die Zahl von 6 000 000 Teilnehmerstunden/Jahr. Der REFA-Verband ist damit der größte private Weiterbildungsträger in Europa.
— Die Methodenlehre des Arbeitsstudiums und die der Planung und Steuerung gehören zu den meistgelesenen Fachwerken der Welt.
— Die »REFA-Nachrichten« erreichen mit einer hohen Auflage eine sehr große Zahl Anwender im Betrieb. Auch die »Fortschrittliche Betriebsführung/Industrial Engineering« gehört zu den bedeutendsten Fachzeitschriften ihrer Art.
— In vielen Tarifverträgen der Metallindustrie und anderer Branchen wird auf die Arbeit des REFA-Verbandes und seine REFA-Methodenlehren Bezug genommen.

2.2 Organisation des Industriebetriebes

Am Nutzen der REFA-Arbeit für die Wirtschaft wollen seit langem und verstärkt in den letzten Jahren auch andere Länder in Europa und Übersee teilhaben.

Der REFA-Verband verschließt sich dem nicht und erfährt dadurch einerseits eine weitere Verbreitung seiner fachlich fundierten und sozialpolitisch ausgewogenen Methoden und eine noch breitere Anerkennung seiner Qualifikationen, und andererseits einen zusätzlichen Erfahrungsrückfluß aus der Praxis. Auch die Bundesregierung hat den Wert des REFA-Gedankengutes für ihre internationalen Beziehungen erkannt und die Einführung bereits in mehreren Ländern finanziell unterstützt.

Die vom »REFA-Verband für Arbeitsstudien und Betriebsorganisation e. V.« gelehrten Methoden sind unter Mitarbeit der Sozialpartner entstanden. Damit wurde die Voraussetzung dafür geschaffen, daß heute in Wirtschaft, Industrie und Handwerk ein einheitliches Arbeitsstudium betrieben werden und überall unter Fachleuten und Tarifvertragsparteien eine einheitliche Fachsprache gesprochen werden kann.

Literaturverzeichnis zu 2.1 und 2.2

Betriebsverfassungsgesetz
DIN-Normen Nr.: 19 226 / 31 051 und 31 052, 33 400 und 33 403

Kaminsky, G.	»Praktikum der Arbeitswissenschaft« – Carl Hanser Verlag, München
Kosiol, E.	»Einführung in die Betriebswirtschaftslehre« – Verlage Th. Gabler, Wiesbaden
Lung, Ph.G.	»Arbeitsvereinfachung« – Sauer Verlag GmbH, Heidelberg
Mellerowitz, K.	»Betriebswirtschaftslehre der Industrie« Sammlung Göschen – oder: Rudolf Haufe Verlag, Freiburg i. Br.
REFA	»Methodenlehre des Arbeitsstudiums« Band 1 bis 3 Carl Hanser Verlag, München
REFA	»Methodenlehre Planen und Steuern« Band 1 und 2 Carl Hanser Verlag, München
Reitmeier, F.	»Fertigungsorganisation und Arbeitsstudien in der Bekleidungsindustrie« – Lapp Verlag, Mönchengladbach
Schmale-Hettinger-Kaminsky	»Ergonomie am Arbeitsplatz« Kiehl Verlag, Ludwigshafen
Schmidtke, H.	»Ergonomie« Band 1 und 2, Carl Hanser Verlag, München
VDI-Verlag	»Handbuch der Arbeitsgestaltung und Arbeitsorganisation« – Düsseldorf

2.3 Arbeitsplanung

Planung ist die Analyse einer später in der Realität ablaufenden Handlung. Die Arbeitsplanung umfaßt alle einmalig auftretenden Planungsmaßnahmen für die Erstellung einer Leistung. Dabei sind die Wirtschaftlichkeit, die fertigungsgerechte Gestaltung des Erzeugnisses, des Arbeitsablaufes, der Betriebsmittel, der Arbeitsverfahren und Methoden sowie Bereitstellung der Menschen und Betriebsmittel zu beachten.*

* 244

Die Teilbereiche der betrieblichen Planung werden in den folgenden Abschnitten behandelt.

2.3.1 Die Aufgaben der Fertigungsplanung

Die unmittelbaren Aufgaben der Fertigungsplanung sind die Erstellung von Arbeitsplänen, Bedarfsplänen und Fristenplänen. Die **Fertigungsplanung** befaßt sich mit der Auswahl günstiger Ausgangsformen der Materialien, dem Einsatz geeigneter Arbeits- und Fertigungsverfahren, dem Betriebsmitteleinsatz, der Festlegung der Arbeitsvorgangsfolge und der Erstellung von Fertigungsunterlagen.*

* 245

Die Wirtschaftlichkeit der Fertigung und die Senkung der Herstellkosten sind dabei die wichtigsten Ziele. Der Planungsumfang ist von der Art der Fertigung und den eingesetzten Hilfsmitteln (Umdruck, EDV) abhängig.*

* 246

Die Fertigungsplanung beeinflußt weitgehend die wirtschaftliche Arbeitsweise der Fertigung mit dem Ziel niedriger Herstellkosten je Mengeneinheit. Die wichtigsten Aufgaben der Fertigungsplanung sind in Abbildung 34 aufgeführt.

Der Umfang der Aufgaben der Fertigungsplanung hängt von der Art der Fertigung ab.

Bei **Einzelfertigung** wird die Fertigung unmittelbar vom Markt beziehungsweise durch Kundenwünsche beeinflußt. Die Fertigungsplanung kann erst nach Eingang der Kundenbestellung beginnen. Der **Arbeitsplan** wird oft gleichzeitig als Auftrag verwendet. Dabei kommt dem Bedarfs- und Fristenplan als Grundlage für die Fertigungssteuerung eine besondere Bedeutung zu. Die Fertigungsplanung besteht bei Einzelfertigung in der wirtschaftlich optimalen Verkettung vorhandener Arbeitssysteme für die Ausführung bestimmter Kundenaufträge. Die Planung geht im allgemeinen von dem vorhandenen Personal und den vorhandenen Betriebsmittel aus.

Bei der **Serienfertigung,** bei der gleiche Erzeugnisse und Einzelteile in größeren Stückzahlen zu fertigen sind, werden in der Fertigungsplanung die Arbeitssysteme für längere Zeit in allen Einzelheiten festgelegt. Fertigungsplanung und -steuerung sind bei der Serienfertigung zwei voneinander getrennt durchzuführende Aufgaben der Fertigungsorganisation. Im Rahmen der Planung werden zum Beispiel die Arbeitspläne auftragsneutral erstellt, im Rahmen der Steuerung auftragsbezogen ergänzt.

2.3.1.1 Die Aufnahme neuer Produkte oder Produktionsverfahren

Bei der Erstellung neuer Produkte werden die Zeichnungen und Stücklisten von der Konstruktion der Fertigungsplanung zur Überprüfung der Fertigungsmöglichkeiten zur Verfügung gestellt. In der Abteilung Fertigungsplanung werden in **Zusammenarbeit** mit dem jeweiligen **Meister** die Fertigungsabläufe besprochen.

Dabei ist zu klären, ob die vorhandenen Werkzeugmaschinen für die Fertigung geeignet sind oder Neubeschaffungen erforderlich sind. Der Einsatz von Vorrichtungen und die

Teil 1: **2 Betriebswirtschaft** 2.3 Arbeitsplanung

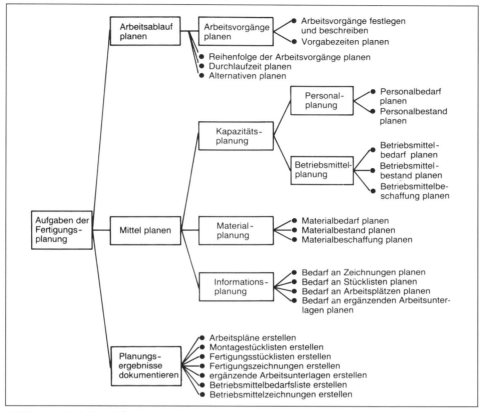

Abbildung 34: Aufgaben der Fertigungsplanung

Spannmöglichkeiten der Werkstücke, insbesondere von Gußstücken, muß überprüft und durch Rücksprache mit der Vorrichtungskonstruktion geklärt werden. Die Montagemöglichkeiten müssen auf die gleiche Weise geklärt werden.∗   ∗ 247
Die Angaben der Stückliste werden mit der Lagerliste verglichen, um rechtzeitig über die Materialdisposition Walzmaterial, zu bevorratende Halbfertigfabrikate u. ä. zu beschaffen.
Vor der **Einführung neuer Produktionsverfahren** werden von der Fertigungsplanung die Arbeitsabläufe festgelegt und Kostenvergleichsrechnungen durchgeführt. In vielen Fällen erfordern neue Produktionsverfahren eine andere Vorbereitung bzw. Vorbearbeitung und Nachbearbeitung der Teile sowie eine geänderte Ablauffolge.∗   ∗ 248
Für die Einführung **neuer Produkte** ist die Abstimmung aller betroffenen Abteilungen erforderlich.
Als Beispiel sei hier die Einführung von **CNC-Werkzeugmaschinen** aufgeführt. Dabei ist zu klären, wer die Programme erstellt. Bei kleinen Stückzahlen und einfachen Teilen der Maschinenbediener, bei komplizierten Werkstücken, die ein umfangreiches Programm erfordern, z. B. die Arbeitsvorbereitung, um die Maschinenstillstandszeiten zu verringern. Sind mehrere NC- oder CNC-Werkzeugmaschinen im Einsatz, so kann in der Arbeitsvorbereitung evtl. eine maschinelle (computerunterstützte) Programmierung stattfinden.
Weitere Fragen ergeben sich zum **Werkzeugsystem.** Wird das zum Einsatz kommende Werkzeugsystem an mehreren Werkzeugmaschinen eingesetzt oder nur an einer Maschine? Wird die Voreinstellung der Werkzeuge von einer zentralen Stelle vorgenommen, so ist ein Werkzeugplan erforderlich.

2.3 Arbeitsplanung

Der Werkzeugplan kann entfallen, wenn die **Werkzeugvoreinstellung** vom jeweiligen Maschinenbediener durchgeführt wird. Für die Bearbeitung von Gehäusen sind evtl. Aufspann- oder Bezugsflächen vorzusehen. Dieses Beispiel soll verdeutlichen, daß im Planungsstadium eine Vielzahl von Überlegungen erforderlich sind, um ein neues Produktionsverfahren einzuführen. Der Meister sollte in diesem Stadium sein Wissen und seine Erfahrungen zur Verfügung stellen.

2.3.1.2 Die Erzeugnisgliederung

Ein **Erzeugnis** wird in der Fertigungsindustrie nicht als Ganzes gefertigt. Es wird bereits von der Konstruktion mit Hilfe einer Stückliste in Baugruppen und Einzelteile aufgelöst. Je umfangreicher ein Erzeugnis ist, um so wichtiger ist es, eine exakte Gliederung

∗ 249 durchzuführen.∗

Aus der Gliederung ist der Aufbau eines Erzeugnisses ersichtlich. In Abbildung 35 ist die Erzeugnisgliederung am Beispiel einer Bohrvorrichtung dargestellt. Der Ausdruck »Gruppe 1. Ordnung« wird in vielen Betrieben auch Hauptgruppe, Baugruppe oder Teilerzeugnis genannt, die »Gruppe 2. Ordnung« bis »x. Ordnung« ist unter der Benennung

∗ 250 Untergruppe bekannt.∗

In der Fertigung werden jeweils Aufträge für die Anfertigung eines Einzelteils, den Zusammenbau einer Baugruppe oder für die Montage des Erzeugnisses ausgestellt und ausgeführt.

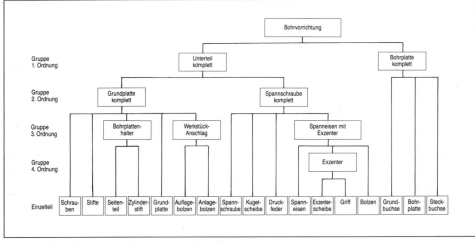

Abbildung 35: Erzeugnisgliederung am Beispiel einer Bohrvorrichtung

2.3.1.3 Die Gliederung des Arbeitsablaufes

Ein **Arbeitsablauf** ist die räumliche und die zeitliche Folge des Zusammenwirkens von Mensch und Betriebsmittel mit der Eingabe, um diese gemäß der Arbeitsaufgabe zu verändern oder zu verwenden.

Im Arbeitsablauf wird erfaßt, **wo** (z. B. in welcher Kostenstelle und an welchem Arbeitsplatz), **wann** (z. B. in welcher zeitlichen Aufeinanderfolge), **womit** (z. B. mit welchen Betriebsmitteln) die Eingabe (z. B. ein Arbeitsgegenstand) gemäß der Arbeitsaufgabe verändert oder

∗ 251 verwendet wird.∗

Zur Beschreibung von Arbeitsabläufen ist deren Gliederung in Arbeitsablauf-Abschnitte unterschiedlicher Größen zweckmäßig. Ablaufabschnitte sind Teile eines Arbeitsablaufes. Bei der Ablaufgliederung nach Ablaufabschnitten unterscheidet man **Mikro-** und **Makro-Ablaufabschnitte.**
Diese werden, wie Abbildung 36 zeigt, weiter untergliedert:∗ ∗ 252

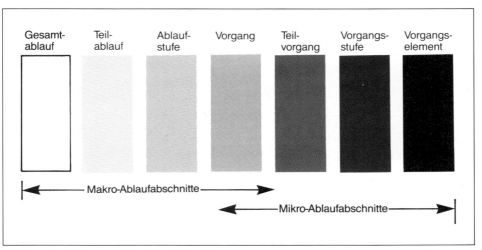

Abbildung 36: Makro- und Mikro-Ablaufabschnitte

Die einzelnen **Makroablaufabschnitte** werden wie folgt definiert:
Unter einem **Gesamtablauf** wird der gesamte Arbeitsablauf verstanden, der zur Herstellung eines Erzeugnisses mit einem, wenigen oder auch vielen Baugruppen und Einzelteilen oder zur Durchführung eines sonstigen größeren Vorhabens erforderlich ist. Ein **Teilablauf** besteht aus einer oder mehreren Ablaufstufen (z. B. die Herstellung einer Baugruppe). Die **Ablaufstufe** besteht aus einer Folge von Vorgängen, die zur Herstellung eines Einzelteils erforderlich sind. Der **Vorgang** wird auch mit Arbeitsvorgang oder Arbeitsgang bezeichnet; er ist die feinste Gliederung der Makroablaufabschnitte (des Gesamtablaufes) und die gröbste Gliederung innerhalb der Mikroablaufabschnitte.
Mit **Vorgang** wird der Abschnitt eines Arbeitsablaufes bezeichnet, der in der Ausführung aus einer Mengeneinheit eines Arbeitsauftrages besteht. Ein Vorgang wird auch als der auf die Erfüllung einer bestimmten Arbeitsaufgabe ausgerichteten Arbeitsablauf innerhalb eines Arbeitsplatzes bezeichnet. Ein Vorgang besteht im allgemeinen aus mehreren Teilvorgängen.∗ ∗ 253
Ein **Teilvorgang** besteht aus mehreren Vorgangsstufen, die wegen der besseren Überschaubarkeit als Teil der Arbeitsaufgabe zusammengefaßt werden (z. B. Werkstück ein- und ausspannen). Die Größe eines Teilvorganges ist nicht eindeutig festgelegt. Sie hängt von dem Zweck der Unterteilung des Vorganges in Teilvorgänge ab. **Vorgangsstufen** sind Abschnitte eines Teilvorganges, die eine in sich abgeschlossene Folge von Vorgangselementen umfassen.∗ ∗ 254
Vorgangselemente sind Teile einer Vorgangsstufe, die weder in ihrer Beschreibung noch in ihrer zeitlichen Erfassung weiter unterteilt werden können. Vorgangselemente unterscheidet man in Bewegungselemente und Prozeßelemente.∗ ∗ 255
Bewegungselemente sind die vom Menschen ausgeführten Grundbewegungen, wie z. B. Hinlangen zu einem Arbeitsgegenstand, Greifen eines Arbeitsgegenstandes usw. **Prozeßelemente** sind von Maschinen ausgeführte Grundelemente, wie z. B. Doppelhub bei Stoßmaschinen, Schweißvorgang beim Punktschweißen.

2.3 Arbeitsplanung

Die Gliederung des Arbeitsablaufes wird in der folgenden Abbildung dargestellt; vergl. dazu Erzeugnisgliederung vergl. Abbildung in Abschnitt 2.3.1.2.

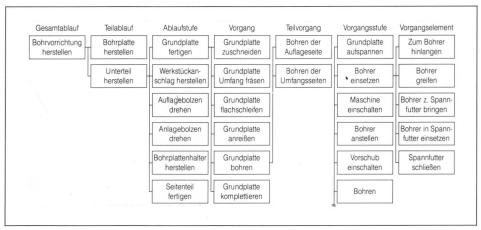

Abbildung 37: Gliederung des Gesamtablaufes »Bohrvorrichtung herstellen«

2.3.1.4 Die Gliederung der Vorgabezeit

Vorgabezeiten nach REFA sind Soll-Zeiten für von Menschen und Betriebsmitteln ausgeführte Arbeitsabläufe.∗

Vorgabezeiten für den Menschen enthalten Grundzeiten, Erholzeiten und Verteilzeiten.∗

Die für den Menschen bestimmte Vorgabezeit wird Auftragszeit, die für das Betriebsmittel Belegungszeit genannt. Die Auftragszeit dient vorwiegend zur Lohnberechnung, die Belegungszeit für Termin- und Kapazitätsrechnungen.∗

2.3.1.4.1 Die Gliederung der Auftragszeit

Die **Auftragszeit** T ist die Vorgabezeit für das Ausführen eines Auftrages durch den Menschen. Für die Auftragszeit T, die Zeit je Einheit t_e sowie Grundzeit, Erholzeit und Verteilzeit gilt die folgend dargestellte Zeitgliederung. Dabei wird von dem häufigsten Fall der Praxis ausgegangen, daß der Auftrag aus **Rüsten und Ausführen** besteht. Das Ausführen besteht in m Wiederholungen des gleichen Vorganges.

Die **Auftragszeit** T errechnet sich aus der Rüstzeit t_r und der Ausführungszeit t_a.

$$T = t_r + t_a$$

Die **Rüstzeit** t_r ist die Vorgabezeit für das Rüsten innerhalb eines Auftrages durch den Menschen.

Die **Ausführungszeit** t_a ist die Vorgabezeit für das Ausführen der Menge m eines Auftrages durch den Menschen.

Die **Zeit je Einheit** t_e ist die Vorgabezeit für die Ausführung eines Ablaufes durch den Menschen; sie bezieht sich im allgemeinen auf die Mengeneinheit 1, 100 oder 1 000.∗

Die **Mengeneinheit,** auf die sich die Vorgabezeit bezieht, kann 1, 100 oder 1 000 Stück sein, wenn es sich um zählbare Mengen (Stück) handelt. Bei meßbaren Mengen kann sich die Einheit z. B. auf 1 kg, oder auf andere Mengen beziehen.

$$t_a = m \cdot t_e \qquad T = t_r + m \cdot t_e$$

Teil 1: **2 Betriebswirtschaft** 2.3 Arbeitsplanung

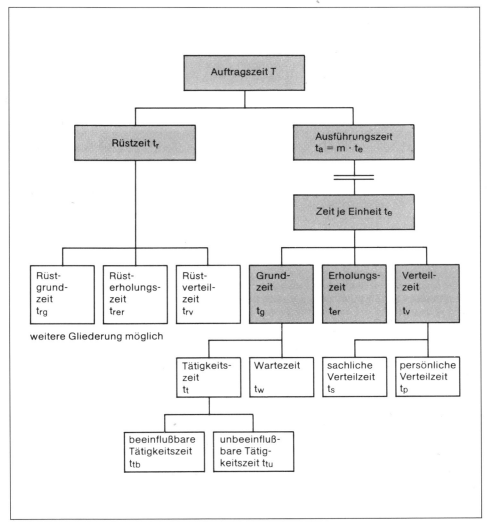

Abbildung 38: Zeitgliederung für die Auftragszeit

Nach der Zeitgliederung für die Auftragszeit unterscheidet man folgende Grundzeiten:
t_{rg} **Rüst-Grundzeit:** die Zeit, während der der Mensch das Betriebsmittel rüstet.
t_g **Grundzeit:** die Zeit für das Ausführen einer Mengeneinheit (meist 1) durch den Menschen. Die Grundzeit t_g besteht aus der Summe der Soll-Zeiten von Ablaufabschnitten, die für die planmäßige Ausführung eines Ablaufes durch den Menschen erforderlich sind.✶   ✶ 260
Die Grundzeit t_g besteht aus der Tätigkeitszeit t_t und der Wartezeit t_w.
$$t_g = t_t + t_w$$
Die **Tätigkeitszeit** t_t besteht aus der Summe der Soll-Zeiten aller Ablaufabschnitte mit der Ablaufart **Haupttätigkeit** und **Nebentätigkeit,** die für die planmäßige Ausführung durch den Menschen erforderlich sind; sie bezieht sich im allgemeinen auf die Mengeneinheit 1.✶   ✶ 261
Die **Wartezeit** t_w besteht aus der Summe der Soll-Zeiten aller Ablaufabschnitte mit der Ablaufart ablaufbedingtes Unterbrechen, die bei der **planmäßigen Ausführung** eines

2.3 Arbeitsplanung   Teil 1: 2 Betriebswirtschaft

Ablaufes durch den Menschen vorkommen; sie bezieht sich im allgemeinen auf die Mengeneinheit 1.

Es kann zweckmäßig sein, die Tätigkeitszeit t_t in einen **beeinflußbaren** und einen **unbeeinflußbaren** Anteil einzuteilen.

Bei beeinflußbaren Abläufen hängt die Zeit für das Ausführen des Arbeitsablaufes ausschließlich vom Menschen ab.

Bei unbeeinflußbaren Abläufen kann der Mensch die Zeit des Arbeitsablaufes nicht beeinflussen, wenn er die Daten des vorgeschriebenen Arbeitsverfahrens und die Arbeitsmethode einhält.

Die **Rüsterholungszeit** t_{rer} und die **Erholungszeit** t_{er} bestehen aus der Summe der Soll-Zeiten aller Ablaufabschnitte, die für das Erholen des Menschen erforderlich sind. Sie beziehen sich im allgemeinen auf die Mengeneinheit 1.

Die Erholungszeit t_{er} kann auch als prozentualer Erholungszuschlag z_{er} zur Grundzeit gegeben werden.

$$z_{er} = \frac{t_{er}}{t_g} \cdot 100\,\% \quad \longrightarrow \quad t_{er} = \frac{z_{er}}{100\,\%} \cdot t_g$$

Für die Rüstzeit gilt analog:

$$z_{rer} = \frac{t_{rer}}{t_{rg}} \cdot 100\,\% \quad \longrightarrow \quad t_{rer} = \frac{z_{rer}}{100\,\%} \cdot t_{rg}$$

Die **Verteilzeit** t_v und die **Rüstverteilzeit** t_{rv} bestehen aus der Summe der Soll-Zeiten aller Ablaufabschnitte, die zusätzlich zur planmäßigen Ausführung eines Ablaufes durch den Menschen erforderlich sind; sie beziehen sich im allgemeinen auf die Mengeneinheit 1.✻

Die Verteilzeit t_v besteht aus der **sachlichen Verteilzeit** t_s (Arbeitsplatz bei Schichtbeginn vorbereiten, kleine Störung im Arbeitsablauf usw.) und der **persönlichen Verteilzeit** t_p (persönliche Verrichtungen, Beschaffen von Speisen und Getränken u. ä.).

$$t_v = t_s + t_p$$

Da das Auftreten der Verteilzeiten und ihre jeweilige Dauer nicht genau vorausbestimmbar sind, wird die Verteilzeit häufig als prozentualer Zuschlagsatz zur Grundzeit ausgewiesen.

$$z_v = z_s + z_p$$

z_v: **Verteilzeitprozentsatz**
z_s: sachlicher Verteilzeitprozentsatz
z_p: persönlicher Verteilzeitprozentsatz

Ist z_v gegeben, wird t_v wie folgt errechnet:

$$t_v = \frac{z_v}{100\,\%} \cdot t_g$$

Auf die gleiche Weise ist mit der Rüstverteilzeit t_{rv} zu verfahren.
Aus den Teilformeln ergibt sich:

$$T = t_{rg} + \frac{z_{rer}}{100\,\%} \cdot t_{rg} + \frac{z_{rv}}{100\,\%} \cdot t_{rg} + m\,(t_t + t_w) + \frac{z_{er}}{100\,\%} \cdot t_g + \frac{z_v}{100\,\%} \cdot t_g)$$

$$t_g = t_t + t_w$$

2.3.1.4.2 Die Gliederung der Belegungszeit

Die **Belegungszeit** T_{bB} ist die Vorgabezeit für die Belegung des Betriebsmittels durch einen Auftrag.

Für die Belegungszeit T_{bB} und die Betriebsmittelzeit je Einheit t_{eB} gilt die Beziehung, wie in der Abbildung Zeitgliederung für die Belegungszeit dargestellt ist.✻

Teil 1: **2 Betriebswirtschaft**   2.3 Arbeitsplanung

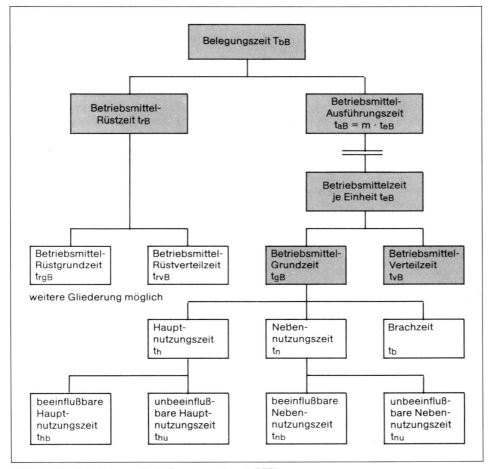

Abbildung 39: Zeitgliederung für die Belegungszeit nach REFA

Die Belegungszeit T_{bB} setzt sich aus der Betriebsmittel-Rüstzeit t_{rB} und der Betriebsmittelausführungszeit t_{aB} zusammen.

$$T_{bB} = t_{rB} + t_{aB}$$

Die **Betriebsmittel-Rüstzeit** t_{rB} ist die Vorgabezeit für das Belegen eines Betriebsmittels durch das Rüsten bei einem Auftrag. Die Betriebsmittel-Rüstzeit t_{rB} gliedert sich in die Betriebsmittel-Rüstgrundzeit t_{rgB} und die Betriebsmittel-Rüstverteilzeit t_{rvB}.

$$t_{rB} = t_{rgB} + t_{rvB}$$

Die **Betriebsmittel-Ausführungszeit** t_{aB} ist die Vorgabezeit für das Belegen eines Betriebsmittels durch die Menge m eines Auftrages.
Die Betriebsmittel-Ausführungszeit t_{aB} errechnet sich aus der Menge m und der Betriebsmittelzeit je Einheit t_{eB}.

$$t_{aB} = m \cdot t_{eB}$$

Die **Betriebsmittelzeit je Einheit** t_{eB} ist die Vorgabezeit für die Belegung eines Betriebsmittels bei entsprechender Mengeneinheit (z. B. 1).
Die Betriebsmittelzeit je Einheit t_{eB} setzt sich aus der Betriebsmittel-Grundzeit t_{gB} und der Betriebsmittel-Verteilzeit t_{vB} zusammen.

$$t_{eB} = t_{gB} + t_{vB}$$

2.3 Arbeitsplanung

Die **Betriebsmittel-Grundzeit** t_{gB} besteht aus der Summe der Soll-Zeiten aller Ablaufabschnitte, die für die planmäßige Ausführung eines Ablaufes durch das Betriebsmittel erforderlich sind; sie bezieht sich im allgemeinen auf die Mengeneinheit 1.
Die Betriebsmittel-Grundzeit t_{gB} gliedert sich in Hauptnutzungszeit t_h, Nebennutzungszeit t_n und Brachzeit t_b.

$$t_{gB} = t_h + t_n + t_b$$

Während der **Hauptnutzungszeit** t_h wird das Betriebsmittel planmäßig, unmittelbar im Sinne seiner Zweckbestimmung genutzt. Während der Hauptnutzung führt das Betriebsmittel die **beabsichtigte Veränderung am Arbeitsgegenstand** aus. ✶

✶ 265

Bei der **Nebennutzungszeit** t_n wird das Betriebsmittel mittelbar genutzt, wobei es planmäßig zur Hauptnutzung vorbereitet, beschickt, entleert wird, oder wobei es stillsteht, um einen Arbeitsgegenstand innerhalb des Betriebsmittels prüfen zu können.
Zur Nebennutzungszeit gehören im allgemeinen planmäßige Verrichtungen, die zur Einleitung einer weiteren Hauptnutzung erforderlich sind. ✶

✶ 266

Ähnlich wie bei der Tätigkeitszeit kann bei Bedarf zwischen **beeinflußbarer** und **unbeeinflußbarer** Haupt- und Nebennutzungszeit unterschieden werden.
In der **Brachzeit** t_b werden das erholungsbedingte Unterbrechen der Betriebsmittelnutzung durch den Menschen und das ablaufbedingte Unterbrechen (ein planmäßiges Unterbrechen) der Nutzung zusammengefaßt. ✶

✶ 267

Für die **Betriebsmittel-Verteilzeit** t_{vB}, in der störungsbedingtes und persönlich bedingtes Unterbrechen zusammengefaßt sind, wird in der Praxis der gleiche Prozentsatz wie bei der Auftragszeit eingesetzt.

$$t_{vB} = \frac{z_v}{100\,\%} \cdot t_{gB}$$

Aus den Teilformeln ergibt sich für die Belegungszeit des Betriebsmittels:

✶ 268

$$T_{bB} = t_{rgB} + \frac{z_{rv}}{100\,\%} \cdot t_{rgB} + m\,(t_h + t_n + t_b + \frac{z_v}{100\,\%} \cdot t_{gB}) \,✶$$

$$t_{gB} = t_h + t_n + t_b$$

2.3.1.5 Methoden der Daten- und Zeitermittlung

Zu den **Daten im Arbeitsstudium** zählen
— Zeiten für Ablaufabschnitte,
— Einflußgrößen, von denen die Zeiten für Ablaufabschnitte abhängen,
— Bezugsmengen, auf die sich die Zeit bezieht und

✶ 269
— Daten der Arbeitsbedingungen. ✶

Die **Zeit für die Ausführung** eines Ablaufabschnittes hängt von der Arbeitsperson, dem Arbeitsverfahren, der Arbeitsmethode und den Arbeitsbedingungen ab. Einflußgrößen, wie z. B. die Weglänge, das Gewicht, die Schwierigkeit der auszuführenden Arbeit, sind dabei zu berücksichtigen.
Die **Bezugsmengen** sind zähl- oder meßbare Mengeneinheiten, auf die sich die jeweilige Sollzeit bezieht. Zu den Daten der **Arbeitsbedingungen** zählen Umgebungseinflüsse am Arbeitsplatz.
Bei der Ermittlung der Daten sind zwei Gesichtspunkte zu berücksichtigen:
— der Verwendungszweck,

✶ 270
— die Reproduzierbarkeit. ✶

Der Verwendungszweck der Daten bestimmt, welche Daten, wie viele Daten und mit welcher Genauigkeit die Daten erfaßt werden müssen. Verwendungszwecke von Daten sind z. B. Vorkalkulation, Bedarfsplanungen, Terminsteuerung, Maschinenbelegung, Nachkalkulation, Akkordberechnung, u. a. ✶

✶ 271

Die **Reproduzierbarkeit** der Daten kennzeichnet ihre Wiederverwendbarkeit. Das erfordert, daß
— der den Daten zugrundeliegende **Arbeitsablauf** beschrieben ist,
— die den Daten zugrundeliegenden **Arbeitsbedingungen** bekannt sind,
— die erfaßten Daten eine bestimmte **Genauigkeit** gewährleisten.٭   ٭ 272

Der Faktor Zeit ist im Betrieb für die Planung der Arbeit, für die Entlohnung und für die Kostenermittlung. Die Zeit ist ein maßgebendes Element bei der Gestaltung wirtschaftlicher Arbeit. Deshalb hat die Ermittlung von Zeiten einen hohen Stellenwert innerhalb der Arbeitsvorbereitung.

Außer der Zeitstudie werden die Multimomentaufnahme, das Schätzen und Vergleichen, Ermitteln von Prozeßzeiten, Systeme vorbestimmter Zeiten und Planzeitverfahren angewendet. Die zum Einsatz kommende Methode ist von dem jeweiligen Verwendungszweck der Zeiten abhängig. In den folgenden Abschnitten werden die einzelnen Methoden dargestellt.

2.3.1.5.1 Die Zeitaufnahme

Unter einer **Zeitaufnahme** wird nach REFA das Ermitteln von Soll-Zeiten verstanden.
Mit einer Zeitaufnahme wird die auf den Menschen bezogene Zeit erfaßt. Die ermittelten Zeiten müssen für die Planung, Steuerung und Entlohnung verwendet werden können. Die Zeitaufnahme soll auch zur Ermittlung von Planzeiten verwendet werden können.
Um diese Bedingungen zu erfüllen, müssen in der Zeitaufnahme
— das **Arbeitssystem**, das **Arbeitsverfahren**, die **Arbeitsmethode** und die **Arbeitsbedingungen** beschrieben,
— die **Bezugsmengen** und die Einflußgrößen erfaßt,
— die **Ist-Zeiten** gemessen,
— die **Leistungsgrade** beurteilt,
— die **Soll-Zeiten** für bestimmte Ablaufabschnitte ermittelt werden.٭   ٭ 273

Vor der Durchführung von Zeitaufnahmen sind die **tariflichen** und **betrieblichen Vereinbarungen** zu beachten. Dazu zählen u. a. die rechtzeitige Information des Betriebsrates und der Betroffenen. Für die Durchführung einer Zeitaufnahme wird der Arbeitsvorgang bzw. Teilvorgang in Vorgangsstufen gegliedert. Die Dauer der Vorgangsstufen wird gemessen, und für die vom Menschen in der Zeitdauer beeinflußbaren Vorgangsstufen wird der Leistungsgrad des Menschen beurteilt. Die einzelnen Schritte bei der Durchführung und Auswertung der Zeitaufnahme werden am Beispiel Pumpe prüfen und reinigen, Abbildung 40, beschrieben.٭   ٭ 274

Auf der Vorderseite des REFA-Zeitaufnahmebogens wird die Arbeitsaufgabe beschrieben. Die Beschreibung soll den **Arbeitsgegenstand** und die **auszuführenden Tätigkeiten** enthalten.
Die Auftrags-Nr., Menge m des Arbeitsauftrages, Abteilung und Kostenstelle sind Angaben für die innerbetriebliche Zuordnung. Das Datum der Zeitaufnahme, die Uhrzeit, die Dauer und die Mengenangaben dienen zum Nachweis der Durchführung der Zeitaufnahme.
Das freie Feld ist für Skizzen des Werkstückes oder des Arbeitsplatzes vorgesehen.
Die Zusammenstellung der Zeit je Einheit soll übersichtlich die einzelnen Komponenten der Vorgabezeit darstellen. Die auf der bzw. den Rückseite(n) ermittelten Grundzeiten werden hier zur Summe der Grundzeiten addiert. Die Erholungszeit wird häufig als Prozentsatz, bezogen auf die Grundzeit, in die Rechnung eingesetzt (siehe auch Abschnitt 2.3.1.4). Die Berechnung der Verteilzeiten wird auf die gleiche Art und Weise vorgenommen. Sonstige Zuschläge können Erschwerniszulagen aller Art sein. Die Summe aus $t_g + t_{er} + t_v$ ergibt die Zeit je Einheit t_e. Es folgen die Angaben, für welche Einheit die Vorgabezeit Gültigkeit hat. Die Rüstzeit wird häufig aus Tabellen oder anderen Zeitaufnahmen übernommen.
Die Beschreibung des **Arbeitsverfahrens** und der **Arbeitsmethode** soll so vorgenommen

2.3 Arbeitsplanung   Teil 1: 2 Betriebswirtschaft

Z2 neu	**REFA-Zeitaufnahmebogen** für Abläufe mit Wiederholungen	Ablage-Nr. 436 Blatt 1 von Blättern

Arbeitsaufgabe: *Duplex Zahnradpumpe prüfen und reinigen*
Auftrag Nr. *46/14023* — Menge m des Arbeitsauftrages *50* — Abteilung *Pumpenmontage* — Kostenstelle *281*
Datum der Zeitaufnahme *22.1.71* — Beginn Uhrzeit *10*^{12} Menge *7* — Ende Uhrzeit *11*^{30} Menge *21. Stück* — Dauer *78 min*

Zusammenstellung der Zeit je Einheit	Zeit in min	Herkunft
	5,182	Rückseite
Grundzeit t_g	5,182	
Erholungszeit t_{er} bei z_{er} = 4 %	0,207	EZA 490
Verteilzeit t_v bei z_v = 8 %	0,415	VZA 1025
sonstige Zuschläge		
Zeit je Einheit t_{e1}	5,804	
t_{e1} / t_{e100} / t_{e1000} in min/h	5,8	
Rüstzeit t_r in min/h	6,0	ZA 435

Arbeitsverfahren und Arbeitsmethode: *Pumpen befinden sich in Transportkästen. Es wird jeweils eine Pumpe entnommen, zerlegt, Einzelteile auf Verschleiß geprüft, Innenfläche der Pumpenkörper gereinigt, gegebenenfalls mit Preßluft ausgeblasen; Zahnradsätze und Wellen werden abgeputzt, Pumpe zusammengebaut und vor dem Abstellen in den Transportkasten kurz Funktion der Antriebswelle geprüft, abgelegt. Sitzende Arbeitsweise*

Arbeitsgegenstand (Eingabe)	Benennung	Werkstoff	Zustand bei Eingabe	Zeichn.-Nr.	Werkstoff Nr.	Maße, Formen, Gewichte
	Duplex Zahnradpumpe kpl.			28/3417		1,0 kg

Mensch	Name	Personalnummer	m	w	Alter	Dauer der Ausübung ähnlicher Aufgaben	der untersuchten Aufgabe
	Wittmann	2873	x		28	1,5 Jahre	6 Stück

Betriebsmittel	Benennung, Type	Anzahl	Betriebsmittel-Nr.	Baujahr	technische Daten, Zustand
	Schraubendreher	1			
	Blechkanne				
	Putzlappen				

Umgebungseinflüsse *keine* — Entlohnung *Akkord*

Bemerkungen:

Qualität des Arbeitsergebnisses:
Bearbeiter *Wolf* — geprüft *Schneider* — Datum *25.1.71* — gültig ab *25.1.71* bis

Abbildung 40: Vorderseite eines REFA-Zeitaufnahmebogens

werden, daß aufgrund dieser Beschreibung der Arbeitsablauf reproduziert werden kann. ∗   ∗ 275
Der **Zustand des Arbeitsgegenstandes** bei der Eingabe soll aus den Angaben erkennbar sein.
Bei den **Daten zum arbeitenden Menschen** soll es möglich sein, aus den Angaben über die Dauer der Ausübung ähnlicher und gleicher Aufgaben auf die Einarbeitung und die Beherrschung des Arbeitsvorganges zu schließen.
Die Angaben über das Betriebsmittel und die zum Einsatz kommenden Vorrichtungen und Sonderwerkzeuge sollen die Arbeitsbedingungen verdeutlichen.
Bei den **Umgebungseinflüssen** sind Mängel bei der Beleuchtung, Lärm, Hitze, Staub, Nässe, Zugluft u. a. anzugeben.
Der verwendete **Entlohnungsgrundsatz** wie Akkord, Prämie oder Zeitlohn ist einzutragen, weil daraus Rückschlüsse über die erforderliche Genauigkeit der gemessenen Zeiten gezogen werden.
In der untersten Zeile ist auf jeden Fall das Datum einzutragen, ab dem die aus der Zeitaufnahme ermittelten Vorgabezeiten Gültigkeit haben.
Auf der Rückseite des Zeitaufnahmebogens wird die Messung der Zeitdauer notiert und die Auswertung vorgenommen.

2.3.1.5.2 Der Leistungsgrad (siehe auch 2.1.3.5)

Unter **Leistungsgrad** versteht man das prozentuale Verhältnis von beeinflußbarer Ist- zur beeinflußbaren Bezugsmengenleistung eines Arbeitenden.
Der Leistungsgrad dient der Umwandlung aufgenommener Ist-Zeiten in Normalzeiten. Dadurch soll erreicht werden, daß ein Mensch, der schnell arbeitet, dafür nicht bestraft wird und eine kürzere Vorgabezeit bekommt, und ein Mensch, der langsam arbeitet, nicht belohnt wird, indem er eine längere Vorgabezeit bekommt. ∗   ∗ 276
Beispiel:

gemessene Ist-Zeit	beurteilter Leistungsgrad			Normalzeit (Vorgabezeit)
1,00 min	100 %	⟶ 1,00 min	$\dfrac{100\,\%}{100\,\%}$ =	1,00 min
0,80 min	125 %	⟶ 0,80 min	$\dfrac{125\,\%}{100\,\%}$ =	1,00 min
1,25 min	80 %	⟶ 1,25 min	$\dfrac{80\,\%}{100\,\%}$ =	1,00 min

Bei der richtigen Beurteilung des Leistungsgrades ist die Normalzeit immer gleich groß. Diese Normalzeit entspricht der Normalleistung. Nach REFA wird die Normalleistung wie folgt definiert: ∗   ∗ 277
»Unter **REFA-Normalleistung** wird eine Bewegungsausführung verstanden, die dem Beobachter hinsichtlich der Einzelbewegungen, der Bewegungsfolge und ihrer Koordinierung besonders harmonisch, natürlich und ausgeglichen erscheint. Sie kann erfahrungsgemäß von jedem in erforderlichem Maße geeigneten, geübten und voll eingearbeiteten Arbeiter auf die Dauer und im Mittel der Schichtzeit erbracht werden, sofern er die für persönliche Bedürfnisse und gegebenenfalls auch für Erholung vorgegebenen Zeiten einhält und die freie Entfaltung seiner Fähigkeiten nicht behindert wird.«
Der Leistungsgrad setzt sich aus den wesentlichen Merkmalen **Intensität** und **Wirksamkeit**, die den Bewegungsablauf charakterisieren, zusammen. ∗   ∗ 278

2.3 Arbeitsplanung   Teil 1: 2 Betriebswirtschaft

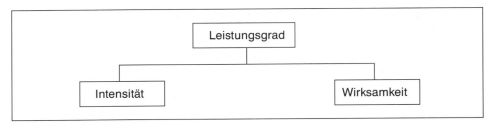

Abbildung 41: Leistungsgrad

* 279
»Die **Intensität** äußert sich in der Bewegungsgeschwindigkeit und der Kraftanspannung der Bewegungsausführung«. Diese Merkmale lassen sich nach einiger Übung durch den Arbeitsstudienmann gut beurteilen.*
Bei der **Bewegungsgeschwindigkeit** ist zu beachten, daß die Eigenart der jeweiligen Arbeit nur bestimmte Bewegungsgeschwindigkeiten zuläßt bzw. fordert, wie z. B. Uhrmacher, Schmied u. a.

* 280
»Die **Wirksamkeit** ist ein Ausdruck für die Güte der Arbeitsweise der Arbeitsperson. Die Wirksamkeit ist daran zu erkennen, wie geläufig, zügig, beherrscht, harmonisch, sicher, unbewußt, ruhig, zielsicher, rhythmisch, locker gearbeitet wird«. Die Wirksamkeit ist an der Arbeitsweise zu erkennen. Die **Arbeitsweise** zeigt sich in der individuellen Ausnutzung des Spielraumes der vorgeschriebenen **Arbeitsmethode.***

* 281
Wirksamkeit und Intensität können sich in Grenzen gegenseitig ausgleichen. Das bedeutet, daß eine hohe Arbeitsintensität und eine geringe Wirksamkeit, und umgekehrt, zu einer mittleren Leistung führen können. In der Praxis wird der Leistungsgrad als Ganzheit beurteilt. Teil-Leistungsgrade von Arbeitsintensität und Wirksamkeit werden nicht angegeben. Der Leistungsgrad wird immer in Fünferschritten angegeben, z. B. 85 %, 90 %, 95 %, 100 %, 105 %, 110 %, usw.*

* 282
* 283
Da der Leistungsgrad aus der augenblicklichen Situation am Arbeitsplatz, während einer Zeitaufnahme, so häufig wie möglich beurteilt und notiert werden sollte, ist für den Arbeitsstudienmann eine entsprechende Ausbildung mit vielen Übungen erforderlich.* *

2.3.1.5.3 Die Multimomentaufnahme

Die Ermittlung von Zeiten mit der Stoppuhr ist sehr aufwendig. Prozentuale Zeitanteile wie z. B. Verteilzeiten werden deshalb häufig mit Hilfe des Multimomentverfahrens ermittelt. Bei diesem Verfahren werden die Zeiten **nicht gemessen,** sondern die Häufigkeiten des Auftretens verschiedener Zeitarten **gezählt,** und daraus werden die prozentualen Anteile errechnet.*

* 284
Nach REFA lautet die Definition:
»Die **Multimomentaufnahme** besteht in dem Erfassen der Häufigkeit zuvor festgelegter Ablaufarten an einem oder mehreren gleichartigen Arbeitssystemen mit Hilfe stichprobenmäßig durchgeführter Kurzzeitbeobachtungen.«

Das Verfahren wird so durchgeführt, daß ein Beobachter in einem nach Zufallstabellen ermittelten Turnus einen Rundgang an den zu beobachtenden meist gleichartigen Arbeitssystemen durchführt und dabei in einer Strichliste die **Ablaufart** des beobachteten Menschen im Augenblick der Beobachtung notiert.

Die zu notierenden **Ablaufarten** müssen so ausgewählt sein, daß das Eintreten einer Ablaufart das gleichzeitige Eintreten einer anderen Ablaufart ausschließt (wie bei einem Würfel das Eintreten einer »zwei« das gleichzeitige Eintreten einer anderen Zahl ausschließt).

Die Anzahl der zu beobachtenden Ablaufarten soll gering gehalten werden, damit die Augenblicksentscheidung möglich ist. Außerdem sollen die Ablaufarten eindeutig beschrieben sein.

Teil 1: 2 Betriebswirtschaft — 2.3 Arbeitsplanung

Für die **Planung** der Multimomentaufnahme ist zu ermitteln, wie viele Beobachtungen durchzuführen sind, um zu einem ausreichend genauen Ergebnis zu kommen. Die erforderlichen statistischen Grundkenntnisse sollen hier nicht erläutert werden. Die folgenden Schritte werden deshalb an einem Beispiel erläutert.

Die Ablaufart, die am meisten interessiert, wird der Rechnung zugrunde gelegt. Das soll hier die sachliche Verteilzeit sein. Der **Anteil p** der sachlichen Verteilzeit an der Wochenarbeitszeit ist zu schätzen. Der Anteil wird mit 15 % veranschlagt. ∗ ∗ 285

Die **Genauigkeit f**, mit der der Anteil p ermittelt werden soll, ist festzulegen. Je kleiner f ist, um so höher ist die geforderte Genauigkeit und entsprechend größer wird die Zahl der Beobachtungen. In vielen Fällen ist eine absolute Genauigkeit f' = 1,5 % ausreichend. ∗ ∗ 286
Nach der Formel

$$n' = \frac{1{,}96^2 \cdot p \cdot (100\,\% - p\,\%)}{f'^2}$$

ist die erforderliche Anzahl der Beobachtungen zu errechnen.
Die Zahl 1,96 ist ein **statistischer Sicherheitsfaktor**, der bei einer Aussagewahrscheinlichkeit von S = 95 % angewendet wird.
Die Rechnung ergibt: ∗ ∗ 287

$$n = \frac{1{,}96^2 \cdot 15\,\% \cdot (100\,\% - 15\,\%)}{1{,}5\,\%^2} = 2.177 \approx 2.200 \text{ Beobachtungen}$$

Mit f' wird die geforderte Genauigkeit und mit n' die erforderliche Zahl von Beobachtungen bezeichnet. Mit f bezeichnet man die tatsächlich erreichte Genauigkeit und mit n die tatsächlich durchgeführten Beobachtungen.

Die Anzahl der Beobachtungen soll auf alle Werktage und jeden Zeitpunkt der betrieblichen Schichtzeit gleichmäßig verteilt sein. Die Anzahl der **Rundgänge** richtet sich nach der Anzahl gleicher Arbeitssysteme und der Anzahl der durchzuführenden Beobachtungen. Der Aufnahmebogen wird nach den betrieblichen Gegebenheiten entworfen.
Die folgende Abbildung zeigt als Beispiel einen Aufnahmebogen.

Abbildung 42: Multimomentaufnahme-Aufnahmebogen

2.3 Arbeitsplanung

Teil 1: **2 Betriebswirtschaft**

* 288
Nach Durchführung von ca. 500 Beobachtungen sollte eine **Zwischenauswertung** durchgeführt werden, um zu prüfen, ob der geschätzte Anteil p bei 15 % liegt oder ob ein Schätzfehler vorliegt.*
Zunächst den Anteil p ermitteln.
Gesamtbeobachtungen: 500 = 100,0 %
davon entfallen auf p: 71 = 14,2 %
Die erzielte Genauigkeit

$$f = 1{,}96 \sqrt{\frac{p \cdot (100\% - p\%)}{n}}$$

* 289
$$f = 1{,}96 \sqrt{\frac{14{,}2 \cdot (100\% - 14{,}2\%)}{500}} = 3{,}05\%, \approx 3{,}1\% *$$

Aus dieser Zwischenauswertung folgt, daß der geschätzte Anteil p eventuell auf p = 14 % korrigiert werden muß. Außerdem ist die erforderliche Genauigkeit f = 1,5 % noch nicht erreicht.
Die Endauswertung ist auf die gleiche Weise durchzuführen. Der Verteilprozentsatz z_v setzt sich aus dem **sachlich bedingten Verteilprozentsatz** z_s und dem **persönlich bedingten Verteilprozentsatz** z_p zusammen.

$$z_v = z_s + z_p$$

Der Verteilprozentsatz z_v ergibt sich aus folgender Rechnung:

$$z_v = \frac{\text{Anzahl der Beobachtungen für Verteilzeiten}}{\text{Anzahl der Beobachtungen für Grundzeiten}} \cdot 100\%$$

* 290
Die hier beschriebene Technik läßt sich auf alle betrieblichen Fälle anwenden, bei denen es um **prozentuale** Zusammenhänge geht. Beispiele: Kranwartezeiten, Auslastung von Betriebsmitteln, Haupt- und Nebennutzungszeiten von Betriebsmitteln u. ä.*

2.3.1.5.4 Berechnen von Prozeßzeiten

* 291
Prozeßzeiten sind vom Menschen **unbeeinflußbare** Haupt- und Nebennutzungszeiten von Betriebsmitteln. Die Dauer der Prozeßzeiten wird durch die an dem Betriebsmittel einstellbaren technologischen Daten bestimmt.*
Diese Anteile der Vorgabezeit können durch Selbstaufschreibung des Betriebsmittels ermittelt, mit Hilfe von Zeitaufnahmen gemessen oder berechnet werden.
Prozeßzeiten lassen sich mit Formeln berechnen, die die Maße der zu be- oder verarbeitenden Arbeitsgegenstände und die gewählte Arbeitsgeschwindigkeit der Werkzeuge des Betriebsmittels enthalten.

$$t_{hu} = \frac{\text{Maße des zu be- oder verarbeitenden Arbeitsgegenstandes}}{\text{Arbeitsgeschwindigkeit der Werkzeuge des Betriebsmittels}}$$

$$t_{hu} = \frac{L \cdot i}{n \cdot f}$$

t_{hu} = unbeeinflußbare Hauptnutzungszeit des Betriebsmittels.
L = der vom Werkzeug zurückgelegte Weg. Er beinhaltet den Anlaufweg des Bohrers, die Dicke des Werkstückes und den Überlaufweg.
n = Umdrehungsfrequenz des Bohrers je min.
f = Vorschub des Bohrers in mm je Umdrehung.
i = Anzahl der Bohrungen.

* 292
$$t_{hu} = \frac{25\,\text{mm} \cdot 8}{355\,\text{min}^{-1} \cdot 0{,}2\,\text{mm}} = 2{,}8\,\text{min} *$$

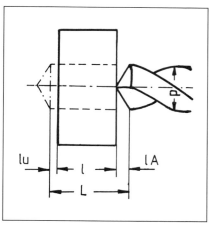

Beispiel:
In einen Flansch aus Stahl – 18 mm dick – sollen 8 Löcher ⌀ 22 mm gebohrt werden.
$l_A + l_u = 0{,}3 \cdot d$

Abbildung 43: Flansch aus Stahl

In verschiedenen Unterlagen ist in die Formel die Schnittgeschwindigkeit v_c eingesetzt. Bei Werkzeugmaschinen mit gestuftem Getriebe ist das unzulässig. Es muß mit der **tatsächlich vorhandenen Umdrehungsfrequenz** gerechnet werden. Das gleiche gilt für den Vorschub.

2.3.1.5.5 Schätzen und Vergleichen

Aus verschiedenen Gründen z. B. bei Einzelfertigung im Handwerk u. ä. ist es nicht immer möglich und wirtschaftlich, für die Ermittlung der Vorgabezeit eine Zeitaufnahme durchzuführen. Deshalb verwendet man in solchen Fällen für die Ermittlung von Zeiten die Methode des Schätzens und Vergleichens.
REFA gibt dafür folgende Definitionen:
»**Schätzen** ist das ungefähre Bestimmen von quantitativen Daten. Kennzeichnend ist, daß man geschätzte Daten stets nachmessen kann.«∗   ∗ 293
»Unter **Vergleichen** versteht man im allgemeinen ein Nebeneinanderdarstellen von Sachen oder Sachverhalten, um Unterschiede oder Übereinstimmung festzustellen.«∗   ∗ 294
Beim Schätzen wird die Soll-Zeit für Ablaufabschnitte aus der Erinnerung oder Erfahrung bestimmt. Dabei ist zu beachten, daß beim unterteilten Schätzen der Gesamtfehler wesentlich geringer ist als beim globalen Schätzen. Die Schätzfehler gleichen sich beim unterteilten Schätzen zum Teil aus. Sehr häufig wird das Schätzen an Hand von Vergleichen durchgeführt. ∗   ∗ 295
Die Zeitermittlung durch Schätzen und Vergleichen kann sich aus verschiedenen Elementen zusammensetzen. Z. B. können die Hauptnutzungszeiten durch Berechnen und die Nebennutzungszeiten wie einspannen, Werkzeug an- und zustellen, messen durch Schätzen und Vergleichen bestimmt werden. Die Richtigkeit und Genauigkeit der so ermittelten Vorgabezeit hält sich in brauchbaren Grenzen, wenn mit der nötigen Sorgfalt und Erfahrung vorgegangen wird. Diese Methode kann durch die Anwendung von selbsterstellten Diagrammen für bestimmte Arbeitsvorgänge verbessert werden.

2.3.1.5.6 Systeme vorbestimmter Zeiten (SvZ)

Die Überlegung, daß jede Arbeitsverrichtung sich in ihre **Bewegungsgrundelemente** zerlegen läßt, führte dazu, für die Bewegungsgrundelemente Zeiten zu ermitteln. Diese Zeiten

2.3 Arbeitsplanung — Teil 1: 2 Betriebswirtschaft

sind sehr kurz und können mit der Stoppuhr nicht gemessen werden. Der jeweilige Arbeitsablauf wird mit einer schnellaufenden Kamera gefilmt, z. B. mit 1 000 oder 10 000 Bildern je Minute. Bei der Auswertung werden die Bilder für eine Bewegung gezählt, und so wird die Zeit ermittelt. Gilbreth hat in Amerika schon zu Beginn dieses Jahrhunderts diese Methode entwickelt und danach gearbeitet.

In der Bundesrepublik Deutschland sind zwei Verfahren von Bedeutung:
— das **WF-Verfahren** (Work-Factor), erstmals 1945 veröffentlicht,
— das **MTM-Verfahren** (Methods-Time-Measurement) erstmals 1948 veröffentlicht.

Jedes dieser Verfahren baut auf einem Grundverfahren auf, das jeweils die kleinsten Zeiteinheiten und größte Differenzierung hat. Für die einzelnen Benutzergruppen wurden jeweils Elementegruppen zusammengefaßt. Je nach der Zusammenfassung werden unterschieden:

1. WF-Grundverfahren
2. WF-Schnellverfahren
3. WF-Kurzverfahren

1. das MTM-Grundverfahren
2. die MTM-Standarddaten
3. MTM-2- und MTM-3-Verfahren

Die Unterschiede beider Verfahren liegen in der Art der Berücksichtigung der Einflußgrößen. WF hat vorwiegend **Einflußgrößen,** die sich auf die Abmessung des Arbeitsplatzes, Arbeitsgegenstandes, des Betriebsmittels und der Vorrichtungen beziehen. MTM dagegen berücksichtigt außerdem noch zu **beurteilende** Einflußgrößen.

Die wichtigsten **Bewegungselemente** für die Analyse von Arbeitsabläufen sind: Hinlangen – Greifen – Bringen – Vorrichten – Fügen – Loslassen. Außerdem gibt es eine Reihe von weiteren Bewegungselementen wie Demontieren, Drücken, Prüfen, Reagieren, Körperbewegungen (z. B. Gehen, Rumpfbeugen), Rechnen, Schreiben. Für jedes Bewegungselement kann, unter Berücksichtigung der Einflußgrößen wie z. B. Bewegungslänge, Bewegungsfall, Typ des Bewegungsablaufes, Kraftaufwand die dazugehörende Zeit in Tabellen abgelesen werden.∗

∗ 296

Die **Systeme vorbestimmter Zeiten** (mit SvZ abgekürzt) werden von REFA nachfolgend definiert:

»**Systeme vorbestimmter Zeiten** sind Verfahren, mit denen Soll-Zeiten für das Ausführen solcher Vorgangselemente bestimmt werden können, die vom Menschen beeinflußbar sind. Aus der Anwendung der Systeme vorbestimmter Zeiten ergeben sich wesentliche Hinweise für die Gestaltung von Arbeitsmethoden.«∗

∗ 297

Die SvZ werden überwiegend zur **Gestaltung von Arbeitsplätzen** und **Arbeitsabläufen** innerhalb eines Arbeitsplatzes eingesetzt. Die Bedienbarkeit von Vorrichtung und Betriebsmittel aller Art kann mit Hilfe von SvZ untersucht und verbessert werden.∗

∗ 298

Die **Bewegungsanalyse** wird für die linke und rechte Hand getrennt durchgeführt. Dabei wird z. B. häufig sichtbar, daß durch den Umbau oder Einsatz einer entsprechenden Vorrichtung die Haltearbeit einer Hand verringert werden kann und die Arbeitsausführung beidhändig erfolgen kann.

Die Ermittlung von Vorgabezeiten mit SvZ bedarf der Zustimmung der Tarifpartner, soweit diese Verfahren nicht bereits in einem örtlich zuständigen Tarifvertrag berücksichtigt sind.

2.3.1.5.7 Planzeiten

Die Systeme vorbestimmter Zeiten (SvZ) sind universell anwendbar. Werden die Bewegungsgrundelemente zu Vorgangsstufen zusammengefaßt, die für bestimmte Arbeitsverrichtungen wiederkehrend verwendbar sind, so nennt man diese Zeiten häufig **Planzeiten.** Nach REFA sind Planzeiten Soll-Zeiten für bestimmte Abschnitte, deren Ablauf mit Hilfe von **Einflußgrößen** beschrieben ist.∗

∗ 299

Planzeiten haben folgende **Vorteile:**
— ihre Verwendung ist wirtschaftlich, weil sie für gleiche oder ähnliche Arbeitsabläufe bei verschiedenen Arbeitsgegenständen anwendbar sind,
— Arbeitsabläufe können geplant und Wirtschaftlichkeitsvergleiche aufgestellt werden,

— die Vorkalkulation wird mit Hilfe von Planzeiten erleichtert und genauer,
— die Verwendung von Planzeiten zwingt zum Durchdenken des Arbeitsablaufes,
— Arbeitsverfahren und Arbeitsmethoden sind genau beschrieben sowie die Arbeitsbedingungen und Einflußgrößen, unter denen die Planzeiten Gültigkeit haben.

In der Praxis unterscheidet man nach dem Verwendungszweck drei Arten von Planzeiten:
1. Planzeiten für ähnliche Arbeitsaufgaben (Entgraten, Schrauben mit unterschiedlichen Werkzeugen eindrehen und festziehen, Transportarbeiten).
2. Planzeiten für ähnliche Betriebsmittel (Drehmaschinen, Rohrbiegemaschinen, Fräsmaschinen).
3. Planzeiten für ähnliche Arbeitsgegenstände (Getriebemontage, Wärmetauschermontage, Wellen, Lager).

Planzeiten für ähnliche Arbeitsaufgaben beinhalten für die im jeweiligen Betrieb anfallenden Tätigkeiten und deren Varianten die Planzeiten in entsprechenden Tabellen.

Planzeiten für Betriebsmittel können so aufgebaut sein, daß alle auf diesem Betriebsmittel oder der Gruppe ähnlicher Betriebsmittel anfallenden Arbeiten erfaßt werden. Diese Planzeittabellen sind sehr umfangreich. Werden dagegen die Planzeiten für bestimmte Erzeugnisse auf einem Betriebsmittel erstellt, so können in vielen Fällen die Planzeitwerte für Vorgangsstufen oder sogar für Teilvorgänge zusammengefaßt werden. Dadurch werden die Planzeiten in der Anwendung sehr einfach (Drehen von Flanschen).

Planzeiten für ähnliche Arbeitsgänge können im allgemeinen für Vorgangsstufen und in einigen Fällen sogar für Teilvorgänge zusammengefaßt werden.✻ ✻ 300

Die Planzeiten werden überwiegend durch Zeitaufnahmen ermittelt. Fehlende Zwischenwerte können durch Vergleichen oder Interpolieren bestimmt werden.✻ ✻ 301

Die Planzeiten können graphisch, in Tabellenform oder als Zeitformel dargestellt werden. Bewährt hat sich die Tabellenform als Planzeitkatalog oder in Form von Kalkulationsblättern.✻ ✻ 302
Abbildung 44 (siehe folgende Seite) zeigt ein Kalkulationsblatt, das auf den jeweils speziellen betrieblichen Fall abgewandelt werden muß.

2.3.1.6 Die Betriebsstättenplanung

Unter **Betriebsstättenplanung** ist nach REFA die am Arbeitsablauf orientierte Planung des räumlichen Aufbaues und der Einrichtung von Betrieben einschließlich aller Nebenanlagen zu verstehen.

Zur Betriebsstättenplanung wird sowohl die **Neuplanung** als auch die **Umstellungs-** und **Erweiterungsplanung** gerechnet.

Der Betriebsstättenplanung kommt eine hohe Bedeutung zu, weil die Erstellung von Gebäuden und Einrichtungen mit hohen Investitionsausgaben und Kosten verbunden ist. Fehlplanungen sind nur unter Aufwendung hoher Kosten und Produktionsstörungen korrigierbar. Bei der Planung soll der **Fertigungsablauf** und der **Materialfluß** berücksichtigt werden. Da der Meister durch die ständige Betroffenheit von dem bestehenden Zustand Mißstände aufdecken kann, kann er wesentliche Beiträge zur Verbesserung und Neugestaltung vorbringen. Er kann z. B. Angaben zur günstigen ablaufgerechten Betriebsmittelzuordnung geben, da er tagtäglich damit konfrontiert wird.✻ ✻ 303

Die Anordnung der Transportwege und Abstellflächen vor und nach der Bearbeitung, die Anordnung der Prüfstellen mit Abstellflächen für Werkstücke können durch Vorschläge des Meisters verbessert werden. Bei diesen Vorschlägen sollen die jeweils gültigen arbeitswissenschaftlichen Erkenntnisse berücksichtigt und die gesetzlichen Vorschriften beachtet werden. Der Meister soll aufgrund seiner detaillierten Kenntnisse des betrieblichen Ablaufes in seinem Zuständigkeitsbereich bei der Grob- und Feinplanung sowie bei der Terminplanung für den Umbau von Betriebsstätten als Berater mitwirken. Dem Betrieb ist nicht damit gedient, wenn sich der Meister während der Planung zurückhält und hinterher sagt, daß er alles anders und besser gemacht hätte.✻ ✻ 304

2.3 Arbeitsplanung

Teil 1: **2 Betriebswirtschaft**

Firma	Kalkulationsblatt (Zeiten in cmin)					KST.		
						Datum		

Arbeitsaufgabe: Einlegen an Stanzen

Auftrag:

Werkzeugbezeichnung: | | | | | | | Werkzeug-Nr.

Bereitlegen der Stanzteile auf Stanztisch										cmin	Häufig-keit	gesamt cmin
Entfernung Behälter-Stanzentisch in cm			≤70	>70 ≤100	>100 ≤150	>150 ≤200	200				
Behälter bis L = 330 mm B = 210 mm H = 150 mm	Teile ungeordnet in Behälter		0,1	0,1	0,1	0,1	0,1					
	Teile geordnet in Behälter		2,0	2,0	2,0	1,9	1,9					
Behälter bis L = 700 mm B = 370 mm H = 270 mm	ungeordnet		0,2	0,1	0,1	0,1	0,1					
	geordnet		2,5	2,5	2,5	2,4	2,4					
Nehmen			Entfernung in cm		≤ 5	> 5 ≤ 15	>15 ≤30	>30 ≤45	>45 ≤60			
von Hand	geordnet	einhändig			1,2	1,5	1,8	2,2	2,2			
		beidhändig			1,5	1,8	2,0	2,2	2,5			
	ungeordnet ohne Übergeben	einhändig				1,2	1,5	1,7	1,9			
		beidhändig			1,8	2,1	2,3	2,6	2,8			
	ungeordnet mit Übergeben				2,1	2,4	2,6	2,8	3,1			
mit Pinzette	geordnet				2,0	2,3	2,5	2,9	3,3			
	ungeordnet				2,1	2,4	2,7	3,0	3,3			

Legen			von Hand					mit Werkzeug				
		Entfernung in cm	≤ 5	> 5 ≤ 15	>15 ≤30	>30 ≤45	>45 ≤60	≤ 5	> 5 ≤ 15	>15 ≤30	>30 ≤45	>45 ≤60
an zwei Seiten anschlagen	einhändig		0,9	1,2	1,4	1,6	1,8	0,9	1,2	1,4	1,6	1,8
	beidhändig		0,9	1,2	1,4	1,6	1,8	0,9	1,2	1,4	1,6	1,8
1 loses Fügen symmetrisch	einhändig		1,0	1,3	1,6	1,9	2,2	1,4	1,7	2,0	2,3	2,6
	beidhändig		1,3	1,6	1,9	2,2	2,5	2,1	2,4	2,7	3,0	3,3
1 loses Fügen unsymmetrisch	einhändig		1,2	1,5	1,8	2,1	2,4	1,6	1,9	2,2	2,5	2,8
	beidhändig		1,8	2,1	2,4	2,7	3,0	2,5	2,8	3,1	3,4	3,7
1 loses Fügen 1mal anschlagen	einhändig		1,3	1,6	1,9	2,2	2,5	1,7	2,0	2,3	2,6	2,9
	beidhändig		1,9	2,2	2,5	2,8	3,1	2,4	2,7	3,0	3,3	3,6
1 loses Fügen 2mal anschlagen	einhändig		1,6	1,9	2,2	2,5	2,8	2,1	2,4	2,7	3,0	3,3
	beidhändig		2,2	2,5	2,8	3,1	3,4	3,0	3,3	3,6	3,9	4,2
2 lose Fügen	einhändig		1,9	2,2	2,5	2,8	3,1	2,3	2,6	2,9	3,2	3,5
	beidhändig		2,7	3,0	3,3	3,6	3,9	3,5	3,8	4,1	4,4	4,7
1 enges Fügen symmetrisch	einhändig		1,2	1,5	1,8	2,1	2,4	1,6	1,9	2,2	2,5	2,8
	beidhändig		2,2	2,5	2,8	3,1	3,4	3,0	3,3	3,6	3,9	4,2
1 enges Fügen unsymmetrisch	einhändig		1,5	1,8	2,1	2,4	2,7	1,8	2,1	2,4	2,7	3,0
	beidhändig		2,7	3,0	3,3	3,6	3,9	3,4	3,7	4,0	4,3	4,6
1 enges Fügen 1mal anschlagen	einhändig		1,5	1,8	2,1	2,4	2,7	1,9	2,2	2,5	2,8	3,1
	beidhändig		2,5	2,8	3,1	3,4	3,7	3,3	3,6	3,9	4,2	4,5
1 enges Fügen 1 loses Fügen	einhändig		2,1	2,4	2,7	3,0	3,3	2,5	2,8	3,1	3,4	3,7
	beidhändig		3,7	4,0	4,3	4,6	4,9	4,4	4,7	5,0	5,3	5,6
2 enge Fügen	einhändig		2,7	3,0	3,3	3,6	3,9	3,1	3,4	3,7	4,0	4,3
	beidhändig		5,0	5,3	5,6	5,9	6,2	5,7	6,0	6,3	6,6	6,9

Übertrag

Abbildung 44: Kalkulationsblatt

2.3.2 Die Grundlagen der Fertigungsablaufplanung

Die **Fertigungsablaufplanung** legt die Reihenfolge der Arbeitsgänge für die Herstellung von Einzelteilen oder die Montage fest. Dabei orientiert sie sich an den vorhandenen **Arbeitssystemen** und an den durchführbaren **Fertigungsverfahren.** Die vorhandenen Kapazitäten werden dabei berücksichtigt. Zeigt es sich jedoch, daß zusätzliche Betriebsmittel erforderlich sind oder andere, bisher nicht angewendete Verfahren und Betriebsmittel wirtschaftlicher sind, kann durch die Fertigungsplanung die Einführung neuer Arbeitsverfahren und Betriebsmittel veranlaßt werden.*

✱ 305

In den folgenden Abschnitten werden einzelne Elemente der Fertigungsablaufplanung erläutert. Die in den Grundsätzen beschriebenen Elemente können auch mit Unterstützung von **EDV-Programmen** durchgeführt werden.

2.3.2.1 Formen der Arbeitsteilung

Wird der Umfang der Arbeit so groß, daß er von einem Menschen nicht mehr erledigt werden kann, so wird eine **Arbeitsteilung** erforderlich. REFA unterscheidet zwischen der Mengenteilung und der Artteilung.✱

✱ 306

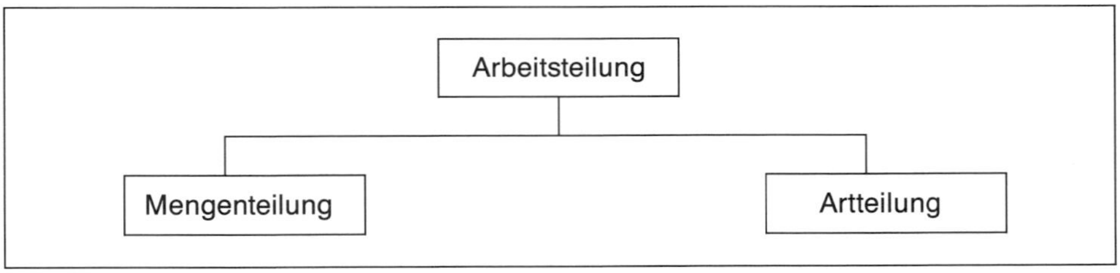

```
                    Arbeitsteilung
                   /              \
            Mengenteilung        Artteilung
```

Abbildung 45: Arbeitsteilung

Bei der **Mengenteilung** wird ein Arbeitsauftrag auf mehrere Menschen so verteilt, daß jeder den **gesamten Arbeitsablauf** an einer Teilmenge ausführt. Dadurch kann der gesamte Arbeitsauftrag in einer kürzeren Zeit fertiggestellt werden.✱

✱ 307

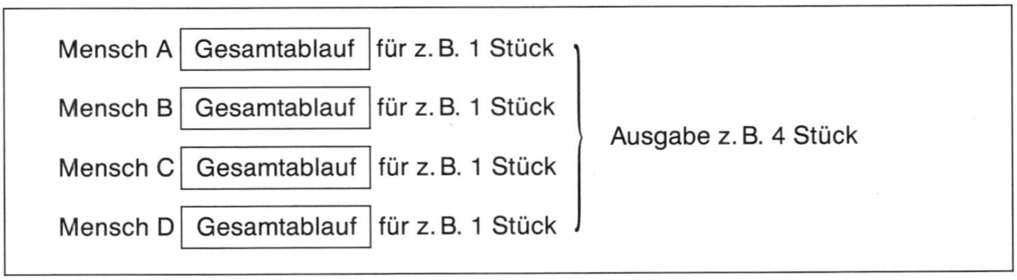

Mensch A | Gesamtablauf | für z. B. 1 Stück
Mensch B | Gesamtablauf | für z. B. 1 Stück
Mensch C | Gesamtablauf | für z. B. 1 Stück
Mensch D | Gesamtablauf | für z. B. 1 Stück

Ausgabe z. B. 4 Stück

Abbildung 46: Mengenteilung

Bei der **Artteilung** wird ein Arbeitsauftrag auf mehrere Menschen so verteilt, daß jeder nur einen **Teil des Gesamtablaufes** an der Gesamtmenge ausführt. Auch dadurch kann der Arbeitsauftrag in einer kürzeren Zeit fertiggestellt werden. Die einzelnen Menschen verrichten durch eine Spezialisierung die Arbeit schneller. Außerdem ist eine Überlappung der Arbeitsgänge möglich.✱

✱ 308

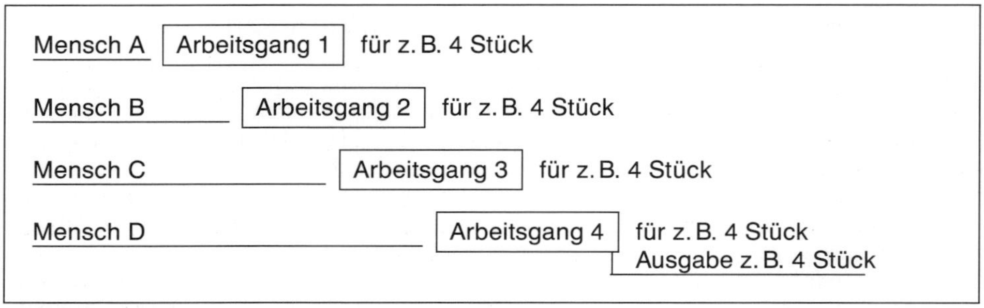

```
┌─────────────────────────────────────────────────────────────────┐
│  Mensch A  │ Arbeitsgang 1 │  für z. B. 4 Stück                  │
│                                                                  │
│  Mensch B          │ Arbeitsgang 2 │  für z. B. 4 Stück           │
│                                                                  │
│  Mensch C                  │ Arbeitsgang 3 │  für z. B. 4 Stück   │
│                                                                  │
│  Mensch D                          │ Arbeitsgang 4 │ für z. B. 4 Stück │
│                                                    └ Ausgabe z. B. 4 Stück │
└─────────────────────────────────────────────────────────────────┘
```

Abbildung 47: Artteilung

Bei großen Stückzahlen kann innerhalb der Artteilung eine Mengenteilung erforderlich sein.

Vorteile der Artteilung:
— Leichtere Anpassung der Arbeit an den Menschen.
— Günstigerer Bewegungsablauf.
— Geringere geistige Beanspruchung.
— Keine Umstellung auf andere Arbeitsgänge.
— Günstigere Möglichkeit des Einsatzes der Menschen nach ihrer Eignung.
— Einsatz von ungelernten Arbeitskräften.
— Kurze Anlernzeit.
— Verbesserung der Qualität der Arbeit.

Nachteile der Artteilung:
— Die Zahl der Griffe für das Aufnehmen und Ablegen von Arbeitsgegenständen steigt.
— Einseitige Muskelbeanspruchung kann auftreten.
— Bei kurzen Zyklen steigt die Monotonie.
— Die Anpassungsfähigkeit des Menschen an andere Arbeitsaufgaben wird geringer.٭

٭ 309

Die Artteilung wird begrenzt durch:
— die Zahl der für die Gesamtarbeit zur Verfügung stehenden Personen,
— die Unterteilbarkeit kleinster Verrichtungen,
— Nachteile zu einseitigen oder einförmigen Arbeitsaufgaben für die menschliche Leistungsfähigkeit und
— die zusätzlich entstehenden Förderkosten.

Bei der Artteilung nach der Art der Arbeitsverrichtung ist es wichtig, das richtige Maß zu finden. Es gilt nicht die maximale, sondern die **optimale** Arbeitsteilung zu ermitteln und einzuführen.

2.3.2.2 Die Gestaltung des Materialflusses

٭ 310
Unter innerbetrieblichem **Materialfluß** versteht man den Weg der Arbeitsgegenstände von der Ankunft bis zum Verlassen des Betriebes.٭

٭ 311
Ziel der Materialflußgestaltung ist die Senkung der Personal- und Betriebsmittelkosten, vor allem aber die Verkürzung der Durchlaufzeit der Arbeitsgegenstände, um die Kapitalbindung in Form angearbeiteter Arbeitsgegenstände zu senken. Dadurch kann die Raumnutzung verbessert werden.٭

Zur Betrachtung der Materialflußgestaltung sind räumliche, fertigungstechnische und fördertechnische Faktoren zu berücksichtigen.

2.3.2.2.1 Räumliche Faktoren

Die räumlichen Faktoren der Materialflußplanung umfassen den Standort des Betriebes, die Betriebsgebäude und die Förderwege. Die Wahl des Standortes eines Betriebes hängt u. a. von den Transportbedingungen (Wasser, Straße, Schiene, Luft) ab. Dadurch sind Möglichkeiten für Transport- und Transporthilfsmittel, die die Anlieferung und den Versand betreffen, vorgegeben.

Betriebsgebäude führen durch ihre Bauweise, Flachbauten oder mehrere Etagen, zu bestimmten **Förderarten**. Die Verwirklichung des **Flußprinzips** (Anordnung der Arbeitsplätze in der Reihenfolge des Arbeitsablaufes) führt meist zu einer länglichen Bauweise.∗ ∗ 312
In Querrichtung fördert man meist, wenn ein mehrstufiges, stark wechselndes Fertigungsprogramm vorliegt. Die Form führt zu einer guten Zuordnung der Fertigungsbereiche nach dem **Verrichtungsprinzip** (Zusammenfassung aller Arbeitsplätze mit gleicher oder ähnlicher Arbeitsaufgabe, Drehen, Bohren, Schweißen, usw.), siehe Abbildung auf der folgenden Seite.

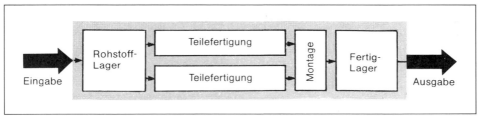

Abbildung 48: Beispiel eines längsorientierten Materialflusses

Die **Förderwege** sollen gerade und eben sein. Die Lage der Förderwege sollen ein Verteilen des Fördergutes nach beiden Seiten ermöglichen.
Förderwegebenen können horizontal, vertikal oder schräg sein. Sie bestimmen weitgehend die Auswahl und den Einsatz der Fördermittel. Besonderes Augenmerk ist auf Durchfahrtsöffnungen zu legen. Durch entsprechende Gestaltung kann Zugluft vermieden werden.∗ ∗ 313

2.3.2.2.2 Fertigungstechnische Faktoren

Die fertigungstechnischen Faktoren haben einen starken Einfluß auf den **Materialfluß,** und zwar auf die verwendbaren Fördermittel. Man unterscheidet zwischen der Fertigungsart (Einzel-, Serien- und Massenfertigung) und dem verwendeten Ablaufprinzip (Verrichtungs- und Flußprinzip).∗ ∗ 314
Die Einzelfertigung erfordert universell einsetzbare Fördermittel. Sie sollen den gesamten Fertigungsbereich bestreichen können.
Die Serienfertigung ermöglicht eine Spezialisierung der Fördermittel, meist der Förderhilfsmittel (Transportvorrichtungen). Die Arbeitsgegenstände können in speziellen Aufnahmen beschädigungsfrei transportiert werden. Der Grundsatz, das gleiche Behältnis für die Lagerung, den Transport und die Fertigung zu benutzen, kann verwirklicht werden.
Die Massenfertigung ermöglicht weitgehend die Anwendung ortsgebundener, meist auf den Anwendungsfall spezialisierter Fördersysteme.∗ ∗ 315

2.3.2.2.3 Fördertechnische Faktoren

Zu den fördertechnischen Faktoren der Materialflußgestaltung zählen die **Fördergüter,** die **Fördermengen** und die **Lagerungsart.** Das **Fördergut** wird allgemein hinsichtlich seines

2.3 Arbeitsplanung

Teil 1: **2 Betriebswirtschaft**

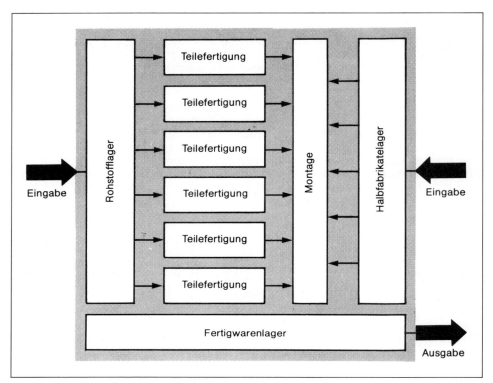

Abbildung 49: Beispiel eines quer- und längsorientierten Materialflusses

Zustandes (Stückgut oder Schüttgut), seiner Maße (Form und Gewicht) und seiner Empfindlichkeit gegen Beschädigungen gekennzeichnet.

Die **Fördermenge** wird auch Ladeeinheit genannt. Die Ladeeinheit kann ein Stück, ein Behälter, eine Palette, ein Gebinde oder ähnliches sein. Die Anzahl der in einer Periode (Stunde, Schicht, Woche) zu befördernden Ladeeinheiten ist ein wichtiger Faktor für die Materialflußgestaltung.

∗ 316 Die **Lagerung** soll einer begrenzten Bevorratung und dem Ausgleich von Bedarfsschwankungen dienen.∗

Man unterscheidet **Wareneingangs-, Zwischen-** und **Verkaufslager.** Diese Lager können von Betrieb zu Betrieb weiter gegliedert werden. Die Lager sind ebenso wie die Arbeitsplätze und Fördermittel Bestandteile des Materialflusses.

Die Einrichtung einer zentralen oder dezentralen Lagerung richtet sich nach betrieblichen Gegebenheiten. **Dezentrale Lagerung** ist in Verbrauchernähe, ermöglicht kurze Wege und schnelle Anlieferung am Arbeitsplatz, erfordert jedoch erhöhten Platzbedarf, höheren Verwaltungsaufwand und bedingt eine schwierigere Gesamtübersicht. Häufig werden beide
∗ 317 Formen nebeneinander angeordnet.∗

2.3.2.3 Arbeitssysteme

Die **Systemtechnik** lehrt die Beschreibung und Darstellungen von Zusammenhängen innerhalb eines Systems. Es gibt die unterschiedlichsten Arten von Systemen, z. B. natürli-

che Systeme (Sonnensysteme), künstliche vom Menschen geschaffene Systeme (Nummerungssysteme, Gleichungssysteme, Arbeitsplatzsysteme).
Im industriellen Bereich werden **technische** Systeme (Maschinen-Systeme), **soziale** Systeme (Systeme von Menschen) und **soziotechnische** Systeme (Mensch-Maschine-Systeme) unterschieden.✳ ✳

✱ 318
✱ 319

REFA definiert:
»**Arbeitssysteme** dienen der Erfüllung von Arbeitsaufgaben; hierbei wirken Menschen und Betriebsmittel mit der Eingabe unter Umwelteinflüssen zusammen.«✳

✱ 320

Mit Hilfe der aufgeführten sieben Systembegriffe
— Arbeitsaufgabe,
— Arbeitsablauf,
— Eingabe,
— Ausgabe,
— Mensch,
— Betriebsmittel,
— Umwelteinflüsse
können Arbeitssysteme beschrieben werden.
»Die **Arbeitsaufgabe** kennzeichnet den Zweck des Arbeitssystemes« (Flanschen bohren).
»Der **Arbeitsablauf** ist die räumliche und zeitliche Folge des Zusammenwirkens von Mensch und Betriebsmittel mit der Eingabe, um diese gemäß der Arbeitsaufgabe zu verändern oder zu verwenden.«

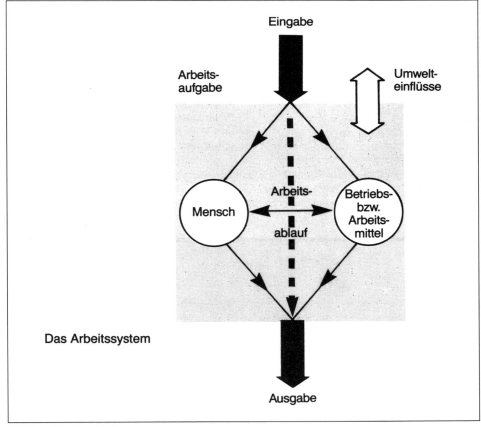

Abbildung 50: Das Arbeitssystem

2.3 Arbeitsplanung Teil 1: 2 Betriebswirtschaft

»Die **Eingabe eines Arbeitssystemes** besteht im allgemeinen aus Arbeitsgegenständen, aber auch aus Menschen, Informationen und Energie, die im Sinne der Arbeitsaufgabe in ihrem Zustand, ihrer Form oder ihrer Lage verändert oder verwendet werden sollen.«

»Die **Ausgabe eines Arbeitssystemes** besteht im allgemeinen aus Arbeitsgegenständen, aber auch aus Menschen und Informationen, die im Sinne der Arbeitsaufgabe verändert oder verwendet werden.«

※ 321 »Mensch und Betriebsmittel sind die **Kapazitäten des Arbeitssystemes,** die gemäß der Arbeitsaufgabe die Eingabe in die Ausgabe verändern.«※

»Die **Umwelteinflüsse** unterteilt man in physikalische und organisatorische sowie soziale Einflüsse, die auf das Arbeitssystem wirken oder unter Umständen auch von diesem erzeugt werden.«

2.3.2.4 Methoden der Ablaufanalyse

Ablaufanalyse ist – nach REFA – die Untersuchung des räumlichen und zeitlichen Zusammenwirkens von Mensch und Betriebsmittel mit dem Arbeitsgegenstand bzw. der Eingabe eines Arbeitssystemes unter Berücksichtigung ausgewählter Teilaspekte.

Eine Ablaufanalyse (Ist-Zustandsanalyse) soll ein **reproduzierbares** Abbild des Ist-Zustandes darstellen. Im Rahmen der Arbeitsgestaltung haben Ist-Zustandsanalysen im allgemeinen folgende Ziele:

— Klärung der Abgrenzung des zu gestaltenden Systems,
— Erkennen der Mängel des Ist-Zustandes,

※ 322 — Beschaffung von Daten und Informationen.※

Um **Mängel** im Ist-Zustand zu erkennen, sind Fragen wie z. B.
— Was ist der Zweck des Arbeitssystems?
— Was will man damit erreichen?
— Muß das sein?
— Ist das nötig?
zu stellen und zu beantworten.

Eine Ist-Zustandanalyse sollte nur so weit verfeinert werden, daß man alle wichtigen Mängel erkennt. Ziel einer Arbeitsgestaltung ist es, den Ist-Zustand durch einen Soll-Zustand zu ersetzen und nicht den Ist-Zustand zu zementieren.

※ 323 Die Abbildung 51 zeigt Formen, in denen Ablaufanalysen häufig dargestellt werden.※
Mischformen dieser Grundformen werden vielfach angewendet.

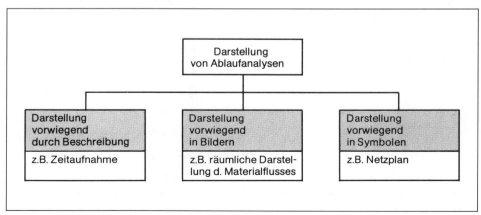

Abbildung 51: Darstellung von Ablaufanalysen

Teil 1: **2 Betriebswirtschaft** 2.3 Arbeitsplanung

Bei der beschreibenden Darstellung von Arbeitsabläufen werden die Abläufe abschnittsweise unter Nennung aller Daten und Einflußgrößen notiert. Außerhalb von Zeitaufnahmen können einfachere Formen von Ablaufanalysen durchgeführt werden.
Das Beispiel in Abbildung 52 zeigt die Arbeitsaufgabe: Anschlagwinkel bohren und biegen. In der Spalte »Bemerkungen« sind alle Mängel, Schwierigkeiten und Störungen des Arbeitsablaufes notiert.

Nr.	Ablaufabschnitt	Menge	Einflußgröße m	Einflußgröße kg	Ist-Zeit min	Bemerkungen
1	Blechstreifen holen	1	10		0,15	zusätzlicher Weg
2	in Schraubstock einsp., nachmessen				0,65	ungenüg. Vorber.
3	biegen				0,25	
4	ausspannen und prüfen				0,38	
5	zur Bohrmaschine		20		0,24	zu weit entfernt
6	einspannen, einschalten				0,25	
7	bohren				0,64	
8	ausschalten, ausspannen				0,24	
9	zur Schleifmaschine		10		0,12	Entfernung!
10	anstellen und einschalten				0,35	
11	schleifen				0,38	
12	ausschalten und prüfen				0,32	
13	zum Schraubstock		30		0,38	Entfernung!!
14	einspannen				0,26	
15	fertig bearbeiten				0,90	unsauberer Schnitt
16	ausspannen, ablegen				0,24	

Abbildung 52: Beschreibende Ablaufanalyse

Im nächsten Beispiel Abbildung 53 »Symbole für Materialflußuntersuchungen« wird der Durchlauf des Arbeitsgegenstandes mit Hilfe von Symbolen dargestellt. Den Symbolen sind bestimmte Bedeutungen zugeordnet.

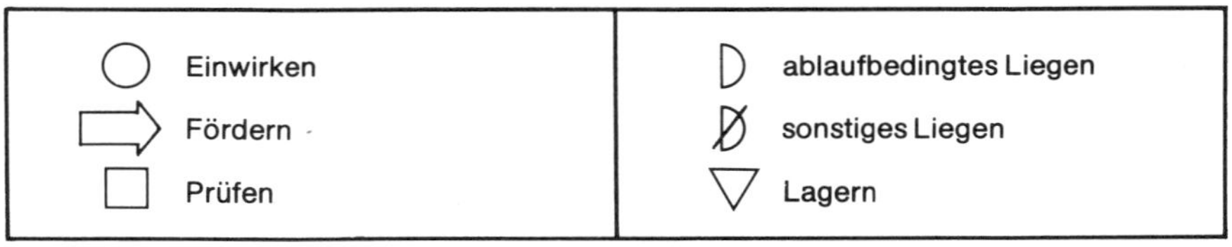

○ Einwirken	D ablaufbedingtes Liegen
⇨ Fördern	⌀ sonstiges Liegen
□ Prüfen	▽ Lagern

Abbildung 53: Symbole für Materialflußuntersuchungen

2.3 Arbeitsplanung

Nr.	Ablaufabschnitt	Ablaufarten des Arbeitsgegenstandes	Menge	Wege in m	Ist-Zeit in min	Bemerkungen
1	Eintragung in Posteingangsbuch	●⇨ ☐ D ▽				
2	im Ausgangskorb	○⇨ ☐ ● ▽			30	
3	zur Einkaufsabteilung	○⮕ ☐ D ▽		150		
4	im Eingangskorb	○⇨ ☐ ● ▽			30	
5	Bestellkopie zur Rechng.	●⇨ ☐ D ▽				
6	im Ausgangskorb	○⇨ ☐ ● ▽			60	
7	zur Abtlg. Rechnungskontr.	○⮕ ☐ D ▽		60		
8	im Eingangskorb	○⇨ ☐ ● ▽			120	
9	Rechnungsprüfung	○⇨ ■ D ▽				
10	Bestätigg. der Richtigkeit	●⇨ ☐ D ▽				
11	im Ausgangskorb	○⇨ ☐ ● ▽			60	
12	zur Direktion	○⮕ ☐ D ▽		100		
13	bei Sekretärin im Eingangskorb	○⇨ ☐ ● ▽			30	
14	persönl. Vorlage durch Sekretärin	○⮕ ☐ D ▽		5		
15	Freigabe zur Zahlung	●⇨ ☐ D ▽				
16	zurück ins Vorzimmer	○⮕ ☐ D ▽		5		
17	im Ausgangskorb	○⇨ ☐ ● ▽			60	
18	zur Buchhaltung	○⮕ ☐ D ▽		40		
19	im Eingangskorb	○⇨ ☐ ● ▽			90	
20	Verbuchung	●⇨ ☐ D ▽				
21	im Ausgangskorb	○⇨ ☐ ● ▽			150	
22	zur Abteilung Kasse	○⮕ ☐ D ▽		20		
23	im Eingangskorb	○⇨ ☐ ● ▽			60	
24	Ausschreiben d. Zahlung	●⇨ ☐ D ▽				
25	im Ausgangskorb	○⇨ ☐ ● ▽			180	
26	zur Registratur	○⮕ ☐ D ▽		200		
27	im Eingangskorb	○⇨ ☐ ● ▽			400	
28	Ablage	○⇨ ☐ D ▼				

Abbildung 54: Ablaufanalyse mit Materialflußsymbolen

Teil 1: **2 Betriebswirtschaft** 2.3 Arbeitsplanung

Es gibt auch Darstellungsformen, in denen vor allem das Verhältnis der Zeiten des Arbeitsgegenstandes für die genannten Ablaufarten erfaßt wird (siehe Abbildung 54).
Die Darstellung des Ablaufes in Bildern erfolgt im allgemeinen in Form von Grundrissen und von Filmen. In dem Grundriß werden die Materialwege eingezeichnet.
Für die **Darstellung von Abläufen in Symbolen** gibt es mehrere Formen. Es sollen als bevorzugte Möglichkeiten das Flußdiagramm, das Balkendiagramm und der Netzplan genannt werden. Hierbei wird die Reihenfolge der Tätigkeit und ihre Abhängigkeit deutlich. ∗

∗ 324

Eine einfache Form des **Flußdiagramms** zeigt die Abbildung 55. Die Länge der waagerechten Striche entspricht der Zeit der Arbeitsabläufe an den einzelnen Arbeitsplätzen. Die Mündungspunkte der Einzelteile oder Baugruppen in die Hauptlinie werden deutlich.

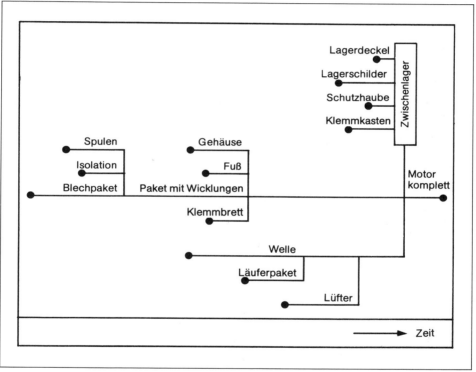

Abbildung 55: Einfaches Flußdiagramm

Flußdiagramme für Abläufe, in denen Entscheidungen zu treffen sind, verwenden folgende Symbole:

— ein Rechteck   für Tätigkeit,

— eine Raute   für eine Entscheidung.
(Um mehr Text unterzubringen, kann die Raute auch eine verlängerte Form erhalten).

Die Abläufe werden durch ein Start- und ein Ende- -Symbol begrenzt. Die Symbole werden durch Pfeile miteinander verbunden.

2.3 Arbeitsplanung

Ein Beispiel zeigt Abbildung 56.

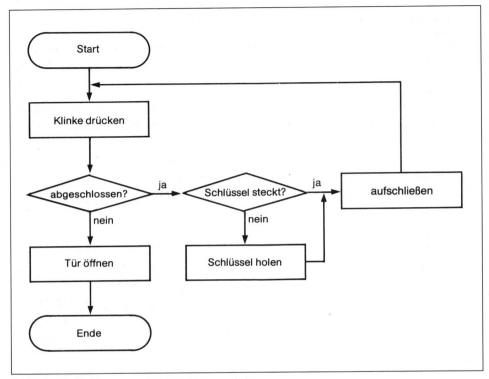

Abbildung 56: Flußdiagramm mit Entscheidungssymbolen

In einem **Balkendiagramm** können Abläufe ebenfalls dargestellt werden. Außer der einfachsten Darstellung gibt es die Möglichkeit, das Zusammenwirken von Mensch, Betriebsmittel und Arbeitsgegenstand in Form von Balkendiagrammen gemäß Abbildung 57 darzustellen.

Die **Netzplantechnik** ist eine dem Flußdiagramm ähnliche Darstellung von Abläufen. In den Knoten ist die Vorgangsbezeichnung, die Dauer, der Anfangs- und Endpunkt eingetragen. Die Pfeile kennzeichnen die Anordnungsbeziehungen der Vorgänge, wie Abbildung 58 zeigt.

Teil 1: **2 Betriebswirtschaft** 2.3 Arbeitsplanung

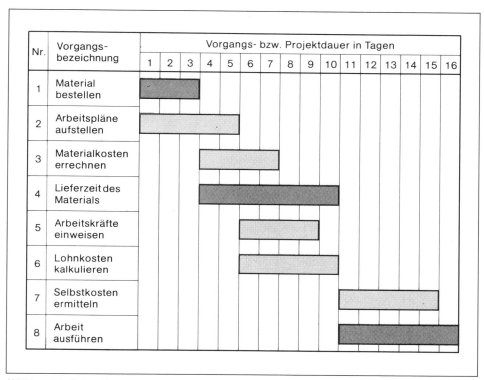

Abbildung 57: Balkendiagramm

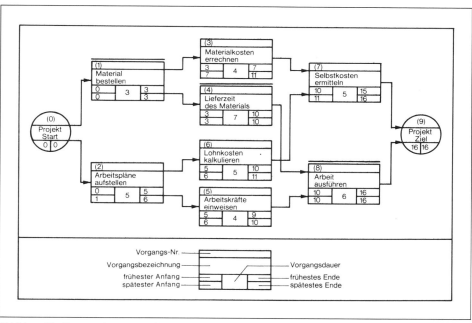

Abbildung 58: Vorgangsknotennetzplan

2.3.2.5 Die Bedeutung der Planungsebenen

Die **Planungsaufgaben** sind sehr vielfältig. In der Literatur findet sich eine Vielzahl von Bezeichnungen für die einzelnen Begriffe. Die folgenden Begriffe sind in Anlehnung an die REFA-Methodenlehre der Planung und Steuerung gewählt.
Die Planung in einem Unternehmen wird in verschiedenen Teilplänen für einzelne Bereiche durchgeführt. Ein Beispiel zeigt Abbildung 59.

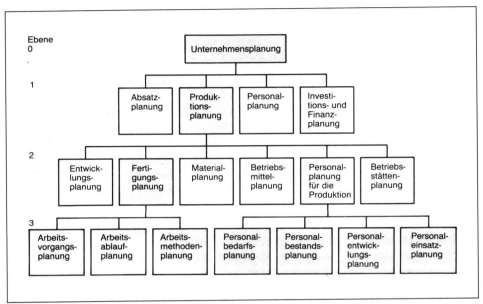

Abbildung 59: Beispiel für Teilplanungen

Die **gute Koordination** der Teilpläne setzt eine **gute Organisation** des Unternehmens voraus. Die Vermischung der Teilpläne sowie eine hierarchische Ordnung ist der Abbildung 60 zu entnehmen.
Aus den Planungsabbildungen geht hervor, daß die Planungszeiträume an die Planungsebenen gebunden sind.
Die **Zielplanung** ist als **langfristige Planung** in der Unternehmensplanung anzuordnen. Hierzu gehören z. B. Forschungs- und Entwicklungsplanung, Absatzplanung und Planung des Unternehmenszieles.∗

∗ 325

Je langfristiger eine Planung ist, um so mehr muß auch die Möglichkeit einer Anpassungskorrektur gegeben sein. Es ist außerordentlich schwierig, für langfristige Planungen Informationen mit der erforderlichen Genauigkeit zu beschaffen.
Die **mittelfristige Planung** geht bereits mehr in Einzelheiten. Nach Abbildung 59 ist die mittelfristige Planung in der Ebene 1 anzuordnen. Hierunter fallen z. B. Personal-, Investitions- und Produktionsplanung. Auch mittelfristige Planungen müssen sich der laufenden Entwicklung anpassen.∗

∗ 326

Die **kurzfristige Planung** ist in dieser Abbildung der Ebene 3 zuzuordnen. Die Erstellung der Arbeitspläne, die Materialbeschaffungs- und -bestandsplanung, der Personaleinsatz u. ä. werden kurzfristig geplant.∗

∗ 327

Der **Planungshorizont** ist der Zeitraum, für den die Planung Gültigkeit haben soll. Der Planungshorizont gibt an, wieviel Zeit zur Planung und Gestaltung zugestanden wird. Dieser Zeitraum richtet sich nach der Art der Erzeugnisse (Konsumgüter, Investitionsgüter, Groß-

Teil 1: **2 Betriebswirtschaft**   2.3 Arbeitsplanung

Planungsebenen	Definition der Ebenen	Vermaschung für Ebenen	Beispiele für Planungsaufgaben
Konzern	Konzern ist eine Gruppierung (Zusammenschluß) mehrerer Unternehmen zur Erreichung gemeinsamer Ziele	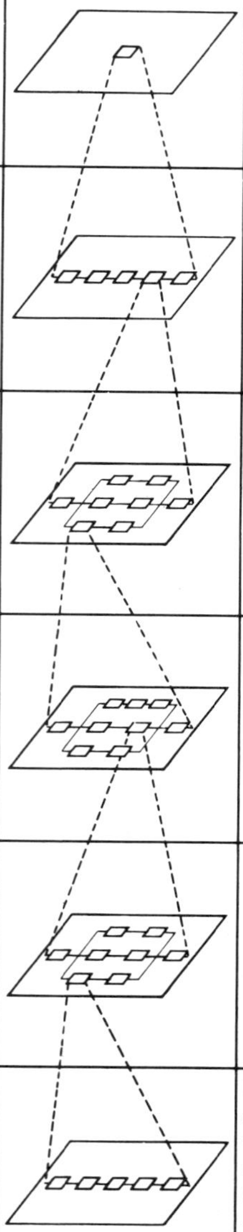	Koordination der Absatzplanungen für die einzelnen Unternehmen
Unternehmen oder Betrieb	Unternehmen ist eine rechtliche und organisatorische Einheit, die meist mehrere Werke umfaßt		Produktionsplanung für die einzelnen Werke
Werk	Werk ist eine wirtschaftlich-organisatorische und in der Regel räumliche Einheit		Planung für den Bereich Fertigung (Fertigungsplanung) oder z. B. für den Bereich Konstruktion
Bereich (z. B. Konstruktion, Fertigung, Vertrieb)	Bereich ist eine organisatorische Einheit innerhalb eines Werkes		Teilbreich Planung für den Vorfertigung oder Montage
Teilbereich (z. B. Vorfertigung, Montage, Versand oder z. B. erzeugnisorientierte Teilbereiche)	Teilbereich ist eine Zusammenfassung mehrerer gleichartiger oder ähnlicher Arbeitsplätze		Planung des Arbeitsablaufs, für einen oder mehrere Arbeitsplätze (z. B. Leistungsabstimmung bei Fließarbeit)
Arbeitsplatz (-gruppe) (z. B. in der Vorfertigung, in der Detailkonstruktion, in der Rechnungsprüfung)	Arbeitsplatz bzw. Arbeitsplatzgruppe ist eine räumliche Einheit, in der einzelne Arbeitsaufträge ausgeführt werden		Planung des Arbeitsplatzwechsels im Laufe der Schicht (autonome Arbeitsgruppen)

Abbildung 60: Beispiel für Planungsebenen

2.3 Arbeitsplanung

objekte). In Abbildung 61 werden die Planungshorizonte (Planungszeiträume) zusammengefaßt.∗

∗ 328

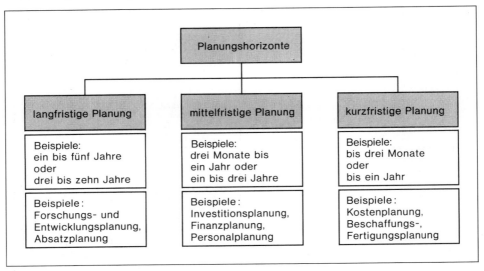

Abbildung 61: Planungszeiträume

2.3.2.6 Fristen- und Terminplanung

Der **Fristenplan** ist auftragsunabhängig. Es ist ein zeitpunktbezogener **Ablaufplan.** Er stellt die logische und zeitliche Aufeinanderfolge von Vorgängen zur Fertigung eines Teiles, einer Baugruppe oder eines Erzeugnisses dar. Der Fristenplan, auch Durchlaufplan genannt, wird als Balkendiagramm oder Netzplan dargestellt (unter 2.3.2.4). **Fristenpläne enthalten keine Termine.** Sie beginnen mit dem Zeitpunkt Null. Sie sind bei verzweigten Erzeugnissen mit vielen Baugruppen von Bedeutung.∗

∗ 329

Durch den Fristenplan sollen
— kurze Durchlaufzeiten durch niedrige Zwischen- und Zusatzzeiten — dadurch geringe Kapitalbindung,
— gute Nutzung vorhandener Kapazitäten,
— hohe Lieferbereitschaft
erreicht werden.
Aus dem Fristenplan kann durch Zuordnen von Anfangs- und Endterminen ein Terminplan erstellt werden. **Terminplanung** ist die Zuordnung von Arbeitsaufgaben mit bestimmter Dauer zu den Arbeitssystemen.∗

∗ 330

Bei der Terminplanung soll der Endtermin des Auftrages (auftragsorientierte Terminplanung) eingehalten, und die vorhandenen Kapazitäten (kapazitätsorientierte Terminplanung) sollen gleichmäßig genutzt werden. Beide Kriterien sind entsprechend den gesetzten Prioritäten so optimal wie möglich aufeinander abzustimmen. Prioritätsregeln sind in Abbildung 62 dargestellt.∗

∗ 331

Teil 1: **2 Betriebswirtschaft**　　　　　　　　　　　　　　　2.3 Arbeitsplanung

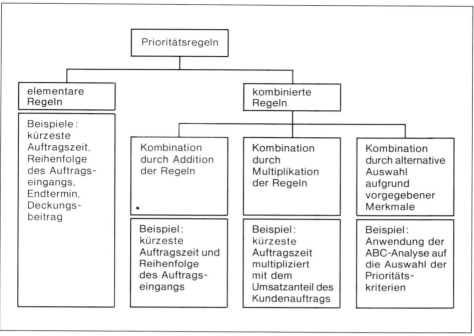

Abbildung 62: Prioritätsregeln

Die kapazitätsorientierte Terminplanung wird lang-, mittel- und kurzfristig durchgeführt (siehe Abbildung 63).
Im Rahmen der **langfristigen Terminplanung** sind Produktions- und Fertigungsprogramme zu erstellen, Liefertermine für Kundenaufträge festzulegen, und der monatliche Kapazitätsbedarf bzw. die Belastung für einzelne Bereiche sind zu ermitteln.∗　　∗ 332
Die **mittelfristige Terminplanung** geht von den Produktions- und Fertigungsprogrammen aus. Dabei werden, vom Fristenplan ausgehend, die Zwischentermine für die Engpaßkapazitäten, bei maschineller Terminplanung für alle Arbeitssysteme, ermittelt.∗　　∗ 333
Die **kurzfristige Terminplanung** bzw. Kapazitätsterminierung ist die Grundlage für die Bereitstellung und Aufgabenverteilung. Die Belegung der Einzel- oder Gruppenkapazitäten mit Werkstattaufträgen wird in einem etwa wöchentlichen Zyklus vorgenommen. Je nach Arbeitsumfang können die Belegungsperioden halbtägig, täglich oder mehrtägig gewählt werden. Die **Rückmeldungen** der erledigten Aufträge bilden die Grundlage für die **Feinterminierung** der folgenden Woche.∗　　∗ 334

2.3.2.7 Die Vorwärts- und Rückwärtsterminierung

Für die **Terminermittlung** gibt es mehrere Methoden. Beispielhaft sollen hier nur die Vorwärts- und Rückwärtsterminierung angesprochen werden (siehe Abbildung 64).∗　　∗ 335
Bei der **Vorwärtsterminierung** werden, ausgehend vom Starttermin, alle Anfangstermine und der Endtermin ermittelt.
Bei der Terminierung wird von der Erzeugnisgliederung (Abschnitt 2.3.1.2) ausgegangen. Dabei wird mit der Fertigung aller Teile zum Starttermin begonnen.
Dadurch entsteht für viele Teile eine lange Zwischenlagerzeit mit erhöhter Kapitalbindung.

2.3 Arbeitsplanung

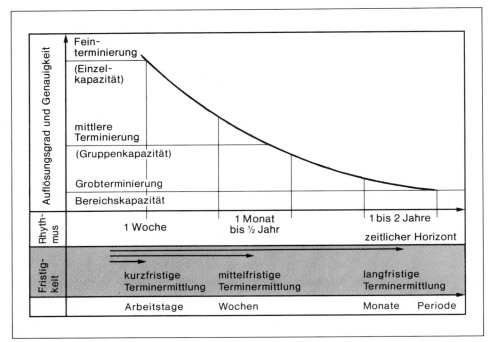

Abbildung 63: Zeiträume der Terminermittlung

Bei der Vorwärtsterminierung wird zum Starttermin die Dauer der einzelnen Vorgänge addiert.
Außerdem sind Zeiten zwischen den Arbeitsvorgängen für Kontrolle und Transport vorzusehen und zum Fertigstellungszeitpunkt des abgeschlossenen Vorganges zuzurechnen. So entsteht der Starttermin für den folgenden Arbeitsvorgang.✶ ✶

Bei der **Rückwärtsterminierung** wird vom Zieltermin ausgehend rückwärts gerechnet, und so werden alle End- und Starttermine ermittelt. Vom Endtermin wird die Dauer des letzten Arbeitsvorganges abgezogen. So entsteht der Starttermin des letzten Arbeitsvorganges. Von diesem Starttermin sind Zeiten für Transport und Kontrolle abzurechnen; das ergibt den Endtermin des vorhergehenden Arbeitsvorganges usw.✶

Die Rückwärtsterminierung führt zu kürzeren Lagerungszeiten und -kosten. Beim Auftreten von Störungen ist die Gefahr einer Terminüberschreitung sehr groß, da alle Zwischentermine auf dem spätesten zulässigen Zeitpunkt liegen.✶

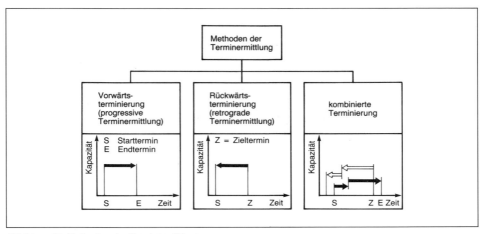

Abbildung 64: Methoden der Terminermittlung

2.3.2.8 Möglichkeiten zur Verkürzung der Durchlaufzeit

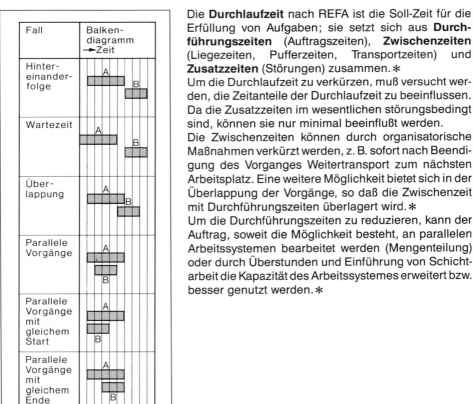

Die **Durchlaufzeit** nach REFA ist die Soll-Zeit für die Erfüllung von Aufgaben; sie setzt sich aus **Durchführungszeiten** (Auftragszeiten), **Zwischenzeiten** (Liegezeiten, Pufferzeiten, Transportzeiten) und **Zusatzzeiten** (Störungen) zusammen. ∗   ∗ 340
Um die Durchlaufzeit zu verkürzen, muß versucht werden, die Zeitanteile der Durchlaufzeit zu beeinflussen. Da die Zusatzzeiten im wesentlichen störungsbedingt sind, können sie nur minimal beeinflußt werden.
Die Zwischenzeiten können durch organisatorische Maßnahmen verkürzt werden, z. B. sofort nach Beendigung des Vorganges Weitertransport zum nächsten Arbeitsplatz. Eine weitere Möglichkeit bietet sich in der Überlappung der Vorgänge, so daß die Zwischenzeit mit Durchführungszeiten überlagert wird. ∗   ∗ 341
Um die Durchführungszeiten zu reduzieren, kann der Auftrag, soweit die Möglichkeit besteht, an parallelen Arbeitssystemen bearbeitet werden (Mengenteilung) oder durch Überstunden und Einführung von Schichtarbeit die Kapazität des Arbeitssystemes erweitert bzw. besser genutzt werden. ∗   ∗ 342

Abbildung 65: Möglichkeiten der Anordnung von Vorgängen

2.3.3 Aufgabe und Bedeutung des Fertigungsplanes

✱ 343
Die **Fertigungsplanung** hat die Aufgabe, nach Zeichnung und Konstruktionsstückliste **Fertigungsunterlagen** und **-anweisungen** auszuarbeiten, nach denen Teile, Baugruppen und die Erzeugnisse gefertigt werden können.✱

✱ 344
Die Fertigungsplanung strebt niedrige Herstellkosten je Mengeneinheit an. Um dieses Ziel zu erreichen, müssen die Materialien hinsichtlich ihrer Ausgangsform und Qualität ausgewählt werden. Die Arbeits- und Fertigungsverfahren sollen, soweit möglich, auf die vorhandenen Betriebsmittel ausgerichtet sein, um eine gute Kapazitätsauslastung zu erzielen. Die Fertigungsunterlagen sollen vollständig und verständlich sein. Die Arbeitsvorgangsfolge muß lückenlos festgelegt sein. Der Umfang der Fertigungsplanung ist von der Art der Fertigung abhängig.✱

Aus der Fertigungsplanung geht die Erstellung des Arbeitsplanes hervor. In manchen Betrieben wird **Fertigungsplan** und **Arbeitsplan** gleichgesetzt. Der Arbeitsplan sagt aus, mit welchen Arbeitsvorgängen und in welcher Reihenfolge aus vorgegebenen Material unter Einsatz bestimmter Kapazitäten und festgelegter Arbeitsmethoden sowohl Rohstoffe und Teile als auch Gruppen und Erzeugnisse hergestellt werden. Außerdem sind in Arbeitsplänen die Vorgabezeiten und gegebenenfalls die Lohngruppen angegeben.

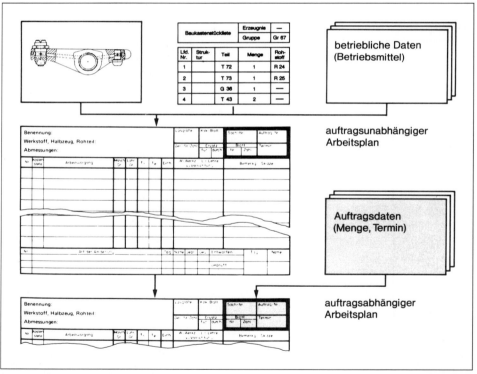

Abbildung 66: Daten zur Erstellung eines Arbeitsplanes

Der **Arbeitsplan** ist die Grundlage einer wirtschaftlichen Fertigung. Er schafft die Voraussetzungen für das Zusammenwirken von Mensch, Betriebsmittel und Arbeitsgegenstand. Eine Übersicht über die erforderlichen Dateien für die Erstellung der Arbeitsunterlagen zeigt Abbildung 67.

2.3.3.1 Daten des Arbeitsgegenstandes

In der Industrie wird statt der Bezeichnung **Arbeitsgegenstand** die Bezeichnung **Material** als Oberbegriff für Werkstoffe, Hilfs- und Betriebsstoffe verwendet. Im folgenden Abschnitt wird der Begriff Material synonym für Arbeitsgegenstand eingesetzt.
Die Daten des Arbeitsgegenstandes sind der Stückliste und der Materialkartei zu entnehmen (siehe Abbildung 67). Zu den Materialdaten auf der Stückliste zählen: die Benennung,

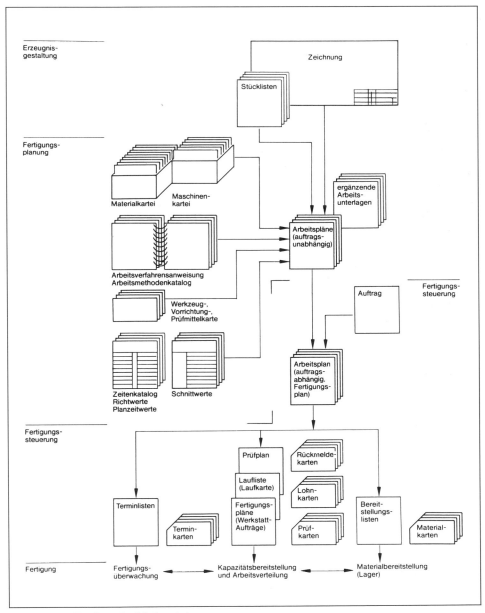

Abbildung 67: Erstellung der Arbeitsunterlagen

2.3 Arbeitsplanung   Teil 1: **2 Betriebswirtschaft**

∗ 345
Zeichnungs-Nr., Normblatt, Werkstoff, Rohmaße, Modell-Nr., Gesenk-Nr., Halbzeug, Roh-, Fertiggewicht in kg/Stück, Anlieferzustand, Stückzahl je Erzeugniseinheit u. ä. ∗
In der **Materialkartei** sind Angaben über den Werkstoff, die Abmessungen und die vorhandenen Mengen enthalten.

2.3.3.2 Daten der Betriebsmittel

Die Daten der Betriebsmittel sind in der AWF-Maschinenkarte und evtl. vorhandenen Betriebsmittelkarteikarten enthalten.
Der **AWF-Maschinenkarte** sind alle technischen Daten eines Betriebsmittels zu entnehmen. ∗

∗ 346

Der **Betriebsmittelkarteikarte** können der Betriebsmittelzustand, die Wartungsintervalle, ausgeführte Reparaturen, Überholungen, Zeichnungen und Ersatzteillisten entnommen werden. Es gibt verschiedene Nummern-Systeme für die Bezeichnung von Betriebsmitteln. ∗

∗ 347

Die Bezeichnung der Betriebsmittel und der Arbeitsplätze kann mit einer Arbeitsplatznummer, in Verbindung mit der Kostenstellennummer verwendet werden.
Mit der **Arbeitsplatznummer** erhält ein Betriebsmittel oder ein Arbeitsplatz seine Kennzeichnung. Zum Beispiel erhält eine Drehmaschine mit 250 mm Spitzenhöhe und 1 000 mm Spitzenweite die Nummer 123. Durch Vorsetzen der Kostenstellennummern kann der Standort (320/123) lokalisiert werden. ∗

∗ 348

Ein weiteres Beispiel legt in der ersten Stelle die Gattung der Maschine fest, z. B.
1 Drehmaschine
2 Bohrmaschine
3 Fräsmaschine
4 Schleifmaschine
usw.
In der zweiten Stelle wird eine Detaillierung vorgenommen, z. B.
10 Plandrehmaschine
11 Spitzendrehmaschine
12 Karusselldrehmaschine
13 Revolverdrehmaschine
usw.
18 Drehautomat mit 8 Spindeln
usw.
Die dritte und vierte Stelle gibt Größendaten einer Maschine, z. B. bei Drehmaschinen die Spitzenhöhe, bei Fräsmaschinen die Tischgröße usw., an.
Die fünfte und sechste Stelle gibt eine weitere Maschinengröße an, z. B. die Spitzenweite bei Drehmaschinen, den Spindeldurchmesser bei Fräsmaschinen.
Die Nummer im Zusammenhang setzt sich wie folgt zusammen:

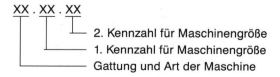

Mit diesem System kann eine Maschine relativ genau klassifiziert werden. Es gibt eine Vielzahl weiterer Nummernsysteme für Werkzeugmaschinen, auf die hier nicht eingegangen werden kann.

1	2	3	4	5	6	7	8	9	10	11	12	13	14	15	16	17	18	19	20	21	22	23	24	25	26	27	28	29	30	31

AWF® Maschinenkarte für Flachschleifmaschine

Grunddaten			
00 Kurzzeichen nach AWF 310			18 **Inventar-Nr.**
01 Benennung: Präzisions-Horizontal-Flach- und Profilschleifmaschine	06 Baujahr 1985	11 Masch.-Gruppe	19 **Kostenstelle**
	07 Liefer-Tag	13 Bestell-Nr.	
02 **Typ** PROFIMAT 408 / 03 Fabrik-Nr. 12 870	08 Liefer-Nr.		20 **Internes Kennzeichen**
04 Hersteller HAUNI-WERKE Körber & Co. KG., Bergedorf	09 Inbetriebn.		
00 / 05 Lieferer	10 Standort	17 Anschaffungskosten DM	

Technische Daten			
01 **Arbeitsbereich**			
60 max. Schleiflänge		800	mm
61 max. Schleifbreite		400	mm
max. Arbeitshöhe bei neuer/abgenutzter Schleifscheibe 65	500	/ 66 600	mm
99 max. Werkstückgewicht		800	kg
03 **Arbeitstisch**	12 Rundtisch-∅		mm
Aufspannfläche 60 Länge	1200 mm	x 61 Breite 350	mm
02 T-Nuten n. DIN		03 Anzahl 3	
04 Nutenbreite	14 mm	05 Nutenabstand 90	mm
Höhe über Flur min./max. 06	1080	/ 07 –	mm
04 **Schleifspindel**			
07 Werkzeugaufnahme	Kegel 1 : 7,5		
08 Spindel-∅ i. Vorderen Lager	–		mm
10 Schwenkbarkeit	–	°	
15 max. Drehmoment	–	Nm	
Zeichnungs-Nr.			

Zubehör / Sondereinrichtungen	**Besonders geeignet für**
Profiliergerät	
Magnetspannplatte	
Bandfilteranlage	

Lichtbild und Grundflächenmaße

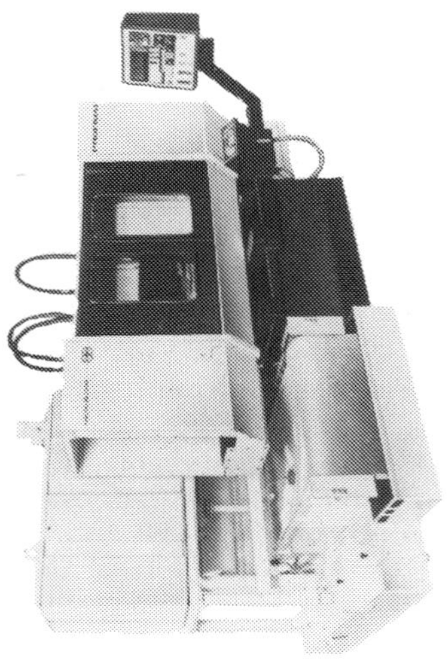

Fundamentplan-Nr. Stromlaufplan-Nr.

Best.-Nr. **AWF 3010** Nachdruck verboten (10.83) © 1981 by Ausschuß für Wirtschaftliche Fertigung e. V., Berlin Beuth-Verlag GmbH, Berlin 30

Abbildung 68: AWF-Maschinenkarte für Flachschleifmaschine (Vorderseite)

2.3.3.3 Daten für den Menschen

Daten über die **Mitarbeiter** sind in der Personalverwaltung auf Personalbögen gespeichert. Außerdem verfügt der Meister über weitere **qualitative Daten,** die er aus dem täglichen Umgang mit den einzelnen Mitarbeitern gewonnen hat.
Zu den **allgemeinen Daten** zählen Name, Alter, Geschlecht, Staatsangehörigkeit, Familienstand, Art und Dauer der Berufsausbildung, Beschäftigungsdauer u. a.
Zu den **qualitativen Daten,** über die der Meister zusätzlich verfügt, zählen: die Eignung für bestimmte Arbeiten, persönlicher Einsatz, Ausdauer, Qualität der Arbeitsausführung, Belastbarkeit, soziales Verhalten, geistige Beweglichkeit u. ä.
Für die Beurteilung der Mitarbeiter, die turnusgemäß erfolgen soll, muß sich der Meister Notizen anlegen. Aus diesen Beurteilungen sind über den Leistungsstand und das Verhalten des Mitarbeiters ebenfalls Daten zu entnehmen.∗

∗ 349

2.3.3.4 Fertigungsabläufe festlegen

Die Festlegung des **Fertigungsablaufes** muß unter wirtschaftlichen Gesichtspunkten geplant werden. Dabei sind die erforderlichen Kapazitäten der Betriebsmittel und die Materialien zu berücksichtigen.∗

∗ 350

Bei der Erstellung der **Arbeitspläne** sind die Fertigungsverfahren und vorhandenen Betriebsmittel zu nutzen.
Die Auslastung der vorhandenen, aber nicht immer optimalen, Betriebsmittel kann wirtschaftlicher sein als die Anschaffung neuer Betriebsmittel, die nicht ausgelastet sind.

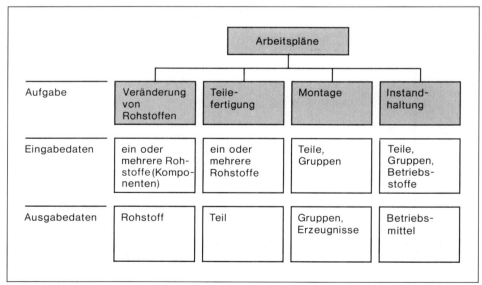

Abbildung 69: Arbeitspläne für verschiedene Aufgaben

Für **Materialien** gilt, daß im Lager vorrätiges Material dem Kauf von einzelnen geringen Mengen vorzuziehen ist. Außerdem ist auf den Verschnitt zu achten. In der tabellarischen Darstellung sind die verschiedenen Aufgaben der Arbeitspläne zusammengefaßt.
Aus dem Grundaufbau des Arbeitsplanes werden eine Vielzahl von Arbeitsplanvarianten abgeleitet: zum Beispiel Ablaufarbeitsplan, Aufzählungsarbeiten, Elementararbeitsplan,

Variantenarbeitsplan. Es sind weiter **auftragsunabhängige** und **auftragsabhängige Arbeitspläne** zu unterscheiden.
Der **auftragsunabhängige Arbeitsplan** wird im allgemeinen in der Fertigungsplanung erstellt. Die im auftragsunabhängigen (auftragsneutralen) Arbeitsplan enthaltenen Daten sind in Abbildung 70 aufgeführt.

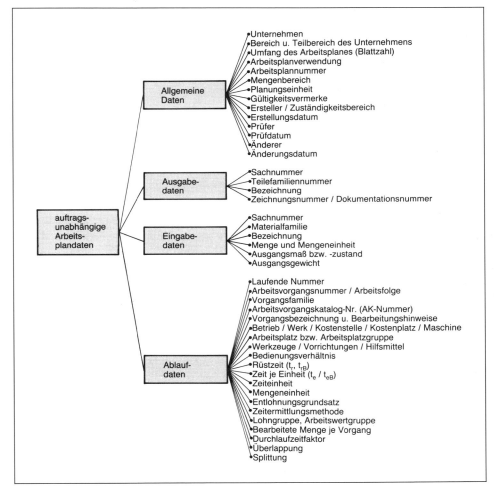

Abbildung 70: Daten im auftragsunabhängigen Arbeitsplan

Im Auftragsfalle wird der auftragsunabhängige Arbeitsplan im Rahmen der Fertigungssteuerung durch Auftragsdaten ergänzt. Die auftragsabhängigen Daten im Auftragsarbeitsplan sind in Abbildung 71 dargestellt.

2.3 Arbeitsplanung

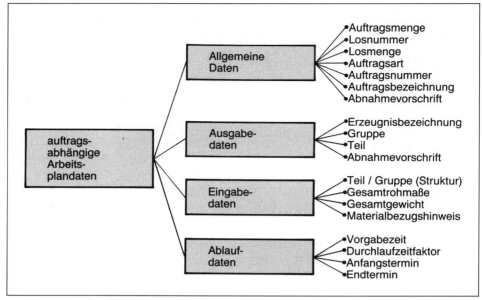

Abbildung 71: Auftragsabhängige Daten im Auftragsarbeitsplan

In der Einzelfertigung werden überwiegend auftragsabhängige Arbeitspläne erstellt.

2.3.3.5 Werkstoffbedarfsrechnung

∗ 351 Die Materialien werden in drei Klassen unterschieden, siehe Abbildung 72. ∗

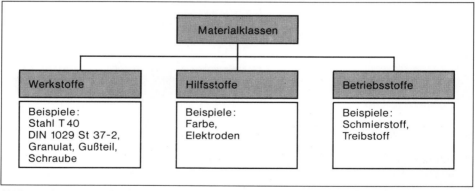

Abbildung 72: Klassen des Materials

Nach REFA ist der **Werkstoff** das **Material,** das zur Fertigung eines Teiles, einer Gruppe oder eines Erzeugnisses unmittelbar benötigt wird und in diesem entweder in unveränderter oder in veränderter Form nachgewiesen werden kann. ∗

∗ 352

Der **Hilfsstoff** ist das Material, das zur Fertigung eines Teiles, einer Gruppe oder eines Erzeugnisses nur mittelbar benötigt wird und in diesem nur in unbedeutenden Mengen nachgewiesen werden kann.

Der **Betriebsstoff** ist ein Material, das zur Fertigung eines Teiles, einer Gruppe oder eines Erzeugnisses erforderlich ist und in diesem nicht nachgewiesen werden kann.
Die Werkstoffsbedarfsermittlung kann je nach Fertigungsart und betrieblichen Gegebenheiten auftrags- oder periodenbezogen durchgeführt werden.
Bei der **auftragsbezogenen** Werkstoffermittlung ist die Auflösung der Stückliste für den Werkstoffbedarf so vorzunehmen, daß die je Teil oder Gruppe erforderlichen Werkstoffe, Normteile und Fertigteile aufgelistet werden. Hieraus kann der Bedarf je Werkstoffart und -abmessung für ein Erzeugnis ermittelt werden.
Von dem augenblicklichen Lagerbestand sind die reservierten Mengen für bereits laufende Aufträge abzuziehen. Alle bis zum Zeitpunkt des Fertigungsbeginns des betrachteten Auftrages eingehenden Lieferungen sind zum Bestand zu addieren. Die so ermittelten vorhandenen Mengen sind mit den benötigten Mengen zu vergleichen, und entsprechende Maßnahmen sind einzuleiten. ∗   ∗ 353

Beispiel

Augenblicklicher Lagerbestand	210 Stück
	minus
reservierte Teile für laufende Aufträge	− 195 Stück
	plus
zu erwartende Eingänge	+ 50 Stück
Ausgangsbestand	65 Stück
Bedarf für Auftrag XY	105 Stück

Ergibt einen Minusbestand von 40 Stück.
Der Bedarf ergibt sich aus dem Minusbestand plus einem Sicherheitsbestand für Ausschuß und Ersatzbedarf.
Die **periodenbezogene** Bedarfsermittlung geht von dem Verbrauch der zurückliegenden Perioden aus. Daraus wird mit Hilfe verschiedener Verbrauchsmodelle (siehe Abbildung 73) der zukünftige Verbrauch ermittelt. ∗   ∗ 354

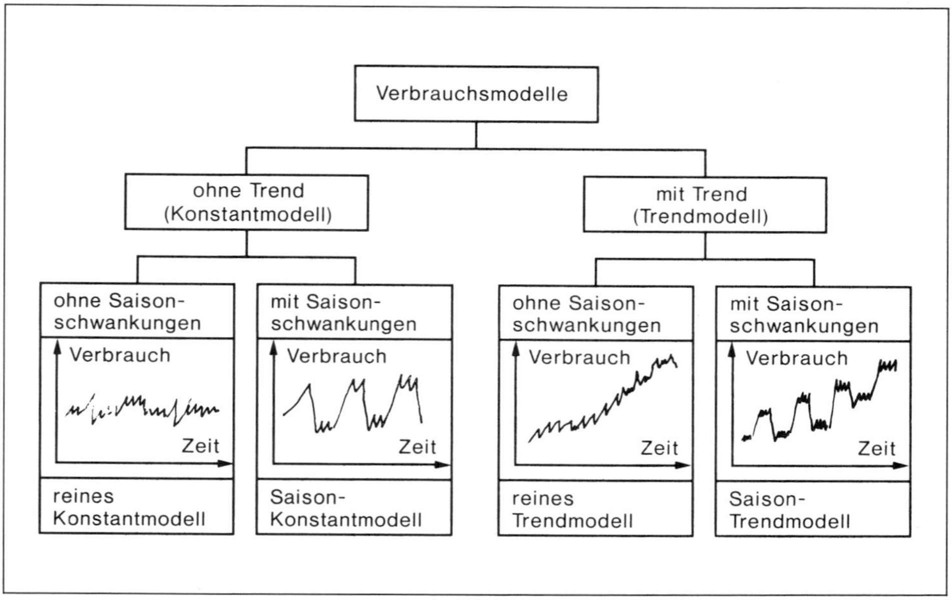

Abbildung 73: Verbrauchsmodelle

2.3.3.6 Das Zusammenwirken von Mensch, Betriebsmittel und Arbeitsgegenstand

Aufgabe des Fertigungsplanes ist es, das **Zusammenwirken** von Mensch, Betriebsmittel und Arbeitsgegenstand zu optimieren. Das bedeutet, daß der Mensch wenig Wartezeiten, das Betriebsmittel wenig Stillstandszeiten und der Arbeitsgegenstand wenig Liegezeiten hat. Da diese Forderung in den wenigsten Fällen zu erfüllen ist, sind Kompromisse zu schließen. Dabei ist von den Kosten auszugehen. Ist das benutzte Betriebsmittel in den Kosten je Zeiteinheit gering, so ist nach Möglichkeit die Zeit des Menschen mit Tätigkeiten zu füllen, wobei Stillstandszeiten des Betriebsmittels in Kauf genommen werden. Ist dagegen der Maschinenstundensatz des Betriebsmittels hoch, so soll das Betriebsmittel möglichst wenig Stillstandszeiten aufweisen. Wartezeiten des Menschen werden hingenommen. In einer Zeitbanddarstellung kann das Zusammenwirken von Mensch, Betriebsmittel und Arbeitsgegenstand anschaulich gemacht werden.∗

∗ 355

2.3.4 Grundsätze zur Gestaltung des Arbeitsplatzes und des Arbeitsvorganges

Im Vordergrund steht die Gestaltung von **ortsgebundenen Arbeitssystemen** mit Einzelarbeit. Rationalisierungsansätze für das Zusammenwirken von Mensch und Betriebsmittel mit dem Arbeitsgegenstand werden aufgezeigt. Daraus ergeben sich Schwerpunkte der Arbeitsplatzgestaltung.∗

∗ 356

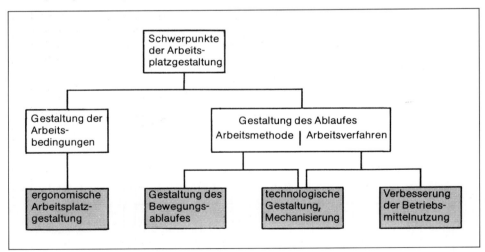

Abbildung 74: Schwerpunkte der Arbeitsplatzgestaltung

2.3.4.1 Aspekte der Arbeitsplatzgestaltung

Zu den Bedingungen eines **Arbeitssystemes** sind alle technischen, wirtschaftlichen, organisatorischen und sozialen Einflüsse, denen ein Arbeitssystem ausgesetzt ist, zu zählen. Es sind für jedes Arbeitssystem jeweils nur diejenigen **Arbeitsbedingungen,** die bei einer

Veränderung einen wesentlichen Einfluß auf das Arbeitssystem ausüben, besonders zu beachten.∗ ∗ 357
Die Gestaltung der **Arbeitsmethode** beinhaltet die Erstellung von Regeln zur Ausführung des Arbeitsablaufes bei einem bestimmten **Arbeitsverfahren**. Dabei ist von ergonomischen Gesichtspunkten auszugehen. Gut ist die Arbeitsmethode, die mit geringstem Aufwand zu einem hohen Arbeitsergebnis führt.∗ ∗ 358
Die **Arbeitsweise** ist die individuelle Ausführung des Arbeitsablaufes durch den Menschen. Bei Einhaltung der Arbeitsmethode ist das der Spielraum, der durch die Persönlichkeit des arbeitenden Menschen ausgefüllt werden kann.∗ ∗ 359
Um die Arbeitsverfahren zu gestalten, ist es erforderlich, daß der Arbeitsgestalter sich ständig mit neuen Technologien befaßt und diese dann auf die Anwendbarkeit für den gerade vorliegenden Fall überprüft.

2.3.4.2 Arbeitsplatztypen

Die **Arbeitsplatztypen** kennzeichnen nach REFA die Beweglichkeit der Systemelemente von Arbeitssystemen zueinander und gegenüber ihrer Umwelt. Die wesentlichen Arbeitsplatztypen sind in Abbildung 75 zusammengestellt.∗ ∗ 360

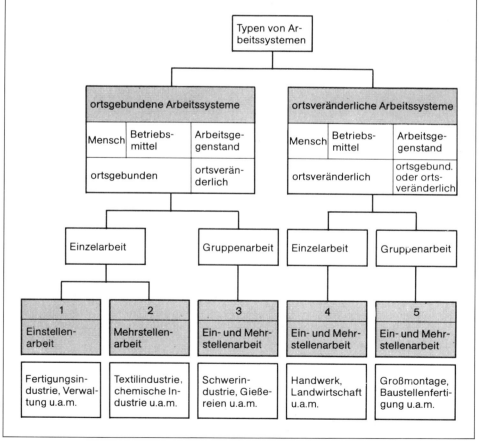

Abbildung 75: Arbeitsplatztypen

2.3 Arbeitsplanung

Ortsgebundene Arbeitssysteme sind nach REFA dadurch gekennzeichnet, daß Mensch und Betriebsmittel an einem festen Platz ihre Arbeitsaufgabe erfüllen und die Eingabe dem Arbeitssystem zugeführt sowie die Ausgabe von ihm weggeführt wird. Maschinen- und Montageplätze in Fabriken sind als Beispiele anzuführen.∗

Bei **ortsveränderlichen** Arbeitssystemen folgen der Mensch und das Betriebsmittel dem Arbeitsgegenstand (Straßenbau) oder sie transportieren den Arbeitsgegenstand, wobei sich Betriebsmittel (Fahrzeug) und Mensch (Fahrer) mit dem Arbeitsgegenstand fortbewegen.∗

2.3.4.3 Ablaufprinzipien

Die verschiedenen **Ablaufprinzipien** sind durch die Art und Weise der Aufteilung eines ganzheitlichen Arbeitsablaufes auf ein oder mehrere Arbeitssysteme gekennzeichnet. Aus einer Vielzahl von Möglichkeiten sind in Abbildung 76 nach REFA häufig auftretende Ablaufprinzipien dargestellt.∗

Bei der **Werkbankfertigung** handelt es sich um einen ortsgebundenen Arbeitsplatz, an dem Erzeugnisse einzeln oder in kleinen Auftragsmengen vom Beginn der Bearbeitung bis zur Fertigstellung hergestellt werden.∗

Es besteht kein zwangsläufiger Übergang zu anderen Arbeitssystemen.
Für dieses Ablaufprinzip sind Menschen mit hoher fachlicher Qualifikation erforderlich. Durch den niedrigen Mechanisierungsgrad entstehen geringe Arbeitsplatzkosten. Es ist flexibel gestaltbar für die unterschiedlichsten Fertigungsaufgaben.

Beim **Verrichtungsprinzip** sind die Arbeitssysteme eines Betriebes nach Arbeitsverfahren geordnet und räumlich zusammengefaßt. Dadurch entstehen Gruppen von Arbeitssystemen mit dem gleichen Verrichtungszweck (Dreherei, Fräserei, Schleiferei usw.). Abbildung 77 stellt die Fertigung nach dem Verrichtungsprinzip dar.∗

Aus dem eingezeichneten Ablauf werden die langen Wegstrecken für die Bearbeitung eines Teiles deutlich.

Vorteile des Verrichtungsprinzips sind eine hohe Flexibilität, Unempfindlichkeit gegen Schwankungen im Teilespektrum und bei Personalausfall, gute Auslastung der Betriebsmittel, räumliche Abtrennung von Arbeitssystemen, die besondere Umgebungseinflüsse verursachen oder erfordern.∗

Nachteile des Verrichtungsprinzips sind z.B. lange Transportwege, höhere Transportkosten, längere Durchlaufzeiten, schwer zu überblickender Materialfluß.

Im **Flußprinzip** sind die Arbeitssysteme in der Reihenfolge des Arbeitsablaufes zur Herstellung bestimmter Arbeitsgegenstände angeordnet. Die Ordnung der Arbeitssysteme ist erzeugnisgebunden. In Abbildung 78 ist der Durchlauf des gleichen Arbeitsgegenstandes wie in Abbildung 77 zum Vergleich aufgezeigt.∗

Die Verkürzung der Wegstrecken im Flußprinzip gegenüber dem Verrichtungsprinzip durch die veränderte Anordnung der Arbeitsplätze ist deutlich.

Die Fertigung nach dem Flußprinzip läßt sich in
— Reihenfertigung und
— Fließfertigung
unterteilen.∗

Bei der **Reihenfertigung** (siehe Abbildung 79) besteht keine zwangsweise zeitliche Bindung zwischen den einzelnen Arbeitsplätzen. Die Weitergabe des Arbeitsgegenstandes zum nächstfolgenden Arbeitsplatz erfolgt über einen Puffer. Je nach Größe der Teile kann dieser Puffer verschieden groß sein. Trotz dieser Puffer ist eine zeitliche Abstimmung der einzelnen Arbeitsplätze erforderlich.∗

Teil 1: **2 Betriebswirtschaft** 2.3 Arbeitsplanung

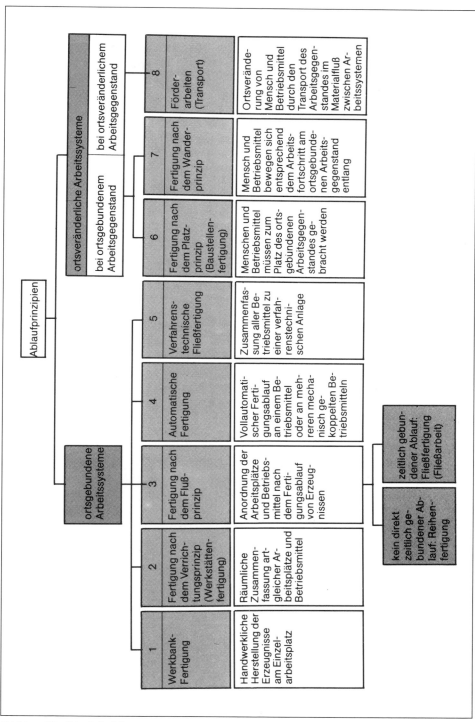

Abbildung 76: Ablaufprinzipien

2.3 Arbeitsplanung

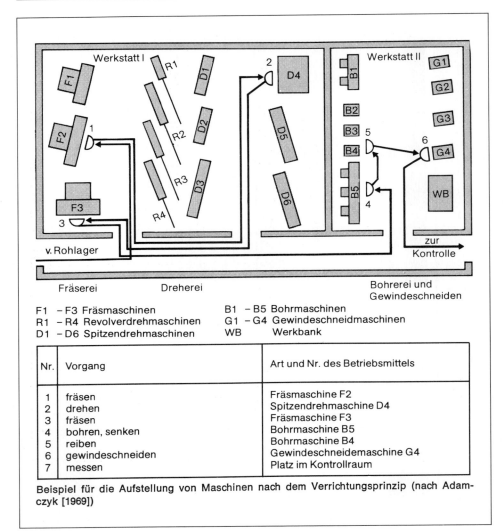

Abbildung 77: Anordnung der Arbeitssysteme nach dem Verrichtungsprinzip

Bei der **Fließfertigung** besteht eine zeitliche Bindung des Ablaufes.
Der Durchlauf der Arbeitsgegenstände durch die einzelnen Arbeitsplätze ist so abgestimmt, daß zwischen den Arbeitsplätzen keine Liegezeiten des Arbeitsgegenstandes entstehen. Als Transportmittel wird meist ein Förderband mit unterschiedlichster Oberflächenbeschaffenheit benutzt. Es können auch Montagevorrichtungen auf dem Förderband angebracht sein. Dieses Förderband kann kontinuierlich laufen oder den Arbeitsgegenstand in rhythmischen Abständen einen Arbeitsplatz weiter transportieren.∗

Teil 1: **2 Betriebswirtschaft** 2.3 Arbeitsplanung

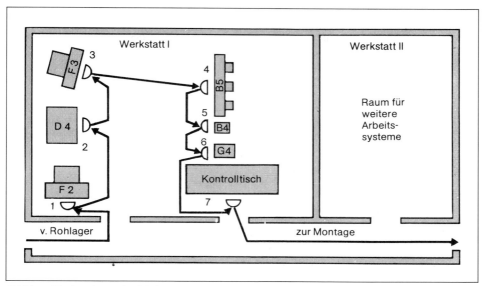

Abbildung 78: Anordnung der Arbeitssysteme nach dem Flußprinzip

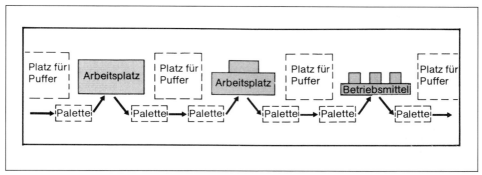

Abbildung 79: Reihenfertigung mit Zwischenpuffer

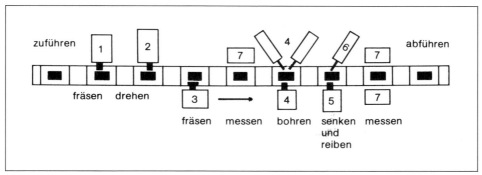

Abbildung 80: Beispiel für Fließarbeit

Nach REFA ist **Fließarbeit** eine lückenlose Folge von Vorgängen, die ein Werkstück durchläuft und die von mehreren Menschen ausgeführt werden, deren Arbeitssysteme räumlich

2.3 Arbeitsplanung Teil 1: **2 Betriebswirtschaft**

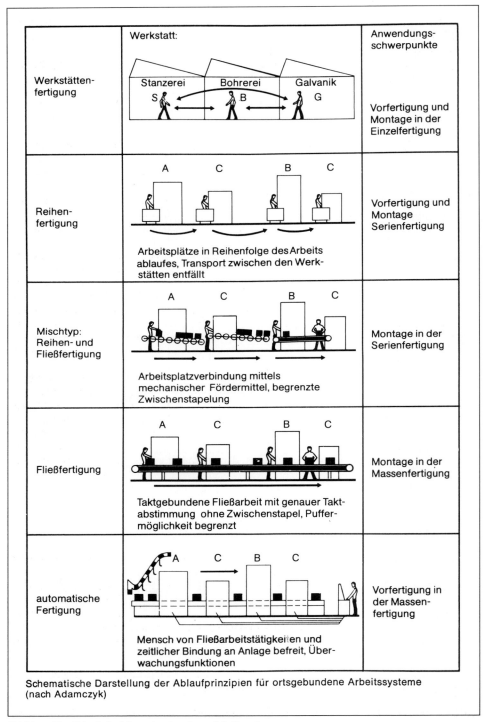

Abbildung 81: Ablaufprinzipien ortsgebundener Arbeitssysteme

und zeitlich aufeinander abgestimmt sind.
Um die starre Abhängigkeit der Arbeitsplätze zueinander zu mildern, werden verschiedene Puffersysteme zwischengeschaltet.
Als **Vorteile** der Fließfertigung sind zu nennen:
Geringstmögliche Durchlaufzeit der Erzeugnisse, Übersichtlichkeit der Fertigung, kurze Anlernzeit, größere Unfallsicherheit, geringere Kosten.∗   ∗ 371
Nachteile der Fließfertigung:
Empfindlich gegen Produktionsschwankungen, Störungen bei Personalausfall, empfindlich gegen Änderungen, Schwierigkeiten bei der Taktabstimmung, Mindernutzung von Betriebsmitteln, hoher Investitionsaufwand.
Die **automatische Fertigung** erstreckt sich von einem Einzelautomat über die Koppelung von Einzelautomaten durch ein selbständiges Fördersystem (Verbundautomaten) bis zur Transferstraße. Bei der Transferstraße sind gegenüber den Verbundautomaten selbsttätige Kontroll- und Steuereinrichtungen eingebaut.
Die Aufgabe des Menschen besteht im Rüsten, Beschicken, Entleeren, Instandhalten und Überwachen derartiger Anlagen.∗   ∗ 372
Der Einsatz von automatischen Fertigungseinrichtungen ist nur bei hohen Stückzahlen wirtschaftlich vertretbar.
Abbildung 81 zeigt schematisch verschiedene Ablaufprinzipien für ortsgebundene Arbeitssysteme. Diese Ablaufprinzipien sind für verschiedene Fertigungsarten anzuwenden.
Bei der **verfahrenstechnischen Fließfertigung** wird der Ablauf durch die Verfahrenstechnik festgelegt. Meist handelt es sich dabei um kontinuierlich arbeitende Großanlagen für Massengüter (Raffinerien). Der Mensch hat hierbei hauptsächlich überwachende Funktionen.∗   ∗ 373
Die Fertigung nach dem **Platzprinzip** wird oft auch als Baustellenfertigung bezeichnet. Bei diesem Ablaufprinzip ist der Arbeitsgegenstand ortsgebunden. Die Menschen, Betriebsmittel sowie die Werkstoffe müssen zum Platz des herzustellenden Arbeitsgegenstandes oder Projektes gebracht werden.∗   ∗ 374
Bei der Fertigung nach dem **Wanderprinzip** ist der Arbeitsgegenstand ortsgebunden. Menschen und Betriebsmittel bewegen sich entsprechend dem Arbeitsfortschritt am Arbeitsgegenstand entlang. Dieses Prinzip findet z. B. beim Verlegen von Pipelines, bei Straßen und Gleisbauarbeiten, beim Bearbeiten eines Ackers usw. Anwendung.∗   ∗ 375
Das **Fördern** als Ablaufprinzip ist dadurch gekennzeichnet, daß es ein ortsveränderliches Arbeitssystem mit ortsveränderlichen Arbeitsgegenständen darstellt. Menschen und Betriebsmittel wirken zusammen, um die Arbeitsaufgabe, den Transport von Materialien, zu erfüllen.∗   ∗ 376

2.3.4.4 Ergonomische Arbeitsplatzgestaltung

Ergonomie ist die Lehre von der menschlichen Arbeit. Sie erforscht die Eigenarten und Fähigkeiten des menschlichen Organismus. Dadurch besteht die Möglichkeit der Anpassung der Arbeit an den Menschen und umgekehrt des Menschen an die Arbeit. Diese Anpassung liegt im Bereich der körpergerechten Gestaltung der Arbeitsplätze, der Beschränkung der Beanspruchung durch die Arbeit, der Gestaltung der Umwelteinflüsse sowie einem wirtschaftlichen Einsatz menschlicher Fähigkeiten. Abbildung 82 zeigt Teilgebiete der ergonomischen Arbeitsplatzgestaltung, die im folgenden besprochen werden.∗   ∗ 377

2.3.4.4.1 Anthropometrische Arbeitsplatzgestaltung

Anthropometrie ist die Lehre von der Ermittlung und Anwendung der Körpermaße des Menschen.

2.3 Arbeitsplanung   Teil 1: 2 Betriebswirtschaft

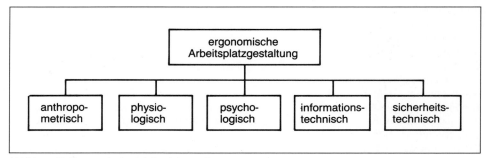

Abbildung 82: Ergonomische Arbeitsplatzgestaltung

Die **anthropometrische** Arbeitsplatzgestaltung umfaßt die Anpassung der Abmaße des Arbeitsplatzes an die menschlichen Körpermaße.

In Abhängigkeit der Körpermaße sind die Arbeitsplatzhöhen bei stehender oder sitzender Arbeit, der günstigste Blickwinkel, die Größe des Greifraumes, die Fuß- und Kniefreiheit zu ermitteln. Die Gestaltung der Griffe hinsichtlich der Form und Abmessung sowie der Griffanordnung am Betriebsmittel gehören ebenfalls zur anthropometrischen Arbeitsplatzgestaltung. Die Abbildungen 83 und 84 zeigen Beispiele zur anthropometrischen Arbeitsplatzgestaltung.∗

∗ 378

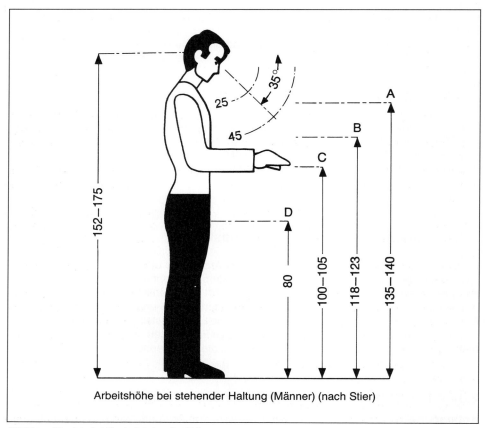

Abbildung 83: Arbeitshöhe bei stehender Haltung

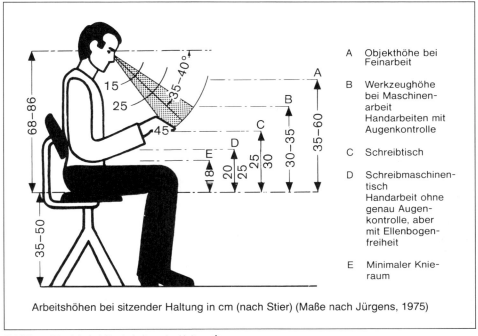

Arbeitshöhen bei sitzender Haltung in cm (nach Stier) (Maße nach Jürgens, 1975)

Abbildung 84: Arbeitshöhe bei sitzender Haltung*   * 379

2.3.4.4.2 Physiologische Arbeitsplatzgestaltung

Die **physiologische Arbeitsplatzgestaltung** hat das Ziel, die Arbeitsmethode und die Arbeitsbedingungen dem menschlichen Körper anzupassen. Hierbei sollen der Wirkungsgrad menschlicher Arbeit verbessert und günstige Umgebungseinflüsse geschaffen werden.*   * 380

Die **physiologische** Arbeitsplatzgestaltung ist um so besser gelungen, je höher das Ergebnis eines Arbeitssystemes bei geringer Belastung und Beanspruchung des arbeitenden Menschen ist.

Durch Vermeidung von statischer Muskelarbeit, Verringerung der auszuübenden Kräfte, Wahl optimaler Kraftrichtung sowie durch Arbeitswechsel kann dieses Ziel erreicht werden. Zu den **Umgebungseinflüssen** zählen z. B. Klima, Beleuchtung, Lärm, Schwingungen, Staub und Gas u. ä.*   * 381

Bei den klimatischen Bedingungen wirken Lufttemperatur, Luftfeuchtigkeit, Luftbewegung und Wärmestrahlung zusammen.

Da der menschliche Körper Wärme erzeugt und an die Umgebung durch Verdunsten auf der Hautoberfläche abgibt, reagiert er sehr stark auf Klimaschwankungen. Die Leistungsfähigkeit des Menschen wird durch belastende Klimaeinwirkungen herabgesetzt.

Bei regelmäßiger Hitzearbeit ist eine Abkühlungs- und Pausenzeit vorzusehen, die außerhalb der Wärmeeinwirkung ist.

Die Aufgabe der Arbeitsgestaltung ist es, die Belastung durch Klimaeinflüsse durch gute Raumbe- und -entlüftung, Strahlenschutz u. ä. zu vermindern.

Der Begriff **Beleuchtung** beinhaltet die Beleuchtungsstärke, den Kontrast, die Blendung und die Schattigkeit. Die notwendige Beleuchtungsstärke hängt von der Art der Arbeitsaufgabe ab. Die Nennbeleuchtungsstärke ist ein empfohlener Mittelwert der Beleuchtungsstärke im Raum oder in einer Raumzone.*   * 382

2.3 Arbeitsplanung   Teil 1: 2 Betriebswirtschaft

Stufe	Nenn-beleuchtungs-stärke E in Lux	Sehaufgabe
1	30	Orientierung, vorübergehender Aufenthalt
2	60	
3	120	Leichte Sehaufgaben mit hohen Kontrasten
4	250	
5	500	Normale Sehaufgaben mit mittleren Details
6	750	
7	1 000	Schwierige Sehaufgaben mit kleinen Details
8	1 500	
9	2 000	Sehr schwierige, langdauernde Sehaufgaben mit sehr kleinen Details
10	3 000	
11	5 000	Sonderfälle, wie z. B. Operationsfeldbeleuchtung
12	10 000	

Abbildung 85: Stufen der Nennbeleuchtungsstärke (nach DIN 5035)

Blendung tritt auf, wenn die Lichtintensitäten im Gesichtsfeld so hoch sind, daß eine Anpassung des Auges nicht mehr möglich ist. Je näher die Blendquelle in Blickrichtung liegt, um so stärker ist die Herabsetzung des Sehvermögens. Blendquellen oberhalb der Blicklinie sind störender als solche im seitlichen Blickfeld. Die Blendgefahr nimmt mit

* 383 Zunahme des allgemeinen Beleuchtungsniveau im Gesichtsfeld ab. *

Zur Erkennung sehr feiner Details ist ein bestimmter **Leuchtdichtenkontrast** Voraussetzung für körperlich-plastisches Sehen. Das Licht muß dabei so auf das Sehobjekt fallen, daß genügend Schattigkeit erzeugt wird.

Mit **Lärm** wird ein Geräusch bezeichnet, das störend oder unangenehm empfunden wird. Dieses Geräusch kann sogar schädliche Wirkungen auf das Hörvermögen haben.

Schall nennt man Wahrnehmungen, die durch wellenförmig sich ausbreitende Druckschwankungen im Luftraum entstehen. Die Schallstärke wird durch den Schalldruck

* 384 bestimmt. Die Schallhöhe durch die Zahl der Schwingungen des Schalldruckes. *

Die **Schwingungszahl** – Frequenz – pro Sekunde wird mit Hertz bezeichnet. Der menschliche Hörbereich liegt zwischen 16 Hz und 20 000 Hz.

Phon ist die Einheit für die subjektiv empfundene Lautstärke eines Tones. Das Phon berücksichtigt die Tatsache, daß Töne gleichen Schalldruckes, aber unterschiedlicher Frequenz, nicht als gleichlaut empfunden werden.

Eine Zu- oder Abnahme des **Schallpegels** um 10 dB entspricht einer Verdoppelung bzw. Halbierung der vom Menschen empfundenen Lautstärke.

Folgende dB (A)-Werte sollten nicht überschritten werden:
— bei Arbeiten mit dauernder intensiver Denktätigkeit 50 dB (A),
— bei Büroarbeiten und vergleichbaren Tätigkeiten 70 dB (A),

* 385 — bei sonstigen Arbeiten 90 dB (A). *

Dauernder starker Lärm führt im allgemeinen zu dauernder **Schwerhörigkeit.** Der Lärm wirkt sich außerdem nachteilig auf den Körper und auf die geistig-seelische Verfassung des Menschen aus. Der Lärm beeinflußt die körperliche und geistige Leistungsfähigkeit negativ. Der Vorgesetzte und Industriemeister sollte durch Hinweise Maßnahmen zur Lärmbekämpfung am Entstehungsort veranlassen. Die Lärmausbreitung kann in vielen Fällen durch geeignete Maßnahmen vermindert werden. Sind Arbeiten in gekapselten Räumen, in denen ein sehr hoher Schallpegel auftritt, durchzuführen, so sind Gehörschutzmittel zu benutzen. Der Vorgesetzte und Meister sollte in der Benutzung von Gehörschutzmitteln vorbildlich sein.

Mechanische Schwingungen wirken sich je nach ihrer Frequenz und Einwirkung verschieden aus. Niedrige Frequenzen bis zu 10 Hz werden unangenehm empfunden. Höhere Frequenzen haben nervöse Einflüsse zur Folge. Fällt die Frequenz mit der Resonanzfrequenz der betroffenen Körperteile zusammen, so können Gesundheitsschäden auftreten. Einen weiteren Einfluß hat die Dauer der Schwingung. Die Folgeerscheinungen können Gefühlsverlust und damit Geschicklichkeitsverlust bedeuten. Für die Gestaltung von Arbeitssystemen, in denen Schwingungen auftreten, sollten die Haltearbeiten, soweit möglich, durch mechanische Vorrichtungen übernommen werden. Sollte das nicht möglich sein, ist darauf zu achten, daß der Mensch durch häufigen Wechsel des Arbeitsplatzes den Schwingungen nur kurzzeitig ausgesetzt ist.٭ ٭ 386

Staub, Gas, Rauch, Giftstoffe u. ä. werden unter sonstigen Umgebungseinflüssen zusammengefaßt. Ist ein Mensch, durch das Arbeitsverfahren bedingt, solchen Einflüssen ausgesetzt, so sind technische Schutzmaßnahmen gegen die Wirkung dieser Stoffe einzusetzen.

2.3.4.4.3 Psychologische Arbeitsplatzgestaltung

Das Ziel der **psychologischen Arbeitsplatzgestaltung** ist es, dem Arbeitenden eine ihm angenehme Umwelt zu schaffen. Außer den vordergründigen Maßnahmen, wie Farbgestaltung des Arbeitsplatzes und -raumes, evtl. Aufstellen von Pflanzen u. a. ist die Anerkennung und Achtung für die Motivation von großer Bedeutung. Durch Hebung des Selbstgefühls, indem das Arbeits- und Leistungsergebnis sichtbar gemacht wird, kann eine Leistungsverbesserung erreicht werden. Soweit wie möglich sollte der arbeitende Mensch bei der Gestaltung seiner Umwelt hinzugezogen werden. Das Zusammenwirken mit dem Vorgesetzten und den Mitarbeitern sollte spannungsfrei sein, um ein gutes Leistungsergebnis zu erzielen.

2.3.4.4.4 Informationstechnische Arbeitsplatzgestaltung

Bei der Durchführung von Arbeitsaufgaben an Betriebsmitteln geht jeder Entscheidung oder Handlung des Menschen eine **Wahrnehmung** voraus. Diese Wahrnehmung besteht in der Aufnahme von Informationen:
— mit dem Auge,
— mit dem Ohr oder
— durch Tasten und Fühlen.٭ ٭ 387

Für die Informationswahrnehmung durch **Sehen** ist der richtige Sehabstand und die richtige Beleuchtung wichtig. Außerdem ist die Gestaltung optischer Informationsträger wie Skalen, Zeiger und Ziffern am Meßgeräten und Anzeigeninstrumenten von Bedeutung.٭ ٭ 388
Die Informationswahrnehmung durch **Hören** spielt an Werkzeugmaschinen eine Rolle. Schaltvorgänge, der Spanablauf u. ä. können dem Menschen Informationen liefern, die eine Handlung auslösen. Akustische Signale als Warnsignale an einer Anlage können optische Signale ergänzen.

Informationswahrnehmung durch **Tasten** kann durch Gestaltung der Drehknöpfe und Bedienungshebel verbessert werden. Außerdem soll die Bewegungsrichtung der Bedienelemente und die auslösende Wirkung miteinander vereinbar sein.

2.3.4.4.5 Sicherheitstechnische Arbeitsplatzgestaltung

Bei der sicherheitstechnischen Arbeitsplatzgestaltung ist auf die Einhaltung der Unfallverhütungsvorschriften besonders zu achten. Außerdem sind die Verordnung über Arbeitsstätten (Arbeitsstättenverordnung) vom 20. 03. 1975 und das Gesetz über technische Arbeitsmittel (Maschinenschutzgesetz) vom 24. 06. 1968 zu beachten.

2.3.4.4.6 Organisatorische Arbeitsplatzgestaltung

Die **organisatorische** Arbeitsplatzgestaltung umfaßt vorwiegend die Aufgabengestaltung und die Gestaltung der zeitlichen Bindung des Menschen an den Arbeitsablauf. Maßnahmen der organisatorischen Arbeitsplatzgestaltung sind Aufgabenerweiterung, Aufgabenbereicherung und Aufgabenwechsel.

Unter **Aufgabenerweiterung** versteht man das Zusammenfassen von vor- und nachgeschalteten gleichen oder ähnlichen Arbeitsaufgaben. Dadurch wird ein Wechsel in den geistigen und körperlichen Beanspruchungen des Menschen angestrebt. ✶ [✶ 389]

Unter **Aufgabenbereicherung** versteht man das Anreichern einer Arbeitsaufgabe mit weiteren, möglichst andersartigen Tätigkeiten. Dadurch sollen vor allem der Freiheits-, Verantwortungs- und Dispositionsspielraum des arbeitenden Menschen vergrößert werden. Mitarbeitern sollten mehr Möglichkeiten zur Selbstverwirklichung gegeben werden. ✶ [✶ 390]

Unter **Aufgabenwechsel** versteht man einen vorgegebenen oder selbstbestimmten Aufgabenwechsel durch Arbeitsplatzwechsel. Dadurch sollen die Mitarbeiter von einseitigen Beanspruchungen durch einförmige Tätigkeiten entlastet werden und gleichzeitig das Verständnis für größere Zusammenhänge und die Arbeit anderer bekommen. ✶ [✶ 391]

Bei der Gestaltung der zeitlichen Bindung des Menschen an den Arbeitsablauf geht es um das Entlasten des Menschen durch einen vorgegebenen Arbeitstakt. Durch Einschalten von Puffern in den Arbeitsfluß zwischen den Arbeitsplätzen kann dies erreicht werden. Die zeitliche Bindung wird auch durch die Arbeitszeitregelung bestimmt. Gleitende Arbeitszeit und Pausenregelungen können als Gestaltungsmaßnahme angewendet werden.

2.3.4.5 Arbeitsgestaltung durch Bewegungsanalyse

Durch **Bewegungsablauf** wird ein Arbeitsablauf verstanden, der vorwiegend manuell ausgeführt wird. Bei der **Bewegungsanalyse** wird der Arbeitsablauf in Bewegungselemente gegliedert. Durch Untersuchung der Abläufe und Zeitanteile für die linke und rechte Hand können die Wege und die Arbeitsmethode verbessert werden. Durch Optimierung der Methode, Entwicklung von Haltevorrichtungen u. ä. kann Beidhandarbeit erreicht werden. Aus der Bewegungsanalyse resultieren häufig Vorschläge zur montagefreundlicheren Gestaltung der Arbeitsgegenstände, Werkzeuge und Vorrichtungen. ✶ [✶ 392]

2.3.4.6 Gestaltung des Bewegungsablaufes

Das Ergebnis der Anwendung des **Bewegungsstudiums** bei der Arbeitsplatzgestaltung ist in Abbildung 86 zusammengefaßt.

Ziel der **Bewegungsvereinfachung** ist es, durch entsprechende Gestaltung des Bewegungsablaufes die Ausführung des Bewegungselementes durch den Menschen so zu vereinfachen, daß die Zeit und die Belastung ein Minimum werden. ✶ [✶ 393]

Beispiele:
Die Zeit für das Fügen zwischen Bohrung und Stift kann durch das Anbringen von Fasen am Stift und an der Bohrung verkürzt werden. Montagehilfen in Form von Anschlägen erleichtern das Fügen und verkürzen damit die erforderliche Zeit. Greifbehälter erleichtern das Grei-

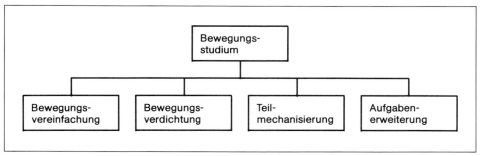

Abbildung 86: Gestaltung des Bewegungsablaufes

fen einzelner Teile und führen zu einer Zeitverkürzung. Durch symmetrische Gestaltung von Arbeitsgegenständen kann das Vorrichten entfallen usw. Durch zweckmäßige Gestaltung und Anordnung von Betriebsmitteln und durch konstruktive Maßnahmen am Arbeitsgegenstand können entsprechende Arbeitserleichterungen geschaffen werden.

Die **Bewegungsverdichtung** kann durch Beidhandarbeit und Beseitigung oder Verminderung unproduktiver Ablaufabschnitte erreicht werden. Beidhandarbeit kann symmetrisch oder nichtsymmetrisch ausgeführt werden. Bei der symmetrischen Beidhandarbeit vollziehen die linke und die rechte Hand zum gleichen Zeitpunkt die gleichen Bewegungselemente. Bei der nichtsymmetrischen Beidhandarbeit arbeiten ebenfalls beide Hände gleichzeitig, führen aber zur gleichen Zeit unterschiedliche Bewegungselemente aus.

Die **Bewegungsverdichtung** durch Beidhandarbeit ist ein verhältnismäßig eindeutiges Kennzeichen für den Rationalisierungsgrad eines Bewegungsablaufes.∗

∗ 394

Um unproduktive Ablaufabschnitte zu beseitigen oder zu verkürzen, muß jedes Bewegungselement und jede Vorgangsstufe hinterfragt werden, ob diese zur Erfüllung der Arbeitsaufgabe erforderlich sind. Besteht die Möglichkeit, die Arbeitsaufgabe mit einer geänderten Abschnittsfolge zu erfüllen, so können unproduktive Ablaufabschnitte entfallen.

Die mit Hilfe des Bewegungsstudiums erreichbaren Bewegungsvereinfachungen und Bewegungsverdichtungen führen zu einer verhältnismäßig großen Ersparnis an Stückzeit bei nur geringen Investitionskosten für Betriebsmittel. Abbildung 87 zeigt, daß etwa 75% Stückzeitersparnis mit etwa 25% der für die Vollmechanisierung nötigen Investitionen erreicht werden kann. Ziel des Bewegungsstudiums ist es, den Bereich maximaler Bewegungsverdichtung zu erreichen.∗

∗ 395

In vielen Fällen sind die Stückzahlen nicht so groß, daß ein relativ starrer vollautomatischer Arbeitsplatz installiert wird. **Teilmechanisierte Arbeitsplätze** sind leichter, schneller und mit geringeren Kosten geänderten Produktionsverhältnissen anzupassen.∗

∗ 396

Eine **Aufgabenerweiterung** entsteht häufig an Arbeitsplätzen, die mit Hilfe einer Bewegungsanalyse gestaltet wurden. Durch Bewegungsvereinfachung, Bewegungsverdichtung und Teilmechanisierung steigt die Anzahl der zu montierenden Einzelteile. Eine zu weit gehende Arbeitsteilung und eine gegebenenfalls auftretende einseitige Muskelbeanspruchung werden vermieden.

2.3.5 Wege der Lohnfindung

Lohn ist Entgelt für geleistete Arbeit. Im Betrieb wird für gewerbliche Arbeitnehmer von Lohn und für Angestellte von Gehalt gesprochen. Im öffentlichen Dienst sind die Begriffe Vergütung und Besoldung üblich.

2.3 Arbeitsplanung

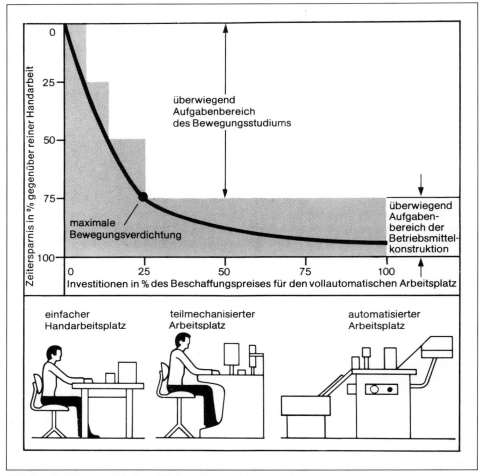

Abbildung 87: Zeitersparnis bei verschiedenen Rationalisierungsstufen

Rechtliche Grundlagen zur Entlohnung bilden der Lohntarifvertrag, der Lohnrahmentarifvertrag, das Tarifvertragsgesetz (TVG), das Betriebsverfassungsgesetz (Betr.VG), Handelsgesetzbuch (HGB), Bürgerliches Gesetzbuch (BGB) und das Grundgesetz (GG):
Regelungen der Entlohnungsgrundsätze und -methoden sind den **Tarifverträgen** zu entnehmen.
Der **Entlohnungsgrundsatz** gibt an, wie die Entlohnung geordnet ist, z. B. Zeitlohn, Akkordlohn, Prämienlohn.
Die **Entlohnungsmethode** ist die Art und Weise, wie der Entlohnungsgrundsatz durchgeführt wird.∗

2.3.5.1 Anforderungs- und leistungsabhängige Entgeltdifferenzierung

Die Entgeltdifferenzierung nach REFA besteht in der Ermittlung und der Darstellung der Abhängigkeit der relativen Lohn- bzw. Gehaltshöhe von Anforderung und Leistungsergebnis. Dabei sind Anforderung und Leistungsergebnis in Form von Kennzahlen festgelegt.∗

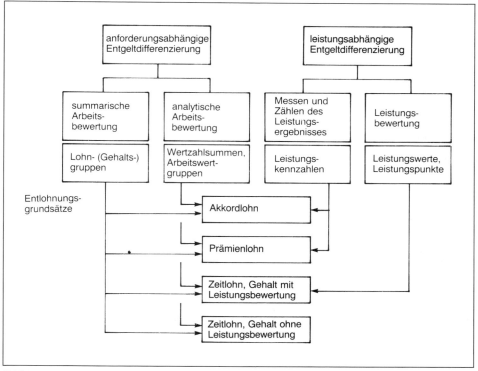

Abbildung 88: Kennzahlen für anforderungs- und leistungsabhängige Entgeltdifferenzierung

Die anforderungsabhängige Entgeltdifferenzierung wird mit Hilfe der **Arbeitsbewertung** vorgenommen. Es wird zwischen summarischer und analytischer Arbeitsbewertung unterschieden.
Unter **summarischer** Arbeitsbewertung werden nach REFA Verfahren zur anforderungsabhängigen Entgeltdifferenzierung verstanden, bei denen die Anforderungen des Arbeitssystems an den Menschen als **Ganzes** erfaßt werden. Das Ergebnis wird meist als Lohngruppe für gewerbliche oder Gehaltsgruppe für Angestellte ausgewiesen. Die Zuordnung zwischen Lohngruppen und Lohn wird durch Tarifverträge geregelt.
Unter **analytischer** Arbeitsbewertung werden nach REFA Verfahren zur anforderungsabhängigen Entgeltdifferenzierung verstanden, bei denen die Anforderungen des Arbeitssystemes an den Menschen mit Hilfe von **Anforderungsarten** ermittelt werden. ∗   ∗ 399
REFA gliedert die Anforderungsarten in Kenntnisse, Geschicklichkeit, Verantwortung, geistige Belastung, muskelmäßige Belastung und Umgebungseinflüsse. ∗   ∗ 400
Das Ergebnis der Anforderungsermittlung wird als Wertzahlsumme, die auch mit Arbeitswertsumme oder Punktsumme bezeichnet wird, ausgewiesen. Der Übergang von der Wertzahlsumme zum Lohnsatz wird durch Tarifverträge oder Betriebsvereinbarungen geregelt.
Die Abbildung »Kennzahlen für anforderungs- und leistungsabhängige Entgeltdifferenzierung« zeigt, daß sich der Lohn aus anforderungs- und leistungsabhängigen Anteilen zusammensetzt. Der anforderungsabhängige Anteil führt zur Festlegung einer Lohngruppe oder einem Grundlohn. Innerhalb dieser Einstufung erfolgt eine weitere Differenzierung durch leistungsabhängige Kennzahlen. Mit diesen Kennzahlen wird durch Messen oder Zählen das Leistungsergebnis erfaßt. Weitere Kennzahlen können durch Beurteilung der Einhaltung der Qualität, der Arbeitsmethoden und Fertigungsvorschriften sowie den Arbeitseinsatz und den sachgemäßen Umgang mit Betriebsmitteln gewonnen werden. ∗   ∗ 401

2.3.5.2 Akkordlohn- und Prämienlohngrundsätze

Akkordlohn ist nach REFA ein Entlohnungsgrundsatz, bei dem der Lohn in der Regel anforderungs- und leistungsabhängig differenziert wird. Als Leistungskennzahl wird die vom Menschen beeinflußbare Mengenleistung bzw. der daraus abgeleitete Zeitgrad benutzt. Das Verhältnis der Lohnsteigerung zur Leistungssteigerung ist proportional.∗

∗ 402

Innerhalb der anforderungsabhängigen Lohndifferenzierung, z. B. Einstufung in eine Lohngruppe, wirkt sich die Steigerung der Mengenleistung durch eine proportionale Steigerung des Lohnes aus. Steigt die Mengenleistung je Zeiteinheit um 25 %, so steigt der Lohn in der gleichen Zeiteinheit ebenfalls um 25 %.

Voraussetzung für die Anwendung von Akkordlohn ist die **zeitliche Beeinflußbarkeit** des Arbeitsablaufes durch den Menschen. Bei richtigen Vorgabezeiten besteht keine Begrenzung des Akkordverdienstes nach oben.∗

∗ 403

Prämienlohn ist nach REFA ein Entlohnungsgrundsatz, bei dem der Lohn anforderungs- und leistungsabhängig differenziert wird. Als Leistungskennzahl werden außer der vom Menschen beeinflußbaren Mengenleistung auch andere Leistungskennzahlen oder deren Kombinationen benutzt. Das Verhältnis der Lohnsteigerung zur Leistungssteigerung wird im einzelnen festgelegt.

Auch bei der Prämienentlohnung erfolgt zunächst die anforderungsabhängige Lohndifferenzierung. Die Prämie, ausgewiesen als Geldbetrag oder Prämienfaktor, wird dem jeweiligen tariflichen Grundlohn (Prämienausgangslohn) zugeschlagen. Die maximale Prämienhöhe wird durch die festgelegte Prämienendleistung begrenzt.

Ziel der Prämienentlohnung ist es, auch bei nicht durch den Menschen beeinflußbaren Arbeitsabläufen, die Leistung des Menschen durch entsprechende Verdienstchancen zu erhöhen.

Die Ermittlung der Prämienausgangsdaten sowie die Erstellung der periodischen Kennzahlen ist meist genau so aufwendig wie die Datenerstellung und -verrechnung bei Akkordarbeit.∗

∗ 404

2.3.5.3 Prämienarten

Prämienarten sind, bedingt durch die unterschiedlichen Fertigungsverfahren, sehr vielfältig. Gliedert man die Prämienarten nach Leistungszielen, so können Mengenleistungsprämie, Qualitätsprämie, Ersparnisprämie, Nutzungsprämie und kombinierte Prämiensysteme unterschieden werden.∗

∗ 405

Das Ziel einer **Mengenleistungsprämie** ist die Steigerung der Mengenausbringung. Dies kann sowohl durch höhere Leistung bei Handarbeit als auch durch eine höhere maschinelle Nutzung erreicht werden. Für Arbeitsabläufe mit hohen unbeeinflußbaren Zeitanteilen und solchen, die aus anderen Gründen nicht akkordgeeignet sind, wird diese Prämie angewendet.∗

∗ 406

Das Ziel einer **Qualitätsprämie** ist, das qualitative Produktionsergebnis zu steigern und die Verluste durch Ausschuß, Nacharbeit u. ä. zu senken. Eine Qualitätsprämie kann auch eine Entlastung der Qualitätskontrolle mit sich bringen.∗

∗ 407

Das Ziel einer **Ersparnisprämie** ist, Roh-, Hilfs- und Betriebsstoffe, Energien u. ä. sparsam einzusetzen. Durch Einhalten der Wartungs- und Bedienungsvorschriften sowie durch sorgfältigen Umgang mit den Betriebsmitteln können Verluste verringert oder sogar vermieden werden. Ersparnisprämien dürfen nicht zur Minderung der Qualität führen.

Das Ziel der **Nutzungsprämie** ist die optimale Nutzung der Kapazität bei den zur Verfügung stehenden Betriebsmitteln mit hohen Investitionskosten. Diese hohen Kosten einer Maschinenanlage erfordern eine gute Ausnutzung der vorhandenen Kapazität.∗

∗ 408

Das Ziel eines **kombinierten** Prämienlohnsystems ist die gleichzeitige Verbindung von Ein-

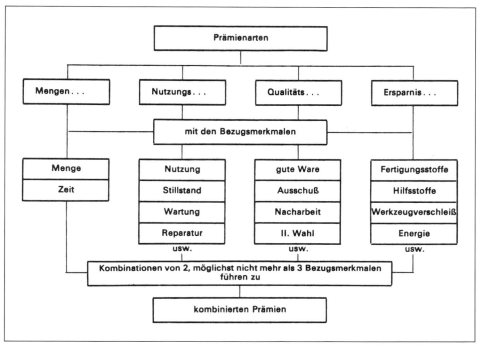

Abbildung 89: Prämienarten

zelprämien zu einer Gesamtprämie. Die menschliche Arbeitskraft soll jedoch durch mehrere Bezugsgrößen nicht überfordert werden. Häufig werden folgende Kombinationen gewählt:
— Menge und Qualität,
— Menge und Qualität und Ersparnis,
— Nutzungsgrad und Qualität und Ersparnis.
Um die Überschaubarkeit nicht zu beeinträchtigen, sollen nicht mehr als **drei** Prämienarten kombiniert werden. Bei der Kombination muß darauf geachtet werden, daß die Wirkungen der einzelnen Prämienarten sich nicht gegenseitig aufheben.

2.3.5.4 Auswirkungen von Zeitlohn und Leistungslohn

Der **Zeitlohn** ist immer anforderungsabhängig differenziert. Die leistungsabhängige Differenzierung ist unterschiedlich. Eine Leistungsänderung ist nicht direkt mit einer Lohnveränderung gekoppelt. Zwei Formen des Zeitlohnes können unterschieden werden:
— Zeitlohn ohne Leistungsbewertung,
— Zeitlohn mit Leistungsbewertung.∗   ∗ 409
In der ersten Form des Zeitlohnes wird sowohl die Art der Leistung als auch das Ausmaß der Leistung abgegolten. Der Arbeitnehmer kann im allgemeinen ohne besonderen Zeit- oder Sachzwang mit einer konstanten Lohnhöhe rechnen. Für die Kostenrechnung stehen dadurch schwankende Werte zur Verfügung. Der Vorgesetzte muß häufig durch entsprechenden Ansporn eine bestimmte Leistung abfordern.
Der Zeitlohn mit Leistungsbewertung hat als Ziel, eine Leistungssteigerung durch die Quantifizierung der Leistung des Menschen in Form eines Leistungswertes zu erreichen.

2.3 Arbeitsplanung   Teil 1: 2 Betriebswirtschaft

Von der Höhe des Leistungswertes ist die Höhe der Leistungszulage abhängig. Sie ist vergangenheitsbezogen und wird in der Erwartung gezahlt, daß der Mitarbeiter auch künftig sein Leistungsverhalten nicht verändert. Die Leistungsbeurteilung wird in Intervallen, mindestens jedoch einmal im Jahr durchgeführt.

Beim Leistungslohn in Form des **Akkordlohnes** wird für die Herstellung einer Mengeneinheit eine konstante Vorgabezeit gegeben. Dadurch ist der Lohnkostenanteil immer gleich hoch. Ein Höherverdienst des Menschen resultiert daraus, daß er in einer Zeiteinheit mehr

✳ 410   Mengeneinheiten bearbeitet als die Vorgabezeit vorsieht. ✳

Beim Leistungslohn in Form einer **Prämie** kann die Lohnsteigerung größer, gleich oder kleiner als die Leistungssteigerung sein. Das bedeutet für die Kostenrechnung schwankende Werte. Die Höhe des Verdienstes kann vom Mitarbeiter meist erst nach Ablauf einer Periode eingesehen werden.

2.3.6 Wesen und Aufgaben der Bedarfsplanung

Aufgabe der **Bedarfsplanung** nach REFA ist es, den auftragsunabhängigen Bedarf je Mengeneinheit an Personal, Betriebsmitteln, Material und gegebenenfalls an Information zu

✳ 411   ermitteln. ✳

Es ist zwischen **auftragsneutraler** Bedarfsplanung je Mengeneinheit (für Neu- und Einsatzbedarf) und zwischen **programm-** bzw. **auftragsbezogener** Bedarfsplanung je Periode (beinhaltet zusätzlich Reserve- und Ersatzbedarf) zu unterscheiden.

Der quantitative **Personalbedarf** läßt sich aus den Vorgabezeiten errechnen. Der Personalbedarf kann als Einsatzzeit oder als Anzahl Personen je Mengeneinheit angegeben werden. Für die Ermittlung des qualitativen Personalbedarfs kann die Stellenangabe, die Vorgangsbeschreibung und die Lohngruppe hilfreich sein.

Der **Betriebsmittelbedarf** ist durch die Vorgabezeit und durch die Art und Größe des benannten Betriebsmittels bestimmt.

Das **erforderliche Material** ist nach Art und Mengen im Arbeitsplan angegeben. Die je Erzeugniseinheit erforderliche Menge kann aus der Stückliste entnommen werden.

2.3.6.1 Aufgaben und Grundsätze der Personalplanung

Nach REFA ist die Aufgabe der Personalplanung die Ermittlung des erforderlichen Personals nach Art (Qualifikation), Anzahl, Zeitpunkt und Dauer sowie gegebenenfalls

✳ 412   Einsatzort. ✳

Bei der **qualitativen** Personalplanung wird ermittelt, welche Qualifikationen die benötigten Personen haben sollten. Diese Qualifikationen können von der Anforderungsermittlung abgeleitet werden. Sind bestimmte Betriebsmittel mit bestimmten Aufgaben zu besetzen, so ergeben sich daraus ebenfalls Qualifikationsmerkmale.

Der **quantitative** Personalbedarf liefert nur eine Aussage über die Anzahl der benötigten Personen.

Es sollte angestrebt werden, den Personalbedarf qualitativ als auch quantitativ zu planen. In der Praxis findet man für die Planung des Personalbedarfs zwei Möglichkeiten, die auch miteinander kombiniert werden können. Als Planungsgrundlage dient der **Stellenplan**. Aus den Arbeitsplänen wird für die einzelnen Stellen der erforderliche Personalbedarf ermittelt.

Bei der zweiten Möglichkeit werden **Tätigkeitskategorien** oder Berufsgruppen gebildet, für die der Bedarf ermittelt wird.

Teil 1: **2 Betriebswirtschaft**   2.3 Arbeitsplanung

Bei dem Ersatzbedarf geht man von den Aufgaben aus, die in einem Zeitabschnitt zu erfüllen sind. Aus den Zeiten zur Durchführung der Aufgaben kann die Anzahl der erforderlichen Personen rechnerisch ermittelt werden.

Zu dem Einsatzbedarf ist ein Reservebedarf, der sich aus den Fehlzeiten der Vergangenheit ermittelt, zuzurechnen.

Aus dem Ergebnis der Planung können aus dem Ist-Soll-Vergleich Maßnahmen zur Personalveränderung eingeleitet werden.

Aufgabe der Personaleinsatzplanung ist es, die Zuordnung des verfügbaren Personals zu den zu erfüllenden Aufgaben so vorzubereiten, daß diese termingerecht durchgeführt und die Mitarbeiter ihrer Qualifikation entsprechend tätig werden können. Die Personaleinsatzplanung wird im allgemeinen vom **Meister** vorgenommen. Die verfügbaren Mitarbeiter sind entsprechend ihrer Qualifikation (den richtigen Menschen an den richtigen Platz) so einzusetzen, daß die Durchführung der Aufgaben termingerecht erfolgt. Gleichzeitig sollen die Betriebsmittel bestmöglich ausgelastet werden.∗   ∗ 413

Kurzzeitig auftretende Bedarfsspitzen müssen durch Umbesetzungen oder Einführung von Schichtarbeit abgebaut werden. Langfristige Bedarfslücken sind, soweit sie durch Umbesetzungen nicht ausgeglichen werden können, durch Neueinstellungen abzudecken.∗   ∗ 414

2.3.6.2 Aufgaben und Grundsätze der Betriebsmittelplanung

Aufgabe der Betriebsmittelbedarfsplanung ist die Ermittlung der erforderlichen Betriebsmittel nach Art (Leistungsvermögen), Anzahl, Zeitpunkt und Dauer sowie gegebenenfalls Einsatzort.

Der **Betriebsmittelbedarf** wird aus dem Produktionsprogramm abgeleitet. Der Betriebsmittelbedarf wird dem Betriebsmittelbestand gegenübergestellt. Daraus ergibt sich entweder eine Überdeckung (Bestand > Bedarf), eine Unterdeckung (Bestand < Bedarf) oder eine Deckung von Bestand und Bedarf.∗   ∗ 415

Eine Abstimmung von Bestand und Bedarf kann durch Betriebsmittelbeschaffung oder durch Auswärtsvergabe bei größerem Bedarf erfolgen. Eine weitere Möglichkeit ist der Abgleich des Bedarfs mit dem gegebenen Bestand durch entsprechende Belegung der vorhandenen Betriebsmittel.

Auf der Grundlage des Produktionsprogramms ist zu untersuchen, welche technische Auslegung, welches Leistungsvermögen, welche Genauigkeitsanforderungen u. ä. an die Betriebsmittel gestellt werden. Nun ist zu überprüfen, inwieweit die vorhandenen Betriebsmittel diese Anforderungen erfüllen und freie Kapazitäten haben.

Bei der Planung von Sonderwerkzeugen, Prüfmitteln und Vorrichtungen ist die Zusammenarbeit zwischen Arbeitsvorbereitung, Betriebsmittelkonstruktion und Meister erforderlich. Der geplante Bedarf muß mit der Beschaffungsstelle so abgestimmt werden, daß der gewünschte Einsatzzeitpunkt erreicht werden kann.

2.3.6.3 Aufgaben und Grundsätze der Materialplanung

Aufgabe der **Materialplanung** ist die Ermittlung des Materialbedarfs nach Art und Menge je Erzeugniseinheit.

Aus der Stückliste ist die Art und Qualität des Werkstoffes zu entnehmen.

Der Arbeitsplan liefert unter Berücksichtigung der Fertigungsverfahren die Rohabmessungen des Werkstückes. Für den Bedarf von Stangenmaterial ist zu den jeweiligen Längen

2.3 Arbeitsplanung

416 der Wert für die Breite des Sägeschnittes und die Einspannlänge für das letzte Stück zu berücksichtigen.

Bei der Verwendung von Blechtafeln empfiehlt sich ein **Blechaufteilungsplan,** um den Verschnitt möglichst gering zu halten. Beim Zuschneiden der Bleche an Tafelscheren ist die Breite des Niederhaltens zu berücksichtigen.

In beiden beispielhaft geschilderten Fällen tritt Verschnitt auf. Aufgabe der Materialplanung ist es, diesen Verschnitt so gering wie möglich zu halten.

Für die Ausführung einer Bestellung soll die **optimale Bestellmenge** und bei Eigenfertigung die **optimale Losgröße** beachtet werden. Hierbei spielen die Beschaffungskosten, die Lagerhaltungskosten, der Materialwert usw. eine Rolle. Die Losgrößen- bzw. Bestell-

417 mengenformel nach Andler gilt, wenn folgende Annahmen zutreffen:

— Es besteht keine mengenmäßige Beschränkung bei Losgröße und Lagerbestand,
— keine Beschränkung bei der Kapitalbindung,
— die Menge des Gesamtbedarfes x_{ges} kann hinreichend genau ermittelt werden,
— die Rüstkosten bzw. Bestellkosten sind nicht von der Reihenfolge der Aufträge bzw. Bestellungen abhängig,
— es bestehen weder technische noch organisatorische noch finanzielle Beschränkungen bei der Auftragsverteilung bzw. bei der Bestellvorgabe.

Die optimale Bestellmenge x_{opt} lautet:

$$x_{opt} = \sqrt{\frac{x_{ges} \cdot K_B \cdot 2}{K_f \cdot i_L}}$$

In der Formel bedeuten:
x_{ges} : Gesamtmenge je Periode
K_B : Bestellkosten je Bestellung
K_f : Kosten je Mengeneinheit
i_L : Zinssatz für die Lagerung

418 Die wirtschaftliche Losgröße bei Eigenfertigung lautet:

$$x_{opt} = \sqrt{\frac{x_{ges} \cdot K_R \cdot 2}{K_h \cdot i_L}}$$

Es bedeuten:
x_{ges} : Gesamtmenge je Periode
K_R : Rüstkosten je Auftrag
K_h : Herstellkosten je Mengeneinheit (ohne Rüstkosten)
i_L : Zinssatz für die Lagerung

Häufig ergibt die Rechnung so große Bestellmengen bzw. Losgrößen, daß die Lagerkapazität nicht ausreicht. Das bedeutet, daß die getroffenen Annahmen doch nicht zutreffen. Durch Kompromisse müssen die Stückzahlen reduziert werden. Das trifft in manchen Fällen auch bei der Eigenfertigung für die Durchlaufzeiten zu. Es ist besser, von der optimalen Stückzahl ausgehend zu reduzieren als nicht zu wissen, in welcher Größenordnung die optimale Menge liegt.

2.3.7 Produktionsprogrammplanung und Auftragsdisposition

In Unternehmen werden verschiedene Programme aufgestellt. Die aus der Sicht der Produktion wichtigen Programme sind in Abbildung 90 dargestellt.

Da Programme das Ergebnis von Planungen sind, werden sie häufig auch als Pläne bezeichnet. Die Verbindung zwischen Programmen und Aufträgen ist der Abbildung zu entnehmen.

Ein **Auftrag** ist eine schriftliche oder mündliche Aufforderung einer Stelle eines Betriebes

an eine andere Stelle desselben Unternehmens zur Ausführung einer Arbeit. Zur Kennzeichnung eines Auftrages gehören die Art des Auftrages und der auszuführenden Aufgabe, die geforderte Menge, die Zeitangaben und die Gütevorschriften.
Disposition (lateinisch) bedeutet Planung, Entwurf, Anordnung, Verfügung, Maßnahme, Anlage. In dem Zusammenhang mit der Auftragsdisposition kann Disposition mit Veranlassung oder Vollzugsplanung gleichgesetzt werden. Das **Veranlassen** findet vor der Aufgabendurchführung statt; es ist eine Anweisung bzw. Aufforderung, eine Aufgabe durchzuführen.*

* 419

2.3.7.1 Bestellung, Auftrag und Auftragsarten

Eine **Bestellung** ist eine schriftliche oder mündliche Aufforderung eines Kunden an ein Unternehmen (Lieferanten), eine bestimmte Aufgabe zu erfüllen. Das aufgeforderte Unternehmen ist zur Durchführung verpflichtet, wenn es die Bestellung angenommen hat. Eine Bestellung enthält im allgemeinen Art und Menge der Erzeugnisse, den Liefertermin und die Zahlungsweise. Bestellungen können an Fremdunternehmen oder an das eigene Unternehmen gerichtet sein. Eine Bestellung innerhalb des eigenen Unternehmens löst einen Auftrag aus.*
Definitionen des Auftrages siehe 2.3.7; die Herkunft des Auftrages, von außerhalb (Fremdauftrag) oder aus dem eigenen Unternehmen (Eigenauftrag), führt zu verschiedenen Auftragsarten.

* 420

Aufträge können auch nach ihrer Dauer unterschieden werden. Ein **befristeter Auftrag** ist mit der Erstellung der bestimmten Menge abgeschlossen. Ein unbefristeter oder Dauerauftrag läuft bis zu seinem Widerruf (z. B. Gabelstapler fahren im Lagerbereich).
Der **Kundenauftrag** läßt sich in drei große Gruppen gliedern:
— der Kunde stellt den Arbeitsgegenstand, an dem der Auftrag ausgeführt wird (Anstreicharbeiten, Glühen von Großteilen),
— der Kunde läßt nach seiner Zeichnung ein Teil herstellen; der Arbeitsgegenstand und die Arbeitsausführung sind Bestandteile des Auftrages (Zahnrad herstellen),
— der Kunde bestellt ein komplettes Erzeugnis (Rotationsmaschine).
Beim ersten und zweiten Fall werden **Einzelaufträge** erteilt, die die Erstellung eines Arbeitsplanes auslösen, nach denen der Auftrag erledigt und ausgeliefert wird.
Im dritten Fall wird der Kundenauftrag in mehrere **Unteraufträge** aufgelöst.
Diese Auflösung bedeutet, daß für die Fertigung einzelner Teile oder Baugruppen auftragsneutrale Arbeitspläne mit auftragsbezogenen Daten wie Auftragsnummer, Menge, Termin versehen werden und somit die Grundlage für Werkstattaufträge werden.
Werden Teile oder Baugruppen, die in mehreren Erzeugnisvarianten und als Ersatzteile Verwendung finden, als Lagerteile geführt, so werden vom Lager Aufträge zur Fertigung dieser Teile ausgelöst. Diese Aufträge werden mit **Lagerauftrag** bezeichnet. Der Vorteil dieser Auftragsart ist die Losgröße bzw. Auftragsmenge, die größer ist als die benötigte Stückzahl für einen einzelnen Kundenauftrag. Das eben dargestellte gilt auch für Vorratsaufträge.

2.3.7.2 Produktionsprogramm

Das Produktionsprogramm wird vom Absatzprogramm abgeleitet. Es berücksichtigt die Gegebenheiten auf dem Beschaffungsbereich und die Kapazitäten im Produktionsbereich.*
Das **Produktionsprogramm** legt fest, welche Aufträge in bestimmten Perioden durchzuführen sind. Bei der Erstellung des Produktionsprogrammes kommt der Abstimmung mit

* 421

2.3 Arbeitsplanung

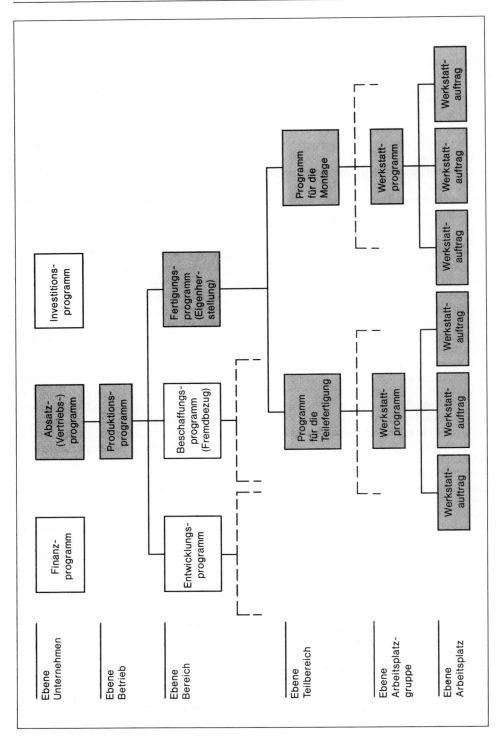

Abbildung 90: Zusammenhang verschiedener Programme

dem Absatzprogramm und den vorhandenen Kapazitäten eine besondere Bedeutung zu; es stellt im allgemeinen einen Kompromiß dar. ∗ ∗ 422

Der Idealfall, daß sich Absatzprogramm und Erzeugnismengen decken, ist selten. Es muß versucht werden, in absatzschwachen Perioden einen Bestand anzuarbeiten, auf den in absatzstarken Perioden, die die betriebliche Kapazität überschreiten würden, zurückgegriffen werden kann. Der vorzuarbeitende Anteil darf wegen der Kapitalbindung und den Lagerkosten nicht zu hoch sein.

Beschäftigungsschwankungen in den Bereichen der Produktion sollen so gering wie möglich gehalten werden.

In der **Serienfertigung** werden häufig Einzelteile oder Baugruppen vorgefertigt, um beim Auftragseingang, trotz kurzem Liefertermin, Kundenwünsche zu erfüllen. Hierbei erfolgt ein Teil der Produktionsplanung, nämlich die Vorratsfertigung nach dem geplanten Absatzprogramm. Für die Restfertigung und Montage werden Kapazitäten reserviert und nach Auftragseingang vergeben. Spitzen in dem letzteren Bereich müssen nach Möglichkeit durch Personalumbesetzung ausgeglichen werden.

In der **Einzelfertigung** wird das Produktionsprogramm in enger Zusammenarbeit mit der Angebotsabteilung erstellt. Da bei Angebotsabgabe meist auch ein Liefertermin genannt wird, muß die Abstimmung mit dem Auftragsbestand erfolgen. Die Angebotsterminierung wird in Verbindung mit der Erstellung des Produktionsprogramms durchgeführt. Bei Großobjekten wird die Terminplanung mit Hilfe von Netzplänen durchgeführt.

2.3.7.3 Auftragsdisposition, Betriebsmittel- und Materialbereitstellung

Von der Auftragsdisposition wird die Durchführung der einzelnen Aufträge zu bestimmten Terminen veranlaßt und den einzelnen Fertigungsbereichen bzw. Arbeitsplätzen zugeführt. Der Zusammenhang zwischen dem **Disponieren** (Veranlassen) und **Bereitstellen** wird in Abbildung 91 dargestellt. ∗ ∗ 423

Die **Bereitstellung** veranlaßt, daß die zur Durchführung einer Aufgabe erforderlichen Eingaben und Kapazitäten termingemäß in der zuvor ermittelten Art und Menge am Arbeitsplatz zur Verfügung stehen. Wie die Abbildung zeigt, geht der Bereitstellung die Beschaffung voraus. Durch eine funktionierende Beschaffung sind alle erforderlichen Systemelemente zur Auftragsausführung vorhanden. ∗ ∗ 424

Die **Auftragsdisposition** gibt den Anstoß für die termingerechte kurzfristige Bereitstellung von Menschen, Material und Betriebsmittel. Die **Betriebsmittelbereitstellung** soll die Verfügbarkeit eines bestimmten Betriebsmittels (Werkzeugmaschinen, Vorrichtung, Sonderwerkzeuge, Meßzeuge) zu einem bestimmten Termin für die Durchführung eines Auftrages sicherstellen. Ein **Belegungsplan**, der die Belegung der einzelnen Betriebsmittel durch Aufträge verdeutlicht, ist ein gutes Hilfsmittel. Der Belegungsplan deckt rechtzeitig auftretende Engpässe auf, die die Bereitstellung und damit die Termineinhaltung gefährden können. ∗

Gegenmaßnahmen können rechtzeitig eingeleitet werden. ∗ 425

Die **Materialbereitstellung** richtet sich nach der Fertigungsart und den betrieblichen Gepflogenheiten. Bei der auftragsbezogenen Materialbereitstellung werden im Lager die Materialien bereitgestellt. Ist dem Lager eine Ablängstation zugeordnet, so werden Halbzeuge auf das im Arbeitsplan vorgeschriebene Rohmaß gebracht. Die Lagerung der Teile kann im Lager, in einem Zwischenlager oder am Arbeitsplatz erfolgen. Für Montagearbeiten können die Teile kommissionsweise zusammen- und bereitgestellt werden.

Die **Bereitstellungstermine** sollen so spät wie möglich und so früh wie nötig festgelegt werden. Eine späte Bereitstellung birgt die Gefahr einer unvollständigen Bereitstellung zum Anfangstermin in sich; dadurch ausgelöste kurzfristige Aktivitäten der Abteilung Materialbeschaffung führen nicht immer zum Erfolg. Eine zu frühe Bereitstellung führt dazu, daß

2.3 Arbeitsplanung

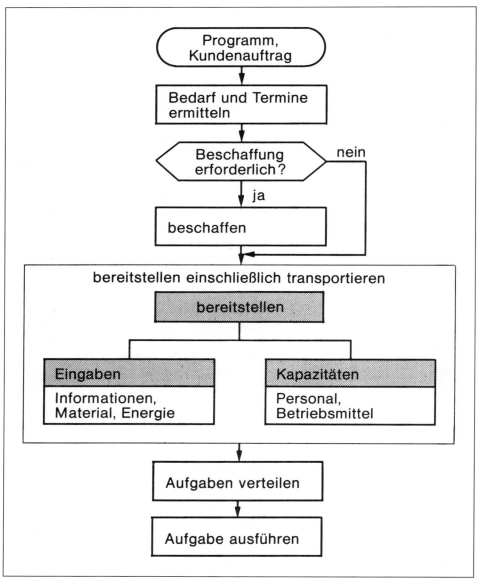

Abbildung 91: Bereitstellen im Rahmen des Disponierens

* 426 die bereitgestellten Teile Lagerflächen, Wege und zum Teil sogar Arbeitsplätze blockieren. Dadurch können Arbeitsbehinderungen auftreten und die Arbeitssicherheit gefährden. *

2.3.8 Überwachung des Materialflusses

Der Materialfluß erstreckt sich von der Warenannahme bis zum Versand. In Abschnitt 2.3.2.2 wurden verschiedene Materialflußdarstellungen besprochen. Für die Überwachung

Teil 1: **2 Betriebswirtschaft** 2.3 Arbeitsplanung

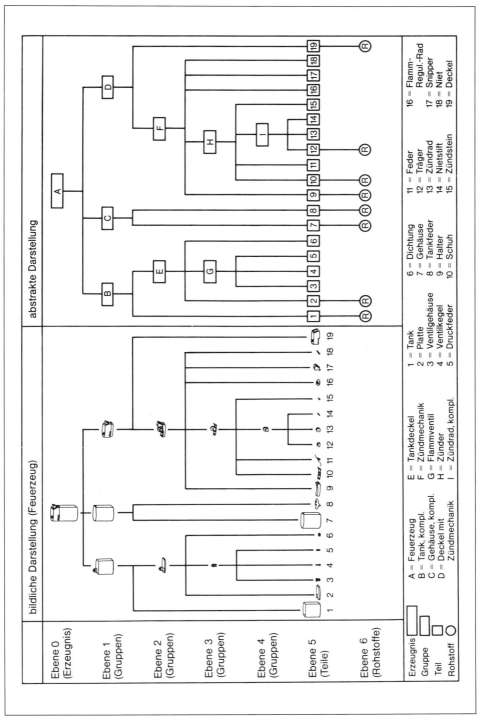

Abbildung 92: Bildliche und abstrakte Darstellung einer Erzeugnisgliederung

2.3 Arbeitsplanung

Teil 1: **2 Betriebswirtschaft**

des Materialflusses müssen der Bearbeitungsfortschritt und Material- und Auftragsdaten bekannt sein. Ein wichtiges Datum ist jeweils die **Rückmeldung** über den Bearbeitungsfortschritt. Das Ablaufprinzip der Fertigung hat einen wesentlichen Einfluß auf die Organisation der Rückmeldung.∗

∗ 427

2.3.8.1 Mengengerüst

Grundlage des Mengengerüstes ist die Stückliste. In Abbildung 92 soll der Zusammenhang der Erzeugnisgliederung mit dem folgenden Stücklistenaufbau hergestellt werden. Verfolgt man die Erzeugnisgliederung weiter, so kommt man zu einer Gliederung nach Baugruppen, zur Baugruppenstückliste.

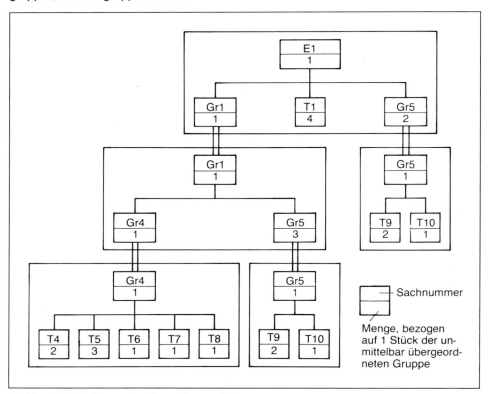

Abbildung 93: Gliederung eines Erzeugnisses nach Baugruppen

Aus der Baugruppenstückliste läßt sich eine Strukturstückliste erstellen, aus der die Gliederung des Erzeugnisses sichtbar wird.
Diesen **Strukturdarstellungen** sind die Rohstoffe und die Mengen zu entnehmen. Ein weiteres Hilfsmittel ist ein Mengenverwendungsnachweis, auch **Teileverwendungsnachweis** genannt.∗

∗ 428

Er zeigt, in welchen Baugruppen bzw. welchen Erzeugnissen in welchen Mengen ein Teil vorkommt. Das hat den Vorteil, daß derartige Teile für mehrere Aufträge in der Fertigung zusammengefaßt werden können.∗

∗ 429

Teil 1: **2 Betriebswirtschaft** 2.3 Arbeitsplanung

lfd. Nr.	Strukturstückliste für Erzeugnis E1				Menge
	Ebene 1	Ebene 2	Ebene 3	Benennung Ident-Nr.	
1	Gr1				1
2		Gr4			1
3			T4		2
4			T5		3
5			T6		1
6			T7		1
7			T8		1
8		Gr5			3
9			T9		6
10			T10		3
11	T1				4
12	Gr5				2
13		T9			4
14		T10			2

lfd. Nr.	Strukturstückliste für Erzeugnis E1				Menge
	Ebene 1	Ebene 2	Ebene 3	Benennung Ident-Nr.	
1	Gr1				1
2		Gr4			1
3			T4		2
4			T5		3
5			T6		1
6			T7		1
7			T8		1
8		Gr5			3
9			T9		6
10			T10		3
11	T1				4
12	Gr5				2
13		T9			4
14		T10			2

Abbildung 94: Beispiele von Strukturdarstellungen

2.3 Arbeitsplanung

Mengenverwendungsnachweis			
für Teil T 4			
lfd. Nr.	Benennung Ident-Nr.	Menge	L
1	E 1	2	0
2	E 2	14	0
3	E . . .		
4	⋮		

Abbildung 95: Mengenverwendungsnachweis

Das Beispiel in Abbildung 95 zeigt, daß Teil 4 mit der Menge 2 im Erzeugnis E 1 und mit der Menge 14 im Erzeugnis E 2 vorkommt.

2.3.8.2 Sammeln von Materialdaten

Zu wichtigen Materialdaten zählen Art, Menge und Zusatzmengen.
Unter dem Sammelbegriff **Materialart** können sowohl die verschiedenen Werkstoffarten als auch verschiedene Materialzustände zusammengefaßt werden. Für die Überwachung des Materialflusses ist es erforderlich, das Teil nach der Zeichnungsnummer und Auftragsnummer zu identifizieren. Innerbetrieblich wird häufig auch in Kundenteile und Vorrats- und

✳ 430   Lagerteile unterschieden.✳
        Die Menge der Teile ist nach jedem Arbeitsgang zu erfassen. Dadurch kann rechtzeitig auf
✳ 431   Fehlteile durch Ausschuß reagiert werden.✳
        In manchen Fällen ist es möglich, durch **Nacharbeiten** fehlerhafte Teile verwendbar zu machen und in den Fertigungsablauf wieder einzugliedern. Diese Nacharbeit kann zu Lasten des Verursachers erfolgen oder durch einen Sonderauftrag erledigt werden.
        Ausschußteile, die auch durch Nacharbeit nicht mehr verwendbar sind, müssen als Fehlteile abgeschrieben werden. Bei größeren Serien wird häufig die Auftragsmenge um einen Prozentsatz, der für Ausschuß eingeplant wird, erhöht.
        Größere Einzelteile müssen in Form eines Zusatzauftrages neu in die Fertigung einge-
✳ 432   schleust werden. Häufig kann dadurch der Liefertermin in Frage gestellt werden.✳

Teil 1: **2 Betriebswirtschaft** 2.3 Arbeitsplanung

2.3.9 Methoden der Materialdisposition

Die Materialbedarfsermittlung, einschließlich der Bereitstellung zu bestimmten Terminen, wird auch Materialdisposition genannt. Dabei wird bestimmt, zu welchem Termin, wieviel (nach Art und Menge) und wo (eigener Betrieb oder Lieferant) das Material beschafft werden soll.

Der **Materialbedarf** für eine bestimmte Periode kann entweder mit Hilfe des Absatz-, Produktions- und Fertigungsprogramms oder der vorliegenden Kundenaufträge exakt vorausbestimmt werden. Der Bedarf kann ausgehend vom Verbrauch in der Vergangenheit statistisch errechnet werden. Man unterscheidet **deterministische** (bestimmende) und **stochastische** (statistische) Methoden der Bedarfsermittlung. Welche der Methoden im einzelnen zur Anwendung kommt, wird z. B. von der Häufigkeit der Verwendung, dem Mengen-Wert-Verhältnis von der Materialdisposition festgelegt. ∗ ∗ 433

2.3.9.1 Objekte der Materialbeschaffung

Die **Beschaffung** von Werk-, Hilfs- und Betriebsstoffen ist grundsätzlich eine Funktion des Einkaufs. Die Informationen, was, in welcher Menge und zu welchem Termin beschafft werden soll, liefert die **Materialdisposition.** Zu den Objekten der Materialbeschaffung zählen Rohstoffe, Halbzeuge, Halbfertigfabrikate, Normteile, Fertigteile, Werkzeuge, Prüfmittel und Hilfsstoffe.

Rohstoffe sind Ausgangsmaterialien, die unmittelbar für die Herstellung von Teilen eingesetzt werden, z. B. Roheisen bei der Gußherstellung. Ein Fertigerzeugnis eines Unternehmens kann zum Rohstoff eines anderen Unternehmens werden, wie z. B. Zement. ∗ ∗ 434

Als **Halbzeuge** werden Stangenmaterialien mit unterschiedlichem Profil bezeichnet, wie z. B. Rohre, Winkel, U-Profile, T-Profile usw. Halbfertigfabrikate sind vorgearbeitete Teile, die im Betrieb ihre endgültige Form oder den endgültigen Zustand erhalten, z. B. gebogene Teile, die weiterverarbeitet werden, bearbeitete Teile, die gehärtet werden, abgelängte Profile usw.

Normteile sind genormte Teile, die allgemein anwendbar sind und als Massenware preisgünstig hergestellt werden. Darunter fallen Schrauben, Muttern, Scheiben, Federn, Kegelstifte, Bohrbuchsen usw.

Fertigteile sind Teile, die nach vorgegebener Zeichnung von Fremdfirmen angefertigt werden (Zahnräder, Kupplungsscheiben) oder von Fremdfirmen als Einzelteil angeboten werden. In diese Gruppe fallen auch Baugruppen, die fertig gekauft werden, wie z. B. Vergaser, Zündanlagen, Pumpen, E-Motoren usw. ∗ ∗ 435

Als **Werkzeuge** werden in diesem Zusammenhang meist spezielle Werkzeugsätze, die dem Erzeugnis beigelegt werden, verstanden. Prüfmittel und Werkzeuge, die zum Einstellen oder Justieren des gelieferten Erzeugnisses dienen und Teil des Lieferumfanges sind, müssen von der Materialdisposition zur Beschaffung veranlaßt werden.

Hilfsstoffe sind z. B. Farben, Schleifmittel, Elektroden, Isolierstoffe, die zur Fertigung eines Teiles nur mittelbar benötigt werden.

2.3.9.2 Bereitstellungsprinzipien

Die Bereitstellung kann sich auf die Einzelfertigung (Einzelbeschaffung), Serienfertigung (fertigungssynchrone Beschaffung) und auf die Vorratsfertigung beziehen.

Bei der **Einzelbereitstellung** für ein Erzeugnis sind die erforderlichen Teile entsprechend den Terminangaben für die Fertigung bereitzustellen.

2.3 Arbeitsplanung

Bei der **Serienfertigung** soll die Bereitstellung synchron zur Fertigung verlaufen. Die erforderlichen Teile werden ein- oder mehrmals je Schicht an den einzelnen Arbeitsplätzen angeliefert. Die Bereitstellung im Lager muß dementsprechend in Intervallen erfolgen. Dabei ist zwischen Kleinteilen (Schüttgut) und großen bzw. sperrigen Teilen zu unterscheiden.✱

✱ 436

Schüttgüter können meist für einen größeren Zeitraum an den Arbeitsplätzen bereitgestellt werden. **Sperrige Teile** müssen in kürzeren Intervallen angeliefert werden, weil sonst die Wege und der einzelne Arbeitsplatz durch Teile blockiert würden. Die Vorratsfertigung ist wie ein Einzelauftrag zu betrachten. Die Bereitstellung erfolgt in der zu fertigenden Losgröße. Vorratsaufträge müssen so rechtzeitig gestartet werden, daß der Nachschub im Lager sichergestellt ist.

2.3.9.3 Methodik der Bedarfsbestimmung

Bei der Materialplanung und Bedarfsermittlung geht es um eine Vielzahl von Materialien, deren Wert sehr unterschiedlich sein kann. Zu jeder Bedarfsermittlung gehört die Abstimmung des Materialbedarfs mit dem Lagerbestand. Danach kann erst der Beschaffungsanstoß an den Einkauf gegeben werden. Die Methoden der Bedarfsplanung sind in Abbildung 96 gezeigt.✱

✱ 437

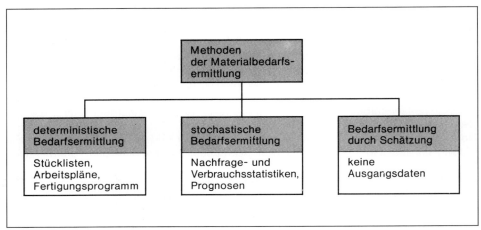

Abbildung 96: Methoden der Materialbedarfsermittlung

Bei der **deterministischen** Bedarfsermittlung wird das Material exakt vorbestimmt. Ein wichtiges Hilfsmittel für die Ermittlung des Materialbedarfs je Erzeugniseinheit ist die Stückliste und der Arbeitsplan.✱

✱ 438

Für die Ermittlung des Materialbedarfs einer Periode ist das Fertigungsprogramm als weitere Grundlage hinzunehmen. Der Zusatzbedarf für Ausschuß und Verschnitt wird meist mit einem entsprechenden Prozentsatz je Materialart dem Grundbedarf hinzugerechnet.

Bei der **stochastischen** Bedarfsermittlung wird das erforderliche Material mit Hilfe von Vergangenheitswerten bestimmt. Voraussetzung ist, daß der Materialverbrauch hinreichend genau erfaßt wird. Aus den Vergangenheitswerten wird mit Hilfe mathematisch-statistischer Methoden auf den zukünftigen Bedarf geschlossen.✱

✱ 439

Beim **Schätzen** orientiert man sich nur ungefähr an den Vergangenheitswerten. Die Methode wird häufig für die Bedarfsermittlung bei Hilfs- und Betriebsstoffen angewandt.

2.3.9.4 Methodik der Vorratsplanung

Um beim Eintreffen eines Kundenauftrages relativ schnell mit der Fertigung beginnen zu können, ist ein Materialvorrat erforderlich. Dieser **Materialvorrat** soll wegen der Kapitalbindung ein Höchstmaß nicht übersteigen.∗

∗ 440

Die Vorgehensweise ist allgemein wie folgt: Beim Erreichen des vorgesehenen Mindestbestandes (Sicherheitsbedarf), der so groß sein sollte, daß er für die Dauer der Materialbeschaffung ausreicht, wird eine Materialbestellung ausgelöst. Diese Vorgehensweise erfordert bei der Bevorratung von Baugruppen eine Detaillierung.

Der Beschaffungszeitpunkt soll im allgemeinen so gewählt werden, daß das Material zum vorgesehenen Zeitpunkt zur Verfügung steht. Eine Ausnahme von dieser Regelung besteht in der Beschaffung von Werkstoffen, die auf dem Weltmarkt ständigen Preisänderungen ausgesetzt sind. Da kann es sinnvoll sein, bei einem Preistief größere Mengen zu kaufen und bei Tagespreisen, die sehr hoch liegen, nur unbedingt erforderliche Mengen zu ordern. Bei der Abnahme größerer Mengen ist es üblich, **Abrufaufträge** zu erteilen. Dabei werden die voraussichtliche Jahresmenge zugrunde gelegt, die Abrufmenge und die Abrufzeiträume werden bestimmt. Außer Preisvorteilen ist meist eine gute Termineinhaltung damit verbunden. Im Bereich der Materialwirtschaft wird mit Modellen gearbeitet. In Abbildung 97 sind der Bestellzeitpunkt, die Wiederbeschaffungszeit und der Lieferzeitpunkt eingetragen.∗

∗ 441

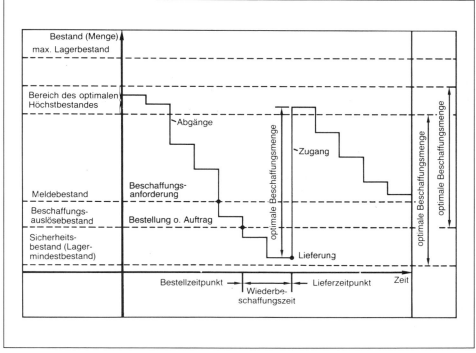

Abbildung 97: Lagermodell

Der **maximale** Lagerbestand gibt die größte Menge an, die auf Lager gehalten werden kann. Häufig bildet sich der maximale Lagerbestand aus dem optimalen Lagerbestand zuzüglich eines Sicherheitsbestandes.

Der **optimale** Lagerbestand ergibt sich aus der Lieferung der beschafften Menge und dem

2.3 Arbeitsplanung · Teil 1: **2 Betriebswirtschaft**

* 442
zum Zeitpunkt der Lieferung vorhandenen Bestand. Der Beschaffungsauslösebestand liegt über dem Bestellauslösebestand. Der Bestand zwischen Bestell- und Beschaffungsauslösung soll so groß sein wie der Verbrauch in diesem Zeitraum.*

Eine Überprüfung der Bestellmengen aufgrund von Veränderungen im Fertigungsprogramm soll Engpässe und Bestandserhöhungen vermeiden. Der **Bestellauslösebestand** liegt über dem Sicherheitsbestand. Er soll so groß sein, daß während der Wiederbeschaffungszeit die Fertigung vom Lager versorgt werden kann.

Die **Wiederbeschaffungszeit** setzt sich aus der Beschaffungszeit, der Transportzeit und einer Sicherheitszeit für Transport- oder Lieferverzögerungen zusammen. Die Wiederbeschaffungszeit ist Schwankungen auf dem Markt unterworfen. Der Bestellauslösebestand ist deshalb den Marktveränderungen anzupassen.

* 443
Der **Sicherheitsbestand** ist ein Mindestbestand, auf den bei unplanmäßigen Entnahmen, ungewöhnlichen Bedarfsschwankungen, Verzögerungen bei der Auslieferung u. ä. zurückgegriffen werden kann, so daß die Lieferbereitschaft gewährleistet ist.*

2.3.10 Ziele und Möglichkeiten der Wertanalyse

* 444
Bei der Konstruktion eines Erzeugnisses werden die erforderlichen Herstellkosten größtenteils festgelegt. Die Arbeitsvorbereitung versucht, durch fertigungsgünstige Gestaltung des Arbeitsablaufes die Herstellkosten zu reduzieren bzw. niedrig zu halten. Da an verschiedenen Stellen im Betrieb an der **Reduzierung der Herstellkosten** gearbeitet wird, wäre es sinnvoll, in einem Team zusammenzuarbeiten. Im allgemeinen sollten Sachbearbeiter aus Konstruktion, Arbeitsvorbereitung, Ein- und Verkauf, Fertigung und Qualitätskontrolle zusammenarbeiten. Der Amerikaner Lawrence Miles fand eine Reihe von Techniken zur Zusammenarbeit bei der Kostensenkung, die unter dem Begriff »value engineering« bekannt wurden. Im deutschsprachigen Raum wurden diese Methoden unter der Bezeichnung Wertanalyse eingeführt. Die **Wertanalyse** wird nach VDI-Richtlinie 2801 als eine Methode zur Steigerung des Unternehmenserfolges interpretiert.*

Wertanalyse ist eine systematische und organisierte Untersuchung aller Faktoren, aus denen sich die **Kosten** eines Erzeugnisses zusammensetzen, um niedrigste Kosten zu erreichen, ohne nachteilige Auswirkungen auf Qualität, Zuverlässigkeit und den Marktwert. **Kosten** stellen den gegenwärtigen Aufwand dar, um die erforderlichen Funktionen zu erreichen. **Wert** stellt ein Ziel dar, welches auf den niedrigsten Kostenalternativen basiert, um die geforderte Funktion zu erfüllen.

Die Wertanalyse wird im Bereich der Erzeugnisgestaltung, der Einzelteilgestaltung und damit der Qualitätsänderung und Produktionssteigerung eingesetzt.

2.3.10.1 Grundprinzip der Wertanalysemethode (DIN 69910)

* 445
Die **Wertanalyse** (WA) ist eine Methode, die sowohl auf gegenständliche Objekte als auch auf Verwaltungsabläufe und Dienstleistungen angewandt werden kann. Die Methode ist besonders gekennzeichnet durch Orientierung an konkreten Zielen, Denken in und Arbeiten mit Funktionen, Trennen der schöpferischen von der bewertenden Phase und Arbeiten in bereichsübergreifenden zusammengesetzten Teams.*

Das **Wertanalyse-Objekt** ist ein entstehender oder bestehender Funktionsträger, der mit Wertanalyse behandelt werden soll. Wertanalyse-Objekte können zum Beispiel sein: Erzeugnisse, Dienstleistungen, Produktionsmittel und -verfahren, Organisations- und Verwaltungsabläufe, Informationsinhalte und -prozesse.

Funktion im Sinne der WA ist jede einzelne Wirkung des Wertanalyse-Objektes. Eine Funktion wird durch ein Hauptwort und ein Tätigkeitswort beschrieben.
Arten von Funktionen dienen der Zuordnung von Funktionen zu zwei besonderen Nutzungsbereichen des Wertanalyse-Objektes. Man unterscheidet Gebrauchs- und Geltungsfunktion.* *446
Gebrauchsfunktionen sind zur sachlichen Nutzung des WA-Objektes erforderlich.
Geltungsfunktionen sind subjektiv wahrnehmbare personenbezogene Wirkungen, die nicht zur sachlichen Nutzung des WA-Objektes erforderlich sind.
Funktionsklassen dienen zum Aufstellen einer Rangordnung von Funktionen. Dafür dienen die Begriffe Haupt- und Nebenfunktion. WA-Objekte können eine oder mehrere Haupt- und Nebenfunktionen haben.
Hauptfunktionen beschreiben im Sinne der Nutzung besonders hoch gewichtete Wirkungen (den Verwendungszweck des WA-Objektes).
Nebenfunktionen beschreiben im Sinne der Nutzung deutlich geringer gewichtete Wirkungen (Funktionen, die zur Erfüllung der Hauptfunktion erforderlich sind).* *447
Unerwünschte Funktion ist eine vermeidbare oder eine aus unumgänglichen Gründen unvermeidbare nicht gewünschte Wirkung des WA-Objektes.
Die Beschreibung der Funktion eines WA-Objektes und die Einteilung in Funktionsarten und Funktionsklassen ist eine Analysemethode, die Schwachpunkte aufzeigt. Erfolgt zu den einzelnen Funktionsarten und -klassen eine Kostenzuordnung, so werden die Ansatzpunkte für eine Verbesserung des Objektes deutlich. Ein Kostenvergleich zwischen dem Ist-Zustand und den Lösungsalternativen dient als Zielkontrolle und Entscheidungshilfe für die Auswahl eines Lösungsvorschlages.

2.3.10.2 Zusammensetzung und Aufgabe des Wertanalyseteams

Die Aufgabe eines **WA-Teams** ist die Lösung eines gestellten Problems hinsichtlich der Zielvorgaben.
Ein WA-Team setzt sich je nach dem zu lösenden Problem aus den acht Unternehmensbereichen Fertigung, Entwicklung, Einkauf, Finanz- und Rechnungswesen, Vertrieb, Personal, Organisation, Qualitätswesen und dem WA-Moderator zusammen. Im Durchschnitt sollten in einem WA-Team 5...7 Personen zusammenarbeiten, die von der Unternehmensführung bestimmt werden. Die Zusammensetzung der Gruppe sollte bis zur Lösungsverwirklichung konstant bleiben. Alle Team-Mitglieder sollten bei allen WA-Sitzungen dabei sein, um einen gleichen Informationsstand zu haben. Eine gut organisierte Teamarbeit erhöht die Wahrscheinlichkeit, eine gute Lösung zu finden.* *448

2.3.10.3 Grundschritte des WA-Arbeitsplanes und die WA-Funktionsanalyse

Der **Wertanalyse-Arbeitsplan** besteht nach DIN 69910 aus den in Abbildung 98 dargestellten 6 Grundschritten.
Die strikte Einhaltung dieser 6 Grundschritte des WA-Arbeitsplanes erhöhen den Gesamterfolg eines WA-Projektes. Nach jedem Grundschritt ist zu prüfen, ob die Annäherung an die Zielvorgaben gegeben ist. Ist dieses nicht der Fall, so müssen dieser Schritt oder auch mehrere Schritte wiederholt werden. Erst wenn die Ziele weiter erreichbar erscheinen, darf der nächste Grundschritt begonnen werden.* *449

2.3 Arbeitsplanung

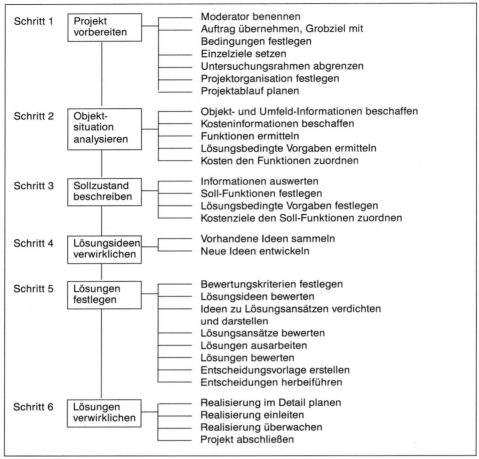

Abbildung 98: Wertanalyse-Arbeitsplan nach DIN 69910

Unter **Funktion** sind im Sinne der WA alle Aufgaben zu verstehen, die von einem bestehenden oder noch zu entwickelnden Erzeugnis, einem Ablauf oder einer Büro- und Verwaltungstätigkeit erfüllt werden sollen. Die Funktion ist der zentrale Orientierungspunkt für die WA-Arbeit. Funktionen können nur richtig formuliert werden, wenn Klarheit über die Zielsetzung herrscht.
In Abbildung 99 sind die Funktionsarten und Funktionsklassen dargestellt.
Die **Funktionsanalyse** besteht in der Erfassung eines Produktes durch die Benennung und Beschreibung der Funktion seiner Einzelteile, Angabe der Funktionsart und Funktionsklasse sowie Angabe der Herstellkosten.
Den einzelnen **Hauptfunktionen** eines Erzeugnisses sind die **Nebenfunktionen,** die erforderlich sind um die Hauptfunktion zu erfüllen, zuzuordnen. Dabei sind die Fragen »Warum und wie wird die Funktion bei diesem Lösungsvorschlag erfüllt?« zu beantworten. In dem 2. Grundschritt des WA-Arbeitsplanes ist die Funktionsanalyse mit der **Kostenzuordnung** durchzuführen. Der 3. Grundschritt des WA-Arbeitsplanes beinhaltet das Erstellen von Soll-Funktionen. Eine sorgfältige Funktionsanalyse im 2. Grundschritt erleichtert die Ideensuche und die weitere Arbeit der Wertanalyse.

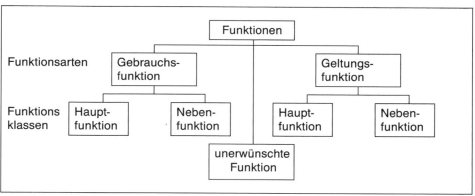

Abbildung 99: Funktionen im Sinne der Wertanalyse

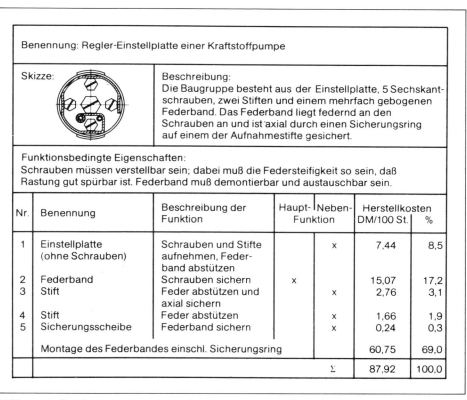

Abbildung 100: Funktionsanalyse

2.3.10.4 Wertgestaltung und Wertverbesserung

Bei der Wertanalyse unterscheidet man die Aufgabenbereiche **Wertgestaltung** und **Wertverbesserung** an WA-Objekten.

Die **Wertgestaltung** ist die Anwendung der Wertanalyse beim Schaffen eines noch nicht bestehenden Wertanalyse-Objektes. Ein Vorteil der Wertgestaltung ist der geringe Kostenaufwand bei Änderungen, weil der Funktionsträger meist erst in der Entwicklung, auf dem Papier, vorhanden ist.

Die **Wertverbesserung** ist die wertanalytische Behandlung eines bereits bestehenden WA-Objektes. Dabei muß der Ist-Zustand genau beschrieben werden. Die Wertverbesserung kann während der Lebensdauer eines Produktes, je nach Wissenszuwachs und Marktveränderungen, wiederholt durchgeführt werden. Die Wertanalyse sollte so früh wie möglich auf ein Produkt angesetzt werden, weil mit fortschreitender Lebenszeit des Produktes die erforderlichen Änderungskosten größer, die Spannen der möglichen Kostensenkungen kleiner werden. *

* 450

Das wertanalytische Vorgehen ist für die Wertgestaltung und die Wertverbesserung gleich.

2.3.10.5 Anwendungsbereiche der Wertanalyse

Die Methode WA ist anwendungsneutral, das bedeutet, mit ihr kann jede Art von Objekten bearbeitet werden. Durch die Universalität der Methode können bereits bestehende Objekte durch Wertverbesserung und noch nicht bestehende Objekte durch Wertgestaltung bearbeitet werden.

Mit Hilfe der sechs Grundschritte des WA-Arbeitsplanes lassen sich Probleme aus den Bereichen Fertigung, Verwaltung, Organisation und Information erfolgreich lösen. Im Bereich Konstruktion wird die WA zur Wertgestaltung eingesetzt. Im Bereich Fertigung wird die WA zur Wertverbesserung bei Erzeugnissen und sowohl zur Wertverbesserung als auch zur Wertgestaltung bei den Fertigungsverfahren und Fertigungsabläufen eingesetzt, die verbessert bzw. neu gestaltet werden. *

* 451

Die erfolgreiche Anwendung der WA in kommunalen Behörden wurde mit einem 1978 abgeschlossenen Pilotprojekt nachgewiesen. Durch die erzielte Kostensenkung wurden weitere WA-Aktivitäten in Behörden erprobt.

Erfolgreicher Einsatz der WA ist immer dann zu erwarten, wenn alle damit befaßten Personen bereit sind, durch ihr Verhalten die WA zu fördern.

Literaturverzeichnis und Bildernachweis zu 2.3

Bei der Bearbeitung dieses Abschnittes wurde nachstehende Literatur berücksichtigt. Definitionen sind in Anlehnung an die REFA-Methodenlehre formuliert oder in Einzelfällen wörtlich zitiert.

Baierl, Friedrich: Lohnanreizsysteme. Carl Hanser Verlag, München.

DIN 69910: Wertanalyse, Beuth Verlag, Berlin.

Haller-Wedel, Ernst: Messen, Zählen, Auswerten und Beurteilen. Carl Hanser Verlag, München.

Haller-Wedel, Ernst: Das Multimomentverfahren in Theorie und Praxis. Carl Hanser Verlag, München.

Handbuch des Prämienlohns, Teil 1, 2, 3. Institut für angewandte Arbeitswissenschaft e. V., Köln.

Kaminsky, Gerhard: Praktikum der Arbeitswissenschaft. Carl Hanser Verlag, München.

REFA, Hrsg.: Methodenlehre des Arbeitsstudiums, Teil 1–5. Carl Hanser Verlag, München.

REFA, Hrsg.: Methodenlehre der Planung und Steuerung, Teil 1–3. Carl Hanser Verlag, München.

VDI, Hrsg.: Wertanalyse. VDI-Verlag GmbH, Düsseldorf

Taschenbuch Mensch und Arbeit. Verlag Mensch und Arbeit, München.

Bildernachweis

Abbildungen 35, 37, 42, 43, 46, 47, 98, 99 vom Verfasser.

Abbildung 89 aus Handbuch des Prämienlohns.

Alle übrigen Abbildungen sind mit freundlicher Genehmigung der REFA-Methodenlehre entnommen.

2.4 Arbeitssteuerung

Unter dem Begriff **Arbeitssteuerung** sind alle Maßnahmen, die für eine Arbeitsplanung entsprechende Auftragsabwicklung erforderlich sind, zusammengefaßt. Dazu zählen:
— die Aufteilung der Mengen auf die vorhandenen Betriebsmittel und Arbeitskräfte,
— die zeitliche Ablaufplanung (Terminplanung),
— die Materialbereitstellung.∗
Die Ziele der **Steuerung,** auch Arbeitssteuerung, Fertigungssteuerung und Produktionssteuerung genannt, sind in Abbildung 101 zusammengefaßt.∗

∗ 452
∗ 453

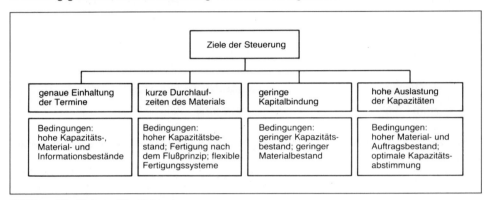

Abbildung 101: Ziele der Steuerung

Die Steuerungsaufgaben können konventionell oder mit Hilfe elektronischer Datenverarbeitungsanlagen (EDV) durchgeführt werden. Im folgenden werden die konventionellen Vorgänge der Steuerung beschrieben. Diese Gedanken und Grundsätze liegen der Steuerung mit Hilfe der EDV ebenfalls zugrunde.

2.4.1 Wesen und Aufgabe der Fertigungssteuerung

Die **Steuerung** besteht nach REFA im Veranlassen, Überwachen und Sichern der Aufgabendurchführung hinsichtlich Menge, Termin, Qualität und Kosten.
Veranlassen ist ein terminorientierter Anstoß, ein Auslösen der Aufgabendurchführung.
Das **Überwachen** besteht in dem Feststellen der Aufgabenerfüllung bzw. der Abweichung der Ist- von den Soll-Daten.∗
Sichern besteht in Maßnahmen zum Vermeiden oder Vermindern der Abweichungen der Ist- von den Soll-Daten.
Durchführen ist das schrittweise Erfüllen von Aufgaben im Rahmen eines Arbeitssystemes; die praktische Verwirklichung eines Vorhabens.

∗ 454

2.4.1.1 Aufgaben der Fertigungssteuerung

Ziel der Fertigungssteuerung ist es, die Termineinhaltung und die gleichmäßige Auslastung der Kapazitäten zu sichern. Um termingerecht fertigen zu können, sind Material, Vorrich-

tungen und Sonderwerkzeuge rechtzeitig bereitzustellen.
Die **Bereitstellung** kann nach dem Bring-, Hol- oder einem kombinierten System organisiert sein.∗ ∗ 455
Beim **Bringsystem** werden die auftragsbezogenen Materialien, Werkzeuge, Vorrichtungen und die Auftragsunterlagen zum festgesetzten Termin am Arbeitsplatz angeliefert.
Beim **Holsystem** sind alle Materialien und die Auftragsunterlagen von den jeweiligen vorgelagerten Stellen abzuholen. Dort sind sie nach einem Bereitstellungsterminplan abholbereit.
Beim **kombinierten System** werden die Materialien am Arbeitsplatz angeliefert. Die Arbeitspapiere (Zeichnung, Lohnschein, u. ä.) werden von den Betriebsvorgesetzten ebenfalls gebracht. Werkzeuge müssen von einem Werkzeugmagazin geholt werden.

2.4.1.2 Teilgebiete der Auftragssteuerung

Zu den Teilgebieten der Auftragssteuerung zählen:
— die Produktionsprogrammauflösung,
— die Terminplanung,
— die Arbeitsverteilung.
Grundlage der **Auftragssteuerung** ist das Produktionsprogramm, das kunden- oder periodenbezogen gegliedert sein kann.
Nach dem **Produktionsprogramm** wird die Materialbedarfsermittlung durchgeführt und die Materialbeschaffung veranlaßt. Außerdem ist im Produktionsprogramm eine Grobterminierung enthalten.∗ ∗ 456
Dieses Produktionsprogramm wird in einzelne Aufträge aufgelöst. Für diese Aufträge wird eine Feinterminierung unter Berücksichtigung der Materialbestände und der freien Kapazitäten sowie des gewünschten Endtermins durchgeführt. Voraussetzung dafür sind Arbeitspläne, die Materialart und -menge, Arbeitsgänge, Kostenstellen bzw. Arbeitsplatznummern und Vorgabezeiten enthalten.
Die Terminplanung, hier ist die **Terminfeinplanung** mit einem Planungszeitraum von ca. 1 Monat gemeint, legt Anfangs- und Endtermine für die einzelnen Aufträge und Arbeitsgänge fest. Dabei ist die Auslastung der Kapazitäten und das Vorhandensein bzw. der Liefertermin des Materials zu beachten. Diese Terminplanung kann auftrags- oder kapazitätsorientiert durchgeführt werden.∗ ∗ 457
Die **auftragsorientierte Terminplanung** berücksichtigt den einzelnen Auftrag. Konkurrierende Aufträge oder Kapazitätsgrenzen werden vorerst nicht berücksichtigt. Diese Terminierungsart ist nur bei ausreichenden Kapazitäten anwendbar.
Bei der **kapazitätsorientierten Terminplanung** werden Kapazitätsbedarf und -bestand miteinander abgeglichen. Kapazitätsgrenzen und eine gleichmäßige Nutzung der vorhandenen Kapazitäten werden dabei berücksichtigt.
Für **Engpaßarbeitsplätze** ist die Terminplanung zunächst auftrags- und dann kapazitätsorientiert durchzuführen.
Werden die Kapazitätsgrenzen überschritten, so können Kapazitätsspielräume in Anspruch genommen werden.
Ist die Überschreitung der Kapazitätsgrenze längerfristig, so ist eine Kapazitätserhöhung bzw. -erweiterung vorzunehmen.
Kapazitätsspielräume ergeben sich z. B. aus:
— Einführung von Überstunden,
— Einlegen zusätzlicher Schichten,
— Auswärtsvergabe von Teilaufgaben.∗ ∗ 458
Die Vor- und Rückwärtsterminierung wurde bereits unter Kapitel 2.3 angesprochen. In manchen Fällen wird eine kombinierte Terminierung, bei der, ausgehend vom Endtermin, stu-

fenweise die Anfangs- und Endtermine durch abwechselndes Rückwärts- und Vorwärtsrechnen ermittelt werden, angewendet. Dabei werden die Kapazitätsgrenzen berücksichtigt.
Als Hilfsmittel stehen der Terminplanung Fristenpläne, Netzpläne, Balkendiagramme, Plantafeln, Karteikarten und Terminlisten (EDV) zur Verfügung.
Die Grundlage der **Arbeitsverteilung** ist die Terminplanung. Die Verteilung der Arbeitsaufträge auf die einzelnen Arbeitsplätze erfolgt meist eine Woche im voraus. Bei der Arbeitsverteilung sind zahlreiche Entscheidungen zu treffen und mit der Terminplanung abzustimmen. Beispielsweise sind folgende Forderungen zu beachten: *

* 459

— ein vorgesehener Auftrag kann aus Qualitätsgründen nur an einem bestimmten Betriebsmittel oder von einem bestimmten Menschen ausgeführt werden;
— die Rüstzeit eines Betriebsmittels kann durch eine veränderte Auftragsfolge wesentlich reduziert werden;
— für sehr eilige Aufträge kann (nur in Ausnahmefällen) ein laufender Auftrag unterbrochen werden.

Die zum Teil kontroversen Forderungen verlangen viel Flexibilität und Fingerspitzengefühl vom **Industriemeister** und von den zuständigen Mitarbeitern.

2.4.2 Aufgaben und Organisationsmittel der Arbeitsverteilung

Die **Arbeitsverteilung** ist ein wichtiges Aufgabengebiet für den Industriemeister. Sie hat die Aufgabe, die einzelnen Arbeitsplätze mit Arbeitsaufgaben zu versorgen, den termingerechten Arbeitsablauf zu sichern, auftretende Engpässe rechtzeitig zu melden und Vorschläge zur Abhilfe zu machen. *

* 460

Zur Durchführung dieser Aufgaben stehen als Organisationsmittel die Arbeitspapiere und als Hilfsmittel Plantafeln und Karteikästen zur Verfügung. *

* 461

2.4.2.1 Probleme und organisatorische Grundsätze der Arbeitsverteilung

Die Arbeitsverteilung kann dezentral, zentral oder kombiniert durchgeführt werden (siehe Abbildung 102).
Die Arbeitsverteilung wird **dezentral** ausgeführt, wenn ein geringer Entscheidungsspielraum vorhanden ist. Es wird nach dem aktuellen Stand an den Arbeitsplätzen entschieden.
Eine **dezentrale** Arbeitsverteilung ist vorteilhaft, wenn die
— Anzahl der bereitgestellten Aufträge klein ist,
— Auftragszeiten kurz sind,
— zu betreuende Anzahl der Arbeitsplätze gering ist,
— Ausführung der Aufgabe an bestimmte Personen oder Betriebsmittel gebunden ist. *

* 462

Die **zentrale** Arbeitsverteilung kommt meist bei großen Vorräten an bereitgestellten Aufträgen mit langen Durchlaufzeiten zur Anwendung. Bei der zentralen Arbeitsverteilung ist ein gut funktionierendes **Rückmeldesystem** für fertiggestellte Aufträge bzw. Arbeitsvorgänge und bei aufgetretenen Störungen erforderlich. Der ständige Kontakt zwischen Arbeitsverteilung und ausführender Stelle gewährleistet die Funktion der zentralen Arbeitsverteilung.
Bei der **kombinierten** Arbeitsverteilung wird die Grobverteilung zentral und nach Rück-

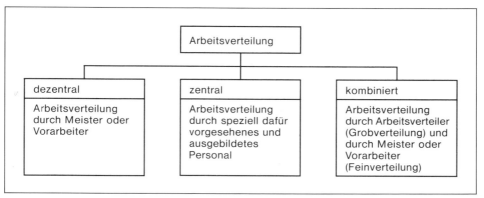

Abbildung 102: Arten der Arbeitsverteilung

sprache mit dem Betriebsvorgesetzten vorgenommen. Der Meister oder Vorarbeiter übernimmt die Feinverteilung.∗

∗ 463

Auch bei dieser Form der Arbeitsverteilung ist eine gute Zusammenarbeit und Absprache zwischen der zentralen Verteilungsstelle und den Betriebsvorgesetzten erforderlich.

2.4.2.2 Organisationsmittel der Arbeitsverteilung

Zu den Organisations- und Hilfsmitteln der Arbeitsverteilung zählen Arbeitspapiere, Plantafeln und Karteikästen. Plantafeln, Karteikästen und ähnliches werden von Organisationsmittelfirmen angeboten.

Die **Arbeitspapiere** umfassen im allgemeinen Laufkarte, Terminkarte, Fertigungslohnschein, Materialentnahmeschein und evtl. Werkzeug- und Vorrichtungsschein, Arbeitsunterweisung u. ä.∗

∗ 464

Die **Lauf- und Terminkarte** beinhalten den Arbeitsablauf für ein Teil, eine Baugruppe oder ein Erzeugnis. Die Laufkarte bleibt vom ersten bis zum letzten Arbeitsgang beim Erzeugnis. Auf der Terminkarte wird der Arbeitsfortschritt mit dem eingetragenen Termin verglichen, um bei Verzögerungen Maßnahmen zu ergreifen. Die Terminkarte wird in einer Plantafel oder in Karteikästen aufbewahrt.

Die **Fertigungslohnscheine** werden in Plantafeln den einzelnen Arbeitsplätzen zugeordnet. Durch einen Markierungsstrich am Rand des Scheines, der in seiner Länge der Auftragszeit entspricht, kann die Belegung des einzelnen Arbeitsplatzes mit Aufträgen übersichtlich dargestellt werden.

Der **Materialentnahmeschein** wird vor Beginn der Fertigung dem Lager zur Materialbereitstellung übergeben. Er dient dem Lager als Materialentnahmebeleg und wird in der Lagerbestandsrechnung weiterverarbeitet.∗

∗ 465

Je nach Organisationsstand eines Betriebes werden Vorrichtungsnummern auf der Laufkarte vermerkt oder ein Vorrichtungsentnahmeschein mit den Arbeitspapieren ausgegeben. Das gleiche gilt für Sonderwerkzeuge.

Der **Unterweisungsplan** sowie die Arbeitsunterweisungskarten für die einzelnen Arbeitsvorgänge werden häufig im Meisterbüro aufbewahrt. Es wird darin festgehalten, was, wie und wo mit ausgeführt werden soll. Abbildung 103 zeigt den Auszug aus einem Arbeitsunterweisungsplan.

Auf den **Arbeitsunterweisungskarten** sind die Arbeitsmethoden, die Besonderheiten, auf die besonders geachtet werden muß, und die Maschineneinstelldaten vermerkt.∗

∗ 466

2.4 Arbeitssteuerung Teil 1: **2 Betriebswirtschaft**

Unterweisungsplan — A V

Arbeitsaufgabe:	Bohren und Reiben 10^{H7} Bohrung	Menge:	30 Stück

Arbeitsgegenstand: Grundplatte, St 37

Betriebsmittel: Ständerbohrmaschine, Maschinenschraubstock, Zentrierbohrer, Spiralbohrer, Reibahle

Bearbeiter: Schmidt	Datum:	aufgestellt am: 04.05.1985	gültig ab: 01.06.1985

Arbeitsplatz: (Skizze, Zeichnung, Bild)

Unter- und Oberteil der Grundplatte werden verschraubt angeliefert.

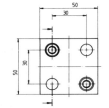

t (Min) E	F	Lernabschnitte (WAS?)	Arbeitsablaufhinweise (WIE?)	Begründungen (WARUM so?)
1	1	1. Werkstück anreißen	(Kupfervitriol, Anreißlack) Auf der Anreißplatte gegen den Anschlagwinkel anlegen und mit der Höhenschieblehre anreißen.	Gute Sichtbarkeit (Gute Sichtbarkeit) Um das auf der Zeichnung angegebene Maß auf das Werkstück zu übertragen.
1	2	2. Ankörnen	Körner beim Ansetzen auf den Schnittpunkt vom Auge abgeneigt halten, dann senkrecht stellen und ankörnen	Körner kann so genau auf den Anreißpunkt angesetzt werden. Das Ankörnen selbst erleichtert das Zentrierbohren. (Greifmöglichkeit für Zentrierbohrerspitze)
1,5	3,5	3. Zentrieren	Werkstück in den Maschinenschraubstock spannen und auf dem	Kleine Werkstücke müssen wegen des erfor-

Abbildung 103: Auszug aus einem Arbeitsunterweisungsplan

2.4.3 Berichte und Kennzahlen der Fertigungssteuerung

Berichte werden in Unternehmen in unterschiedlichster Form und für verschiedene Zwecke abgefaßt. Allgemein gilt: Berichte sollen klar, sachlich, kurz, leicht verständlich und in der **Tatform** (aktiv) abgefaßt werden. Sehr eindrucksvoll und aussagekräftig sind kleine Tabellen und Diagramme, die einen Sachverhalt oder eine Entwicklung eindeutig widerspiegeln. Kennzahlen sind Verhältniszahlen oder Gliederungszahlen. Einige können als Planungsfaktoren Verwendung finden. Andere geben Auskunft über den wirtschaftlichen Einsatz der Betriebsmittel. Kennzahlen, die das Gesamt-Unternehmen betreffen, werden nicht behandelt, weil sie vom Meister nicht beeinflußbar sind.

2.4.3.1 Der Vortragsbericht

Je nach den betrieblichen Gegebenheiten, die von der Art der Fertigung abhängig sind, werden Berichte abgefordert.
Bei wöchentlichen Besprechungen über den Fertigungsstand sind Berichte von den einzelnen Meistern abzugeben. Der Meister aus der Abteilung mechanische Bearbeitung berichtet z. B. über die in seinem Bereich aufgetretenen Schwierigkeiten und die ergriffenen Maßnahmen. Die Auswirkungen auf nachfolgende Abteilungen können beraten werden. Daraus ergeben sich häufig weitere Möglichkeiten zur Behebung der Schwierigkeiten in der Abteilung mechanischer Bearbeitung. Diese Art von **Vortragsbericht** kann in verschiedenen Zeitabständen stattfinden, z. B. wöchentlich, dekadenweise, monatlich. Ergeben sich zwischen den Berichtszeiträumen Ausfälle oder besondere Situationen, so sind diese sofort an die entsprechenden Stellen zu melden, um die Auswirkungen auf die Termine zu überprüfen. Außerdem sind Maßnahmen einzuleiten, um die Ausfälle zu beheben. * * 467

2.4.3.2 Der Versandbericht

Versandberichte werden täglich, wöchentlich, dekadenweise oder monatlich abgefaßt.
Die Fertigungssteuerung kann je nach Fertigungsart verschiedene Informationen aus den Versandberichten entnehmen und Schlüsse daraus ziehen.
In der Serienfertigung von Konsumartikeln kann z. B. dem Versandbericht der Abfluß der Einheiten aus dem Fertigwarenlager entnommen werden. Der Lagerbestand läßt Rückschlüsse auf die Lieferbereitschaft zu. Außerdem kann die Fertigungssteuerung evtl. zusätzliche Aufträge vorbereiten oder die Fertigstellung eines Artikels, der zur Zeit einen geringen Absatz findet, zugunsten eines anderen Artikels mit einem hohen Absatz verschieben.
Bei großen Objekten, z. B. Großkesselanlagen, Stahlbau u. ä. kann der Versandbericht die Fertigstellung einzelner Baugruppen bestätigen, z. B. bedeutet die Fertigstellung und Versendung der Feuerraumrohre, daß auf der Baustelle für diesen Abschnitt Rohrschlosser und Schweißer mit entsprechenden Qualifikationen bereitgestellt werden müssen.
Um diese Daten einem Versandbericht zu entnehmen, muß dieser die Auftragsnummer, die Baugruppennummer und weitere auftragsbezogene Informationen enthalten. Außerdem ist das Versanddatum und die Versandart, z. B. Bahn, LKW, Schiff, von Bedeutung für das Entladen und Weiterverarbeiten am Montageort. * * 468

2.4.3.3 Funktionen betrieblicher Kennzahlen

∗ 469 Kennzahlen sind Verhältniszahlen mit sinnvoller Aussage über Betriebe, Betriebsteile oder den Einsatz von Menschen, Betriebsmitteln und Material.∗
In den Wirkungsbereich des Meisters fallen zum Beispiel folgende Kennzahlen:

$$\text{Krankheitsgrad} = \frac{\text{Krankheitsstunden}}{\text{theoretische Einsatzzeit}} \cdot 100\,\%$$

Krankenstunden = 47 Std.
theoretische Einsatzzeit = 3 Maschinen · 7,5 Std. · 1 Schicht · 22 Tage
= 495 Std.

$$\text{Krankheitsgrad} = \frac{47\ \text{Std.}}{495\ \text{Std.}} \cdot 100\,\% = 9,5\,\%$$

∗ 470 Der Krankheitsgrad kann je Monat oder je Quartal ermittelt werden. Er gibt die Größe der Personalausfälle durch Krankheit an.∗

$$\text{Ausschußgrad} = \frac{\text{Anzahl der Ausschußstücke}}{\text{Anzahl der hergestellten Stücke}} \cdot 100\,\%$$

$$= \frac{38\ \text{Stück/Auftrag}}{780\ \text{Stück/Auftrag}} \cdot 100\,\% = 4,9\,\%\ \text{Ausschußteile}$$

∗ 471 Der Ausschußgrad kann auf einen Auftrag oder auf eine Periode bezogen werden. Diese Kennzahl zeigt an, wieviel Ausschuß je Losgröße berücksichtigt werden muß bzw. an welcher Stelle Maßnahmen zu ergreifen sind, um den Ausschuß zu vermindern.∗

$$\text{Nutzungsgrad} = \frac{\text{Fertigungszeiten}}{\text{Fertigungszeiten} + \text{Hilfszeiten}} \cdot 100\,\%$$

Fertigungszeiten sind vorgegebene oder gebrauchte Zeiten, die einem bestimmten Auftrag zurechenbar sind.
Hilfszeiten sind zusätzliche Zeiten, die außerplanmäßig auftreten und keinem Auftrag zurechenbar sind. Hierunter fallen auch Zeiten für die Herbeiführung oder Erhaltung der
∗ 472 Betriebsbereitschaft.∗
An einem Betriebsmittel fallen in einem Monat 142 Std. Fertigungszeiten und 26 Std. Hilfszeiten an.

$$\text{Nutzungsgrad} = \frac{142}{142 + 26} \cdot 100\,\% = 84,5\,\%$$

Je höher der Nutzungsgrad ist, um so höher ist die Auslastung des Arbeitsplatzes durch Fertigungsaufträge. Ein niedriger Nutzungsgrad deutet auf eine ungünstige Organisation innerhalb der Abteilung hin. Der Nutzungsgrad kann als Planfaktor für die Fertigungssteuerung und Kapazitätsermittlung verwendet werden. Eine Differenzierung des Nutzungsgrades ist die Kennzahl Hauptnutzungsgrad.

$$\text{Hauptnutzungsgrad} = \frac{\text{Hauptnutzungszeit}}{\text{theoretische Einsatzzeit}} \cdot 100\,\%$$

$$\text{Hauptnutzungsgrad} = \frac{58\ \text{Std.}}{184\ \text{Std.}} \cdot 100\,\% = 31,5\,\%$$

Der Hauptnutzungsgrad gibt das Verhältnis der eigentlichen Arbeit, z. B. Zerspanarbeit (abheben von Spänen) zur Einsatzzeit an. Diese Kennzahl gibt Anhaltspunkte zu Rationalisierungsansätzen mit dem Ziel, die Nebennutzungszeiten zu reduzieren. Z. B. Einsatz vor-
∗ 473 eingestellter Werkzeuge, Programmieren außerhalb der Maschine u. ä.∗

$$\text{Beschäftigungsgrad} = \frac{\text{(Fertigungszeit + Hilfszeit)}}{\text{theoretische Einsatzzeit}} \cdot 100\,\%$$

$$\text{Beschäftigungsgrad} = \frac{(142\ \text{Std.} + 26\ \text{Std.})}{184\ \text{Std.}} \cdot 100\,\% = 91{,}3\,\%$$

Der Beschäftigungsgrad zeigt an, wie hoch die theoretische Einsatzzeit ausgenutzt wurde. Sie kennzeichnet den prozentualen Anteil an Fehlzeiten des Menschen, fehlendem Material, fehlenden Aufträgen und langandauernden Reparaturen am Betriebsmittel. Auch der Beschäftigungsgrad kann als Planfaktor verwendet werden. ∗

∗ 474

$$\text{Zeitgrad des Menschen} = \frac{\text{Summe der Vorgabezeiten in 1 Periode}}{\text{Summe der gebrauchten Zeiten in 1 Periode}} \cdot 100\,\%$$

$$\text{Zeitgrad des Menschen} = \frac{13104\ \text{min}}{10080\ \text{min}} \cdot 100\,\% = 130\,\%$$

Der **Zeitgrad** ist das Verhältnis von Vorgabezeiten zu gebrauchten Zeiten. Der Zeitgrad kann auf einen Auftrag oder eine Periode bezogen werden. Der Zeitgrad kann für einen Menschen, eine Gruppe, eine Abteilung oder für einen Betrieb ermittelt werden. Der Zeitgrad ist eine Kennzahl, die häufig bei der Lohnberechnung ermittelt wird. Diese Kennzahl kann ebenfalls als Planungsfaktor eingesetzt werden. ∗

∗ 475

2.4.3.4 Methode der Kapazitätsermittlung

Die **Kapazitäten** eines Arbeitssystems dienen der Durchführung bestimmter Aufgaben und werden sowohl qualitativ als auch quantitativ beschrieben.
Die **qualitative** Kapazität eines Menschen ist durch sein Leistungsangebot, die von Betriebsmitteln und Betriebsstätten durch ihr Leistungsvermögen gegeben.
Die **quantitative Kapazität** besteht in der Anzahl sowie dem Zeitpunkt und der Dauer des Einsatzes eines Menschen oder Betriebsmittels. ∗

∗ 476

Die **Kapazitätsermittlung** kann für einen Arbeitsplatz, eine Arbeitsgruppe (z. B. Rundschleifmaschinen) oder für eine Abteilung (z. B. mechanische Bearbeitung) durchgeführt werden.
Bei der Betrachtung eines einzelnen Arbeitsplatzes bzw. Betriebsmittels wird von der Belegungszeit ausgegangen. Bei längerfristiger Planung wird die Jahreskapazität zugrunde gelegt. Hier soll ein Planungszeitraum von einem Monat dargestellt werden. Die Arbeitstage eines Monats sind dem Betriebskalender zu entnehmen. Als Beispiel werden 22 Arbeitstage gewählt. Bei Ein-Schicht-Betrieb sind das 22 Tage mal 7,5 Stunden = 165 Stunden.
Unter der Voraussetzung, daß der Arbeitsplatz den ganzen Monat besetzt ist, ergibt sich eine Kapazität von 165 Stunden. Bei Krankheit oder Urlaub muß diese Kapazität verringert werden, wenn der Arbeitsplatz nicht durch andere Personen besetzt wird. Dieser **verfügbaren Kapazität** wird die **erforderliche Kapazität** gegenübergestellt. Das heißt, die Belegungszeit der Aufträge für den betrachteten Arbeitsplatz wird addiert. Werden die Aufträge entsprechend ihrer terminlichen Lage geordnet und dem Arbeitsplatz zugewiesen, so ergibt sich eine Über- oder Unterdeckung der verfügbaren Kapazität. Ein **Kapazitätsabgleich** wird erforderlich. Dazu müssen der Vormonat und der Folge-Monat in die Betrachtung einbezogen werden. ∗

∗ 477

Ist eine zeitliche Verschiebung der Aufträge nicht möglich, so ist durch Kapazitätserweiterung oder -reduzierug der Kapazitätsbestand dem Bedarf anzupassen. Eine kurzfristige Erweiterung wäre z. B. die Einführung von Überstunden oder Schichtarbeit. Eine längerfri-

2.4 Arbeitssteuerung

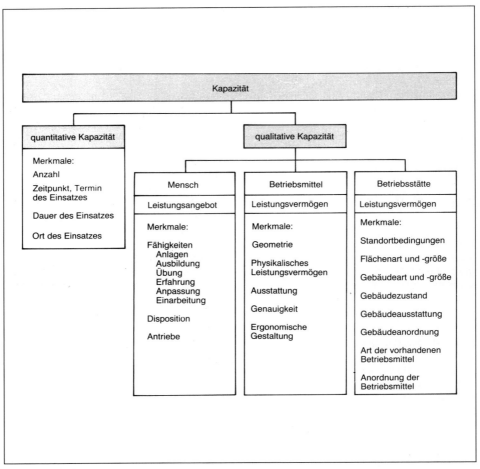

Abbildung 104: Kapazität

stige Erweiterung wäre die Beschaffung eines Parallel-Arbeitsplatzes bzw. einer weiteren Vorrichtung.
Bei der Kapazitätsermittlung für eine Abteilung sind die Anzahl der gleichartigen Arbeitsplätze mit der Stundenzahl je Monat zu multiplizieren. Allgemein gilt:

verplanbare Belegungszeit = Anzahl gleichartiger Arbeitsplätze
         mal Arbeitszeit je Schicht
         mal Anzahl der Schichten je Tag
         mal Arbeitstage je Planungsperiode
         mal Zeitgrad

Beispiel:
Verplanbare Belegungszeit = 6 Arbeitsplätze
         mal 7,5 Stunden
         mal 1 Schicht
         mal 22 Tage
         mal 1,3
         = 6 · 7,5 Std. · 1 · 22 · 1,3 = 1287 Stunden.

Teil 1: **2 Betriebswirtschaft**　　　　　2.4 Arbeitssteuerung

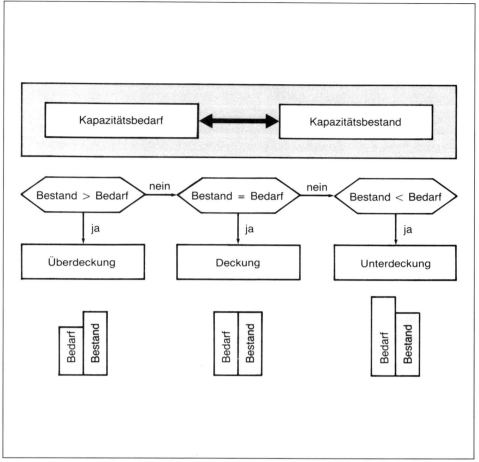

Abbildung 105: Vergleich von Kapazitätsbedarf und -bestand

Die Kapazitätsbelegung und der Kapazitätsabgleich werden für eine Abteilung wie bei einem einzelnen Arbeitsplatz durchgeführt.∗

∗ 478

2.4.3.5 Verfahren der Fertigungssteuerung

Die **Fertigungssteuerung** soll so funktionieren, daß mit dem geringstmöglichen Aufwand der höchste Nutzen erreicht wird. Je nach Art der Fertigung können verschiedene Schwerpunkte gesetzt werden.∗
Hierzu einige Beispiele:

∗ 479

Minimierung der Durchlaufzeiten
Dieses Verfahren ist nur dann sinnvoll, wenn die Kosten der einzelnen Arbeitsplätze niedrig sind. Im allgemeinen ist diese Forderung mit Überkapazitäten zu erfüllen.

Vermeidung von Maschinenstillstandszeiten
Eine Vermeidung bzw. Verminderung der Stillstandszeiten ist meist mit einer Verlängerung

der Durchlaufzeiten einzelner Aufträge verbunden. Meist ist eine größere Anzahl von Aufträgen in Arbeit. Das Volumen des angearbeiteten Materials vergrößert sich erheblich.

Engpaßarbeitsplätze
Die Fertigungssteuerung achtet besonders auf die Auslastung der Engpaßarbeitsplätze. Liegezeiten der Werkstücke werden akzeptiert. Ebenfalls Betriebsmittelstillstandszeiten vor und nach dem Engpaßarbeitsplatz.

Reduzierung von Rüstzeiten
Die Auftragsfolge an den einzelnen Arbeitsplätzen kann so erfolgen, daß ähnliche Teile nacheinander gefertigt werden. Die Umrüstzeiten für den jeweiligen Arbeitsplatz können dadurch reduziert werden. Der Arbeitsplatznutzungsgrad kann dadurch verbessert werden.

2.4.4 Logistik, Durchlaufzeit, Losgröße

Die **Logistik** umfaßt die Planung, Gestaltung und Steuerung des gesamten Materialflusses mit den damit verbundenen Aufgaben der Durchführung, vom Beschaffungsmarkt ausgehend über die Produktion bis zur Auslieferung der Erzeugnisse an die Kunden, sowie des damit verbundenen Informationsflusses.✶

✶ 480

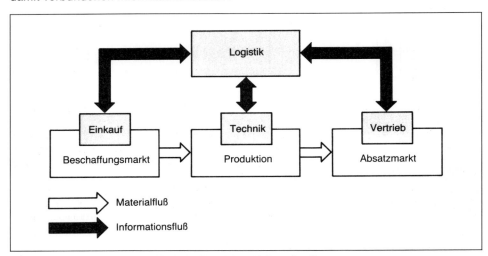

Abbildung 106: Logistik als Verknüpfung des Material- und Informationsflusses

Die Darstellung des Material- und Informationsflusses zwischen dem Beschaffungsmarkt, der Produktion und dem Absatzmarkt zeigt die zentrale Stellung der Logistik im Unternehmen. Zur Durchführung eines reibungslosen Materialflusses mit den damit verbundenen Transport-, Lager- und Bearbeitungsvorgängen gehört eine entsprechende Planung und Steuerung dieser Logistik-Prozesse.
Sowohl für den Material- als auch für den Informationsfluß ist eine entsprechende Organisation notwendig. Diese soll den Ablauf hinsichtlich des Material- und Informationsflusses vorgeben und die Zuordnung der Aufgaben zu den Aufgabenträgern einschließlich deren Kompetenzabgrenzung vorschreiben.
Die **Durchlaufzeit** nach REFA ist die Soll-Zeit für die Erfüllung von Aufgaben; sie setzt sich aus Durchführungszeiten, Zwischenzeiten und Zusatzzeiten zusammen.✶

✶ 481

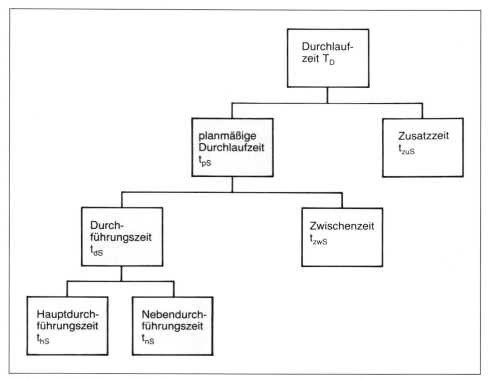

Abbildung 107: Gliederung der Durchlaufzeit

Die **Durchführungszeit** setzt sich aus der Haupt- und Nebendurchführungszeit zusammen. Sie ist in Anlehnung an die Ablaufartengliederung definiert.
Als **Zwischenzeit** wird die geplante Zeit zwischen der Beendigung eines Arbeitsvorgangs und dem Beginn des nächsten Arbeitsvorgangs bezeichnet. Sie setzt sich aus der Liegezeit nach der Bearbeitung, der Transportzeit und aus der Liegezeit vor der Bearbeitung des nächsten Arbeitsvorgangs zusammen.
Zusatzzeiten treten während des planmäßigen Ablaufs mit unterschiedlicher Dauer und Häufigkeit auf. Sie sind zusätzlich zur planmäßigen Durchführung von Aufgaben erforderlich. Durchlaufzeiten entstehen durch zusätzliche Durchführungen und durch störungsbedingtes Unterbrechen der Durchführung. Zusatzzeiten werden häufig als Prozentsatz, bezogen auf die planmäßige Durchführungszeit, angegeben.
Unter **Losgröße** beziehungsweise Bestellmenge versteht man die Anzahl gleicher Werkstücke, die in einem Auftrag, im Zusammenhang gefertigt oder bestellt werden.∗   ∗ 482
Die Losgröße für die Beschaffungsmenge und die Losgröße für die Fertigung unterliegen verschiedenen Kriterien. Bei den Bestellmengen können marktpolitische Gesichtspunkte den Ausschlag geben. Bei den Fertigungslosgrößen nach Andler (2.3.6.3.) müssen häufig in der Fertigung Korrekturen vorgenommen werden. Unter Beachtung der jeweiligen Terminsituation, der tatsächlichen Kapazitätsbelegung, kurzfristiger Kundenwünsche und vorliegender Störungen müssen aktuelle, kurzfristig realisierbare Losgrößen gebildet werden. Dabei können die Gesichtspunkte des Tagesbedarfs, des Fassungsvermögens der Transportbehälter, des vollständigen Teileverbrauchs und der Werkzeugstandzeit berücksichtigt werden.

Literaturverzeichnis und Bildernachweis zu 2.4

Für die Bearbeitung des vorliegenden Abschnittes wurde nachstehend aufgeführte Literatur benutzt.

Maynard, H. B.; Hrsg.: Handbuch des Industrial-Engineering; Beuth-Vertrieb GmbH, Berlin

REFA; Hrsg.: Methodenlehre des Arbeitsstudiums; Carl Hanser Verlag, München

REFA; Hrsg.: Methodenlehre der Planung und Steuerung; Carl Hanser Verlag, München

REFA; Hrsg.: Fertigungssteuerung in »Fortschrittliche Betriebsführung und Industrial Engineering; Heft 2/1983

Bildernachweis

Alle Abbildungen dieses Abschnittes sind mit freundlicher Genehmigung der REFA-Methodenlehre entnommen.

2.5 Arbeitskontrolle

Kontrolle der **Arbeitsausführung** wird auch als Überwachen der Aufgabendurchführung bezeichnet.
Das **Überwachen** besteht nach REFA in dem Feststellen der Aufgabenerfüllung bzw. der Abweichung der Ist- von den Soll-Daten.
Das Überwachen von Aufgabendurchführungen erstreckt sich vom Beginn bis Ende einer Aufgabe. Das Überwachen endet mit der Fertig- oder Rückmeldung über das Ende der Aufgabe.∗

∗ 483

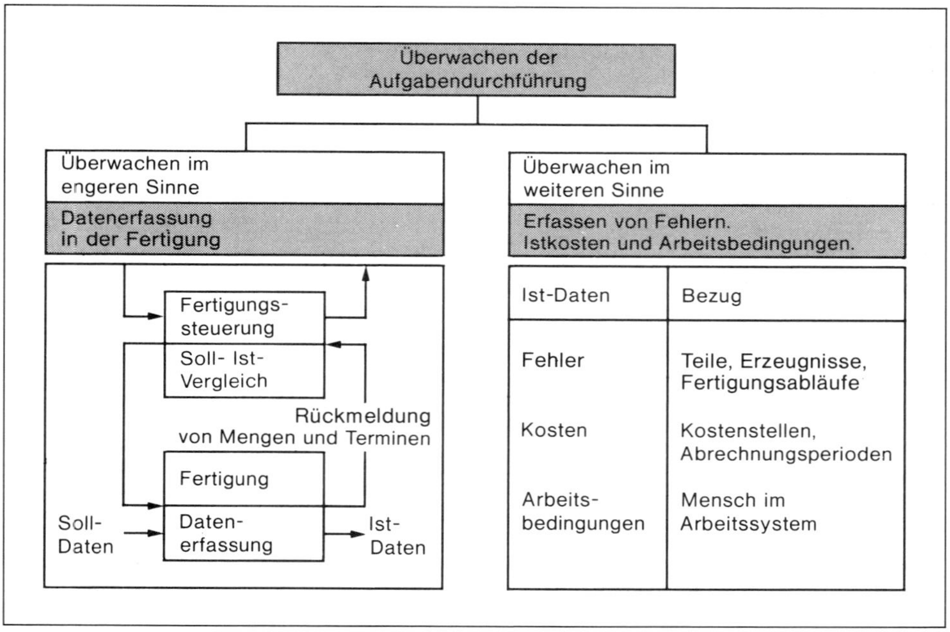

Abbildung 108: Aufgaben der Überwachung

In Abbildung 108 werden die Aufgaben der Überwachung zusammengefaßt. Dabei wird in ein Überwachen der Aufgabendurchführung im engeren Sinne und in ein Überwachen im weiteren Sinne unterschieden.
Das **Überwachen im engeren Sinne** betrifft die Daten Mengen und Termine. Die Bereitstellung des Materials, die Endtermine der einzelnen Arbeitsgänge, die Gutzahlmenge werden von der Fertigung an die Fertigungssteuerung zurückgemeldet. Mit Hilfe dieser Daten erfolgt die Terminermittlung, Bereitstellung und Aufgabenverteilung für weitere Aufträge durch die Fertigungssteuerung.∗

∗ 484

Das **Überwachen im weiteren Sinne** beinhaltet die Qualitätsüberwachung, die Kostenüberwachung, die Betriebsmittelüberwachung und das Überwachen der Arbeitsbedingungen.

2.5.1 Das Wesen der Terminüberwachung

Zu den Aufgaben der Terminüberwachung zählt auch die Überwachung der Mengen je Arbeitsvorgang. Die Terminüberwachung wird auch Fortschrittskontrolle genannt.

2.5 Arbeitskontrolle

Für die Durchführung der Teilaufgaben des **Veranlassens** wie Bedarfs- und Terminermittlung, Bereitstellung und Arbeitsverteilung und Kostenrechnung ist eine Terminüberwachung notwendig.

Um ein kurzfristiges Eingreifen zu ermöglichen, müssen der Terminüberwachungsstelle Daten und Informationen zur Verfügung stehen. Die **Rückmeldung** aus dem Betrieb über die Fertigstellung von Arbeitsvorgängen oder aufgetretenen Störungen ist das Kernstück der Terminüberwachung.

In manchen Betrieben werden die Fertigungssteuerung und die Terminüberwachung zusammengefaßt.

2.5.1.1 Die Bedeutung der Terminkontrolle

Die **Terminkontrolle** wird aufgrund der Ist-Daten, die in Form einer Rückmeldung von der Fertigung in die Terminüberwachungsstelle übermittelt werden, durchgeführt.

Für die Terminkontrolle wichtige rückzumeldende Daten sind dabei die auftragsabhängigen und die auftragsunabhängigen Daten (siehe Abbildung 109).

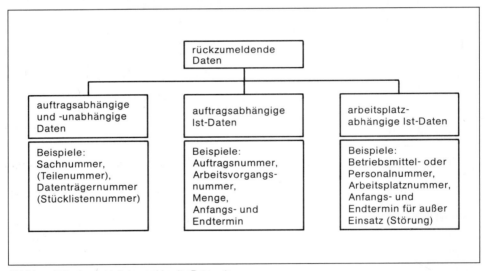

Abbildung 109: Auswahl rückzumeldender Daten

Es werden Meldungen über Beginn und Ende eines Arbeitsvorganges und Störungsmeldungen an die Terminüberwachungsstelle geleitet. Im Falle von Abweichungen zwischen Soll- und Ist-Terminen wird ein Eingreifen in den Fertigungsablauf erforderlich. Auch bei Störungen wird das Eingreifen in den Fertigungsablauf erforderlich, wenn die Einhaltung der Termine nicht mehr sichergestellt ist. Es sind jeweils Maßnahmen zu treffen, die das Abweichen der Ist-Daten von den Soll-Daten vermeiden oder vermindern.

Soll-Ist-Abweichungen sind die Folge von Planungsfehlern oder von Störungen bei der Arbeitsdurchführung. Bei Planungsfehlern muß evtl. eine Korrektur der Termine durchgeführt werden. Auch bei Störungen kann eine Terminkorrektur erforderlich werden. Die Maßnahme der **Terminkorrektur** sollte sich nur auf **Zwischentermine** beziehen. Der **Endtermin** soll möglichst eingehalten werden. Bei der Gefahr der Terminverzögerung sind gemeinsam mit den betroffenen Stellen Maßnahmen zu besprechen, die die Einhaltung des Endtermins sicherstellen.

2.5.1.2 Hilfsmittel der Terminkontrolle

Voraussetzung der Terminkontrolle ist die **Rückmeldung** von der Fertigung. Hierfür gibt es mehrere Möglichkeiten. Die Rückmeldung kann laufend, fallweise und kombiniert erfolgen. *

* 488

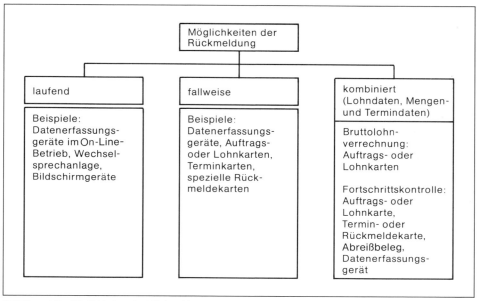

Abbildung 110: Möglichkeiten der Rückmeldung

Die Art der Rückmeldung ist von der betrieblichen Organisation, von der Art der Fertigung und von der Art der Arbeitsverteilung abhängig.
Als Hilfsmittel der Terminkontrolle sind Datenträger, Datenerfassungsgeräte sowie entsprechende Dateien zu nennen.
Für eine schnelle Übersicht haben sich **Betriebskalender** durchgesetzt (siehe Abbildung 111). Außer der Datums- und Wochentagangabe sind die Arbeitstage fortlaufend numeriert. Die Anzahl der Arbeitstage ist angegeben. Zusätzlich kann die Anzahl der monatlichen Arbeitsstunden bei Ein- oder Zwei-Schichtbetrieb angegeben werden. *

* 489

Die fortlaufende Numerierung der Arbeitstage hat den Vorteil, daß ohne Rechnung bei einer Terminverschiebung das Datum abgelesen werden kann. Die Zählung der Arbeitstage kann 3- oder 4stellig erfolgen. Die 3stellige Anzahl der Arbeitstage geht bis 999 und beginnt bei 000. Das ist für viele Fertigungsbetriebe ausreichend. Erstrecken sich Aufträge über mehr als 3 Jahre, z. B. bei Großanlagenbau u. ä., so ist mit einer 4stelligen Arbeitstage-Zählnummer zu arbeiten. Die Anzeige der Arbeitstagnummer im Betrieb hat sich bewährt. Jeder Mitarbeiter kann sich so über den Terminstand der zu bearbeitenden Aufgabe informieren.
Die Rückmeldung kann mit Lohnscheinen, Rückmeldescheinen, Terminkarten oder einem Abreißbeleg als Datenträger erfolgen. Sie kann manuell oder maschinell erfolgen.
Die **Lohnkarte** beinhaltet Vorgabezeiten, Arbeitsplatznummer, Auftragsnummer, Menge der Gutteile, Anfangs- und Endtermin. Meistens wird die Lohnkarte nur sporadisch oder zyklisch abgegeben. Dadurch ist sie für die Fertigungssteuerung und Terminüberwachung ungeeignet.
Der **Rückmeldeschein** wird von der Prüfstelle, nachdem die Gutmenge festgestellt ist, an

2.5 Arbeitskontrolle   Teil 1: 2 **Betriebswirtschaft**

Abbildung 111: Betriebskalender

die Terminkontrolle geleitet. Dieses Verfahren ist durch den zusätzlichen Rückmeldeschein je Arbeitsvorgang etwas aufwendiger, hat aber den Vorteil, daß die Rückmeldung kurzfristig
* 490 erfolgt. Der Lohnschein kann für die Lohnabrechnung sporadisch abgegeben werden. *
Die Rückmeldung mit einem Abrißbeleg wird ähnlich gehandhabt wie mit Rückmeldeschein.

Die **Terminkarte** wird häufig als Pendelkarte benutzt. Sie beinhaltet wie die Laufkarte alle Arbeitsvorgänge für die Herstellung eines Teiles. Bei der Ausgabe eines Lohnscheines wird dieser Vorgang auf der Terminkarte vermerkt, ebenso die Fertigstellung eines Vorganges. Je nach Organisationsstand pendeln diese Karten zwischen Meisterbüro und Terminkontrolle.

Bei der manuellen Terminkontrolle wird die Rückmeldung in die Terminkartei eingetragen und so die Übereinstimmung zwischen Soll- und Ist-Termin überwacht. Diese Überwachung kann mit Hilfe einer Kartei oder mit Plantafeln erfolgen. Abbildung 112 zeigt als Beispiel einen Fertigungsleitstand. Hier wird sowohl mit Karteien als auch mit Planungstafeln gearbeitet.

Die **Org-Tasche** (siehe Abbildung 113) ist Bestandteil des Leitstandes. Sie bietet einen schnellen Überblick über die Terminsituation, ist flexibel einsetzbar und wird hauptsächlich
* 491 zur auftragsabhängigen Terminierung eingesetzt. *
In der Fertigungsauftragsüberwachung wird mit Hilfe der Tasche die termingerechte Materialbereitstellung kontrolliert, die Herausgabe der Arbeitsunterlagen veranlaßt, die Einhaltung des Fertigstellungstermins überwacht, die Durchlaufdaten an Engpaßarbeitsplätzen überwacht. Die Tasche erfüllt die Funktion der auftragsbezogenen Planung und überwacht den Arbeitsfortschritt.

Alle für einen Fertigungsauftrag erforderlichen Unterlagen (Materialschein, Laufkarte,
* 492 Lohnschein), können in der Tasche geschlossen aufbewahrt werden. *

Abbildung 112: Fertigungsleitstand

Planungstafeln können in ähnlicher Form wie die beschriebenen Taschen eingesetzt werden. Sie erfordern im allgemeinen zusätzlich den Einsatz von Karteien, da in den Planungstafeln die Auftragsunterlagen nicht aufbewahrt werden können. Haupteinsatzgebiet der Plantafeln ist die Belegung einzelner Arbeitsplätze mit Aufträgen, insbesondere der **Engpaßarbeitsplätze**.

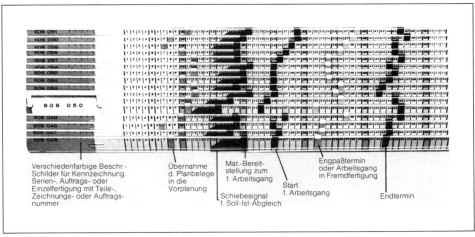

Abbildung 113: Org-Tasche

2.5 Arbeitskontrolle   Teil 1: **2 Betriebswirtschaft**

Mit Hilfe eines **Netzplanes** kann nach jeweiliger Rückmeldung die Terminüberwachung durchgeführt werden. Hierbei kann beim Vorgangsknotennetzplan neben die Zeitpunkte ein Datum eingetragen werden. Der terminneutrale Netzplan kann mit Hilfe des Betriebskalenders in einen Terminplan erweitert werden. Der Netzplanknoten gibt auch Kapazitätshinweise. In Abbildung 114 sagt er aus, daß für die Arbeitsausführung 10 Personen und 3 Lastwagen vorgesehen sind.✱

✱ 493

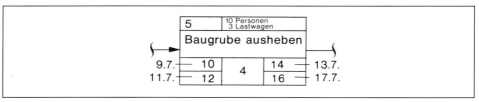

Abbildung 114: Vorgangsknoten mit Terminen

Eine weitere Möglichkeit ist das Erstellen einer Terminliste (siehe Abbildung 115) aus dem Netzplan. Die Terminkontrolle kann sich verstärkt auf die **kritischen Vorgänge** konzentrieren. Sie sind durch die Pufferzeit »0« zu erkennen, außerdem ist der kritische Knoten beim Vorgangsknotennetzplan durch eine doppelt ausgezogene obere Knotenkante gekennzeichnet.

Terminliste für das Projekt „Kundenauftrag durchführen"							
Projektbeginn: 20. August							
Nr.	Vorgangs-bezeichnung	Dauer in Tagen	frühester Anfang	spätester Anfang	frühestes Ende	spätestes Ende	Pufferzeit in Tagen
1	Material bestellen	3	20.8.	20.8.	23.8.	23.8.	0
2	Arbeitspläne aufstellen	5	20.8.	21.8.	27.8.	28.8.	1
3	Materialkosten errechnen	4	23.8.	28.8.	29.8.	3.9.	4
4	Lieferzeit des Materials	7	23.8.	23.8.	3.9.	3.9.	0
5	Arbeitskräfte einweisen	4	27.8.	28.8.	31.8.	3.9.	1
6	Lohnkosten kalkulieren	5	27.8.	28.8.	3.9.	4.9.	1
7	Selbstkosten ermitteln	5	3.9.	4.9.	10.9.	11.9.	1
8	Arbeit ausführen	6	3.9.	3.9.	11.9.	11.9.	0

Abbildung 115: Terminliste

Terminlisten können auch mit **EDV** geschrieben werden. Diese Terminlisten werden in der Terminkontrolle bearbeitet. Nach diesen Listen werden die Arbeitsaufgaben verteilt und bei Rückmeldung die Einhaltung der Termine kontrolliert. Die Fertigmeldung wird an die EDV-Abteilung weitergeleitet.✱

✱ 494

Beim Einsatz dezentraler Rechenanlagen für die Fertigungssteuerung kann die Verarbeitung der Rückmeldung sofort erfolgen. Die Anzeige auf dem Bildschirm gibt den neuesten Terminstand an. Eine Liste wird nur für bestimmte Anlässe, z. B. für Besprechungen, ausgedruckt.

Für die **Betriebsdatenerfassung (abgekürzt BDE)** stehen mehrere dezentrale Einrichtungen, Terminal genannt, in bestimmten Betriebsbereichen. Je nach Organisationsstand sind diese an den Fertigungsleitstand (zentrale Arbeitsvergabe) oder an einen zentralen Rechner angeschlossen.

In der einfachsten Form wird die Fertigmeldung von Arbeitsvorgängen telefonisch dem **Fertigungsleitstand** zur Weiterverarbeitung mitgeteilt.

Die Erweiterung der einfachen telefonischen Verbindung mit dem Fertigungsleitstand ist die Sprechstelle mit BDE. Der Beleg eines fertiggestellten Auftrages wird eingelesen und in dem Rechner des Fertigungsleitstandes verarbeitet. Abbildung 116 zeigt ein Terminal mit BDE. Das bedeutet, daß die Belege entweder vorgelocht sind oder mit einer für einen Klarschriftleser geeigneten Beschriftung versehen sind.

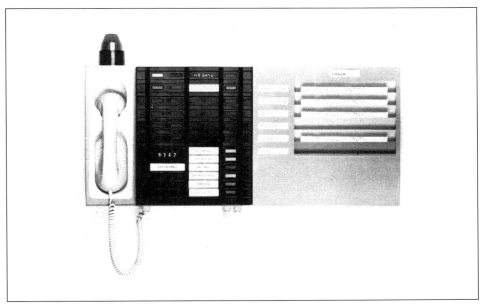

Abbildung 116: Sprechstelle mit BDE-Einrichtung

Ein weiteres Gerät ist für das automatische Lesen von Belegen mit Barcode eingerichtet. Alle auftragsabhängigen Daten werden schnell und fehlerfrei an die Fertigungssteuerung übertragen.

Nach dem Einlesen des Lohnscheines in das Terminal steht der Lohnschein für die Lohnabrechnung zur Verfügung.

Außer den hier beispielhaft aufgeführten Geräten und Firmen gibt es eine Vielzahl weiterer Firmen, die derartige gleichwertige Geräte anbieten.

2.5.2 Grundsätze und Methoden der Kostenüberwachung

Die Kostenrechnung beinhaltet Aufgabengebiete wie Betriebsabrechnung, Kostenträgerrechnung, Periodenkostenrechnung und Kostenvergleichsrechnung.*   * 495

2.5 Arbeitskontrolle

Die **Betriebsabrechnung** dient der Ermittlung von Verrechnungssätzen und Kennzahlen (Fertigungsstundensätze, Materialgemeinkosten-, Verwaltungsgemeinkosten- und Vertriebsgemeinkostenzuschläge).
Bei der **Kostenträgerrechnung** werden die Kosten erfaßt und einem bestimmten Kostenträger (Auftrag) zugerechnet. Die voraussichtlich anfallenden Kosten, die Kostenvorrechnung oder auch Vorkalkulation genannt, sind die Grundlage für ein Kostenangebot in der Einzelfertigung und Entscheidungsgrundlagen vor Beginn einer Serienfertigung.∗

∗ 496

Die Kostennachrechnung oder Nachkalkulation stellt die tatsächlich angefallenen Kosten zusammen. Der aus diesen beiden Rechnungen resultierende Soll-Ist-Vergleich ergibt, ob eine Kostenüber- oder Kostenunterdeckung erzielt wurde.

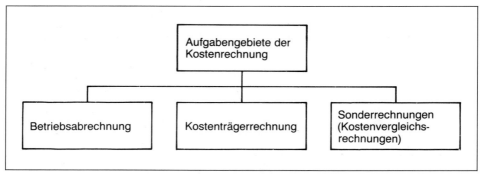

Abbildung 117: Aufgabengebiete der Kostenrechnung

Die Kostenträgerrechnung wird häufig auch mit Kostenträger-Stückrechnung bezeichnet, weil sich die kalkulierten Selbstkosten meist auf ein Stück beziehen.
Die **Periodenkostenrechnung** dient zur Ermittlung der Kosten, die während einer zukünftigen Periode voraussichtlich anfallen werden. Die Vorrechnungsart wird Plankostenrechnung genannt. Dabei werden die Kosten häufig in zeitabhängige und in mengenabhängige Kostenanteile gegliedert. Die während einer Abrechnungsperiode tatsächlich angefallenen Kosten, die Kostennachrechnung, wird als **Betriebsabrechnung** bezeichnet.
Diese **Plankostenrechnung** ist Grundlage für eine betriebliche Kostenplanung. Sie ermöglicht durch die Auswertung der angefallenen Kosten eine Kostenkontrolle des betrieblichen Sektors.
Die **Kostenvergleichsrechnung** dient zur Ermittlung des Kostenunterschiedes verschiedener Maßnahmen und bildet eine Entscheidungshilfe für die Einführung einer bestimmten Maßnahme. Die Kostenvergleichsrechnung wird häufig auch Wirtschaftlichkeitsrechnung genannt, weil damit das wirtschaftlichste Verfahren, bzw. die wirtschaftlichste Maßnahme ermittelt werden kann.∗

∗ 497

2.5.2.1 Kostenstellenüberwachung

Die Kostenüberwachung oder -kontrolle einzelner Kostenstellen wird mit Hilfe der Plankostenrechnung durchgeführt. Die angefallenen Ist-Kosten werden überprüft, um festzustellen, inwieweit sie gerechtfertigt sind. Dabei werden auch Möglichkeiten zur Kostensenkung überprüft.∗

∗ 498

Die Kostenträger-, Kostenstellen- und Kostenarten-Rechnung kann mit Hilfe von Plankosten durchgeführt werden. Dabei werden in der Kostenträgerrechnung die Plankosten je Mengeneinheit und in der Kostenstellenrechnung je Zeiteinheit (z.B. je Monat) vorgegeben.

Im folgenden soll nur die **Kostenstellenrechnung** näher erläutert werden. Jeder Kostenstelle wird ein Plankostenbudget für eine bestimmte Periode vorgegeben. Diese Periode entspricht dem Abrechnungszeitraum. Der Stellenkostenplan ist nach Kostenarten gegliedert und enthält für jede Kostenart die Höhe der vorgegebenen Soll-Kosten. Preisabweichungen sind durch die Planpreise bereits eingearbeitet.

Stellenkostenplan		Kostenstelle 5024 Stanzerei 7 Arbeitsplätze	März		
			Planbezugsgröße 1105 Fertigungsstunden/Monat		
			Planbeschäftigungsgrad 100 %		
Kostenart		Variator	Planpreis in DM/ Fertigungsstunde	Plankosten in DM/Monat		
Pos.	Benennung			Gesamtkosten	variable Kosten	fixe Kosten
1	Fertigungslohnkosten	1	11,96	13216	13216	–
2	Hilfslohnkosten	0,10	2,24	2478	236	2242
3	Gehaltskosten	0	1,17	1290	–	1290
4	Sozialkosten (Löhne)	0,86	5,92	6542	5626	916
5	Sozialkosten (Gehälter)	0	0,55	608	–	608
6	Hilfs- und Betriebsstoffkosten	0,75	0,48	530	397	133
7	Stromkosten	1	0,15	167	167	–
8	Werkzeugkosten	1	0,72	795	795	–
9	Instandhaltungskosten	1	0,97	1073	1073	–
10	Raumkosten	0	0,64	712	–	712
11	kalkulatorische Abschreibungskosten	0,43	1,29	1424	616	808
12	kalkulatorische Zinskosten auf Anlagevermögen	0	0,99	1091	–	1091
13	kalkulatorische Zinskosten auf Umlaufvermögen	1	0,26	287	287	–
Basisplankosten in DM/Monat				30213	22413	7800
Planverrechnungssatz in DM/h				27,34	20,28	7,06

Abbildung 118: Stellenkostenplan

Die Vorgabe von Plankosten ermöglicht einen **Soll-Ist-Vergleich.** Der Kostenstellenleiter kann während einer Abrechnungsperiode die Ist-Kosten kontrollieren und bei Abweichungen von den Soll-Kosten entsprechende Maßnahmen veranlassen.∗   ∗ 499

Der Meister kann nur solche Kostenarten überwachen, die in seinem **Einflußbereich** liegen. Die Fertigungslohnkosten sind abhängig von den gefertigten Mengeneinheiten und somit außerhalb des Einflußbereiches des Meisters. Hilfslohnkosten können nur dann beeinflußt werden, wenn sie von außerhalb der eigenen Kostenstelle angefordert werden. Die

2.5 Arbeitskontrolle						Teil 1: **2 Betriebswirtschaft**

* 500
Gehaltskosten sind ebenfalls unbeeinflußbar. Die Sozialkosten sind an Löhne und Gehälter gekoppelt und liegen daher außerhalb des Einflußbereiches des Meisters, ebenso die Positionen 7 und 10 – 13 in Abbildung 118. Hilfs- und Betriebsstoffkosten, Werkzeugkosten und Instandhaltungskosten sind die Kostenarten, die vom Meister beeinflußt werden können. *

* 501
Ein sparsamer und sorgfältiger Umgang mit Hilfs- und Betriebsstoffen wirkt sich kostensenkend aus. Die Werkzeugkosten können durch eine gute Unterweisung, die Hinweise zur Vermeidung von Werkzeugbruch und überhöhten Werkzeugverschleiß beinhalten, niedrig gehalten werden. Eine ständige Aufklärung über Werkzeugkosten kann sich positiv auf das Verhalten der Mitarbeiter auswirken. Durch sachgemäßen Umgang mit den Betriebsmitteln und Einrichtungen können die Instandhaltungskosten gering gehalten werden. *

Der Einfluß des Meisters auf die Materialeinzelkosten ist nur dann gegeben, wenn z. B. Blechaufteilungen nicht vorgegeben werden, sondern innerhalb der Kostenstelle durchgeführt werden. Der Meister hat dann auf eine gute Ausnutzung des Werkstoffes, das heißt auf möglichst geringen Verschnitt, zu achten.

Der durchzuführende Soll-Ist-Vergleich kann sich auf die Plan-Ist-Daten der Periode und auf den Vergleichszeitraum des Vorjahres beziehen. Bei der Durchführung einer Abweichungsanalyse wird nach den Gründen der vorhandenen Abweichung gesucht, um evtl. Planungsfehler zu korrigieren oder von den verantwortlichen Vorgesetzten einer Kostenstelle Rechenschaft zu fordern.

Auch in dem Beispiel in Abbildung 119 ist der Kostenstellenleiter hauptsächlich für die Positionen 6, 8 und 9 verantwortlich. Um detaillierte Auskünfte zu bekommen, werden für die Positionen 6, 8 und 9 die einzelnen Rechnungen und Positionen aufgelistet. Nun kann ein Rechenschaftsbericht über jede Position erfolgen.

* 502
Die **kumulierte Verbrauchsabweichung** soll zweckmäßigerweise bei den oben aufgeführten Positionen auf die Plan- und Ist-Werte erweitert werden. Sowohl bei den Werkzeugkosten als auch bei den Instandhaltungskosten treten Spitzen auf, die sich über einen längeren Zeitraum gesehen glätten. *

* 503
Hauptzweck der Kostenstellenüberwachung ist das Sichtbarmachen von **Abweichungsursachen.** Die hier beschriebene Vorgehensweise der Kostenüberwachung im Kostenstellenbereich soll den Kostenstellenleiter zur größeren Mitverantwortung erziehen. Die aufgetretenen Soll-Ist-Abweichungen bedürfen in vielen Fällen Erläuterungen. Die Kostenstellenleiter werden deshalb in periodischen Abständen, nach Durchsicht der vorgelegten Analysen, zur Berichterstattung bzw. Interpretation der Abweichung gebeten. *

2.5.3 Überwachung der Arbeitsbedingungen

Ziel der **Überwachung** der Arbeitsbedingungen ist es, diese Bedingungen menschengerecht zu erhalten und möglichst laufend zu verbessern.

* 504
Die Überwachung der Arbeitsbedingungen bezieht sich im wesentlichen auf die ergonomische Arbeitsplatzgestaltung und auf die Arbeitssicherheit. *

Außerdem sind eine Reihe von gesetzlichen Vorschriften, Verordnungen und Verträgen, zu beachten, und deren Einhaltung ist zu überwachen. Dazu zählen zum Beispiel:
— Jugendschutzgesetz,
— Mutterschutzgesetz,
— Reichsversicherungsordnung,
— Schwerbehindertengesetz,
— Gewerbeordnung,
— Betriebsverfassungsgesetz,
— Tarifverträge,
— Betriebsstättenverordnung,
— Arbeitssicherheitsgesetz.

Teil 1: **2 Betriebswirtschaft** 2.5 Arbeitskontrolle

Soll-Ist-Vergleich	Kostenstelle 5024 Stanzerei 7 Arbeitsplätze	Planbezugsgröße 1105 Fertigungsstunden			Istbezugsgröße 920 Fertigungsstunden					Planverrechnungssatz 27,34 DM/h		
März		Planbeschäftigungsgrad 100 %			Istbeschäftigungsgrad 83 %					verrechnete Plankosten 27,34 DM/h · 920 h = 25153 DM		
	Kostenart	Basisplankosten (Planbezugsgröße 1105 Fertigungsstunden) in DM/Monat						Sollkosten (Istbezugsgröße 920 Fertigungsstunden) in DM/Monat		Istkosten (Istbezugsgröße 920 Fertigungsstunden) in DM/Monat		
Pos.	Benennung	Gesamt-kosten	variable Kosten	fixe Kosten	Gesamt-kosten	variable Kosten	Gesamt-kosten	variable Kosten	Gesamt-kosten	variable Kosten		
1	Fertigungslohnkosten	13216	13216	–	11003	11003	11248	11248				
2	Hilfslohnkosten	2478	236	2242	2438	196	2432	190				
3	Gehaltskosten	1290	–	1290	1290	–	1290	–				
4	Sozialkosten (Löhne)	6542	5626	916	5600	4684	5686	4770				
5	Sozialkosten (Gehälter)	608	–	608	608	–	608	–				
6	Hilfs- und Betriebsstoffkosten	530	397	133	464	331	525	392				
7	Stromkosten	167	167	–	139	139	134	134				
8	Werkzeugkosten	795	795	–	662	662	703	703				
9	Instandhaltungskosten	1073	1073	–	893	893	966	966				
10	Raumkosten	712	–	712	712	–	712	–				
11	kalkulatorische Abschreibungskosten	1424	616	808	1321	513	1321	513				
12	kalkulatorische Zinskost. auf Anlagevermögen	1091	–	1091	1091	–	1091	–				
13	kalkulatorische Zinskost. auf Umlaufvermögen	287	287	–	239	239	226	226				
	Summen	30213	22413	7800	26460	18660	26942	19142				
Verbrauchsabweichung in DM und %		= 26942 DM – 26460 DM = 482 DM = 1,79 %										

Abbildung 119: Soll-Ist-Vergleich

Für die Einhaltung der Vielzahl von Vorschriften sind außer den Unternehmern und deren Sicherheitsbeauftragten auch die betrieblichen Vorgesetzten und der Betriebsrat verantwortlich. Der betriebliche Vorgesetzte ist verpflichtet, mit Nachdruck für die **Anwendung und Einhaltung** dieser Vorschriften einzutreten.∗

∗ 505

2.5.3.1 Die Abhängigkeit der Arbeitsleistung von den Arbeitsbedingungen

Der Mensch vollbringt eine Arbeitsleistung unter vorgegebenen Arbeitsbedingungen. Zu den Arbeitsbedingungen zählt die Vielfalt der auf den Menschen am Arbeitsplatz einwirkenden Einflüsse. Im besonderen sind organisatorische, ergonomische und psychologische Einflüsse zu nennen.∗

∗ 506

Organisatorische Arbeitsbedingungen ändern sich meist nur längerfristig. Kurzfristig auftretende organisatorische Störungen beeinflussen die Arbeitsleistung negativ. Als Beispiele sind aufzuführen, nicht rechtzeitige Bereitstellung der Arbeitsunterlagen, Werkzeuge, Vorrichtungen und Werkstoffe; verzögerter Abtransport von Spänen und ähnlichen Abfallstoffen.

An der Einhaltung bzw. Verbesserung **ergonomischer Arbeitsbedingungen** muß ständig gearbeitet werden, zum Beispiel können Leuchten verschmutzen und dadurch unzureichende Beleuchtungsstärken entstehen. In der Arbeitsplatzumgebung können neue Lärmquellen entstanden sein, die eine Belästigung hervorrufen und die Arbeitsleistung mindern. Die klimatischen Bedingungen können sich durch bauliche Maßnahmen an einzelnen Arbeitsplätzen nachteilig verändert haben. Werkzeuge und Vorrichtungen, die durch Verschleiß ausgewechselt wurden, entsprechen nicht den ergonomischen Anforderungen der Griffgestaltung usw.

Psychologische Einflüsse können sich z. B. durch starke Verschmutzung der Wände verschlechtert haben. Ein weiterer schwerwiegender Aspekt sind die Probleme der **menschlichen Zusammenarbeit** und die zwischenmenschlichen Beziehungen.

2.5.3.2 Beobachtung der Individualleistung der Mitarbeiter

Die Individualleistung der einzelnen Mitarbeiter kann mit Hilfe des Zeitgrades (siehe auch 2.4.3.3) beobachtet werden.∗

∗ 507

Der **Zeitgrad** ist das prozentuale Verhältnis zwischen Soll- und Ist-Zeiten. Er wird meist auf eine Periode (Monat), kann aber auch auf einen Auftrag bezogen werden.∗

∗ 508

Der Zeitgrad wird bei der Abgabe der Lohnscheine von den einzelnen Mitarbeitern häufig selbst überwacht. Der Meister kann mit einer Liste, die von der Lohnabrechnungsstelle erstellt wird, die Zeitgrade je Mitarbeiter und den durchschnittlichen Zeitgrad der Abteilung einer Periode ablesen. Zur Kontrolle empfiehlt es sich, für jeden Mitarbeiter ein Zeitgraddiagramm (siehe Abbildung 120) zu erstellen.

Die Ordinate kann feiner unterteilt und mit Ziffern versehen werden, die dem Zeitgradstand des einzelnen Mitarbeiters entsprechen. Erfahrungsgemäß schwanken die Zeitgrade eines Mitarbeiters innerhalb eines Jahres um ca. 5 Prozentpunkte. Sollten stärkere Schwankungen auftreten, so müssen die Ursachen dieser Schwankungen ergründet werden. Diese können sowohl im persönlichen als auch im organisatorischen Bereich liegen. Die Zeitgradstatistik für die Abteilung kann entweder mit einem Diagramm oder Summendiagramm erstellt werden.

Der Zeitgrad und der Leistungsgrad können und dürfen nicht gleichgesetzt werden. Der Leistungsgrad wird während der Zeitaufnahme beurteilt. Er bezieht sich nur auf die durch den Menschen beeinflußbaren Zeitanteile.

Teil 1: **2 Betriebswirtschaft** 2.5 Arbeitskontrolle

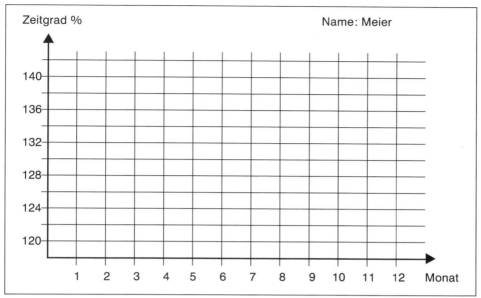

Abbildung 120: Zeitgraddiagramm

Der Zeitgrad dagegen bezieht sich meist auf eine **zurückliegende Periode.** Er beinhaltet alle Zeitanteile.✶ ✶ 509
Zum Beispiel kann durch Verringerung der persönlichen Verteilzeiten der Zeitgrad erhöht werden. Durch höher eingestellte technologische Werte wie Vorschub, Spanungstiefe u. a. kann die Höhe des Zeitgrades ebenfalls beeinflußt werden. Der Zeitgrad gibt einen Überblick des Leistungsverhaltens **vergangener Perioden.**✶ ✶ 510

2.5.4 Grundsätze der Betriebsmittelüberwachung

Die Betriebsmittel sollen jederzeit für die Produktion zur Verfügung stehen. Um Ausfälle, die als Folgeerscheinungen Störungen der Terminplanung, Nichteinhaltung von Lieferfristen, Konventionalstrafe, Verärgerung des Abnehmers u. ä. hervorrufen, zu vermeiden, sollen die Betriebsmittel überwacht werden.
Eine **vorbeugende Instandhaltung,** wie sie bei Fahrzeugen, insbesondere aber bei Flugzeugen, üblich ist, würde auch bei Betriebsmitteln unvorhergesehene, ungeplante Ausfälle stark verringern. Diese Instandhaltung läßt sich in regelmäßige Wartung, Instandsetzung, Inspektion und Kontrolle gliedern.✶ ✶ 511
Für die **Wartung der Betriebsmittel** werden häufig vom Hersteller Wartungspläne oder Wartungsvorschriften mitgeliefert. Diese **Wartungspläne** müssen auf die betrieblichen Belange umgearbeitet werden. Die Wartungsvorschrift, nach jeweils 300 Betriebsstunden Stelle XY zu schmieren, muß z. B. bei Einschicht-Betrieb, ab Datum der Inbetriebnahme gerechnet, am 160. Tag (nach Betriebskalender), 200. Tag, 240. Tag oder am 20. 8., 15. 10., 12. 12. usw. durchgeführt werden. Häufig können regelmäßige Intervalle ermittelt werden, wie jeden 2. Monat Stelle XY schmieren u. ä. Ein Schmierplan mit Angabe der Schmierstelle, des Schmiermittels und des Datums erleichtert die Überwachung. Wartungsarbeiten, die regelmäßig ausgeführt werden, können vor Schichtbeginn bzw. am Schichtende durchgeführt werden.

2.5 Arbeitskontrolle

*512 Bei der **Instandsetzung** ist ein ungeplanter oder geplanter Ausfall des Betriebsmittels entstanden. Unter der Instandsetzung ist die Wiederherstellung eines Sollzustandes von Betriebsmitteln zu verstehen. Jede Instandsetzung ist in die Betriebsmittelakte einzutragen.*
Wird der Zeitpunkt der Betriebsmittelinstandsetzung geplant, so kann die Störung im Fertigungsablauf gering gehalten werden.

Inspektion und Kontrolle dienen der Feststellung des Zustandes von Betriebsmitteln. Hierbei wird der Umfang der durchzuführenden Arbeiten festgelegt. Ersatzteile können rechtzeitig in Auftrag gegeben bzw. beschafft werden.

513 Bei dieser Maßnahme können auftretende Schäden im Anfangsstadium erkannt und Maßnahmen zur Abhilfe eingeleitet werden. Es empfiehlt sich, die Inspektionen nach Plan und mit Hilfe einer Checkliste durchzuführen. In manchen Fällen haben die Hersteller von Betriebsmitteln den Einsatz elektronischer Diagnoseeinrichtungen vorgesehen. Inspektionen mit derartigen Hilfsmitteln sind sehr effektiv, weil bereits Hinweise für zu erwartende Schäden gegeben werden können.

2.5.4.1 Der Einfluß des Betriebsmittelzustandes auf die Qualität des Erzeugnisses und die Wirtschaftlichkeit des Betriebes

*514 Ein **einwandfreier Zustand** eines Betriebsmittels erlaubt wirtschaftliches Arbeiten und ermöglicht die Herstellung der geforderten Qualität des Erzeugnisses.*
Ein mangelhafter Zustand eines Betriebsmittels, das kann z. B. ein zu großes Lagerspiel, einseitig ausgelaufene Lager, ausgelaufene Führungen, Spiel in Spindelmuttern u. ä. sein, erschwert die Herstellung von Werkstücken mit bestimmter Qualität. Kann die geforderte Qualität auf einem Betriebsmittel nicht mehr erreicht werden, so muß dafür ein anderes Betriebsmittel eingesetzt werden. Die Trennung eines Arbeitsvorganges in Vor- und Fertigbearbeitung auf verschiedenen Betriebsmitteln ist die Folge.
Das führt zu einer Verlängerung der Durchlaufzeit der Teile und ist daher unwirtschaftlich. Muß evtl. die Vorgabezeit erhöht werden, so erhöht sich auch die Unwirtschaftlichkeit, die Fertigungskosten steigen.

2.5.4.2 Überwachung und Instandhaltung von Maschinen und Anlagen

*515 Aufgaben der **Instandhaltung** umfassen nach DIN 31051 die Gesamtheit der Maßnahmen zum Bewahren und Wiederherstellen des Sollzustandes. Das Feststellen und Beurteilen des Istzustandes der jeweiligen Betrachtungseinheit ist mit einbezogen.*
Die in Abbildung 121 aufgeführten Begriffe sind nach DIN 31051 wie folgt definiert:
Wartung: Maßnahmen zur Bewahrung des Soll-Zustandes
Inspektion: Maßnahmen zur Feststellung und Beurteilung des Ist-Zustandes
Instandsetzung: Maßnahmen zur Wiederherstellung des Soll-Zustandes
Ist-Zustand: der zu einem gegebenen Zeitpunkt bestehende Zustand
Soll-Zustand: der für den jeweiligen Fall festgelegte (geforderte) Zustand
Die Funktion des Überwachens von Maschinen und Anlagen kann im Zusammenhang mit der Instandsetzung, Inspektion und Wartung durchgeführt werden.
Bei der **vorbeugenden Instandhaltung** kann die Maßnahme des Instandsetzens geplant werden. Bei einer **Inspektion** wird der Umfang der durchzuführenden Maßnahmen festgestellt. Die **Instandsetzung** kann in den betrieblichen Ablauf eingeplant werden, die auszu-

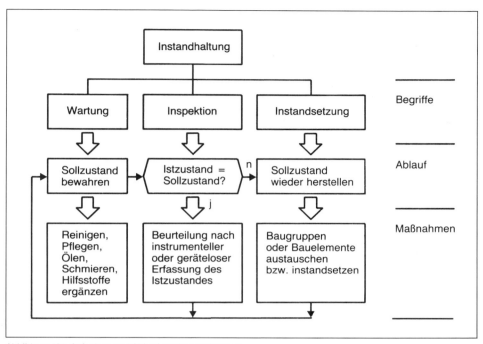

Abbildung 121: Aufgaben und Ablauf der Instandhaltung

tauschenden Teile können beschafft und vorbereitende Arbeiten durchgeführt werden. Die **Außerbetriebnahme** von Maschinen und Anlagen wird durch diese vorbereitenden Maßnahmen verkürzt, Kosten werden reduziert. Auftretenden **Engpässen** in der Fertigung kann rechtzeitig entgegengewirkt werden.＊

＊ 516

2.5.4.3 Überwachung und Instandhaltung von Werkzeugen

Werkzeuge werden im allgemeinen in Meßwerkzeuge, Hand- und Maschinenwerkzeuge eingeteilt.
Meßwerkzeuge sollen in regelmäßigen Abständen in einem temperierten Raum überprüft werden. Soweit es möglich ist, kann ein Nachjustieren erfolgen.＊

＊ 517

Lehren, die nicht durch Nachstellen auf das geforderte Maß eingestellt werden können, müssen ausgesondert werden. Durch diese Maßnahmen kann ein Qualitätsstandard gesichert werden.
Hand- und Maschinenwerkzeuge sollen, soweit sie nicht nachgeschärft werden müssen, in Intervallen auf ihre Sicherheit überprüft werden.
Das Nachschärfen von Werkzeugen soll je nach Betriebsgröße in einer zentralen Werkzeugschleiferei durchgeführt werden. Die Qualität des Nachschleifens wird meist besser, als wenn jeder Mitarbeiter die Werkzeuge selbst nachschärft.＊

＊ 518

Schnitt- und Biegewerkzeuge sollen nach einer vorgegebenen Standzeit, nicht erst beim Bruch eines Stempels oder gar der Schnittplatte, kontrolliert werden. Nur so ist ein reibungsloser Produktionsablauf gewährleistet.
Bearbeitungs- und Montagevorrichtungen aller Art sollen je nach Beanspruchung in regelmäßigen Abständen kontrolliert und evtl. nachgearbeitet werden. Auch für Werkzeuge und Vorrichtungen hat der Satz aus der vorbeugenden Instandhaltung »Vorbeugen ist besser als Heilen« Gültigkeit.

Literaturverzeichnis und Bildernachweis zu 2.5

Nachstehend aufgeführte Literatur wurde für die Bearbeitung des Abschnittes 2.5 verwendet.

Brankamp, Klaus; Hrsg.: Handbuch der modernen Fertigung und Montage; Verlag Moderne Industrie, München

REFA; Hrsg.: Methodenlehre des Arbeitsstudiums; Carl Hanser Verlag, München

REFA; Hrsg.: Methodenlehre der Planung und Steuerung; Carl Hanser Verlag, München

REFA; Hrsg.: Betriebsdatenerfassung; in »Fortschrittliche Betriebsführung und Industrial Engineering«, Heft 5/83

Bildernachweis

Abbildungen 111, 112, 113 und 116: WEIGANG-Organisation GmbH
Abbildung 120: Verfasser
Alle anderen Abbildungen dieses Abschnittes sind mit freundlicher Genehmigung der REFA-Methodenlehre entnommen.

2.6 Organisations- und Informationstechniken

Die Organisation und die Information spielen in einem Unternehmen eine wichtige Rolle. Um die einzelnen Aufgaben zur Erreichung des Unternehmenszieles zu koordinieren, sind Organisations- und Informationstechniken erforderlich∗ ∗ 519
Verschiedene Techniken und Hilfsmittel werden nachfolgend als Beispiele angeführt.

2.6.1 Information

Die allgemeine Definition des Begriffs »Information« lautet nach REFA: **»Information ist eine Nachricht, die eine für den Empfänger wesentliche Aussage enthält.«**∗ ∗ 520
Informationen werden in Form von Daten dargestellt, gespeichert, übertragen und verarbeitet.
Information ist ein sehr vielseitig verwendeter Begriff. Informationen betreffen z. B. den Menschen, das Betriebsmittel (insbesondere CNC-Maschinen), den Werkstoff, das Zusammenwirken von Mensch, Betriebsmittel und Werkstoff, die Ablauf- und Materialflußgestaltung u. a. m.

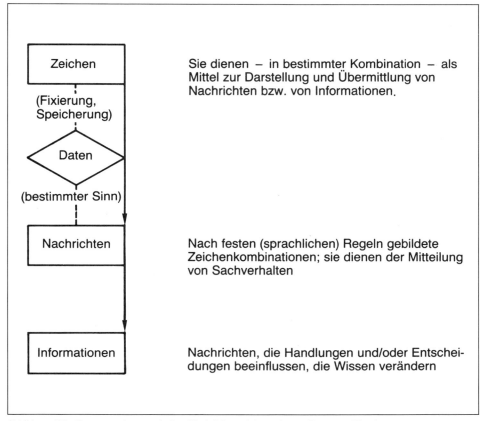

Abbildung 122: Zusammenhang zwischen Nachrichten, Informationen, Daten und Datei

2.6 Organisations- und Informationstechnik   Teil 1: 2 **Betriebswirtschaft**

Nachrichten sind Aussagen jeglicher Art. Aus Nachrichten werden Informationen gewonnen, indem eine Auswahl entsprechend dem Informationsbedarf des Empfängers getroffen wird.∗

∗ 521

Diese Informationen werden in Form von Daten auf Datenträgern festgehalten. Daten sind mit Hilfe bestimmter Zeichen dargestellte Informationen. Datenträger können in Karteien oder Dateien zusammengefaßt werden. In einer Datei erfolgt die Speicherung und Verwaltung von Daten nach bestimmten Ordnungsgesichtspunkten auf einheitlichen Datenträgern.∗

∗ 522

2.6.1.1 Die Bedeutung der Information

Mit Hilfe einer Informationsanalyse wird festgestellt, wer (welche Stelle) welche Informationen benötigt. Als weiteren Schritt müssen die Informationsquellen festgelegt werden. Aus diesen Angaben kann ein Informationsflußplan entwickelt werden. Dieser **Informationsflußplan** besagt, wer (welche Stelle) wem (welcher Stelle) welche Information zustellt.∗

∗ 523

Da die Information für den Empfänger häufig die Arbeitsgrundlage darstellt, muß der Informationsfluß eingehalten werden. Ein Arbeitsplan kann zum Beispiel ohne die Informationen der Zeichnung und der Stückliste nicht erstellt werden. Die Materialdisposition kann ohne Stücklisteninformation nicht arbeiten, der Einkauf kann ohne Bestellauftrag nicht tätig werden usw.∗

∗ 524

Diese Beispiele sollen die Bedeutung der Information innerhalb eines Unternehmens verdeutlichen.

2.6.1.2 Informationsfluß und Informationsträger

Informationen werden in Form von Daten weitergeleitet. Im Bereich der Fertigung sind wichtige **Informationsträger** bzw. Datenträger die Zeichnung, die Stückliste, der Arbeitsplan, Arbeitsunterlagen wie Materialschein, Lohnschein, Laufkarte, Arbeitsunterweisung, Betriebsmittelkarte, Lochkarten, Lochstreifen und Magnetbänder für Werkzeugmaschinensteuerungen u. ä.∗

∗ 525

Die **Stückliste** beinhaltet Informationen über die Gliederung eines Erzeugnisses nach Baugruppen und Teilen. Die Menge eines Teiles je Erzeugnis, die Herkunft des Teiles bei Kaufteilen, das Rohmaterial, die Zeichnungsnummer je Teil oder Baugruppe sind wichtige Informationen einer auftragsneutralen Stückliste. Sie kann darüber hinaus Struktur- und Sachinformation zu den einzelnen Erzeugnisbestandteilen enthalten. Auftragsabhängige Stücklisten enthalten als zusätzliche Information die Auftragsnummer, die Auftragsmenge, die Auftragsart (Kundenauftrag, Vorratsauftrag usw.), Kundenbezeichnung, Terminangabe u. ä.

Der **Arbeitsplan** beinhaltet Informationen über die Auftragsnummer, Baugruppen-, Teile- und Zeichnungsnummer, das zu verwendende Material, die Arbeitsvorgangsfolge, die jeweilige Kostenstelle bzw. den Arbeitsplatz, die Betriebsmittel, die Vorrichtungen, die Vorgabezeiten und evtl. die Lohngruppe. Je nach Organisationsstand des Betriebes sind noch weitere Informationen in einem Arbeitsplan enthalten.

Der Informationsfluß kann mit dem Materialfluß verglichen werden. Er kann wie in Abbildung 123 allgemein dargestellt werden.

Für ein Informationsfluß-Schaubild können verschiedene Symbole und Darstellungsformen gewählt werden. Die Darstellungsform richtet sich nach dem Informationsinhalt, den Informationsträgern und den darzustellenden Abläufen.

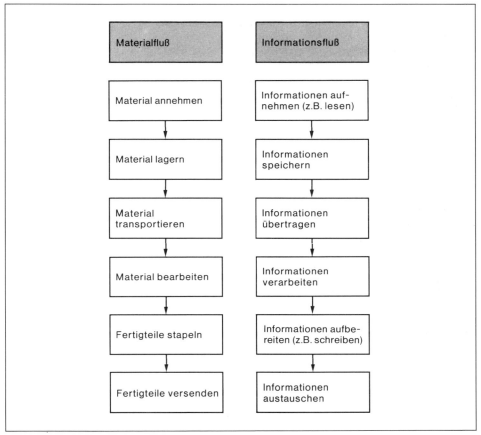

Abbildung 123: Vergleich zwischen Materialfluß und Informationsfluß

2.6.1.3 Kommunikationswege und Kommunikationsverfahren

Der Austausch von Informationen wird auch Kommunikation genannt. Der **Informationsaustausch** ermöglicht die Nachrichtenübermittlung zwischen mindestens zwei Stellen (dem Sender und dem Empfänger). Die Gesamtheit der Kommunikationsbeziehungen in einem Unternehmen kann in einer organisatorischen Kommunikationsstruktur dargestellt werden.∗ * 526
Kommunikationen können **mündlich** oder **schriftlich** erfolgen. In einem Betrieb werden auftragsabhängige Informationen meist schriftlich weitergeleitet.∗ * 527
Informationen werden durch das **Telefon** zwischen Büro und Betrieb ausgetauscht. Tritt eine Störung des innerbetrieblichen Telefonnetzes ein, so unterbleibt der Informationsaustausch, bestenfalls wird er verspätet in **schriftlicher Form** durchgeführt.
Informationen in schriftlicher Form werden durch die Werkpost oder durch persönliche Überbringung weitergegeben. Zeichnungen und Stücklisten müssen z. B. rechtzeitig in der Arbeitsvorbereitung eintreffen, damit die Arbeitspläne und die Arbeitsunterlagen für den Betrieb erstellt werden können. Treten in diesem Informationsfluß Störungen auf, so kann die Verzögerung der Arbeitspapiererstellung den Liefertermin gefährden.

2.6 Organisations- und Informationstechnik   Teil 1: 2 Betriebswirtschaft

Persönliche Überbringung von Informationen wird zwischen den betrieblichen Vorgesetzten und den einzelnen Mitarbeitern praktiziert. In diesem Bereich treten sehr selten Störungen auf.

Ein wichtiger Kommunikationsweg besteht **zwischen Konstruktion und Arbeitsvorbereitung.** Werden von der Konstruktion Änderungen durchgeführt, so müssen diese schnellstens von der Arbeitsvorbereitung bearbeitet und an die entsprechenden betrieblichen Stellen weitergeleitet werden.

Zwischen der **Fertigungssteuerung** und dem **Betrieb** findet ein ständiger gegenseitiger Informationsaustausch statt. Mit Terminen versehene Aufträge werden dem Betrieb zugeleitet, der Betrieb gibt an die Fertigungssteuerung die Fertigmeldung der einzelnen Aufträge. Dadurch ist ein reibungsloser Ablauf der Fertigung gewährleistet.

Störungen in diesem Kommunikationssystem führen zu einem gestörten betrieblichen Ablauf; einmal zu wenig Aufträge (Wartezeiten) – einmal zuviele Aufträge (Terminverzögerungen).

2.6.2 Die Systemelemente des Arbeitssystems

✱ 528   Ein System besteht aus Elementen und deren Beziehungen, welche eine bestimmte Aufgabe erfüllen.✱

In **Arbeitssystemen** wirken Menschen, Betriebsmittel und Umwelteinflüsse zusammen. **Systemelemente** sind die Arbeitsaufgabe, die Eingabe der betrachteten Gegenstände, der Mensch, das Betriebsmittel, der Arbeitsablauf, die Umwelteinflüsse und die Ausgabe der Arbeitsergebnisse (siehe auch 2.3.2.3). Mit Hilfe dieser Systemelemente kann jedes Arbeitssystem beschrieben werden. Es gibt Arbeitssysteme unterschiedlicher Größe, die vom einzelnen Arbeitsplatz bis zum gesamten Unternehmen reichen.

2.6.2.1 Arbeitssystem als Grundlage der Arbeitsgestaltung

Ein Arbeitssystem wird durch die Arbeitsaufgabe bestimmt. Die **Arbeitsaufgabe** kennzeichnet den Zweck eines Arbeitssystems. Wird die Systemgröße auf einen einzelnen Arbeitsplatz begrenzt, so kann die Systemgestaltung mit Arbeitsplatzgestaltung gleichge-
✱ 529   stellt werden.✱
Sind in das zu betrachtende System mehrere Arbeitsplätze eingeschlossen, so wird (im
✱ 530   Hinblick auf die Arbeitsgestaltung) von Arbeitsablaufgestaltung gesprochen.✱
Alle Systemelemente sollen in die Gestaltung einbezogen werden. Der Schwerpunkt soll beim Menschen liegen. Dem Menschen darf nicht die Arbeit oder das Arbeitsmittel aufgezwungen werden, sondern die Arbeit ist an die Gegebenheiten des Menschen anzupassen. Ein Mensch kann sich in Grenzen auch anpassen, er ist aber nicht wie ein Gerät oder
✱ 531   eine Maschine jederzeit umkonstruierbar.✱
Je nachdem, wie viele Menschen und Betriebsmittel in einem System zusammenwirken, unterscheidet man zwischen Einzel-, Gruppen- und Mehrstellenarbeit.
Nach REFA wird bei **Einzelarbeit** die Arbeitsaufgabe eines Arbeitssystems durch eine Arbeitsperson erfüllt.
Bei **Gruppenarbeit** wird die Arbeitsaufgabe eines Arbeitssystems teilweise oder ganz durch zwei oder mehr Arbeitspersonen erfüllt. Bei **Mehrstellenarbeit** (Mehrmaschinenbedienung) wird die Arbeitsaufgabe eines Arbeitssystems mit Hilfe mehrerer gleichzeitig eingesetzter Betriebsmittel oder mehrerer Stellen eines Betriebsmittels erfüllt, wobei dies

Anzahl der Stellen \ Anzahl der Menschen	ein Mensch (Einzelarbeit)	mehrere Menschen (Gruppenarbeit)
eine Stelle (Einstellenarbeit)	einstellige Einzelarbeit	einstellige Gruppenarbeit
mehrere Stellen (Mehrstellenarbeit)	mehrstellige Einzelarbeit	mehrstellige Gruppenarbeit

Abbildung 124: Anordnung zwischen Mensch und Betriebsmittel

durch eine Arbeitsperson oder bei mehrstelliger Gruppenarbeit durch mehrere Arbeitspersonen geschieht.∗

∗ 532

2.6.2.2 Möglichkeiten der Arbeitssystemgestaltung

Ziele der Arbeitsgestaltung sind Wirtschaftlichkeit und Humanität. Die **Wirtschaftlichkeit** wird an dem Verhältnis der eingesetzten Mittel zur erzielten Leistung gemessen.∗
Humanität bedeutet, die Arbeit menschengerecht zu gestalten, hohe Beanspruchung zu verringern und die Arbeitssicherheit zu erhöhen.∗
Die **Arbeitssystemgestaltung** kann in verschiedenen Bereichen des Unternehmens, z. B. in der Verwaltung, in der Konstruktion, im Förderwesen, in der Fertigung oder im Lager, durchgeführt werden. Dazu können verschieden große Systeme ausgewählt werden. Von der Gestaltung der Bedienungselemente an einem Arbeitsplatz als kleinstes System bis hin zur Gestaltung des Produktionsablaufes eines ganzen Betriebes als großes System.∗
Bei der **Arbeitsgestaltung** kann das Hauptziel die Gestaltung eines Arbeitssystems sein. Dabei sind die Maße des Arbeitsplatzes (Höhe, Beinfreiheit und Greifraum), die Anordnung der Werkzeuge, Bedienungselemente und Werkstücke, die Beanspruchung und Sicherheit des Arbeitenden zu beachten. In dem Begriff **Beanspruchung** sind die Umgebungseinflüsse enthalten. Eine **Bewegungsstudie** ist für die optimale Anordnung der einzelnen Werkzeuge und Teile sehr hilfreich. Auch für die Gestaltung von Griffen und Bedienelementen kann das Bewegungsstudium erfolgreich eingesetzt werden.

∗ 533

∗ 534

∗ 535

2.6.2.3 Die 6-Stufen-Methode der Systemgestaltung

Die grundsätzliche Vorgehensweise bei der Arbeitsgestaltung in Form von 6 Stufen nach REFA ist in Abbildung 125 dargestellt.
Die 6-Stufen-Methode der **Systemgestaltung** kann für die Neuentwicklung, Weiterentwicklung und Verbesserung von Arbeitssystemen eingesetzt werden.∗
Sie kann auch in anderen Bereichen, z. B. bei der Suche nach neuen Produkten, nach neuen Technologien (Mechanisierung, Automatisierung), bei der Arbeitsablaufgestaltung in Betrieb und Verwaltung erfolgreich eingesetzt werden. Das Schwergewicht der 6-Stufen-Methode liegt auf der Belebung der gestaltenden Phantasie und der Teamarbeit.
Die einzelnen Stufen sollen im folgenden kurz erläutert werden.

∗ 536

2.6 Organisations- und Informationstechnik   Teil 1: 2 Betriebswirtschaft

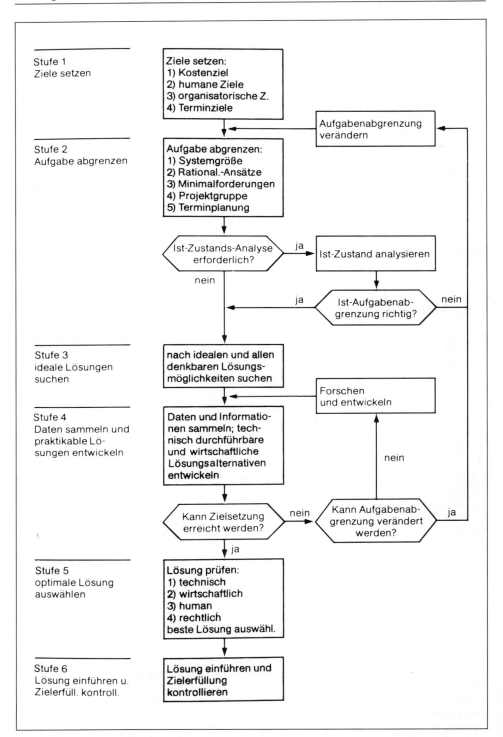

Abbildung 125: 6-Stufen-Methode der Systemgestaltung (REFA-Standardprogramm Arbeitsgestaltung)

2.6.2.3.1 Stufe 1: Ziele setzen

Die zu setzenden Teilziele müssen mit den Unternehmenszielen übereinstimmen. Die Arbeitsgestaltung orientiert sich an wirtschaftlichen und nichtwirtschaftlichen Zielvorstellungen.
Die **wirtschaftlichen Ziele** verfolgen Maßnahmen zur Kostensenkung. Die **nichtwirtschaftlichen Ziele** sind humaner Natur, auch sie können zur Kostensenkung beitragen (es ist nur nicht möglich, auf dem Vorwege eine exakte Rechnung aufzustellen).*   * 537
Das **Kostenziel** wird im allgemeinen von der Unternehmensleitung vorgegeben. Es kann lauten: Im kommenden Jahr sind die Herstellkosten um 10 % zu senken. Dieses Ziel soll mit einem möglichst geringen Aufwand erreicht werden.
Für die Auswahl geeigneter Arbeitssysteme und Erzeugnisse sind folgende Einflußgrößen zu beachten: Der Anteil der einzelnen Kostenarten an den Selbstkosten, der Rationalisierungsgrad der Ist-Arbeitssysteme und der Stand der technischen Entwicklung, die zukünftigen Entwicklungen des Einkaufs- und Absatzmarktes.
Humane Ziele betreffen die Verminderung der Belastung des Menschen und die Erhöhung der Arbeitssicherheit. Hierzu zählen auch die Schaffung neuer Formen der innerbetrieblichen Zusammenarbeit und allgemeine Maßnahmen zur Verbesserung der menschlichen Zusammenarbeit und des Betriebsklimas. Die Befreiung der Mitarbeiter von monotonen und gesundheitsschädigenden Arbeiten durch Einführung von Arbeitswechsel und Aufgabenerweiterung zählen ebenfalls zu den humanen Zielen.*   * 538
Zu den **organisatorischen Zielen** zählen beispielsweise die Verminderung des Ausschusses, die Erhöhung des Betriebsmittelnutzungsgrades, Verminderung der Unterbrechungszeiten beim Mensch und Betriebsmittel, Verringerung der Liegezeit der Arbeitsgegenstände, die Erstellung fertigungsgerechter Unterlagen usw.*   * 539
Die **Terminziele** beziehen sich auf die Fertigstellung der zu untersuchenden Aufgabe. Dabei sollen auch Teilziele mit Terminen versehen werden, um den zeitlichen Ablauf der Rationalisierungsmaßnahmen überwachen zu können.

2.6.2.3.2 Stufe 2: Aufgabe abgrenzen

Die Gestaltungsaufgabe soll abgegrenzt werden. Es besteht sonst die Gefahr, daß eine angefangene Aufgabe ständig durch Einbeziehung benachbarter Systeme erweitert wird. Diese Erweiterung kann in einer neuen Aufgabe formuliert werden. Das zu untersuchende Erzeugnis (Teilerzeugnis) oder die zu untersuchenden Arbeitsabläufe sind zu benennen und die zu erreichenden **Mindestziele** sind anzugeben. Die zu gestaltende **Systemgröße** kann sich auf einen Arbeitsplatz, eine Gruppe von Arbeitsplätzen, einen Fertigungsbereich oder auf die gesamte Fertigung eines Produktes beziehen.*   * 540
Zu den **Rationalisierungsansätzen** zählen
— Gestaltung des Bewegungsablaufes bzw. der Arbeitsmethode,
— Gestaltung des Ablaufes und Materialflusses zwischen mehreren Arbeitsplätzen,
— Mechanisierung und Automatisierung,
— Erzeugnisgestaltung (Veränderung der Konstruktion des Erzeugnisses oder Einzelteile so, daß die gewünschte Funktion mit den geringsten Herstellkosten erreicht werden kann),
— soziale Betriebsgestaltung und Gestaltung von Umwelteinflüssen.
In den meisten Fällen sind Kombinationen der aufgezählten Rationalisierungsansätze anzuwenden. Die Änderung eines Erzeugnisses kann andere Arbeitsverfahren erfordern. Umgekehrt kann sich auch der Einsatz bestimmter Arbeitsverfahren auf die Gestaltung von Einzelteilen auswirken.
Minimalforderungen sind Voraussetzungen jeder Arbeitsgestaltung. Hierzu gehören beispielsweise die gewünschte Mengenleistung und die geforderte Qualität der Erzeugnisse

an einem Arbeitssystem, der Umfang der möglichen Investitionen und ergonomische und soziale Bedingungen. Minimalforderungen lassen sich am besten mit Hilfe der Elemente eines Arbeitssystems formulieren.∗

∗ 541

Systembegriffe	Minimalforderungen	Änderungstendenz
Aufgabe	Zusammenbau von Staubsaugern; saubere Verarbeitung ist von großer Bedeutung, da starke Klagen seitens des Vertriebs	allmähliche Typenverringerung
Eingabe	Einzelteile und Baugruppen nach Zeichnung	–
Ausgabe	Staubsauger Typ A 2000 Stck/Monat Staubsauger Typ B 1000 Stck/Monat	höhere Stückzahlen von Typ A
Umwelteinflüsse	Lärmeinfluß durch benachbarte Werkstatt in seiner Wirkung vermindern	–
Mensch	keine Gewichte über 15 kg heben, Anzahl der Arbeitskräfte um 50 % reduzieren	zunehmende Knappheit von Arbeitskräften
Betriebsmittel	vorhandene Betriebsmittel müssen nicht übernommen werden; neue Betriebsmittel müssen sich jedoch innerhalb eines Jahres rentiert haben	–
Arbeitsablauf	Verwendung genormter Arbeitstische und Behälter	–

Abbildung 126: Schema für die Formulierung der Minimalforderungen eines Arbeitssystems

Der Bildung einer **Projektgruppe** ist besondere Beachtung zu widmen. Die Zusammensetzung hängt von der Aufgabe und den gewählten Rationalisierungsansätzen ab. Möglichst sollten Mitarbeiter aus den Bereichen Arbeitsvorbereitung, Konstruktion, Fertigung, Einkauf, Verkauf, Vorrichtungskonstruktion je nach Aufgabenstellung der Projektgruppe angehören. Die Projektgruppe sollte 6–9 Personen umfassen. Informationen müssen bereitwillig ausgetauscht werden, Vorrechte aus Dienststellungen dürfen nicht abgeleitet werden, weil sonst die Teamarbeit darunter leidet.∗

∗ 542

Eine **detaillierte Terminplanung** ist meist nur bei komplexen Aufgaben erforderlich. Die Zusammenarbeit der verschiedenen an dem Rationalisierungsprojekt beteiligten Personen kann zeitlich besser aufeinander abgestimmt werden.∗

∗ 543

Häufig wird es bei der Anwendung der 6-Stufen-Methode erforderlich, Korrekturen an den Ergebnissen der Stufe 2 vorzunehmen. Selten gelingt es, in einem Zug eine genügend gute Lösung zu finden. Durch eine andere Kombination der einzelnen Faktoren kann durch schrittweises Vorgehen eine optimale Lösung erreicht werden (siehe auch Abbildung 125 »6-Stufen-Methode der Systemgestaltung«).

2.6.2.3.3 Stufe 3: Ideale Lösungen suchen

Die dritte und vierte Stufe der Systemgestaltung gehen nahtlos ineinander über und müssen meist mehrmals wiederholt werden. Nach Nadler kann man verschiedene Lösungsebenen in Form eines Dreiecks darstellen. Die Grundlinie des Dreiecks stellt den Ist-Zustand, die Spitze den Idealzustand dar.

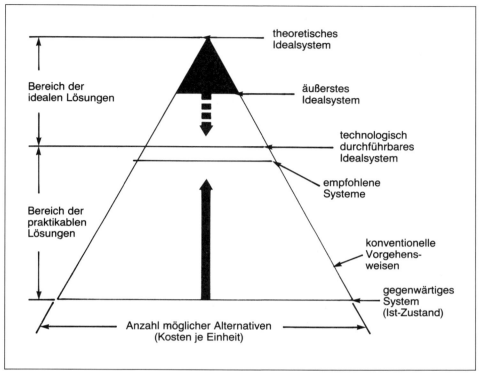

Abbildung 127: Lösungsebenen

Nadler geht davon aus, daß bessere Ergebnisse erzielt werden, wenn ein Idealzustand (der nie erreicht wird) formuliert wird, von dem Abstriche zu machen sind, um praktische Lösungen zu finden. Geht man dagegen vom Ist-Zustand aus, so begnügt man sich, wenn Verbesserungen des Ist-Zustandes erreicht werden. ✶   ✶ 544

Bei der Suche und Formulierung des **Idealzustandes** soll sich die Projektgruppe von allen Gegebenheiten, Vorschriften und Forderungen freimachen. Selbst wenn das Ideal zunächst nur ein Hirngespinst ist, sollte es notiert werden. Häufig kann es ein Denkanstoß für andere Teammitglieder sein, die daraus eine brauchbare Lösung ableiten. **Teamarbeit** dieser Art wird auch mit Brainstorming bezeichnet. Die **Brainstorming-Methode** will erreichen, daß durch Unterlassung jeder Kritik an einer Idee eine Atmosphäre geschaffen wird, die zur Ideenäußerung anregt und Gedankenfäden weiterspinnt. ✶   ✶ 545

Je ausgefallener und ungezwungener die Ideen geäußert werden, um so reichhaltiger und vielfältiger ist die Auswahl. Die Ideen können völlig unsystematisch geäußert werden. Aufgabe des Teamleiters ist es, die Ideen zu notieren und evtl. aufkommende **Kritiken zu verhindern.**

2.6.2.3.4 Stufe 4: Daten sammeln und praktische Lösungen entwickeln

Die in der dritten Stufe notierten Ideen müssen sortiert werden. Nun geht es darum, von den ideal-utopischen Ideen **technisch durchführbare und wirtschaftliche Lösungen** zu erarbeiten. Die definierten Minimalforderungen, die Systemgröße, die geforderte Stückzahl, die Investitionssumme u. ä. Forderungen müssen nun beachtet werden. Hilfsmittel zum Sammeln und Darstellen von Daten sind Möglichkeitslisten und Lösungsschemata.

Die **Möglichkeitsliste** soll dazu dienen, daß für ein bestimmtes Detail einer Gesamtaufgabe alle Alternativen zusammengetragen werden. Das Lösungsschema ist eine erweiterte Möglichkeitsliste. Für einzelne Teilaufgaben eines Arbeitssystems oder Erzeugnisses werden alle zur Zeit denkbaren Lösungsmöglichkeiten erfaßt und in einer Matrix dargestellt.*

*546

Die Gegenüberstellung der Lösungsalternativen in **Lösungsschemata** läßt erfolgversprechende Alternativen erkennen. Mindestens zwei Lösungsmöglichkeiten sollen nun weiter verfolgt und im Detail ausgearbeitet werden. Hierbei wird die Gesamtaufgabe in Teilaufgaben aufgeteilt und Spezialisten zur Bearbeitung übertragen.

Die ausgewählten Alternativen sind zu überprüfen, ob die Zielsetzung erreicht werden kann oder ob Forschungs- und Entwicklungsarbeit erforderlich wird. Evtl. wird eine neue Aufgabenabgrenzung erforderlich. Die Systemgröße muß in diese Betrachtung einbezogen werden.*

*547

2.6.2.3.5 Stufe 5: Optimale Lösung auswählen

Die verschiedenen Lösungen müssen **technisch sicher** sowie **wirtschaftlich, menschlich zumutbar** und **rechtlich zulässig** sein.

Unter diesen Gesichtspunkten sind die entwickelten Lösungsvorschläge einander gegenüberzustellen.*

*548

Es ist möglich, daß der Vergleich zu gegensätzlichen Ergebnissen führt. Die wirtschaftlich günstigste Lösung kann z. B. technisch unsicher sein. In solchen Fällen sind weitere Beratungen erforderlich. Eine andere Möglichkeit besteht darin, die einzelnen Gesichtspunkte mit einem **Gewichtungsfaktor** zu versehen und so ein rechnerisches Ergebnis zu erhalten.*

*549

In manchen Fällen können bei der Auswahlentscheidung eines Lösungsvorschlages noch andere Gesichtspunkte mitspielen. Die Erprobung und Einführung neuer Arbeitsverfahren und Technologien, die der Konkurrenz gegenüber einen Vorsprung bedeuten, werden z. B. eingeführt, obwohl noch technische Unsicherheiten vorhanden sind und die Wirtschaftlichkeit noch nicht einwandfrei beurteilt werden kann. Solche Entscheidungen sind nicht vom Arbeitsgestalter, sondern durch vorgesetzte Instanzen zu treffen.

2.6.2.3.6 Stufe 6: Lösung einführen und Zielerfüllung kontrollieren

Nach Vorliegen der Genehmigung durch vorgesetzte Stellen kann der Lösungsvorschlag eingeführt werden. Die Einführung von Neuerungen hat einen technischen und einen psychologischen Aspekt.*

*550

Der **technische Aspekt** enthält folgende Überlegungen:
— soll das neue System als Ganzes oder in kleinen Schritten eingeführt werden,
— soll das neue System mit eigenen Kräften oder durch Fachkräfte von Fremdfirmen installiert werden,
— wie können Ausfälle im Produktionsprogramm vermieden werden, wenn ein bestehendes System geändert werden soll,
— wie soll die Einführung zeitlich ablaufen (evtl. einen Netzplan erstellen),
— wie können die für das neue System benötigten Arbeitskräfte optimal geschult bzw. angelernt werden. usw.

Der **psychologische Aspekt** berücksichtigt die Einstellung der betroffenen Mitarbeiter zu den Neuerungen. Sind die Mitarbeiter zu Rate gezogen worden, wurden sie nach ihrer Meinung gefragt, wurde versucht, die Fachkompetenz der Mitarbeiter anzusprechen, wurden sie über die geplanten Maßnahmen und ihre Auswirkungen informiert u. ä.? Diese vermeintlichen Kleinigkeiten entscheiden oft über die erfolgreiche Einführung eines neuen Systems.

Nach der Einführung eines neuen Systems muß dieses über einen längeren Zeitraum periodisch überwacht werden. Dabei ist darauf zu achten, daß die Arbeitsverfahren und Arbeitsmethoden eingehalten und die vorgesehenen Leistungen erbracht werden. Bei der Überwachung sind Überlegungen zur Verbesserung des eingeführten Systems anzustreben. Anregungen der Mitarbeiter sind aufzugreifen und, wenn möglich, kurzfristig einzuführen.*

* 551

Das neueingeführte System muß auf die **Zielerfüllung** kontrolliert werden. Werden die in Stufe 1 gesetzten Ziele nicht erreicht, so müssen die Ursachen der Nichterfüllung gesucht werden. Daraus können Maßnahmen für zukünftige Rationalisierungsprojekte abgeleitet werden.*

* 552

Bei allen Arbeitsgestaltungsmaßnahmen hat der Betriebsrat nach dem Betriebsverfassungsgesetz ein Mitsprache- und Mitbestimmungsrecht.

2.6.3 Datenarten und ihre Ermittlung

Im Betrieb und speziell in der Arbeitsvorbereitung kommen **Daten** in unterschiedlichster Art und für verschiedene Bereiche vor. Gliedert man die Daten nach ihrem Bezug, so ergibt sich für Fertigungsbetriebe eine Gliederung, wie sie Abbildung 128 zeigt.*

* 553

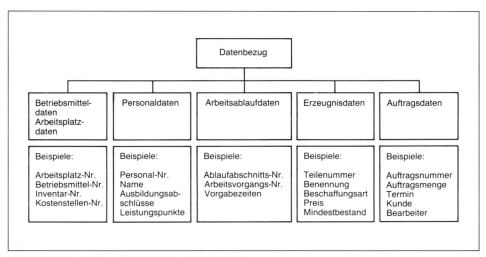

Abbildung 128: Gliederung der Daten nach ihrem Bezug

Die **Kostendaten** sind den jeweiligen angegebenen Daten zugeordnet.
Betriebsmitteldaten bzw. Arbeitsplatzdaten beschreiben das Arbeitssystem. Kostenstelle, Betriebsmittel- oder Arbeitsplatz-Nr., Benennung, Ausrüstungsangaben, besondere Vorschriften u.a. zählen zu dieser Datengruppe. Eine Betriebsmitteldatei gibt Auskunft über die Abmessungen, Leistung, technologische Daten, das Alter und die letzte Grundüberholung des Betriebsmittels. Diese Daten werden zum Teil von den Herstellern des Betriebsmittels geliefert und im Betrieb ständig ergänzt.
Personaldaten sind personenbezogene Daten. Sie befinden sich hauptsächlich in der Per-

2.6 Organisations- und Informationstechnik   Teil 1: 2 Betriebswirtschaft

sonalkartei, aber auch in den Taschenbüchern der Meister. Personaldaten werden bei der Einstellung erfaßt und laufend weiter ergänzt.

Arbeitsablaufdaten beinhalten die einzelnen Arbeitsaufgaben, deren Reihenfolge und Vorgabezeiten. Sie können z.B. in Arbeitsplänen oder in Netzplänen dargestellt werden.

Erzeugnisdaten geben über Zusammensetzung, Eigenschaften und Besonderheiten eines Erzeugnisses Auskunft. Die Ermittlung dieser Daten erfolgt in der Konstruktion. Sie sind eine wichtige Voraussetzung für die Planung und Steuerung betrieblicher Abläufe.

Auftragsdaten erstrecken sich z.B. vom Kundenauftrag über die Zeichnung, die Stückliste, den Arbeitsplan, die Auftragsnummer, die Auftragsmenge, die Terminangabe usw. Die Daten werden in der jeweils zuständigen Abteilung ermittelt, und so ständig vervollständigt. In den folgenden Abschnitten werden Datenarten weiter gegliedert und Beispiele dazu benannt.

2.6.3.1. Stammdaten, Strukturdaten und Bewegungsdaten

Eine Gliederung der **Datenarten** nach ihrer Bedeutung ist in Abbildung 129 dargestellt.

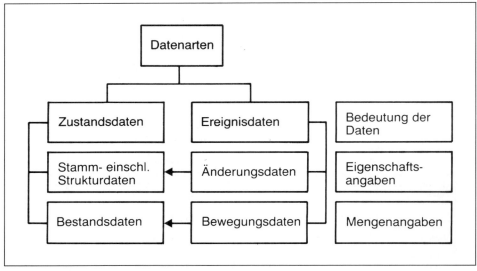

Abbildung 129: Gliederung und Bedeutung von Zustands- und Ereignisdaten

Nach der Bedeutung der Daten können Zustands- und Ereignisdaten unterschieden werden. Diese Unterscheidung soll den Aufwand für Datenerfassung und -speicherung verringern.✶

✶ 554

Den **Zustandsdaten** sind die Stamm- und Strukturdaten zugeordnet. Ein Merkmal der Zustandsdaten ist ihr statisches Verhalten. Zustandsdaten unterliegen dem Änderungsdienst.

✶ 555

Unter **Stammdaten** versteht man Daten über Eigenschaften von Systemelementen (Personen, Gegenständen, Sachverhalten), die mittel- bis langfristig Gültigkeit haben.✶

Stammdaten, die sich auf bestimmte Systemelemente beziehen, werden meist Personalstamm-, Lagerstamm-, Teilestamm-, Materialstammdaten usw. genannt. Eine Änderung der Stammdaten wird immer dann erforderlich, wenn sich die Eigenschaften der Systemelemente geändert haben.

Strukturdaten beschreiben die Beziehungen zwischen den Systemelementen nach Zahl und Art. Sie werden auch Verbindungs- oder Verknüpfungsdaten genannt. Die Stammdaten kennzeichnen z.B. den Aufbau einer Baugruppe, die Strukturdaten die Verwendung dieser Gruppe in verschiedenen Erzeugnisvarianten.∗   ∗ 556

Bestandsdaten beschreiben die Menge bzw. den Wert der durch Stamm- und Strukturdaten beschriebenen Systemelemente. Bestandsdaten sind z.B. Anzahl anwesender Mitarbeiter, Anzahl einsatzfähiger Betriebsmittel, Anzahl gelagerter Materialien, Anzahl in der Fertigung befindlicher Teile.

Ereignisdaten beschreiben ein Ereignis oder einen Vorgang. Sie werden in sogenannten Bewegungsdateien gespeichert und beinhalten Änderungsdaten und Bewegungsdaten.

Änderungsdaten enthalten die Änderungen der Stamm- und Strukturdaten mit Zeitpunkt und dem jeweiligen Datenfeldinhalt.

Bewegungsdaten enthalten Angaben zur Identifikation des angesprochenen Stammsatzes und der erforderlichen Korrektur der betroffenen Bestandsfelder.

Bewegungsdaten unterliegen nicht dem Änderungsdienst wie Stamm- und Strukturdaten. Bei Bestandsdaten werden in gewissen Zeitabständen Inventuren zur Überprüfung der Richtigkeit durchgeführt.∗   ∗ 557

Die Bewegungsdaten werden in der Regel periodisch noch weiteren Auswertungen unterzogen. Am Ende eines Monats oder einer Periode kann z.B. eine Lagerbewegungsliste nach Erzeugnissen gegliedert erstellt werden.

Eine Datenzuordnung entsprechend der Datenart zeigt Abbildung 130.

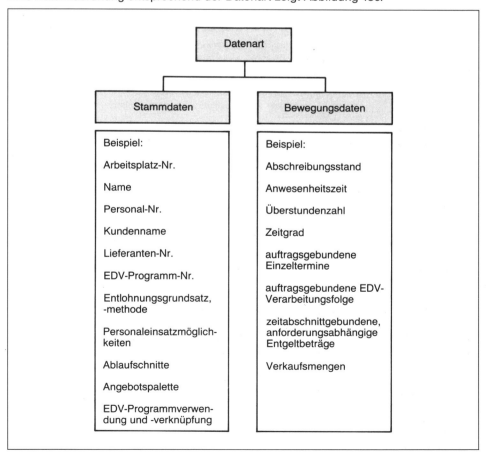

Abbildung 130: Zuordnung der Daten nach Datenart

2.6 Organisations- und Informationstechnik　　　Teil 1: **2 Betriebswirtschaft**

2.6.3.2 Aufbau- und Ablaufstrukturen

Strukturen werden im wesentlichen in **Aufbau-** und **Ablaufstrukturen** unterschieden. In Abbildung 131 sind die wesentlichen Merkmale dieser Strukturarten zusammengefaßt.＊
Die **Aufbaustruktur** veranschaulicht die sachlichen Zusammenhänge zwischen Elementen, ohne daß daraus ein zeitlicher Bezug abgeleitet werden könnte.＊
Im Zusammenhang mit der betrieblichen Planung und Steuerung sind Erzeugnis- und Aufgabenstrukturen von Bedeutung. Durch die **Erzeugnisstruktur** wird dargestellt, aus welchen Einzelteilen und Baugruppen ein bestimmtes Erzeugnis besteht. Die Erzeugnisstruktur wird auch **Erzeugnisgliederung** genannt.＊
Erzeugnisse, auch Produkte, Waren oder Güter genannt, sind in sich geschlossene, aus einer Anzahl von Gruppen und Teilen bestehende funktionsfähige Gegenstände als Fertigungs-Endergebnisse. In der Fertigungsindustrie setzen sich Erzeugnisse aus Baugruppen und Einzelteilen zusammen. Die Einzelteile entstehen aus Rohstoffen (siehe auch 2.3.1.2).

＊ 558
＊ 559
＊ 560

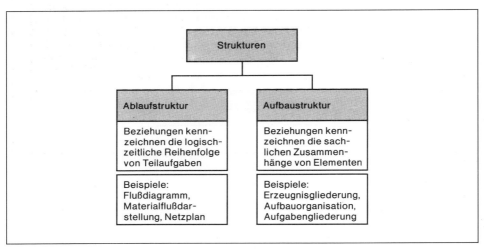

Abbildung 131: Strukturdaten

Bei der Erzeugnisplanung und -gestaltung steht die **Funktion** im Vordergrund. Das Ergebnis der Erzeugnisentwicklung ist eine funktionsorientierte Erzeugnisgliederung. Eine Gliederung nach Funktionsebenen wird durchgeführt, alle Rohstoffe und alle Teile stehen auf einer Ebene.＊
Ein weiterer Gesichtspunkt für die Erzeugnisgliederung sind die Belange der Fertigung. Die Gliederung nach Fertigungsstufen oder Fertigungsebenen entspricht dem fertigungstechnischen Ablauf der Einzelteilfertigung, Gruppen- und Endmontage.
Für die Materialdisposition ist eine Erzeugnisgliederung nach den Bedarfsermittlungsebenen oder Dispositionsstufen erforderlich. Dabei werden alle gleichen Teile und Gruppen der Ebene zugeordnet, in der sie von der Rohstoffebene ausgehend vorkommen.＊
Gesichtspunkte der Erzeugnisgliederung sind in Abbildung 133 zusammengefaßt.＊
In der Aufbauorganisation (siehe auch 2.2.1) werden die Aufgaben eines Unternehmens auf verschiedene Stellen aufgeteilt, und die Zusammenarbeit dieser Stellen wird geregelt. (Abbildung 134)＊
Die **Aufgabenstruktur** veranschaulicht, aus welchen Teilaufgaben sich eine Gesamtaufgabe zusammengesetzt. Sie bildet eine sachliche Ordnung ab, die von den ausführenden Personen unabhängig ist.＊

＊ 561
＊ 562
＊ 563
＊ 564
＊ 565

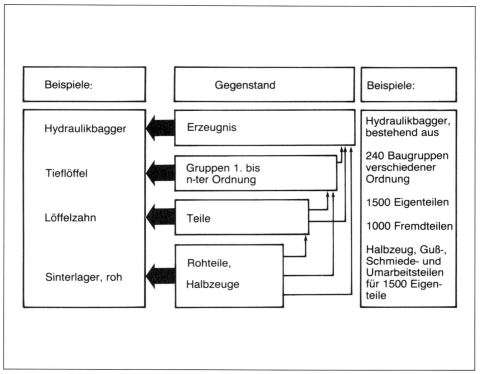

Abbildung 132: Begriffe für die Erzeugnisgliederung

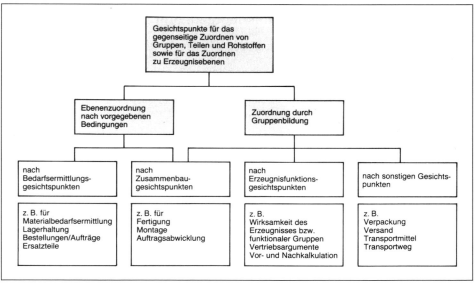

Abbildung 133: Gliederungsgesichtspunkte

2.6 Organisations- und Informationstechnik

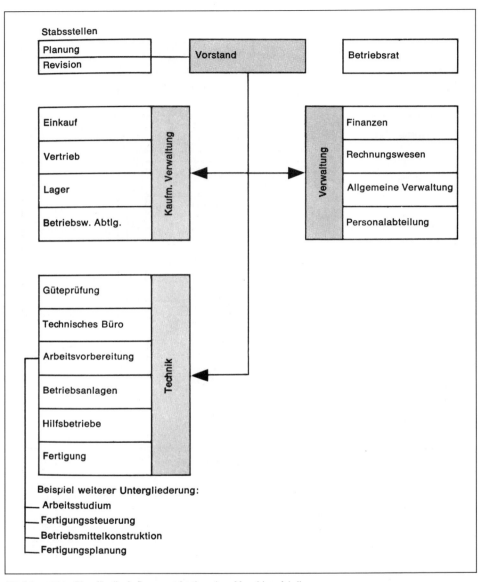

Abbildung 134: Plan für die Aufbauorganisation einer Maschinenfabrik

Aufgabenstrukturen lassen sich in verrichtungsorientierte, objektorientierte und funktionsorientierte Strukturen unterscheiden. **Verrichtungsorientierte Strukturen** liegen zum Beispiel in der Produktion vor. Bei **objektorientierten Strukturen** erfolgt die Gliederung nach Warengruppen. **Funktionsorientierte Strukturen** sind z. B. Funktionen wie Planen, Realisieren und Kontrollieren.✶

✶ 566

Die **Ablaufstruktur** veranschaulicht die logische sowie evtl. auch die zeitliche Aufeinanderfolge von Teilaufgaben, die zur Erfüllung einer Gesamtaufgabe dienen. Dabei ist es erforderlich, daß die Zeiten für die Durchführung der Teilaufgaben angegeben werden. Mit sieben Grundformen von Ablaufstrukturen können alle möglichen Beziehungen zwischen Teilaufgaben beschrieben werden.✶

✶ 567

Teil 1: **2 Betriebswirtschaft**   2.6 Organisations- und Informationstechnik

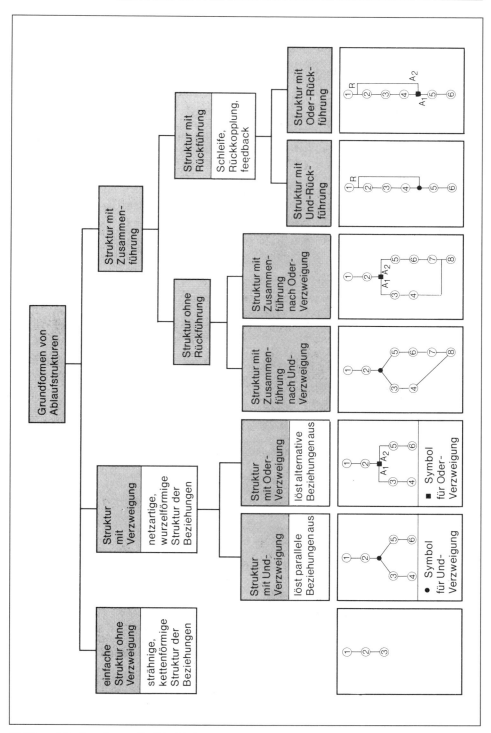

Abbildung 135: Grundformen für Ablaufstrukturen

✱ 568 Mit diesen sieben Grundformen der Ablaufstrukturen lassen sich alle im Betrieb vorkommenden Abläufe darstellen.✱

2.6.4 Grundbegriffe der Nummerungstechnik

Die verbale Ansprache z. B. von Zeichnungen ist sehr aufwendig und umständlich. Eine verbale Angabe nimmt auf Datenträgern sehr viel Platz ein und ist zum Auffinden sehr umständlich. Deshalb werden Personen, Gegenstände und Sachverhalte mit besonderen Zeichen versehen. Man kann Begriffe abkürzen oder sie mit einer Nummer versehen.
Die **Nummer** besteht in der Regel aus mehreren Stellen, die in einer festgelegten Folge von Zeichen (Ziffern, Buchstaben und Sonderzeichen) zusammengefaßt ist. Die daraus entstehenden Nummernarten sind in Abbildung 136 dargestellt.

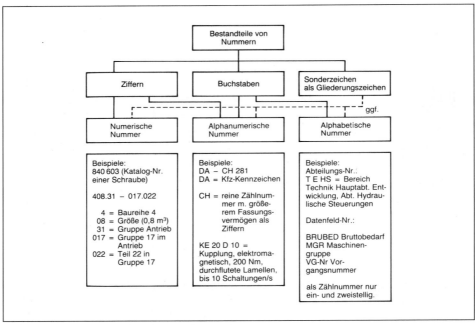

✱ 569 Abbildung 136: Bestandteile von Nummern ✱

Da Nummern und Nummernsysteme in der Betriebsorganisation sehr häufig angewendet werden und für den Einsatz von EDV-Anlagen eine unerläßliche Voraussetzung sind, müssen sie nachstehende **Forderungen** erfüllen.
— Nummern und Nummernsysteme sollen systematisch aufgebaut und erweiterungsfähig sein;
— sie sollen einheitlich für alle Nummerungsobjekte (Erzeugnisse, Betriebsmittel, Arbeitsplätze, Personen) gelten, die bei der Planung und Steuerung sowie bei der Auftragsabwicklung zusammenwirken;
— sie sollen eindeutig, leicht erfaßbar und einprägsam sein und sowohl manuell als auch maschinell angewendet werden können;
— sie sollen Ähnlichkeiten von Nummerungsobjekten erkennen lassen.
✱ 570 Begriffe der Nummerungstechnik sind nach DIN 6763 genormt.✱

2.6.4.1 Funktion von Nummern und Nummernsystemen

Aufgabe von Nummern ist es, Informationen zu vermitteln. Mit dem Benummern soll ein Nummerungsobjekt erkannt, bezeichnet, angesprochen und eingeordnet werden können. Diese Aufgaben der Nummern sind in Abbildung 137 zusammengefaßt. ∗

∗ 571

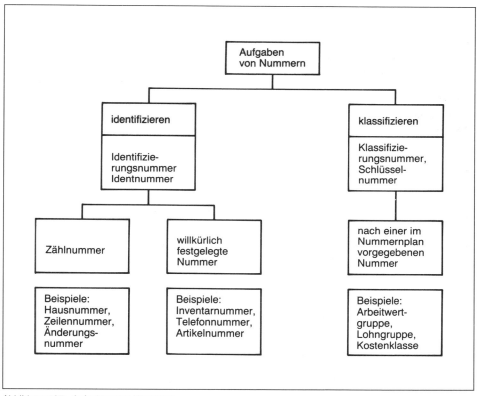

Abbildung 137: Aufgaben von Nummern

Ein **Nummerungsobjekt** ist **identifiziert,** wenn es mit Hilfe seiner Nummer eindeutig und unverwechselbar erkannt, bezeichnet oder angesprochen werden kann. Damit eine Nummer nicht zweimal vergeben werden kann und die der Nummer zugeordnete Bedeutung nachprüfbar ist, soll ein Verzeichnis (Nummernschlüssel) geführt werden.
Ein **Nummerungsobjekt** ist **klassifiziert,** wenn es mit Hilfe seiner Nummer in einer Gruppe (Klasse) eingeordnet werden kann, die nach vorgegebenen Gesichtspunkten gebildet worden ist (DIN). Das Erstellen eines Nummernplanes mit der Festlegung der Bedeutungen von klassifizierten Nummernteilen ist erforderlich. ∗

∗ 572

Nummernsysteme können einen **klassifizierenden** und einen **identifizierenden** Nummernteil haben. Bei den deutschen Auto-Kennzeichen z. B. klassifizieren die Buchstaben und innerhalb der Klasse identifizieren die Ziffern.
Nummern bestehen in der betrieblichen Praxis aus einer größeren Zahl von Stellen und Nummernteilen. Sie werden deshalb häufig Nummernsysteme genannt.
Ein **Nummernsystem** ist eine nach bestimmten Gesichtspunkten gegliederte Zusammenfassung von Nummern oder Nummernteilen mit Erläuterung ihres Aufbaues (DIN). ∗

∗ 573

Systematische und systemfreie Nummernsysteme unterscheiden sich darin, daß bei einem systematischen Nummernsystem die Systematik sehr streng eingehalten werden

2.6 Organisations- und Informationstechnik   Teil 1: **2 Betriebswirtschaft**

muß und keine Nummer oder Nummernteil weggelassen werden darf. Beim systemfreien Nummernsystem genügt es, wenn eine Nummer oder ein Nummernteil vorhanden ist, weitere Nummern oder Nummernteile können auch weggelassen werden. ✸

✱ 574

Bei **halbsprechenden Nummernsystemen** wird das Nummernobjekt durch Klassifizieren in Klassen geordnet und durch eine Zählnummer identifiziert. Dieses Nummernsystem wird nach DIN Verbund-Nummernsystem genannt. ✸

✱ 575

Der Einsatz halbsprechender Nummernsysteme beschränkt sich häufig auf Nummerungsobjekte, die leicht erkennbare Merkmale und wenig Klassen, die sich langfristig nicht andern, haben.

Die **nichtsprechenden Nummernsysteme** bestehen aus Zähl- bzw. Identnummern. Sie sind nur mit Hilfe eines Nummernschlüssels verständlich.

In einem systemfreien Nummernsystem sind mehrere voneinander unabhängige Nummern enthalten. Diese stehen gleichwertig nebeneinander. Das systemfreie Nummernsystem wird auch Parallel-Nummernsystem genannt.

Das **Parallel-Nummernsystem** ist ein Nummernsystem, bei dem einer Identifizierungsnummer eine oder mehrere – von dieser unabhängige – Klassifizierungsnummern aus eigenständigen Nummernsystemen zugeordnet werden (DIN).

2.6.4.2 Erzeugnisgliederung als Anwendungsbereich der Nummerungstechnik

Erzeugnisse bestehen aus Baugruppen und Einzelteilen, die meist aus Rohstoffen gefertigt werden.

In Zeichnungen werden Erzeugnisse, Baugruppen und Einzelteile so dargestellt, daß alle vorkommenden Einzelheiten durch allgemein festgelegte Darstellungsregeln erkennbar sind. Die Zeichnungsnummer oder auch **Sachnummer** genannt, weil nicht die Zeichnung, sondern primär das Bauteil angesprochen wird, ist ein wichtiges Gliederungselement. ✸

✱ 576

Diese Sachnummer sollte in der Einzel- und Kleinserienfertigung ein teilsprechendes Nummernsystem sein.

Abbildung 138: Sachnummernschlüssel der Einzel- und Kleinserienfertigung

In Verbindung mit dem Einzelblattsystem ist die Anwendung der Sachnummerung auch für die Erzeugnisgliederung (siehe 2.6.3.2) zu verwenden. Die Verwendung von Zusammenstellungszeichnungen, auf denen Einzelteile mit Bemaßung dargestellt sind, sollen auf Bauteile mit **nicht lösbaren Verbindungen** (Schweiß- und Nietkonstruktion) begrenzt werden.

Innerhalb des **1. Ordnungsbegriffes** der Erzeugnisnummer sind alle im Erzeugnis enthaltenen Baugruppen (2. Ordnungsbegriff) aufgeführt. Diese **Baugruppen** erhalten bei allen Erzeugnisvarianten die gleiche Kennzahl, wenn es sich um die gleiche Sache handelt, zum Beispiel hat die Baugruppe Einspritzpumpe bei allen Motorengrößen die gleiche Baugrup-

pennummer. Der **4. Ordnungsbegriff** ist die Ident- oder Zählnummer der verschiedenen Einspritzpumpen.
Im **3. Ordnungsbegriff** sind in einem Nummernbereich Teilearten wie z. B. Lager, Zahnräder, Bolzen, Bundbolzen verbindlich festgelegt. Der freibleibende Nummernbereich steht der Konstruktion zu freien Verfügung. Art-, form- und maßgleiche Gegenstände müssen zur Identifizierung dieselbe Sachnummer erhalten und auch beibehalten, solange diese Gegenstände in ihrer ursprünglichen Form erhalten bleiben.∗ ∗ 577
Durch das **Sachnummernsystem** besteht für die Konstruktion die Möglichkeit, gleichartige Teile bei Neu- und Umkonstruktionen schnell zu erfassen, zu vergleichen und zu verwenden, ohne jedesmal neu zu zeichnen. Die Fertigung hat den Vorteil, über den 3. Ordnungsbegriff gleichartige Teile für die Fertigung zusammenzufassen.∗ ∗ 578
Betriebe mit eigenen Erzeugnissen haben meist ein Nummernsystem oder Nummernschema, das im Laufe der Jahre entstanden ist. Dieses Nummernschema erlaubt es im allgemeinen, Teile und Gruppen einem Erzeugnis zuzuordnen.

2.6.4.3 Auswirkungen der Erzeugnisgliederung auf den Fertigungsablauf

Die Erzeugnisgliederung nach **Funktionsebenen** ist auf die Belange der Konstruktion abgestimmt. Sie gibt eine Übersicht über den Aufbau des Erzeugnisses.
Die Gliederung des Erzeugnisses nach **Fertigungsebenen** entspricht dem fertigungstechnischen Ablauf der Einzelteilfertigung, Gruppen- und Endmontage.
Diese Gliederung in Verbindung mit der Sachnummer (siehe Abbildung 138) eignet sich als Grundlage für die Erstellung von Fristenplänen und Netzplänen sowie für die Terminermittlung.
Der 3. Ordnungsbegriff der Sachnummer beinhaltet die **Teileart**. Es ist möglich, mit diesem Ordnungsbegriff alle gleichartigen Teile für die Fertigung zu erfassen. Für die Ähnlichkeitsbildung gibt es mehrere Gesichtspunkte (siehe Abbildung 139).

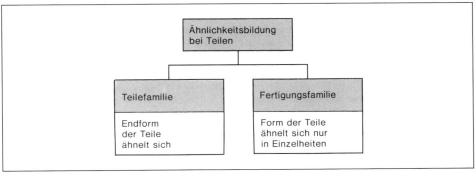

Abbildung 139: Ähnlichkeitsbildung bei Teilen

Ähnlichkeitsbildung ist das Zusammenfassen formähnlicher Teile zu Teilefamilien (Ähnlichkeit in der Endform der Teile) und zu Fertigungsfamilien (Ähnlichkeit von Einzelheiten in der Form der Teile und damit von Abschnitten des Fertigungsablaufes). Ihr Ziel ist die Steigerung der Wirtschaftlichkeit der Fertigung. Die Ähnlichkeitsbildung soll die Vorteile der Fertigung größerer Serien auch für die Kleinserien und Einzelfertigung zur Geltung bringen. Dadurch können die Kosten der Fertigung und der Betriebsorganisation gesenkt werden.∗ ∗ 579
Der Fertigungsablauf (die Reihenfolge der Arbeitsgänge) ist bei der Fertigung von Teilefa-

2.6 Organisations- und Informationstechnik — Teil 1: 2 Betriebswirtschaft

Abbildung 140: Beispiele von Teilefamilien (Werksbild Fortuna)

∗ 580 milien vom Anfang bis zum Ende gleich. Teilefamilien ermöglichen gleiche Bearbeitungsverfahren beim Einsatz gleicher Betriebsmittel.∗

∗ 581 Um Vorteile der Teilefamilienfertigung weiter zu nutzen, wurden Teile- oder Werkstückklassifizierungssysteme entwickelt, welche die Werkstückform beschreiben.∗

Alle Teile mit einem gleichen Formenschlüssel bilden eine Teilefamilie. Der Nummernschlüssel läßt nur eine grobe Sortierung zu, hat sich jedoch wegen seines einfachen Aufbaues und seiner unkomplizierten Handhabung in der Praxis bewährt. Eine Feinsortierung muß mit Hilfe der Zeichnung für die grob-vorsortierten Teile erfolgen.

Eine **Fertigungsfamilie** besteht aus Teilen, die bei einzelnen Arbeitsvorgängen, aufgrund von Ähnlichkeiten von Einzelheiten in der Form, gemeinsam bearbeitet werden können. Die in Abbildung 141 gezeigten vier Teile gehören keiner Teilefamilie, sondern einer Fertigungsfamilie an. Gleiche Formelemente verschiedener Teile werden für die Bearbeitung zu

∗ 582 Fertigungsfamilien zusammengefaßt.∗

Grundlage für die Bildung von Fertigungsfamilien ist ein **Klassifikationssystem.** Mit diesem System werden die Inhalte von Arbeitsvorgängen beschrieben.

Da sich die Teile von Arbeitsvorgang zu Arbeitsvorgang ändern, muß im Arbeitsplan für jede Arbeitsfolge mit Hilfe der Klassifizierungsnummern angegeben werden, zu welcher Fertigungsfamilie das Teil gehört. Das erfordert einen hohen Organisationsstand in einem

∗ 583 Unternehmen.∗

2.6.5 Manuelle Organisations-Hilfsmittel

Betriebsorganisation umfaßt die Planung, Gestaltung und Steuerung von Arbeitssystemen mit dem Ziel der Schaffung eines wirtschaftlichen und humanen Betriebsgeschehens. Um diese Ziele zu erreichen, gibt es eine Vielzahl **manueller Hilfsmittel.** Dazu zählen z. B. Rechenstäbe, einfache Taschenrechner, Diagramme, Nomogramme, Netzpläne, Planta-

Teil 1: **2 Betriebswirtschaft**   2.6 Organisations- und Informationstechnik

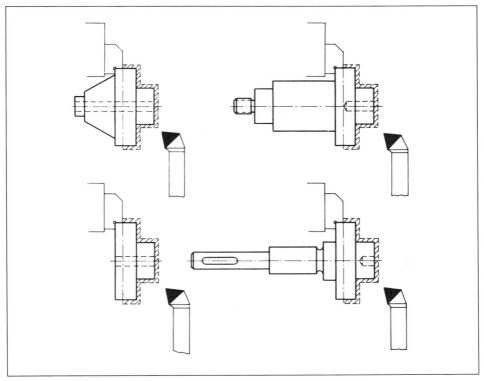

Abbildung 141: Fertigungsfamilie nach Tuffentsammer/Lutz

feln und Karteien. Einige wichtige Hilfsmittel sollen in folgenden Abschnitten ausführlich erläutert werden.

2.6.5.1 Diagramme und Nomogramme

Die Darstellung von Abhängigkeiten kann in Diagrammen und in Nomogrammen erfolgen. Ein **Diagramm** ist ein Schaubild. Es ist die zeichnerische Darstellung von zahlenmäßiger Abhängigkeit zwischen zwei oder mehreren Größen als Kurven-, Säulen-, Sektoren-(Kreis-) oder Figuren-Diagrammen. Es können auch Kombinationen davon auftreten (Abb. 142).∗   ∗ 584
Ein **Nomogramm** ist eine Rechentafel. Die Nomographie befaßt sich mit der zeichnerischen Darstellung von mathematischen Gesetzen.∗   ∗ 585
Nomographie ist ein Verfahren, um auf graphischem Wege Rechenaufgaben zu lösen. Man entwirft dazu Funktions-Skalen oder Funktionsleitern in Rechentafeln. Von der Darstellungsform sind Leiter und Netztafeln die beiden Nomogrammarten mit einer Vielzahl von Varianten. Formeln werden in einzelne Rechenschritte zerlegt und in den Nomogrammen wieder zusammengesetzt.∗   ∗ 586
Bei der **Leiter- oder Fluchtlinientafel** werden die Leitern mit bestimmten Teilungen versehen und in einen bestimmten Abstand zueinander gebracht. Je nach Teilung an den Leitern können die 4 Grundrechenarten, Potenzieren und Radizieren ausgeführt werden. Die Teilungen können außerdem mit einer Konstanten versehen werden. Die einfachste Form ist eine Doppelleiter. Nach dem Umfang der Gleichung richtet sich die Anzahl der benötigten Leitern.∗   ∗ 587

2.6 Organisations- und Informationstechnik

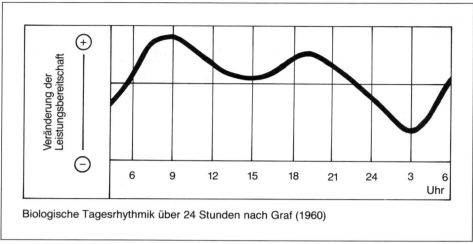

Abbildung 142: Kurvendiagramm

Bei den **Netztafeln** kann man die 4 Grundrechenarten, Potenzieren und Radizieren mit Hilfe von 2 senkrecht zueinander stehenden Geraden, auf denen bestimmte Teilungen aufgetragen sind, ausführen.∗

∗ 588

Vergleicht man die Leiter- und die Netztafel, die beide z. B. zur Errechnung der Schnittgeschwindigkeit bei drehender Bewegung dienen. So erweist sich die größere Übersichtlichkeit der Leitertafel. Der Nachteil der Leitertafel besteht nur darin, daß zum Ablesen ein Lineal benötigt wird.

2.6.5.2 Grundlagen der Netzplantechnik

Netzplantechnik ist ein modernes Verfahren zur integrierten Planung von Terminen, Kapazitäten und Kosten. Das Projekt wird dabei in Vorgänge zerlegt und deren Abhängigkeiten werden gegliedert. Vorgänge und Abhängigkeiten werden graphisch dargestellt. Projektabläufe werden mit Hilfe der Netzplantechnik transparent und überschaubar gemacht. Die Netzplantechnik ist zu einem universellen Planungsinstrument in Forschung, Verwaltung

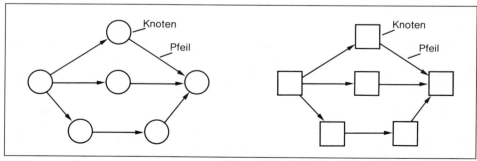

Abbildung 143: Formale Elemente des Netzplanes

und Wirtschaft geworden. In der DIN-Norm 69900 sind die Begriffe der Netzplantechnik genormt.∗

∗ 589

Netzpläne haben eine Ablaufstruktur. Sie setzen sich aus zwei formalen Elementen, den **Knoten** und den **Pfeilen,** zusammen. Pfeile sind gerichtete Verbindungen zwischen zwei Knoten. ∗

∗ 590

Durch die Knoten und Pfeile können Vorgänge, Anordnungsbeziehungen oder Ereignisse dargestellt werden. Die funktionalen Elemente des Netzplanes kennzeichnen seine Struktur. ∗

∗ 591

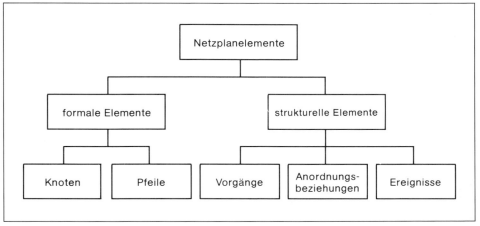

Abbildung 144: Netzplanelemente

Vorgänge werden durch die Benennung der Aufgabe gekennzeichnet. Sie sind Abschnitte eines Projektablaufes. Jeder Ablaufabschnitt hat eine Dauer mit definiertem Anfang und Ende. ∗

∗ 592

Jeder Vorgang beginnt und endet mit einem Ereignis. Ein **Ereignis** ist das Eintreten eines definierten Zustandes im Ablauf.

Anordnungsbeziehungen kennzeichnen nach REFA die Abhängigkeiten zwischen Ereignissen oder zwischen Vorgängen. Man unterscheidet:
— logische Anordnungsbeziehungen ohne Angabe des Zeitabstandes zwischen den Vorgängen oder Ereignissen und
— logisch zeitliche Anordnungsbeziehungen mit Angabe des Zeitabstandes. ∗

∗ 593

2.6.5.2.1 Netzplanarten

Die Netzplantechnik wurde in den Jahren 1957/58 von drei verschiedenen Stellen fast gleichzeitig entwickelt. Diese Entwicklung erfolgte unabhängig voneinander. In den folgenden Jahren wurden die Verfahren weiterentwickelt und verfeinert. Diese Entwicklung führte zu drei Arten von Netzplänen, die sich in der Zuordnung der formalen zu den strukturellen Elementen unterscheiden. ∗

∗ 594

Im **Vorgangspfeil-Netzplan** sind die Vorgänge beschrieben und durch Pfeile dargestellt (DIN). Als Beispiel ist CPM zu nennen. Critical Path Method (Methode des kritischen Weges), entwickelt von Walker (du Pont) und Kelley (Sperry Rand Corporation) in Amerika. Das Verfahren wurde als Planungsmethode für die Revision und Instandhaltung in der chemischen Industrie eingesetzt.

Im **Vorgangsknoten-Netzplan** sind die Vorgänge beschrieben und durch Knoten dargestellt (DIN). Diese vorgangsorientierte Art der Netzplantechnik ist mit mehreren Varianten am weitesten verbreitet. ∗

∗ 595

2.6 Organisations- und Informationstechnik   Teil 1: 2 **Betriebswirtschaft**

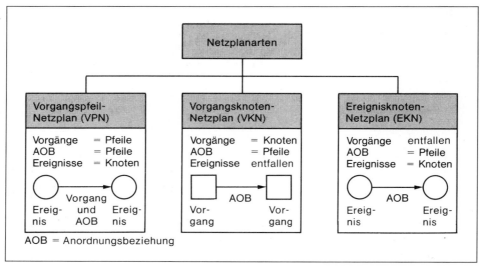

Abbildung 145: Netzplanarten

MPM, Metra-Potential-Method wurde von Roy (SEMA) in Frankreich entwickelt. Eine Abwandlung davon, Precedence Diagramming Method, wurde von der IBM für Rechenprogramme erarbeitet.
Im **Ereignisknoten-Netzplan** sind die Ereignisse beschrieben und durch Knoten dargestellt (DIN).
PERT, Projekt Evaluation and Review Technique, ein Verfahren zur Bewertung und Überwachung von Programmen, wurde von der US-Marine in Zusammenarbeit mit verschiedenen Firmen entwickelt.

2.6.5.2.2 Netzplanstruktur

Die Grundregeln für die Ablaufstruktur in vorgangsorientierten Netzplänen geben die **erlaubten logischen Anordnungsbeziehungen** oder Abhängigkeiten zwischen Ereignissen beim Vorgangspfeil-Netzplan oder zwischen Vorgängen beim Vorgangsknotenplan an.∗
Unzulässig sind Strukturen mit Oder-Verzweigungen und Strukturen mit **Rückführungen** (Schleifen). Die Ursachen dieser Verbote liegen in der eindeutigen Zeitanalyse von Netzplänen.∗
Der Scheinvorgang (Abbildung 146, 5. Grundregel) ist ein Sonderfall einer Anordnungsbeziehung in Vorgangspfeilnetzplänen mit dem Zeitabstand Null. Der Scheinvorgang wird durch einen gestrichelten Pfeil dargestellt.
Projektstart (PS) und Projektziel (PZ) werden durch runde Hilfsknoten gekennzeichnet.

∗ 596

∗ 597

2.6.5.2.3 Zeitanalyse

Die Zeitdauer von Vorgängen kann in verschiedenen Zeiteinheiten (z. B. Minuten, Stunden, Tag, Wochen, Monaten) angegeben und je Netzplan festgelegt werden.
Dauer ist die Zeitspanne von Anfang bis zum Ende eines Vorganges (DIN). Ist die Vorgangsdauer bekannt, so können die verschiedenen Zeitpunkte errechnet werden. Ein **Zeitpunkt** ist nach DIN ein festgelegter Punkt im Ablauf, dessen Lage durch Zeiteinheiten beschrieben und auf einen Nullpunkt gezogen ist.∗

∗ 598

Nr.	Grundregel	Darstellung im Vorgangspfeil-Netzplan	Darstellung im Vorgangsknoten-Netzplan
1	Folgen zwei Vorgänge aufeinander, so besteht zwischen ihnen eine einfache Beziehung ohne Verzweigung		
2	Hat ein Vorgang mehrere Nachfolger so besteht zwischen dem Vorgänger und den Nachfolgern eine Beziehung mit Und-Verzweigung	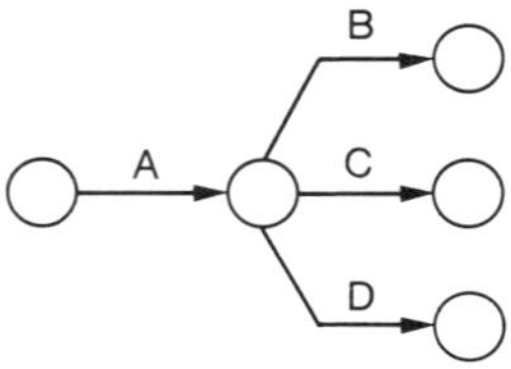	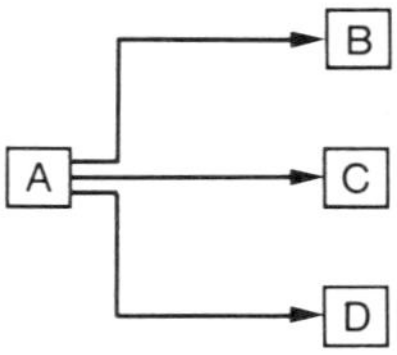
3	Haben mehrere Vorgänger einen Nachfolger, so besteht zwischen den Vorgängern und dem Nachfolger eine Beziehung mit Und-Zusammenführung	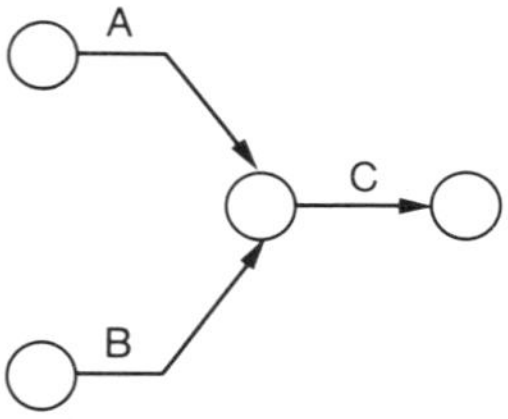	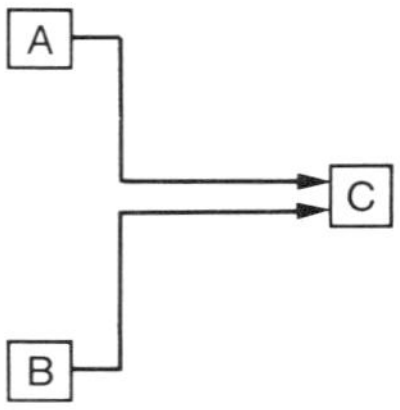
4	Bei Parallelvorgängen folgt einer Und-Verzweigung eine Zusammenführung	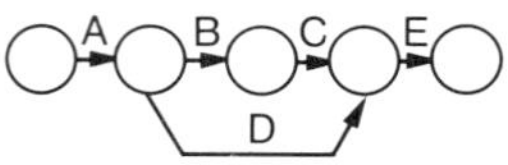	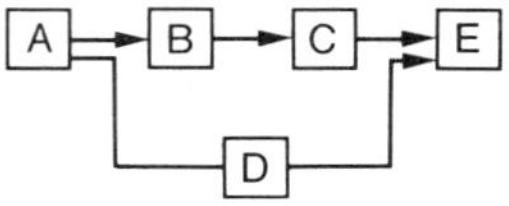
5	Bei Vorgangspfeil-Netzplänen können Beziehungen auch durch sogenannte Scheinvorgänge (gestrichelte Pfeile) hergestellt werden.	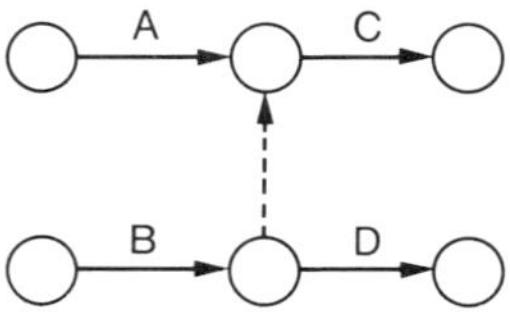	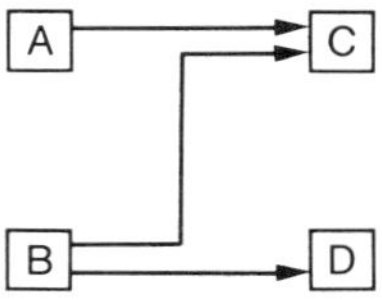

Abbildung 146: Grundregeln für die graphische Darstellung von Netzplänen

2.6 Organisations- und Informationstechnik

Jedes Ereignis und jeder Vorgang hat eine früheste und späteste Lage im zeitlichen Ablauf. Daraus ergeben sich verschiedene Arten von Zeitpunkten.

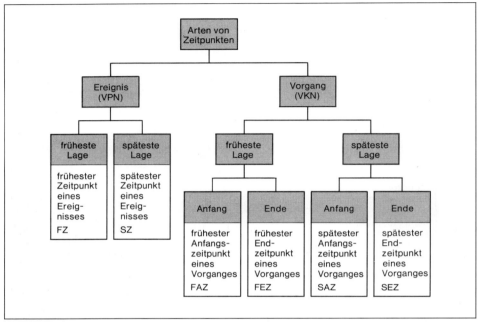

Abbildung 147: Arten von Zeitpunkten

∗ 599 Die Errechnung der Zeitpunkte erfolgt in 2 Schritten, der **Vorwärtsrechnung** und anschließend der **Rückwärtsrechnung**. ∗

∗ 600 Alle Vorgänge, bei denen die frühesten und die spätesten Zeitpunkte gleich sind, werden als **kritische Vorgänge** bezeichnet. ∗
Sie werden am oberen Knotenrand mit einer Doppellinie gekennzeichnet. Als kritischer Weg wird im Vorgangsknoten-Netzplan die Verbindung der kritischen Vorgänge bezeichnet.
Alle Vorgänge, die nicht auf dem kritischen Weg liegen, haben einen zeitlichen Spielraum. Dieser zeitliche Spielraum wird Pufferzeit genannt.

∗ 601 **Pufferzeit** ist die Zeitspanne, um die die Lage eines Vorganges verändert werden kann, ohne daß sich dieses auf die Projektdauer auswirkt (DIN). ∗
Für verschiedene Beurteilungen werden verschiedene Pufferzeiten unterschieden.
In vielen Fällen ist die gesamte Pufferzeit für die Fertigungssteuerung ausreichend.
In Abbildung 148 ist ein einfacher Netzplan mit der Vorgangsliste dargestellt. Die Vorgänger, Nachfolger, die Zeitpunkte, die gesamte Pufferzeit und die unabhängige Pufferzeit sind

∗ 602 in der Vorgangsliste eingetragen. ∗

2.6.5.2.4 Erweiterte Anwendungsgebiete

Überlappungen und Wartezeiten (z. B. Abbinden und Aushärten von Beton) können im Netzplan in Form besonderer Anordnungsbeziehungen berücksichtigt werden.
Durch eine **Erweiterung** der Struktur- und Zeitanalyse kann eine Kostenanalyse angeschlossen werden. Da die Kostenplanung die Grundlage der Projektfinanzierung darstellt,

Teil 1: **2 Betriebswirtschaft**   2.6 Organisations- und Informationstechnik

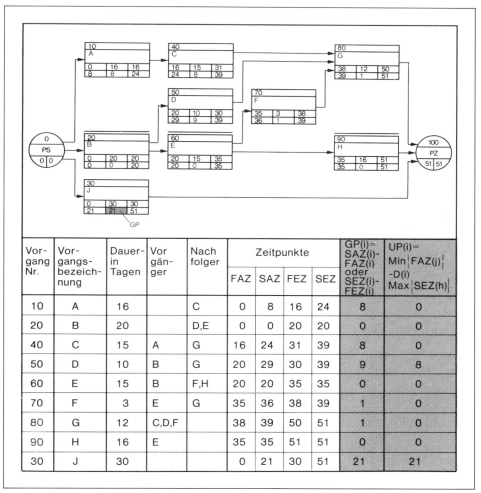

Vor-gang Nr.	Vor-gangs-bezeich-nung	Dauer-in Tagen	Vor-gän-ger	Nach-folger	Zeitpunkte FAZ	SAZ	FEZ	SEZ	GP(i)=SAZ(i)-FAZ(i) oder SEZ(i)-FEZ(i)	UP(i)=Min|FAZ(j)|-D(i) Max|SEZ(h)|
10	A	16		C	0	8	16	24	8	0
20	B	20		D,E	0	0	20	20	0	0
40	C	15	A	G	16	24	31	39	8	0
50	D	10	B	G	20	29	30	39	9	8
60	E	15	B	F,H	20	20	35	35	0	0
70	F	3	E	G	35	36	38	39	1	0
80	G	12	C,D,F		38	39	50	51	1	0
90	H	16	E		35	35	51	51	0	0
30	J	30			0	21	30	51	21	21

Abbildung 148: Netzplan mit Vorgangsliste

bietet sich die Netzplantechnik an, in welchem die zu bestimmten Terminen bereitzustellenden Mittel dem zeitlichen Projektablauf abzulesen sind.＊

＊603

Die **Kapazitätsplanung** im Rahmen der Netzplantechnik befaßt sich mit der Ermittlung der benötigten Einsatzmittel (Menschen, Betriebsmittel, Materialien). Der Kapazitätsbedarf muß nach Zeit und Umfang festgelegt werden. Ein Kapazitätsausgleich kann im Rahmen der Pufferzeiten durchgeführt werden.＊

＊604

Zur Steuerung von Projekten sind den Zeitpunkten in den Knoten Termine zuzuordnen. Sind die Termine festgelegt, so muß für ihre Einhaltung gesorgt werden. Beim Umsetzen der Zeitpunkte in Termine ist zu prüfen, ob die geplanten Kapazitäten verfügbar sind.

2.6.5.3 Aufbau und Anwendung von Plantafeln

Plantafeln ermöglichen einen schnellen Überblick der dargestellten Situation. Für die verschiedenen Anwendungsfälle gibt es eine Vielzahl verschiedener Ausführungen von Pla-

2.6 Organisations- und Informationstechnik

Teil 1: **2 Betriebswirtschaft**

✽ 605   nungstafeln. Man unterscheidet Schiebetafeln, Stecktafeln und Magnettafeln.✽

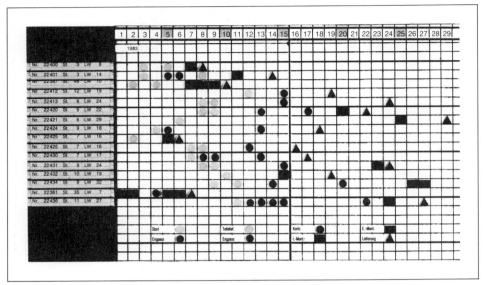

Abbildung 149: Auftragsüberwachung mit Magnettafel

Bei **Schiebetafeln** laufen in einer Profilschiene drei bzw. vier unabhängig voneinander geführte Farbbänder. Damit können kumulative Werte z. B. die Soll- und Ist-Belegung von Betriebsmitteln, besonders gut dargestellt werden. Die Werte sind von anderen Datenträ-
✽ 606   gern auf die Schiebetafel zu übertragen.✽
Stecktafeln werden mit Anzeigeelementen oder mit den Arbeitsbelegen bestückt. Stecktafeln mit Anzeigeelementen haben den Vorteil, daß sie kleiner ausfallen und den Nachteil, daß alle darzustellenden Daten von Belegen in maßstabsgetreuen Streifen übertragen werden müssen. In der Serienfertigung und für Statistiken ist dieses Gerät z. B. gut einsetzbar. Werden Stecktafeln mit Belegen bestückt, so sind die Belege mit einem **Zeitstrahl** zu versehen, der die Bearbeitungsdauer maßstabsgerecht darstellt.
Magnettafeln mit umfangreichem Zubehör sind vielfältig einsetzbar. Haftmagnete mit verschiedenen Formen und Farben werden bestimmten Ereignissen zugeordnet. Zum Beispiel können Abwesenheitsgründe mit verschiedenen Symbolen (Formen) bei der Personalplanung eingesetzt werden.
Die Einhaltung der Liefertermine wird mit Hilfe der Plantafel überwacht. Der geplante Durchlauf an Engpaßarbeitsplätzen wird dargestellt. Damit können Aufträge mit kritischen Lieferterminen an den Engpässen überwacht werden.

2.6.5.4 Hängetaschen- und Breitstaffelkarteiorganisationen

Hängetaschen- und Breitstaffelkarteiorganisationen haben sich als Organisationshilfsmittel durchgesetzt. Hängetaschen und Karteikarten werden in Karteitrögen aufbewahrt.
In den **Hängetaschen,** die verschiedene Größen haben, können alle zu einem Auftrag gehörenden Unterlagen untergebracht werden. Der Kopf der Hängetasche kann mit verschiedenen Signalbändern (Tages-, Wochen- oder Monatsskalen) versehen werden. Je nach Bedarf kann mit verschiedenen Signalen gearbeitet werden, Signalreiter und Schie-
✽ 607   besignal, Stecksignal und Schiebereiter, sind häufig anzutreffende Kombinationen.✽

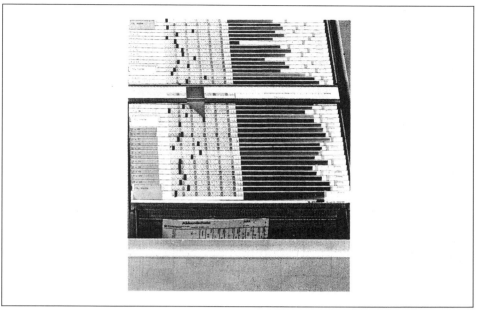

Abbildung 150: Taschenaufbewahrung in Trögen mit verstellbarem Terminstab

Der **Signalreiter** soll z. B. den Starttermin, ein weiterer den Endtermin signalisieren. Das **Schiebesignal** dient der Fortschrittkontrolle. Es wird nach jedem Arbeitsgang weitergeschoben.
Die Aufbewahrung der Taschen in Trögen unterschiedlicher Größe und Ausstattung macht das System vielseitig einsetzbar. Werden z. B. die Tröge mit einem verstellbaren **Terminstab** versehen, so kann die Terminkontrolle einfach durchgeführt werden.∗   ∗ 608
Die Tasche kann z. B. im Einkauf, in der Auftragsabwicklung, im Vertrieb und in der Fertigungssteuerung eingesetzt werden. Sie erlaubt es, auf einfache Weise Termine zu überwachen und alle zu einem Vorgang gehörenden Unterlagen aufzubewahren.
Die **Breitstaffelkartei** (siehe Abbildung 151) eignet sich z. B. für das Lager, Personalwesen, Materialdisposition, Einkauf, Vertrieb. Die Karteikarten können für verschiedene Einsatzgebiete unterschiedlich gestaltet, mit Markierungsreitern und mit Signalband versehen werden.
Als Beispiel sei die Materialdisposition angeführt. Die Materialdispositionskartei weist außer den Lagerbewegungen Materialanforderungen mit Bedarfsterminen, Bestellmenge mit Bestelldaten auch den Liefertermin aus. Die Bestandrechnung ergibt die verfügbaren Mengen. Die zugeordnete Einkaufs-Pendelkarte dient als wiederverwendbare Bedarfsmeldung an den Einkauf. Die Bestelldurchführung wird durch den Rücklauf der Pendelkarte an die Disposition angezeigt. Die Materialdisposition ist somit ein wesentliches, aussagefähiges Bindeglied zwischen den Bereichen Beschaffung, Arbeitsvorbereitung und Fertigung.∗   ∗ 609

2.6.6 Die EDV (Elektronische Datenverarbeitung) als maschinelles Organisationshilfsmittel

Die Datenverarbeitungsanlagen sind zu einem Bestandteil unserer Wirtschaft geworden. Sie werden an den verschiedensten Stellen in der Industrie und in Dienstleistungsbetrie-

2.6 Organisations- und Informationstechnik

Teil 1: **2 Betriebswirtschaft**

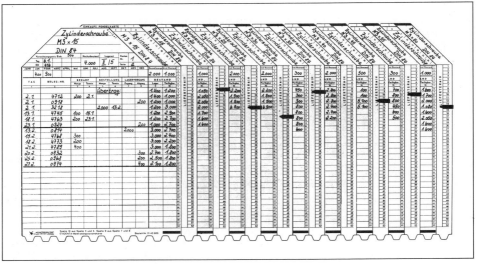

Abbildung 151: Breitstaffelkartei für Materialdisposition

ben eingesetzt. Sie können aufgrund ihrer Fähigkeit, Daten in großem Umfange zu speichern und diese nach einem Programm in kürzester Zeit zu verarbeiten, überall dort eingesetzt werden, wo verwickelte und sehr umfangreiche Vorgänge schnelle und ständig wechselnde Entscheidungen erfordern. Im Laufe der Zeit sind durch die Entwicklung der Mikroprozessoren die Anlagen leistungsfähiger, kleiner und billiger geworden. Dadurch sind viele Probleme von dem zentralen Rechner auf kleinere Anlagen dezentralisiert worden.∗

∗ 610

2.6.6.1 Methoden, Probleme und Einsatzmöglichkeiten der Datenverarbeitung

Die Datenverarbeitung in einem Unternehmen kann zentral oder dezentral durchgeführt werden.∗

∗ 611

Bei **zentralen Datenverarbeitungsanlagen** (DVA) wird ein leistungsfähiger Großrechner mit entsprechender Speicherkapazität eingesetzt. Der **Vorteil** besteht in der Möglichkeit, Teilprogramme und die entsprechenden Dateien zu integrieren. Dadurch ist die Datenerfassung nur einmal erforderlich; Teilprogramme können beliebig abgerufen werden. Der **Nachteil** von zentralen DVA besteht darin, daß einzelne Fachabteilungen sich überfordert fühlen und die Dienste der DVA nicht in dem Maße in Anspruch nehmen, wie es möglich wäre.∗

∗ 612

Dezentrale DVA haben den **Nachteil,** daß Daten mehrfach erfaßt werden, Dateien mehrfach bestehen und Doppelarbeit geleistet wird. Der **Vorteil** ist, daß der Umgang mit der DVA in der einzelnen Abteilung die Anwendungsgebiete vertieft. Die gewünschten Daten sind sofort zur Verfügung, Wartezeiten entfallen (wenn z.B. umfangreiche Programmteile auf zentralen DVA nur nachts laufen).∗

∗ 613

Die Probleme bei der Einführung einer DVA ergeben sich meist in der Umstellung der Organisationsstruktur. Die Umstellung der Formulare, das Umdenken der Vorgesetzten und ein veränderter Daten- und Informationsfluß sind weitere zu lösende Probleme.

Durch eine umfangreiche betriebsinterne Schulung der Vorgesetzten kann die Einführung einer DVA erleichtert werden.∗

∗ 614

DVA lassen sich für die Lösung aller betrieblichen Aufgaben als Hilfsmittel einsetzen. Die Materialdisposition, Materialverbrauchsrechnung, Fertigungssteuerung, Kapazitätsbelegung, Werkzeugmaschinenprogrammierung sind einige Beispiele für die Einsatzmöglichkeiten. Für Teilgebiete des betrieblichen Ablaufes gibt es von verschiedenen Firmen Programm-Module. Wenn diese Programmteile auf die betrieblichen Gegebenheiten abgestimmt werden können, wird die Einführung der DVA in Teilbereichen erleichtert.✶ ✶ 615

2.6.6.2 Aufbau einer Datenverarbeitungsanlage

Jede Datenverarbeitungsanlage besteht aus Eingabegeräten, der Zentraleinheit mit Steuerwerk, Arbeitsspeicher und Rechenwerk und den Ausgabegeräten.
Ein- und Ausgabegeräte dienen zur Ein- und Ausgabe von Daten auf verschiedenen Datenträgern. Hierzu gehören auch Bänder und Platten, die große Datenmengen für den Computer verarbeitungsgerecht speichern. Dateien verschiedenster Art werden auf ihnen untergebracht.✶ ✶ 616
In der **Zentraleinheit** ist die Kommandozentrale der Datenverarbeitungsanlage. Das **Steuerwerk** versteht das Programm und jeden einzelnen Befehl. Dort wird veranlaßt, daß die einzelnen Teile des Computers das tun, was das Programm von ihnen verlangt. Der **Arbeitsspeicher** ist Teil der Zentraleinheit. Er enthält das Programm. Zur Verknüpfung der Daten des Speichers dient das **Rechenwerk.** Die Zentraleinheit wird auch Verarbeitungseinheit genannt, weil in ihr die Verarbeitung der Daten nach dem eingegebenen Programm stattfindet.✶ ✶ 617

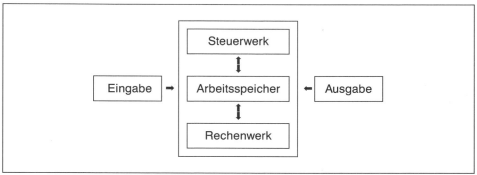

Abbildung 152: Aufbau eines Computers

Die Größe der Datenverarbeitungsanlage richtet sich nach den Aufgaben. Der **Arbeitsspeicher** kann durch den Anschluß weiterer Speicher, die auch als Dateien aufgebaut sein können, erweitert werden. Magnetbänder und Kassetten sind nur seriell verarbeitbar, während Disketten und Magnetplattenspeicher einen direkten Zugriff erlauben.

2.6.6.3 Datenträger, Ein- und Ausgabegeräte

Die **Datenträger** erfordern jeweils auf sie abgestimmte Ein- und Ausgabegeräte. Beispielhaft sollen einige Datenträger aufgeführt werden.
Der **Lochstreifen** wird meist zur Eingabe der Daten (geometrische und technologische) an Werkzeugmaschinensteuerungen benutzt. Für die Erstellung ist ein Lochstreifenstanzer erforderlich. Mechanisch und optisch arbeitende Lochstreifenlesegeräte sind im Einsatz.

2.6 Organisations- und Informationstechnik

Teil 1: **2 Betriebswirtschaft**

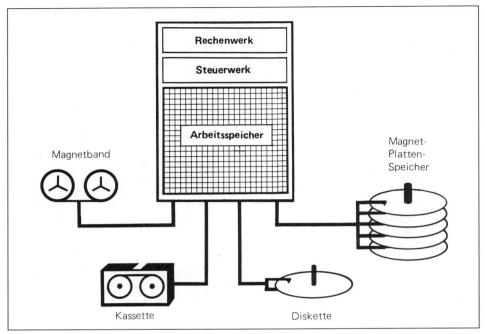

Abbildung 153: Speichergeräte am Computer

Die **Lochkarte** als Verbundkarte war in der Vergangenheit weit verbreitet. Neben der Lochstanzung ist diese Karte mit Text versehen. Auch für die Lochkarte sind Lochkartenleser und Lochkartenstanzer als Ein- und Ausgabegeräte erforderlich.

Das **Magnetband** eignet sich für die Speicherung großer Datenmengen. Es wird sowohl bei Werkzeugmaschinensteuerungen als auch bei Rechnern eingesetzt. Als Ein- und Ausgabegeräte sind Bandlese- und Bandschreibgeräte eingesetzt.

✶ 618

Die **Diskette** wird in der mittleren und unteren Datentechnik (Personalcomputer) eingesetzt. Sie hat eine Speicherkapazität bis ca. 1,44 MB (Megabyte). Die Diskette kann zur Datenerfassung, Datenverarbeitung, Datensicherung und zum Datenträgeraustausch eingesetzt werden.

Datenträger mit **Strichcode** werden mit entsprechenden Geräten gelesen und gedruckt. Als Lesegeräte sind Handleser und Durchzugleser verbreitet. Die Drucker arbeiten zum Teil mit Thermopapier. Datenträger in der verschiedensten Form und für die verschiedensten Zwecke werden aus den oben angeführten Grundarten erstellt.

Z. B. werden Ausweise mit Magnetstreifen und Strichcode, Kontokarten mit Magnetstreifen in Plastik verschweißt als Datenträger eingesetzt. Als Eingabegeräte dienen außer den Lesern aller Art auch Tastaturen. **Tastaturen** haben den Nachteil, daß die Eingabegeschwindigkeit sehr gering ist. Der Vorteil besteht darin, daß Eingabefehler sofort korrigiert werden können. Ein weiterer Vorteil ist das Arbeiten im Dialog mit dem Computer, z. B. bei der Programmierung von Werkzeugmaschinen.

Daten können in der aufgeführten Form auch ausgegeben werden. Als Ausgabegeräte können außer Bildschirm und Drucker auch Geräte, die Daten auf Magnetbänder, Disketten und Magnetplattenspeicher schreiben, bezeichnet werden. ✶

✶ 619

2.6.6.4 Hardware und Software

Ein **Computer** ist im Prinzip eine programmgesteuerte Rechenmaschine für die unterschiedlichsten Anwendungsfälle. Er besteht aus einer Gerätekombination, der Hardware und einem Programmpaket, der Software.

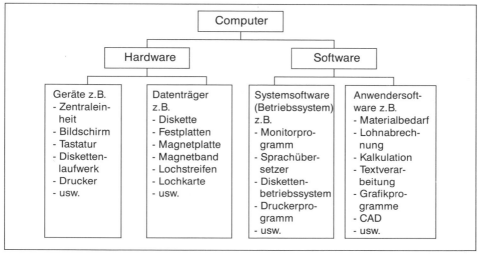

Abbildung 154: Hard- und Software

Hardware (harte greifbare Ware) ist der Sammelbegriff für die gerätetechnischen Bestandteile eines Computersystems. Zur Hardware eines Computersystems gehören in der Regel Zentraleinheit, Ein- und Ausgabegeräte und Datenträger. ∗

∗ 620

Die **Programme,** die den Computer veranlassen, Daten zu verarbeiten, nennt man **Software** (engl. weiche Ware). Ohne Software ist ein Computer nicht arbeitsfähig. Man unterscheidet Systemsoftware und Anwendersoftware. ∗

∗ 621

Für den Betrieb eines Computers benötigt man **Systemsoftware,** die meist vom Hardwarehersteller mitgeliefert wird. Dazu zählen alle Programme, die für den Betrieb eines Computer erforderlich sind. Außerdem gibt es Programme, die den Komfort beim Umgang mit dem Computer erhöhen. Diese Programme bezeichnet man als **systemnahe Software.** Systemsoftware und systemnahe Software nennt man Betriebssystem. ∗

∗ 622

Betriebssysteme sind Programme, die die Zusammenarbeit der Hardware-Funktionsgruppen steuern, überwachen, den Ablauf der Anwenderprogramme steuern und die Arbeit mit dem Computer erleichtern.

Anwendersoftware sind alle Programme, die für die Lösung von Aufgaben eingesetzt werden.

2.6.6.5 Anwendungsbereiche der Datenverarbeitung

Die Anwendungsbereiche der Datenverarbeitung sind sehr weit. In diesen Ausführungen sollen nur die Bereiche Personal, Lager, Fertigung und Verkauf angesprochen werden.
Die **Datenverarbeitung im Personalbereich** kann bei eingeführter Gleitzeit die Anwesenheitskontrolle und Aufsummierung der Anwesenheitszeit übernehmen. Dazu wird z. B. ein Werksausweis mit Magnetstreifen oder Strichcodierung als Datenträger und zur Identifizierung benutzt. Ein entsprechendes Datenerfassungsgerät erfaßt die Anfangs-, Unterbrechungs- und Endzeit und ordnet diese der Personalnummer zu. ∗

∗ 623

2.6 Organisations- und Informationstechnik   Teil 1: 2 Betriebswirtschaft

Personalakten, die als Kartei geführt werden, können mit einem Magnetstreifen versehen werden, der die wichtigsten persönlichen Angaben enthält. Eine weitere Möglichkeit besteht in der Anlage einer Personaldatei, die bei Bedarf jederzeit von der Datenverarbeitungsanlage abgerufen werden kann.

Im **Lagerbereich** ist die Datenverarbeitungsanlage ein wichtiges Hilfsmittel für die Überwachung. Erzeugnisbezogene Teileübersicht, Teileverwendungsnachweis, Lagerbestandsführung, Lagermaterial ohne Bewegung in einem bestimmten Zeitraum, Lagerbestandswert, Bestellmengenvorschlag bei Erreichung des Beschaffungsauslösebestandes sind Beispiele für Aufgaben, die im Lagerbereich von der Datenverarbeitung übernommen werden können.*

* 624

In der **Fertigung** sind Anwendungsbereiche der Datenverarbeitung Terminplanung, Fertigungssteuerung und Kapazitätsauslastung. Weitere Einsatzgebiete sind in der Arbeitsvorbereitung die Auswertung von Zeitaufnahmen, Ermittlung von Planzeiten, Unterstützung bei der Arbeitsplanerstellung u. ä.*

* 625

Durch den verstärkten Einsatz von Rechnern wurde es möglich, das Element der Flexibilität in die Fertigung einzubringen.

Die Industrie bietet ausbaufähige Systeme an, die z. B. die Stücklistenorganisation, Lagerbestandsführung, Kapazitätsbelegung, Vorkalkulation nacheinander einführen und integrieren. Daran lassen sich auch Betriebsdatenerfassungsgeräte anschließen.

Die Erstellung der Programme für die Steuerung von Werkzeugmaschinen kann mit Hilfe von Datenverarbeitungsanlagen optimiert werden.

Die Entwicklung geht dahin, die mittels **CAD-** (Datenverarbeitungssysteme für Entwicklung, Konstruktion und Entwurf von Produkten) ermittelten Daten in den **CAM-** (DV-Systeme für die Steuerung von Maschinen, Anlagen und Prozessen in der Produktion) und **CAQ-**Systemen (DV-Systeme für Qualitätssicherung) weiterzuverarbeiten. In diese Verknüpfung von Programmen können auch **CAP** (DV-Systeme für die Fertigungsplanung) und **MP/CS** (DV-Systeme für automatisierte Bewegung und Lagerung von Material) einbezogen werden. Die Integration dieser Systeme in **CIM** (computer integrated manufacturing) hat den Vorteil, daß die einmal erfaßten Daten von entsprechenden Speichern abgerufen und weiterverwendet werden können.*

* 626

PPS bezeichnet den Einsatz rechnerunterstützer Systeme zur organisatorischen Planung, Steuerung und Überwachung der Produktionsabläufe von der Angebotsbearbeitung bis zum Versand. **CIM** schließlich beschreibt den integrierten EDV-Einsatz in **allen** mit der Produktion zusammenhängenden Betriebsbereichen und umfaßt gemäß **Definiton des AWF***⁾ das informationstechnologische Zusammenwirken zwischen CAD, CAP, CAM, CAQ und PPS.*

* 627

In der Verkaufsabteilung werden mit Hilfe der Datenverarbeitung Kundenkarteien geführt. Verkaufsstatistiken, Verkaufsprogramme, Versandanweisungen, Versandpapiere u. ä. werden von der Datenverarbeitung erstellt.

2.6.6.6 Betriebsdatenerfassung

Die **Datenerfassung nach REFA** umfaßt das Sammeln und Aufzeichnen bestimmter Ist-Daten in einer für die Übertragung bzw. Weiterverarbeitung geeigneten Form. Die Datenerfassung kann manuell und maschinell sowie nur maschinell erfolgen. Die Erfassung der Daten in der Fertigung wird meist als **Betriebsdatenerfassung (BDE)** bezeichnet.*

* 628

Die BDE soll es der **Fertigungssteuerung** ermöglichen, kurzfristig einzugreifen. Dazu müssen die benötigten Daten möglichst schnell zur Verfügung stehen und die erforderlichen Informationen in der genügenden Genauigkeit enthalten.*

* 629

*) Ausschuß für wirtschaftliche Fertigung e.V.; AWF-Empfehlung »Integrierter EDV-Einsatz in der Produktion«. Begriffe, Definitionen, Funktionszuordnungen: Eschborn 1985.

Die gesamtbetriebliche Organisationsstruktur und der dadurch gegebene Spielraum bestimmen die Möglichkeiten der einzusetzenden BDE-Systeme.

Ein **manuelles** BDE-System dürfte beim Einsatz von Datenverarbeitungsanlagen in der Fertigungssteuerung wohl entfallen. Maschinell erstellte Belege enthalten auftragskonstante Daten. Diese Daten können **maschinell** erfaßt werden und durch manuelle Eingabe auftragsvariabler Daten, wie z. B. der Menge, ergänzt werden. Diese kombinierte Datenerfassung ist am weitesten verbreitet.

Von **rein maschineller Datenerfassung** spricht man, wenn die Daten durch Kopplung der Erfassungsgeräte mit den Betriebsmitteln unmittelbar auf maschinell lesbaren Datenträgern festgehalten werden.∗

∗ 630

Der Datentransport zur weiteren Verarbeitung im Rechner kann nach der On-Line-Erfassung erfolgen.

Bei der **On-Line-Erfassung** werden entsprechende Impulse über Direktleitungen an den Rechner gegeben, wo sie entweder vorläufig gespeichert oder sofort verarbeitet werden können. Es besteht ein ständiger Datenfluß zwischen Datenerfassung und Datenverarbeitung.∗

∗ 631

Bei der **Off-Line-Erfassung** werden die Daten auf besonderen Datenträgern gespeichert. Diese Daten können entweder in zyklischen Abständen vom Rechner abgerufen werden, oder sie müssen zum Rechner transportiert werden (durch Boten, Rohrpost o. ä.).

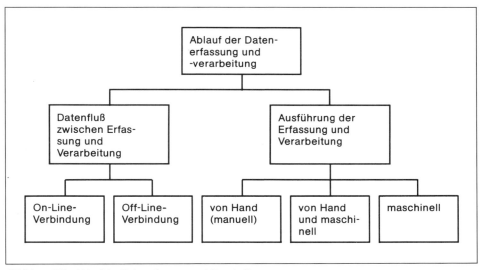

Abbildung 155: Ablauf der Datenerfassung und -Verarbeitung

Das **Multiplex-System** kann eine dreistellige Zahl von langsamen Eingabestationen bedienen und den entsprechenden Speicherplätzen zuordnen. Dabei werden die eingegebenen Werte solange zwischengespeichert, bis der Eingabevorgang abgeschlossen ist. Anschließend übernimmt der zentrale Rechner die Daten zur Weiterverarbeitung.∗

∗ 632

2.6.6.7 Logik der Programmerstellung

Ein funktionsfähiges **Programm** stellt einen folgerichtigen Ablauf einzelner Arbeitsschritte dar. Somit liegt jedem Programm eine gewisse **Logik** zugrunde.

Nach der Problemstellung, Problembeschreibung und Problemanalyse mit Datenplanung (Ein- und Ausgabedaten, Listenbilder) wird ein **Datenflußplan** erstellt.

2.6 Organisations- und Informationstechnik — Teil 1: 2 Betriebswirtschaft

* 633 Ein Datenflußplan besteht aus Sinnbildern für die Verarbeitung und den Datenträgern von Daten und Belegen sowie aus Flußlinien. Er stellt in graphischer Form den Organisations-, Daten- und Arbeitsablauf für eine Problemlösung dar. Der Datenflußplan beschreibt Datenträger, Geräte, Bearbeitungsarten und den Ablauf. *

* 634 Ein **Programmablaufplan** besteht aus Sinnbildern (DIN 66001/66002) für Operationen sowie aus Ablauflinien. Aus dem Programmablaufplan lassen sich drei grundsätzliche Programmstrukturen (Folge-, Wiederholungs- und Verzweigungsstruktur) erkennen. *

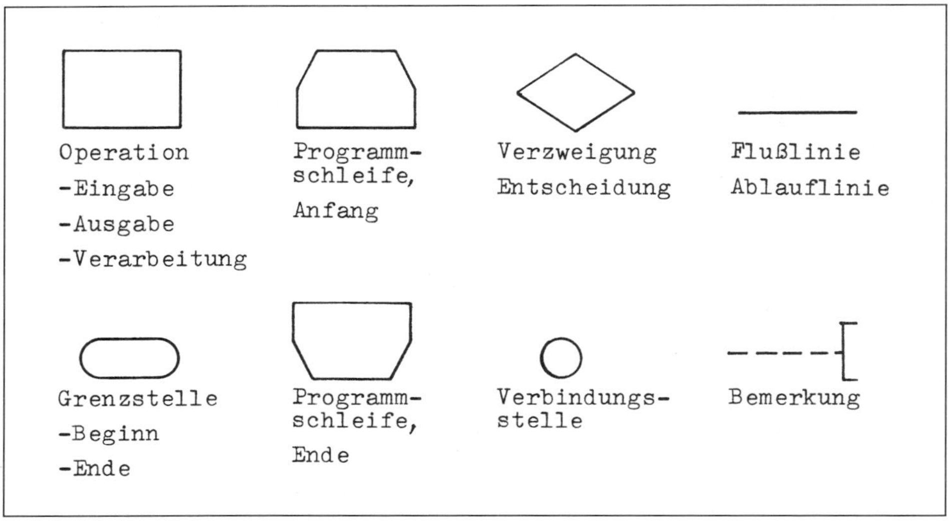

```
┌─────────┐    ┌─────────┐    ◇              ──────
│         │    │         │
Operation       Programm-      Verzweigung    Flußlinie
-Eingabe        schleife,      Entscheidung   Ablauflinie
-Ausgabe        Anfang
-Verarbeitung

( ─── )        └─────────┘     ○              ----┐
Grenzstelle     Programm-      Verbindungs-   Bemerkung
-Beginn         schleife,      stelle
-Ende           Ende
```

Abbildung 156: Sinnbilder für Programmablaufpläne

Die Programmablaufpläne haben bei komplexen Programmen mit vielen Verzweigungen ihre Schwachpunkte. Diese Pläne sind schwer lesbar und die Fehlersuche gestaltet sich sehr aufwendig. Die Durchführung von Änderungen ist sehr schwierig.

Die **strukturierte Programmierung** hat bei der Entwicklung der Ablauflogik Regeln, welche die Nachteile der Programmablaufpläne aufheben. Von Nassi-Shneidermann wurde eine Ablauflogikbeschreibung entwickelt. Diese Logikbeschreibungssprache nennt man Nassi-Shneider-Diagramm oder **Struktogramm**.

Bei einem Struktogramm dürfen bei der Darstellung der Ablauflogik nur die drei elementaren Strukturen Sequenz (Folgestruktur), Wiederholungsstruktur (Programmschleife) und Auswahlstruktur (Abfrage, Vergleichen, Verzweigen) verwendet werden.

Werden die Anweisungen an einen Computer direkt nacheinander abgearbeitet, spricht man von einer **Folgestruktur** oder **Sequenz**. Die Darstellungsarten Programmablaufplan

* 635 und Struktogramm werden zum besseren Vergleich parallel dargestellt (Abbildung 157). *

Es kommt vor, daß in einem Programm bestimmte Anweisungen ein- oder mehrmals wiederholt werden müssen. Diese **Wiederholungen** nennt man **Programmschleifen.** Jede Programmschleife besteht aus dem Anfangswert, der Abfrage (Abbruchbedingung) und dem Schleifkörper.

Der Anfangswert und die Abfrage, also die kontrollierende Bedingung, wird **Schleifensteuerung** genannt. Die auszuführende Arbeitsanweisung bei einem Schleifendurchlauf ist der **Schleifenkörper.** Die Bedingung wird geprüft, bevor der Schleifenkörper abgearbeitet wird. Nach Abarbeitung des Schleifenkörpers wird die Bedingung neu geprüft. Daraus ergibt sich entweder ein erneuter Schleifendurchlauf oder ein Abbruch der Programm-

* 636 schleife. *

Die Anzahl der Schleifendurchläufe kann durch eine Schleifenvariante festgelegt werden.

Teil 1: **2 Betriebswirtschaft** 2.6 Organisations- und Informationstechnik

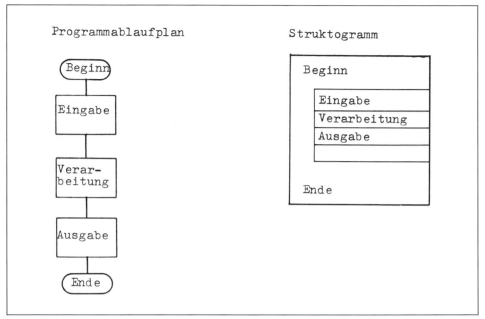

Abbildung 157: Folgestruktur

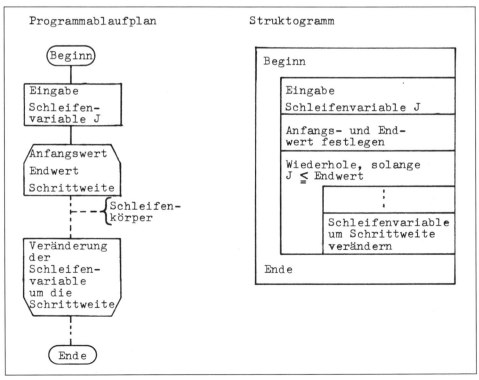

Abbildung 158: Programmschleifen (Wiederholungen)

Die Schleifenvariable kann von einem Anfangswert bis zu einem Endwert mit festgelegter Schrittweite herauf oder herunter gezählt werden (Abbildung 158).
Eine **Auswahl** (Abfrage, Vergleichen, Verzweigen, Programmweise) bedeutet immer einen Sprung zu einer vorgegebenen Programmzeile. Das Programm wird an einer solchen Stelle nicht kontinuierlich weiterbearbeitet. Es ergeben sich zwei Schienen des weiteren Programmablaufs. Je mehr Sprünge und Vergleiche ein Programm enthält, umso komplexer kann es sich verhalten.

* 637 Die Auswahl zeigt an, daß von zwei elementaren Arbeitsanweisungen genau eine, abhängig vom Wahrheitswert einer Bedingung (wahr oder falsch), auszuführen ist (Abbildung 159). *
Bei einem Struktogramm kann auch eine der beiden Anweisungen bei ja oder nein entfallen.

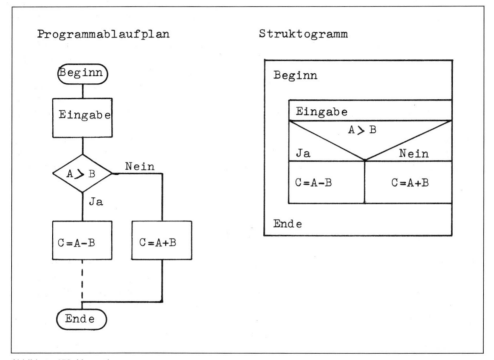

Abbildung 159: Verzweigung

Bei der strukturierten Programmierung benutzt man Standard-Programmbausteine (Module). Solche Bausteine sind Sequenz, Wiederholung und Auswahl. Durch Aneinanderreihung dieser Standardbausteine können schwierige und umfangreiche Programme erstellt werden. Die Strukturblöcke (Struktogramme) können nur von oben nach unten bearbeitet werden, weil jedes Modul nur einen Ein- und Ausgang hat. Ein seitliches Herausspringen wie bei Programmablaufplänen ist nicht möglich. Dadurch ist ein solches Programm übersichtlich, leicht lesbar und erweiterbar.

2.6.6.8 Die Bedeutung der Programmierung

Ein **Programm** ist eine **Vorschrift für den Computer.** Es ist eine vollständige Beschreibung eines Vorganges in kleinen Schritten in Form von Befehlen. Jeder Befehl ist eine eindeutige

Anweisung an den Computer. In den einzelnen Schritten wird außerdem beschrieben, woher die Daten kommen, wie sie zu verarbeiten (verknüpfen) sind und wohin sie gehen, z. B. wo sie abgespeichert oder wie sie ausgegeben werden.∗ ∗ 638

Um ein Programm zu erstellen, ist in einer Vorstudie das Problem zu erfassen und die Zielsetzung zu formulieren. Im nächsten Schritt ist ein Anwendungsentwurf zu erstellen, der die Ergebnisse, die Ergebnisherleitung und die Voraussetzungen enthält. Dazu zählen die Herkunft der Daten, die Genauigkeit der Daten und die Überprüfung, ob die vorhandenen Daten zum gewünschten Ergebnis führen. Im nächsten Schritt wird ein Programmablaufplan erstellt.

Aus dem **Programmablaufplan** kann die Datenplanung mit Ein- und Ausgabeform (Listenbilder, Bildschirmbilder) entwickelt werden.∗ ∗ 639

Der Aufbau bzw. die Verwendung von Datenbanken wird in den Datenflußplan eingezeichnet. Nach Klärung dieser Probleme kann mit der eigentlichen Programmierung begonnen werden. Es empfiehlt sich, das Programm in Teilprogramme (Module) zu gliedern. Nach erfolgreichen Testläufen kann das Programm zur Anwendung freigegeben werden.

Die Programmierung und die Organisation in einem Unternehmen müssen aufeinander abgestimmt werden. In den meisten Fällen erfordert ein reibungsloser Programmablauf eine Änderung in der betrieblichen Organisation. Häufig wird der Datenfluß verändert. Aus dem Programmablaufplan sind derartige Erfordernisse zu erkennen. Die Änderung der vorhandenen Vordrucke ist meist das kleinste Problem. Die betroffenen Führungskräfte müssen in den Programmablaufplan eingewiesen werden, damit sie die Zusammenhänge verstehen und dadurch positiv mitarbeiten.∗ ∗ 640

Optimierte Programme und eine exakte Programmdokumentation ermöglichen einen schnellen Informationsfluß und damit Entscheidungshilfen im Betriebsalltag. Für die Durchführung von kurzfristigen Programmänderungen ist eine ausführliche Programmdokumentation unerläßlich.

2.6.6.9 Datensicherung

Der Aufbau und die Verwendung von Datenbanken (System für Aufnahme von Daten eines sachlich zusammengehörigen Bereichs auf externen Speichern), das sind umfangreiche Dateien (Sammlung von logisch zusammengehörigen, fast ähnlichen Daten, die zusammengefaßt in einem Speicher untergebracht und vom Rechner bearbeitet werden), die von Kundeninformationen über Konstruktion, Betriebsmittel, bis zur Personalstammdatei reichen, machen einen Schutz der Daten erforderlich. Alle wichtigen Daten sind zentral erfaßt, können verhältnismäßig leicht abgerufen und leicht verändert oder zerstört werden. Beim **Datenschutz** unterscheidet man zwischen Zugriffschutz und Zerstörungsschutz.∗ ∗ 641

Der **Zugriffschutz** kann durch verschiedene Maßnahmen durchgeführt werden. Wichtige Daten sollen dem Zugriff durch Unbefugte verschlossen sein. Häufig werden Codewörter in das Programm eingegeben. Nur bei Angabe des Codewortes ist dann der Zugriff zu einer Datei möglich.

Eine weitere Sicherheit bietet ein zusätzlich zum Codewort gehörender Schlüssel, der von der Eingabestelle kontrolliert wird.∗ ∗ 642

Das **Bundesdatenschutzgesetz** definiert als Datenschutz den Schutz von personenbezogenen Daten vor Mißbrauch bei ihrer Speicherung, Übermittlung, Veränderung und Löschung. Personenbezogene Daten im Sinne dieses Gesetzes sind Einzelangaben über persönliche oder sachliche Verhältnisse natürlicher Personen wie zum Beispiel Name, Anschrift, Alter, Titel, Gesundheitszustand, Finanz- und Vermögenslage, Straftaten, religiöse und politische Anschauungen.∗ ∗ 643

Zum Zwecke des **Zerstörungsschutzes von Daten auf Dateien** wird das zufällige Löschen von Daten durch Sicherheitscodes erschwert. Um der Zerstörung von Daten durch Feuer oder andere Einflüsse vorzubeugen, werden Daten kopiert und an verschiedenen Orten in

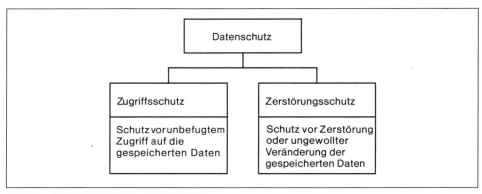

Abbildung 160: Gesichtspunkte des Datenschutzes

✻ 644 feuersicheren Schränken aufbewahrt. Für Personaldaten, Rechnungsdaten u. ä. müssen die gesetzlichen Vorschriften beachtet werden.✻

2.6.6.10 Möglichkeiten des Einsatzes von PC

Für den Einsatz eines PC im Arbeitsbereich des Industriemeisters gibt es eine Palette von Möglichkeiten. Dafür sollte der PC sowohl eigenständig arbeitsfähig sein als auch die Möglichkeiten des Datenzugriffs auf Konstruktions- und Arbeitsvorbereitungsdaten haben.
Die Terminübersicht auf dem Bildschirm erleichtert die termingerechte und fertigungsgerechte Arbeitsverteilung. Eine Kapazitätsübersicht zeigt die Auslastung der einzelnen Arbeitsplätze an. Die Anzeige des Materialbestandes und der Zeitpunkt der zu erwartenden Materiallieferung erleichtern die Disposition des Meisters im Hinblick auf den Personaleinsatz und die Maschinenauslastung.
Ein weiteres Einsatzgebiet für den PC ist das Erstellen von CNC-Programmen. Beim Anschluß des Rechners an die Konstruktion und Arbeitsvorbereitung können sowohl Geometriedaten für die automatische Programmierung als auch komplette Programme abgerufen werden. Außerdem können CNC-Programme durch Testläufe kontrolliert werden.
Für die Personaleinsatzplanung kann z.B. die Urlaubsplanung, Bildungsurlaub und ähnliches mit dem PC graphisch dargestellt werden. Eine Gegenüberstellung dieser Daten mit der Kapazitätsauslastung erleichtert es dem Meister, sinnvolle Entscheidungen zu treffen.

2.6.6.11 Textverarbeitungs-, Kalkulations-, Datenbank- und Graphikprogramme

Auf den leistungsfähigen PC's ist es möglich, eine Vielzahl von Programmen abzuarbeiten. Sowohl die Speicherkapazität als auch die Arbeitsgeschwindigkeit sind ausreichend groß. Das Arbeiten am PC ist bei vielen Programmen so gestaltet, daß der Computer den Dialog führt und dem Benutzer anzeigt, welche Eingaben erwartet werden. Diese Benutzerführung erleichtert und vereinfacht das Arbeiten mit verschiedenen Programmen.
Textverarbeitung ist eine häufig eingesetzte Betriebsart des PC. Der Computer mit seiner Peripherie arbeitet dann wie ein Schreibautomat. Alle Texteingaben werden zunächst auf dem Bildschirm angezeigt. Tippfehler können sofort auf dem Bildschirm korrigiert werden. Worte, Sätze und ganze Textblöcke können an beliebige Stellen verschoben oder gelöscht
✻ 645 werden.✻

Auf dem Softwaremarkt gibt es eine Vielzahl von Textverarbeitungsprogrammen mit unterschiedlicher Komplexität und unterschiedlichen Bedienkomfort. Die Auswahl eines Textverarbeitungsprogrammes richtet sich nach den gestellten Anforderungen.
Im Bereich Einkauf z.B. werden eine Anzahl von Standardtexten für Bestellungen benötigt. In diese Standardtexte werden die für eine Bestellung erforderlichen Daten eingefügt. Auf einer weiteren Datei sind die Adressen der Lieferanten enthalten, die für bestimmte Aufträge ausgewählt wurden. Auch diese Addressen sind auf Textdateien gespeichert, können von dort abgerufen werden, auf dem Bildschirm zur weiteren Bearbeitung sichtbar gemacht und mit den Bestelltexten zusammengeführt werden.
Die Abteilung innerhalb der Konstruktion, die die Gebrauchsinformation (Bedienungs- oder Betriebsanleitung) erstellt, benötigt ein Textverarbeitungssystem, welches das Einfügen von Bildern und Skizzen ermöglicht. Außerdem werden häufig Texte von Gebrauchsinformationen in andere Sprachen übersetzt.
Für das Erstellen von Druckvorlagen soll das Textverarbeitungsprogramm z.B. die Texte links- und rechtsbündig am Zeilenrand abschließen. Dabei werden die Abstände der einzelnen Wörter verkleinert oder vergrößert. Beim Einfügen oder Herausnehmen einzelner Wörter, Satzteile oder Sätze wird die Verschiebung vom Programm vorgenommen.
Bei vielen **Kalkulationsprogrammen** kann der Bediener nach eigenen Vorstellungen ein Kalkulationsblatt aufbauen, das z.B. aus 64 Spalten und 264 Zeilen besteht und wie ein Schachbrett strukturiert ist. Durch die Spalten- und Zeilennummer ist jedes Feld eindeutig definiert. In einem Feld können Formeln, Zahlen und Text geschrieben werden. Ändert sich ein Wert eines Feldes, so werden alle von diesem Wert abhängigen Felder automatisch mitgeändert. Dadurch kann man die Veränderung des Endwertes bei Veränderung einer Größe, z.B. Materialkosten oder Lohnkosten, sehr schnell ermitteln.∗   ∗ 646
Softwarehäuser bieten Kalkulationsprogramme an, die auf die jeweiligen betrieblichen Belange abgestimmt sind. Dadurch sind sie in der Handhabung sehr einfach. Mit den Eingaben der Materialdaten, den Vorgabezeiten und den zum Einsatz kommenden Betriebsmittel können z.B. die Herstellkosten errechnet werden.
Datenbankprogramme sind sehr umfangreich. Sie ermöglichen, vereinfacht dargestellt, das Speichern der Daten, das Suchen von Datensätzen, die Überprüfung der Zugriffsberechtigung, die Datenausgabe, die Datenänderung sowie das Löschen und Einfügen von Daten und Datensätzen.
Eine **Datenbank** ist eine Zusammenfassung von Daten mehrerer Dateien, auf die vielfältig, benutzernah und gesichert zugegriffen werden kann. Jeder Begriff, der in einem solchen in sich geschlossenen System von Dateien enthalten ist, muß vom Computer gesucht und zur weiteren Bearbeitung dem Benutzer zur Verfügung gestellt werden.∗   ∗ 647
Eine Datenbank soll eine Konzentration des Informations- und Datenpotentials darstellen. Es sollen möglichst viele Benutzer nach unterschiedlichen Kriterien (z.B. hierachischer Paßwortschlüssel) Zugriff auf die Daten haben. Die Datenbestände sollen ständig auf dem neuesten Stand sein, deshalb ist ein hoher Aufwand für die Datenpflege erforderlich. Der große Vorteil einer gepflegten Datenbank besteht darin, daß die Daten nur einmal gespeichert und ständig aktualisiert werden.
Mit einfachen **Graphikprogrammen** lassen sich Diagramme z.B. als Balken-, Linien- und Kreisdiagramm darstellen. Außerdem können einfache Figuren erstellt werden. Diese Darstellungen lassen sich innerhalb von Textverarbeitungsprogrammen einfügen.
Mit komplexen Graphikprogrammen **CAD** (Computer Aidet Design) können Zeichnungen, Schaltpläne und Stücklisten erstellt und geändert sowie technische Berechnungen durchgeführt werden.∗   ∗ 648
Je nach dem Leistungsvermögen der Rechner können Zeichnungen in 2D, 2,5D und 3D erstellt werden. Außerdem unterscheidet man bei 3D Darstellungen Draht-, Flächen- und Volumenmodelle. Das Drahtmodell ist die einfachste und das Volumenmodell die aufwendigste Darstellungsform, die sehr viel Rechenaufwand und Speicherkapazität erfordert. Mit Hilfe des Volumenmodells lassen sich u.a. im Formenbau Füllstandsmengen simulieren.

2.6 Organisations- und Informationstechnik

Von den mit CAD-Systemen erstellten Zeichnungen lassen sich die Geometriedaten für die Erstellung von CNC-Programmen weiterverwenden. Bei komplexen Teilen wird dadurch in der Programmierabteilung viel Zeit und Aufwand gespart.

Literaturverzeichnis und Bildernachweis zu 2.6

Für die Bearbeitung dieses Abschnittes wurde nachstehende Literatur verwendet.

Ausschuß für wirtschaftliche Fertigung e.v., AWF: Empfehlung »Integrierter EDV-Einsatz in der Produktion, Begriffe, Definitionen, Funktionszuordnungen: Eschborn 1985

Brankamp, Klaus, Hrsg.: Handbuch der modernen Fertigung und Montage; Verlag Moderne Industrie; München

Hansen, Hans Robert; Göpfrich, Hans Rudolf: Wirtschaftsinformatik II; Gustav Fischer Verlag; Stuttgart (Uni-Taschenbücher; 803)

Herzberg, Peter, Hrsg.: Das Heyne Computer Lexikon; Wilhelm Heyne Verlag; München

Kaminsky, Gerhard: Praktikum der Arbeitswissenschaft; Carl Hanser Verlag; München

Kunz, J.: Nomographische Hilfsmittel; Carl Hanser Verlag; München

Lutz, Theo: Grundlagen der Datenverarbeitung; Verlag IBM

Pristl-Franke: Arbeitsvorbereitung; Springer-Verlag; Berlin

REFA; Hrsg.: Methodenlehre des Arbeitsstudiums; Carl Hanser Verlag; München

REFA, Hrsg.: Methodenlehre der Planung und Steuerung; Carl Hanser Verlag; München

Roschmann, Karlheinz: Betriebsdatenerfassung in: Fortschrittliche Betriebsführung und Industrial Engineering, Heft 5/1983; REFA; Hrsg.

Bildernachweis

Die Abbildungen 149, 150 und 151: WEIGANG-Organisation GmbH
Die Abbildungen 152 und 153 aus »Grundlagen der Datenverarbeitung«
Die Abbildungen 154, 156, 157, 158 und 159 vom Verfasser
Alle übrigen Abbildungen sind mit freundlicher Genehmigung der REFA-Methodenlehre entnommen.

2.7 Kostenrechnung

2.7.1 Einige Grundbegriffe

2.7.1.1 Einführung

Bevor Aufbau und Ablauf der Kostenrechnung dargestellt werden, sind einige Grundbegriffe des Rechnungswesens zu erläutern. Es sind die Begriffe
    Ausgaben und Einnahmen,
    Aufwand und Ertrag,
    Kosten und Leistungen
sowie Ergebnisbegriffe.
Als Schlüssel zum besseren Verständnis dieser Begriffe wie überhaupt des kaufmännischen Rechnungswesens muß daran erinnert werden:
In der Wirtschaft geht es um Güter zur Bedürfnisbefriedigung. Geld ist nur Mittel zum Zweck.
Im industriellen Rechnungswesen ist das Geld vor allem Wertmaßstab.
Nicht Ausgaben und Einnahmen bestimmen das Jahresergebnis, sondern einerseits der wertmäßige Verbrauch an Gütern durch die Unternehmung und andererseits der Wert der Gutsmehrung, also der Güter, die sie an Märkte abgibt oder selbst bestandserhöhend verwendet. Der ergebnismindernde Gutsverbrauch heißt Aufwand, die ergebniserhöhende Gutsmehrung heißt Ertrag. *

* 649

2.7.1.2 Ausgaben, Aufwand, Kosten

Ausgaben sind Geldausgaben, durch die sich der vorhandene Bestand an Bar- oder Buchgeld entsprechend vermindert.

Man kann die Ausgaben in **erfolgsneutrale** und **erfolgswirksame** gliedern.
Erfolgsneutral sind Ausgaben, die innerhalb desselben Abrechnungszeitraumes nicht zu einem Gutsverbrauch führen.
Beispiele:
Privatentnahmen aus der Kasse führen nie zu Gutsverbrauch in der Unternehmung.
Durchlaufende Posten, wie kassierte und an das Finanzamt abgeführte Mehrwertsteuer, führen nicht zu Gutsverbrauch.
Gleiches gilt für Vorgänge, die nur eine Umschichtung des Vermögens bedeuten:
a) Eine Ausgabe für Materialeinkauf verringert den Geldbestand, erhöht aber um denselben Wert den Materialbestand.
b) Eine Ausgabe zur Schuldentilgung verringert den Geldbestand, um denselben Betrag aber auch den Schuldenbestand.

* 650   Das Ergebnis der Abrechnungsperiode bleibt unbeeinflußt. *
Ausgaben für Gutsverbrauch sind nur **erfolgswirksam,** soweit der Gutsverbrauch im selben Abrechnungszeitraum eintritt. Das Ergebnis des Abrechnungszeitraumes (der »Periodenerfolg«) verringert sich um diesen Betrag.
Beispiele: Lohn- und Gehaltszahlungen für den Abrechnungszeitraum. Bezahlung von Verbrauchsmaterial des Abrechnungszeitraumes.

Ausgaben	
Erfolgsneutrale	Erfolgswirksame (aufwandsgleiche) Ausgaben

Abbildung 161: Ausgaben im Rechnungswesen

Der Begriff **Aufwand (oder Aufwendung)** bezieht sich auf jeglichen Gutsverbrauch (Sachgüter und Dienstleistungen).
Zu den Beständen an Sachgütern gehört neben Anlagen, Einrichtungen und Vorräten auch ein Bestand an liquiden Mitteln: Bar- und Buchgeld. Gutsverbrauch umfaßt deshalb z.B. Anlagenverschleiß, Werkstoffe bei Entnahme aus dem Lager für die Fertigung, Lohnstunden, aber auch Geldspenden, Schenkungen u.ä. an Außenstehende.
Aufwand ist der Wert des Gutsverbrauchs: in Geldeinheiten bewerteter Gutsverbrauch. Er mindert das Jahresergebnis. Aufwand ist somit immer erfolgswirksam.∗   ∗ 651
Der Aufwand wird untergliedert in
   a) Zweckaufwand und
   b) neutralen Aufwand.

Zu a: Zweckaufwand ist der Wert des Gutsverbrauchs zur Erfüllung des Betriebszweckes (Herstellung von Waren oder Dienstleistungen). Der Verbrauch tritt ein mit dem Einfließen des Gutes in den Produktionsprozeß im weitesten Sinne. Hierfür ist typisch der Verbrauch von Roh-, Hilfs- und Betriebsstoffen, von Fertigungslohnstunden, von betriebsnotwendigen Anlagen, aber auch von Verwaltungsleistungen für Beschaffung, allgemeine Verwaltung und Vertrieb, und dies alles in normalem, durch den Betriebszweck bedingten Umfang.∗   ∗ 652

Zu b: Neutraler Aufwand ist der Wert des gesamten übrigen Gutsverbrauchs.∗   ∗ 653
Nach seinen Ursachen kann der neutrale Aufwand
— betriebsfremd,
— periodenfremd,
— außerordentlich oder
— bewertungsbedingt
sein.

Betriebsfremder Aufwand ist jeglicher Werteverzehr, der keine Beziehung zum Betriebszweck hat; z.B. ein Jubiläumsgeschenk für einen Konkurrenten, Spenden an karitative Einrichtungen, Abschreibungen auf Wohnhäuser einer Unternehmung der Kraftfahrzeugbranche.∗   ∗ 654

Periodenfremder Aufwand ist Zweckaufwand, der einen anderen Abrechnungszeitraum (ein anderes Geschäftsjahr) betrifft. Deshalb ist er in der Abrechnungsperiode, in der er anfällt, kein Zweckaufwand, sondern neutraler Aufwand. Beispielsweise sind öffentliche Abgaben, die von einer Behörde unerwartet für vergangene Geschäftsjahre nachgefordert werden, im Jahr der Nachforderung neutraler Aufwand.

Außerordentlicher Aufwand steht zum Betriebszweck in Beziehung, ist aber kein normaler, sondern eben ein außerordentlicher Gutsverzehr. Es handelt sich z.B. um vorzeitigen Maschinenbruch, um Brandschaden in einer Werkstatt, um Verluste im Materiallager durch Diebstahl u.a.∗   ∗   ∗ 655
                                                                                                   ∗ 656

Bewertungsbedingter neutraler Aufwand entsteht durch höheren Wertansatz (etwa durch gesetzlich zugelassene Sonderabschreibungen) gegenüber dem verbrauchsbedingt angemessenen Wertansatz. Der angemessene Betrag ist Zweckaufwand, der überschießende Betrag ist neutraler Aufwand.

Auch neutraler Aufwand mindert das Gesamtergebnis der Unternehmung. Er muß aber abgegrenzt werden vom Bereich der betrieblichen Leistungserstellung, dem als Aufwand nur der Zweckaufwand zugerechnet werden darf.

2.7 Kostenrechnung

Der dritte Grundbegriff ist der **Kostenbegriff**.
Jede Leistung zur Erzeugung eines Gutes (mag es ein Sachgut oder eine Dienstleistung sein) ist mit Kosten verbunden.

✶ 657 **Kosten sind der Wert des produktionsbedingten Gutsverbrauchs.** ✶
Produktionsbedingt bedeutet zugleich, daß nur der in dem Betrieb **normalerweise** durch die Produktion bedingte Aufwand dazugehört.
Demnach ist der Teil des Aufwandes zugleich Kosten, der oben als Zweckaufwand bezeichnet wurde.
Neutraler Aufwand gehört nicht zu den Kosten. So ist z.B. der Wertverlust durch vorzeitigen Maschinenbruch zwar im Zuge der Leistungserstellung entstanden, als außerordentlicher Aufwand dient er aber nicht der Leistungserstellung.
Allerdings bildet der Zweckaufwand nur einen Teil der gesamten Kosten, die **Grundkosten**.

✶ 658 Zur Erfüllung des Betriebszweckes ist weiterer Wertverzehr normalerweise erforderlich, der nicht immer oder nicht regelmäßig anfällt. ✶
Ausgleichend werden dafür **Zusatzkosten** angesetzt, so daß die gesamten Kosten aus
✶ 659 Grundkosten und Zusatzkosten bestehen. ✶
Die Zusatzkosten sind kalkulatorische Kosten:
1. Kalkulatorische Kostenarten ohne entsprechenden Aufwand
2. Kalkulatorische Kostenarten zum Ausgleich außerordentlichen Aufwands
3. Bewertungsbedingte kalkulatorische Kosten.

Zu 1, kalkulatorische Kosten ohne Aufwand: In Einzelunternehmungen und Personengesellschaften erhalten Einzelunternehmer und Gesellschafter keine Gehälter. Ihre Entnahmen sind Gewinnverwendung. Gewinn kann nicht zugleich Kosten sein. Um eine normale Kostenrechnung zu erhalten, setzt man **kalkulatorischen Unternehmerlohn** in der Höhe in die Kostenrechnung ein, in der man einen leitenden Angestellten für die gleiche Tätigkeit bezahlen müßte.
Ähnliches gilt für andere Kostenarten wie **kalkulatorische Miete** für eigene Gebäude und **kalkulatorische Zinsen**.
Für die Ermittlung der kalkulatorischen Zinsen ist es unerheblich, wieviel Fremd- und Eigenkapital die Unternehmung insgesamt hat und wieviel Zinsen sie für Fremdkapital zahlt. Zunächst müssen die **betriebsnotwendigen Kapitalgüter,** die zur Erfüllung des Betriebszweckes dienen, festgestellt werden. Auf diese sind – gleichgültig ob aus Fremd- oder Eigenkapital finanziert – kalkulatorische Zinskosten zu berechnen. Die Höhe des Zinssatzes bestimmt sich entweder nach dem landesüblichen Zinssatz, d.h. nach dem Zinssatz festverzinslicher Wertpapiere zuzüglich eines betrieblichen Risikozuschlages oder es wird ein besonderer, interner Kalkulationszinsfuß angewendet.

Zu 2: Da **außerordentlicher Aufwand** unregelmäßig anfällt, kann er nicht zu den Kosten gehören. Dennoch muß dieser Aufwand, da er mit der Leistungserstellung zusammenhängt, zu Kosten gemacht werden. Entweder kann man bestimmte **Einzelwagnisse versichern** (z.B. Brandschäden, Sturmschäden), so daß nicht mehr der Wertverlust des Einzelfalls zu Buche schlägt – ihn bezahlt die Versicherung. Vielmehr werden **gleichmäßige Versicherungsbeiträge** bezahlt. Sie haben Kostencharakter. Der andere Weg, die unregelmäßigen außerordentlichen Aufwände als Kosten erfaßbar zu machen, ist die **Durchschnittsbildung**. So kann man etwa aus den Garantieverpflichtungen, die man in den jeweils letzten fünf Jahren erfüllen mußte, einen durchschnittlichen Jahressatz errechnen, den man als kalkulatorische Wagniskosten
✶ 660 für Garantieleistungen im laufenden Abrechnungszeitraum verrechnet. ✶
Zu 3: Bewertungsbedingte kalkulatorische Kosten sind insbesondere kalkulatorische Abschreibungen. So kann z.B. eine im Aufwand der Geschäftsbuchhaltung auf 0,– DM abgeschriebene Anlage, für die also kein Verbrauchswert mehr als Aufwand abgeschrieben werden kann, durchaus noch existieren und zur Leistungserstellung eingesetzt sein. Entsprechend der tatsächlichen Nutzung müssen, um zu einer richti-

gen Kostendarstellung zu kommen, dafür kalkulatorische Abschreibungen als Kosten verrechnet werden.

Aufwand			
Neutraler Aufwand	Zweckaufwand = Grundkosten		Zusatzkosten (kalk. Kosten)
	Kosten		

Abbildung 162: Wie sich Aufwand und Kosten unterscheiden

2.7.1.3 Einnahmen, Erträge, Leistungen

Einnahmen sind Geldeinnahmen, durch die sich der Bestand an Bar- oder Buchgeld entsprechend erhöht.

Wie es erfolgsneutrale Ausgaben gibt, gibt es auch **erfolgsneutrale Einnahmen.**
Erfolgsneutrale (das Ergebnis der Abrechnungsperiode nicht beeinflussende) Einnahmen können sein:
Zuführung von Eigenkapital oder Vermögensumformungen:
a) Vorauszahlungen von Kunden, denen die Leistungen (Güter in Form von Sach- oder Dienstleistungen) erst in einer späteren Abrechnungsperiode geliefert werden (es entsteht in Höhe der Einnahme eine Schuld),
b) Kunden bezahlen Lieferungen aus früheren Perioden (in Höhe der Einnahme erlischt eine Forderung).∗   ∗ 661

Die Einnahmen aus erfolgswirksamen Gutsabgaben an den Markt bestehen aus Erlösen für jegliche Gutsabgabe. Sie enthalten Umsatzerlöse aus verkauften betrieblichen Leistungen und sonstige Erlöse aus betriebsneutralen Geschäftsvorfällen.

Umsatzerlöse sind Geldeinnahmen aus umgesetzten (verkauften) Betriebsleistungen.

Die **sonstigen Erlöse** sind Geldeinnahmen, die nicht aus dem Umsatz von Betriebsleistungen, sondern aus anderweitigen, sog. neutralen Geschäftsvorfällen stammen: Spekulationsgewinne, Subventionen, Erlöse aus dem Verkauf von Anlagevermögen und dergl.

Alle erfolgswirksamen Einnahmen, sei es für Absatz von Betriebsleistungen oder aus sonstigen Geschäften, gehören zum Ertrag der Abrechnungsperiode.

Einnahme	
Erfolgswirksame (Ertragsteil aus Umsatzerlös + sonstigem Erlös)	Erfolgs- neutrale

Abbildung 163: Einnahmen im Rechnungswesen

Ertrag ist der Gegenbegriff zu Aufwand.
Ertrag ist der Wert der Gutsmehrung.
Erträge sind Erlöse ± Kostenwert der Lagerbestandsänderung eines Abrechnungszeitraumes (Geschäftsjahr, Quartal, Monat):
Ertrag = Erlöse ± Bestandsänderung∗   ∗ 662

2.7 Kostenrechnung

Der Ertrag gliedert sich in **Betriebsertrag** und **neutralen Ertrag**.

✲ 663   **Betriebsertrag = Umsatzerlöse ± Bestandsänderung**✲

Mit Bestandsänderung ist stets die wertmäßige Bestandsänderung gemeint.

Neutraler Ertrag = Erlöse aus **betriebsneutralen Geschäftsvorfällen** (z.B. Kursgewinne aus Beteiligungen) sowie **außerordentliche Erlöse** (z.B. Anlagenverkäufe über deren Buchwert) und **periodenfremde Erlöse** (etwa Steuerrückzahlung für vergangene Abrechnungszeiträume).

Den Zusammenhang der Ertragsbegriffe veranschaulicht eine Rechnung:

Erlöse insgesamt im Geschäftsjahr	890.000 DM
darin Umsatzerlöse	800.000 DM
sonstige Erlöse	90.000 DM
Jahresanfangsbestand (bewertet mit Herstellkosten)	80.000 DM
Jahresendbestand (bewertet mit HK)	50.000 DM

Bestandsänderung = Jahresendbestand − Jahresanfangsbestand
                              50.000 DM
                           −80.000 DM

✲ 664   = −30.000 DM ✲

Betriebsertrag = Umsatzerlöse ± Bestandsänderung
                         = 800.000 DM
                           −30.000 DM
                         = 770.000 DM

Neutraler Ertrag = Sonstige Erlöse
                         = 90.000 DM

Gesamtertrag = Betriebsertrag + neutraler Ertrag
                         = 770.000 DM
                         + 90.000 DM
                         = 860.000 DM

Da im Beispiel der Endbestand niedriger ist als der Anfangsbestand, ist ein Teil des Erlöses mit der Leistung einer vorangegangenen Periode, in der der Bestandszuwachs schon den Ertrag erhöht hatte, erzielt worden. Deshalb wird nun hier die Bestandsminderung von den Erlösen abgezogen, damit sich der richtige Betriebsertrag der letzten Abrechnungsperiode (770.000 DM) ergibt.

Als nächster ist der Leistungsbegriff zu erläutern.
Leistung ist der Gegenbegriff zu Kosten. Sie ist demnach der Wert der erzeugten Güter. Leistung wird durch Einsatz von Kosten erzielt und entspricht in ihrer Höhe dem **Betriebsertrag**. Solange eine Leistung noch nicht durch Umsatz mit Marktpreisen bewertet ist, wird sie mit den zu ihrer Herstellung aufgewendeten Kosten (Herstellkosten) bewertet. Innerhalb des Betriebes ist demnach der Wert der Leistung (Halbfertigerzeugnisse, Fertigerzeug-
✲ 665   nisse und innerbetriebliche Leistungen für Eigenbedarf) gleich ihren Herstellkosten. ✲

Ertrag	
Betriebsertrag = Umsatzerlöse ± Bestandsänderung	Neutr. Ertrag = sonst. Erlös
Leistung	
nach Umsatz = Betriebsertrag vor Umsatz = Herstellkosten	

Abbildung 164: Wie sich Ertrag und Leistung unterscheiden ∗   ∗ 666

2.7.1.4 Ergebnisbegriffe

Ergebnisbegriffe sind grundsätzlich auf einen Zeitraum bezogen.
Ein positives Ergebnis heißt **Gewinn**, ein negatives **Verlust**, nach § 275 HGB **Jahresüberschuß** und **Jahresfehlbetrag**.
Es ergibt sich aus der Geschäftsbuchhaltung als Saldo (Unterschiedsbetrag) aus den Erträgen der Abrechnungsperiode abzüglich des Aufwands der Abrechnungsperiode. (Vgl. Abschn. 2.7.1.1, letzter Satz).∗   ∗ 667

Das **Gesamtergebnis** der Unternehmung wird durch Abgrenzung des neutralen Aufwands und der neutralen Erträge in **neutrales Ergebnis** (Abgrenzungsergebnis) und **Betriebsergebnis** aufgeteilt.∗   ∗ 668

Neutrales Ergebnis = Neutraler Ertrag − Neutraler Aufwand.

Das Betriebsergebnis ergibt sich aus der Kosten- und Leistungsrechnung:
**Betriebsergebnis = Betriebsertrag der Abrechnungsperiode
 minus Kosten der Abrechnungsperiode.**
(Zur Erinnerung: Betriebsertrag = Umsatzerlöse ± Bestandsänderung)∗   ∗ 669

2.7.2 Teilgebiete und Aufgaben der Kostenrechnung

2.7.2.1 Einordnung der Kostenrechnung

Die Kostenrechnung gehört zum **kaufmännischen Rechnungswesen**. Dieses gliedert sich nach Zwecken in vier Teile:
1. Geschäftsbuchhaltung
2. Kostenrechnung (Betriebsabrechnung und Kalkulation)
3. Auswertung
4. Planungsrechnung∗   ∗ 670

Zu 1. Geschäftsbuchhaltung:
Die Geschäftsbuchhaltung (auch Finanzbuchhaltung genannt) enthält den Teil des kaufmännischen Rechnungswesens, der **gesetzlich vorgeschrieben ist: Geschäftsbuchführung und Bilanz**∗   ∗ 671
Die Geschäftsbuchhaltung ist **vergangenheitsorientiert,** da sie auf Grund von Belegen zahlenmäßig erfaßt, was geschäftlich geschehen ist. Dabei erfaßt sie einerseits **Bestände** an Geld, Gütern, Schulden und Forderungen und deren Zu- und Abgänge und andererseits

2.7 Kostenrechnung

Aufwände und Erträge. In der Geschäftsbuchhaltung kommen die Begriffspaare Ausgaben und Einnahmen und Aufwand und Ertrag zur Geltung.
Die Geschäftsbuchhaltung bucht somit die in Geldwerten erfaßbaren sog. Geschäftsvorfälle, die sich zwischen der Unternehmung und der Außenwelt (dem Beschaffungsmarkt, dem Absatzmarkt, den Behörden) abspielen, wie auch den innerbetrieblichen Verbrauch und die im Betrieb erzeugten Produkte (Halbfertig- und Fertigerzeugnisse und Dienstleistungen). Das innerbetriebliche Geschehen im einzelnen, den detaillierten Ablauf von **Kostenverbrauch und Leistungserstellung,** verfolgt die Geschäftsbuchhaltung nicht; dies überläßt sie der Betriebsabrechnung.
Der gesetzlich für den Regelfall vorgeschriebene **Abrechnungszeitraum der Geschäftsbuchhaltung** ist das Geschäftsjahr. Ist es beendet, so ist ein **Jahresabschluß** zu machen mit einer Gewinn- und Verlustrechnung (Erträge und Aufwendungen) und einer **Bilanz** (Bestände).

Zu 2. Kostenrechnung:
Die Kostenrechnung besteht aus zwei Teilen:
    a) Betriebsabrechnung

✱ 672
    b) Kalkulation.✱

Zu a, Betriebsabrechnung:
Die Betriebsabrechnung (als Dienststellenbezeichnung auch Betriebsbuchhaltung genannt) wird **freiwillig** aus betriebswirtschaftlichen Gründen eingerichtet. Sie ist unumgänglich, wo durch die Größe des Betriebes wirtschaftliches Handeln nur mit Hilfe einer begleitenden Aufschreibung von Kosten und Leistungen erreicht werden kann. Im Gegensatz zur Geschäftsbuchhaltung ist sie **nur nach innen gerichtet** und bezieht sich auf alle Einzelvorgänge des Kostenverbrauchs und der Leistungserstellung. Die Betriebsabrechnung wird deshalb auch **Kosten- und Leistungsrechnung (KLR)** genannt.
Wie die Geschäftsbuchführung ist auch die Betriebsabrechnung eine **vergangenheitsbezogene Zeitraumrechnung.**
Da die Betriebsabrechnung nach den Wünschen der Geschäftsleitung organisiert wird, kann sie in jedem Betrieb anders aufgebaut sein.

Zu b, Kalkulation:
Auch die Kalkulation ist eine freiwillige Rechnung. Sie ist entweder **Vorschaurechnung (Vorkalkulation)** oder **Kontrollrechnung (Nachkalkulation).** Bei langfristigen Produktionsvorhaben (Schiffbau, Kraftwerksbau, Staudammbau usw.) können beide Zielsetzungen Anlaß geben, eine **Zwischenkalkulation** durchzuführen. Tut man dies in kurzen Abständen, dann spricht man auch von **Mitkalkulation.**
In jedem Falle ist es Aufgabe der Kalkulation, die Kosten der Leistungseinheit oder eines bestimmten Teiles davon zu ermitteln. Dabei geht es stets um Wirklichkeitsnähe.
Die Vorkalkulation macht es nötig, zu erwartende Werte zu schätzen, wobei sie sich an Soll-Zahlen orientieren wird, wenn diese realistisch geplant sind.
Aufgabe der Nachkalkulation ist die Wirtschaftlichkeitskontrolle der entstandenen Selbstkosten und die Aktualisierung der Unterlagen für die nächste Vorkalkulation.

Zu 3. Auswertung:
Die Auswertung wird in manchen Betrieben auch »**Berichtswesen**« oder nur »**Statistik**« genannt.
Auch die Zahlenauswertung geschieht freiwillig. Sie ist naturgemäß **vergangenheitsbezogen.**✱

✱ 673
Neben einem **regelmäßigen** Berichtswesen hat die Auswertung **Sonderberichte** für die Unternehmensleitung anzufertigen.
Als **Quellen** kommen neben dem gesamten internen Rechnungswesen auch externe Zahlen von Wirtschaftsverbänden, Statistischen Ämtern u.a. in Betracht.
Ohne fachgerechte Auswertung kann das Rechnungswesen in wesentlichen Teilen zum

Zahlenfriedhof werden. Dagegen dient eine gut geführte Auswertung mit entsprechendem Berichtswesen der Vorbereitung vieler wichtiger Führungsentscheidungen.

Im Rahmen der regelmäßigen Auswertung nehmen in der Industrie die Zahlen der Kostenrechnung, insbesondere der Betriebsabrechnung, einen großen Raum ein.
Ihre Auswertung erfolgt statistisch. In der Regel werden absolute Zahlen und Kennzahlen verwendet. Als Mittel der Verdeutlichung kommen Zusammenfassungen, aber auch sinnvolle Aufgliederungen in Frage. Sie können die Form von Tabellen oder graphischen Darstellungen haben.
Die Auswertung der Zahlen der Kostenrechnung besteht überwiegend aus Vergleichen zur Wirtschaftlichkeitskontrolle der Betriebsgebarung.

Da die Auswertung der Zahlen der Kostenrechnung trotz ihrer Vergangenheitsorientierung zugleich Grundlagen für die (zukunftsorientierte) Kostenplanung liefert, sind Auswertung und Planung nicht selten organisatorisch in einer Dienststelle zusammengefaßt.

Zu 4. Planungsrechnung:
Obgleich die Planung freiwillig ist, fängt jede Unternehmung mit einer Planungsrechnung an.∗   ∗ 674
Die Planungsrechnung müßte deshalb als erster Teil des Rechnungswesens behandelt werden. In einer laufenden Unternehmung hängt die Planungsrechnung jedoch auch von Erkenntnissen der Auswertung ab.

Naturgemäß besteht jede Planungsrechnung aus **zukunftsgerichteten (Soll-) Zahlen.**∗   ∗ 675

Grundsätzlich müssen die güterwirtschaftliche und die finanzwirtschaftliche Seite, die eng zusammenhängen, geplant werden. Dabei ist für die Güterseite von der Absatzplanung über die Produktion bis zur Beschaffung der Produktionsfaktoren, also **retrograd** (rückläufig) vorzugehen, unter Abstimmung mit der finanzwirtschaftlichen Planung, die vom verfügbaren Eigen- und Fremdkapital ausgeht. Die Abstimmung beider Planungssphären führt zur Optimierung des Gesamtsystems, wobei bestimmte Mindestanforderungen zwingend einzuhalten sind, wie ununterbrochene Sicherung der Liquidität.

Die Kostenplanung liegt zwischen Absatz- und Beschaffungsplanung und muß mit der Produktionsplanung abgestimmt sein.
Die jeweils für das bevorstehende Geschäftsjahr geplanten Zahlen werden den Dienststellen als Sollzahlen zur Kenntnis gegeben. Diese Sollzahlen haben keinen selbständigen Weisungscharakter. Auszuführende Aufgaben werden in Aufträgen gesondert festgelegt und vorgegeben. Die Sollzahlen haben informatorischen Wert. Sie ermöglichen eine Kontrolle der Istzahlen, die im Laufe des Geschäftsjahres anfallen. Nur wenn die Planzahlen mit dem Ziel der Wirtschaftlichkeit vorgegeben werden, eignen sie sich zur Kontrolle der Wirtschaftlichkeit der Betriebsgebarung.

2.7.2.2 Aufgaben der Betriebsabrechnung

In der **Betriebsabrechnung** (Betriebsbuchhaltung) geht es nur um die betriebsbedingten, dem eigentlichen Unternehmenszweck dienenden Vorgänge: um die **Leistungserstellung und deren Kosten.** Allerdings erfordert die Leistungserstellung nicht nur die Durchführung des reinen Produktionsprozesses, sondern auch dessen Planung, das Beschaffungswesen, die Lagerhaltung, Verwaltung und die Dienstleistung des Absatzes, bis das Erzeugnis den Kunden erreicht.
Dementsprechend übernimmt die Betriebsabrechnung von der Geschäftsbuchhaltung **die Zahlen des Zweckaufwandes als Kosten** zur differenzierten Zurechnung des Gutsverbrauchs im Leistungsprozeß und ergänzt **diese Grundkosten um die kalkulatorischen Kosten.**

2.7 Kostenrechnung

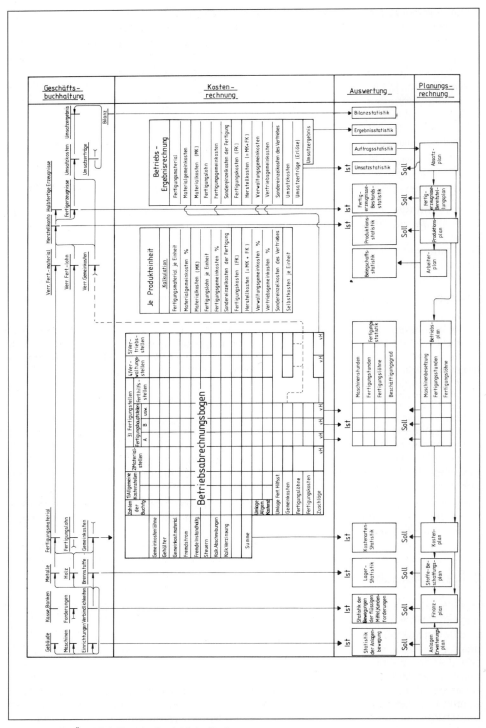

Abbildung 165: Überblick über das betriebliche Rechnungswesen

Alle Kosten werden aufgewendet, um Güter zu erzeugen (seien es Waren oder Dienstleistungen). Die erzeugten Güter müssen deshalb die durch ihre Herstellung verursachten Kosten tragen. Deshalb werden die Güter in der Kostenrechnung **Kostenträger** genannt. Den Kostenträgern werden die im Produktionszeitraum entstandenen Kosten zugeordnet. Dies geschieht am Schluß der Betriebsabrechnung jedes Abrechnungszeitraumes in einer sog. **Betriebsergebnisrechnung** (auch kurzfristige Erfolgsrechnung genannt), in der den Kosten jeweils die Leistungen (Wert der erzeugten Kostenträger) desselben Zeitraumes gegenübergestellt werden. Die Aufgabe dieses Teils der Betriebsabrechnung kennzeichnet der Begriff **Kostenträgerzeitrechnung.** ∗ ∗ 676

Die Rechnung soll möglichst genau, aber dennoch nicht zu teuer sein. Deshalb muß man sie für mehrere Aufgaben geeignet machen:
1. Periodische Istkostenerfassung zur Information,
2. Wirtschaftlichkeitskontrolle an den Stellen der Kostenentstehung durch Kostenvergleichsrechnung (Soll/Ist-Vergleiche)
3. Wirtschaftlichkeitskontrolle durch kurzfristige Betriebsergebnisrechnung mit der Möglichkeit der Erfolgsquellenanalyse für Produktgruppen und Produktarten (kurzfristige Erfolgsrechnung). ∗ ∗ 677

2.7.2.3 Aufgaben der Kalkulation

Der Betriebsabrechnung als Kostenträgerzeitrechnung schließt sich die **Kostenträgerstückrechnung** an; allgemeiner gesagt (da nicht alle Produktarten nach Stückzahl bemessen werden), der **Ermittlung der Herstellkosten und der Selbstkosten der Erzeugniseinheit** jeder im Betrieb hergestellten Erzeugnisart. ∗ ∗ 678

Gleichbedeutend mit dem Begriff Erzeugniseinheit werden die Begriffe Produkteinheit, Leistungseinheit und Kostenträgereinheit angewendet.

Obgleich die Mengeneinheiten, in denen die erzeugten Kostenträgermengen in der Industrie gemessen werden, nicht immer Stückzahlen, sondern oft Gewichtseinheiten (z.B. t) oder Raummaße (hl, m^3 o.a.) sind, hat es sich durchgesetzt, bei der Darstellung des industriellen Rechnungswesens die Kalkulation als Kostenträgerstückrechnung zu bezeichnen. Der Begriff verdeutlicht die Aufgabe der Kalkulation. ∗ ∗ 679

Für die **Vorkalkulation** ermittelt man die Einheitskosten nach den Fertigungsunterlagen und der Kenntnis der Gemeinkosten des Produktions-, Verwaltungs- und Vertriebsbereiches aus der Betriebsabrechnung. Die Vorkalkulation dient in der Regel als eine Grundlage der **Angebotspreisbildung auf der Grundlage von Wiederbeschaffungskosten.** Sie ist aber zugleich eine viel weiterreichende Entscheidungsgrundlage. Liegen die Kosten über vergleichbaren Marktpreisen, dann gibt die Kalkulation Anlaß zu neuen Dispositionen: **Rationalisierung** (Materialmengeneinsparung, Materialqualitätseinsparung, konstruktive Vereinfachung, Verfahrensrationalisierung, bessere Kapazitätsausnutzung), **Produktdifferenzierung** (indem man dem Produkt eine besondere Eigenart gibt in Form, Farbe, Gebrauchseigenschaften, Bedienungsfreundlichkeit, Beschriftung in der Landessprache o.a.), die es ermöglicht, einen höheren Preis zu nehmen, bis hin zur **Herausnahme dieses Produktes** aus dem Produktionsprogramm. ∗ ∗ 680

Für die **Nachkalkulation** werden die Kosten nachträglich nach den Istkosten mit Hilfe der Betriebsabrechnung ermittelt. Zur Erhöhung der Wirtschaftlichkeit der bereits durchgeführten Fertigung kommt diese Kontrollrechnung zu spät. Die Nachkalkulation hat andere Aufgaben:
a) Es gibt Aufträge, z.B. für öffentliche Auftraggeber, bei denen die Preise auf Grund von

2.7 Kostenrechnung

∗ 681 Selbstkosten errechnet werden. Die Nachkalkulation zu Istkosten ist dann **Abrechnungsgrundlage.** ∗

b) Sie soll **Abweichungen von der Vorkalkulation ermitteln,** Abweichungsursachen analysieren und, wenn nötig, die Kalkulationsunterlagen für die nächste Vorkalkulation aktualisieren.

Bei sehr langer, manchmal jahrelanger Produktionsdauer, wie sie bei Großanlagen (Kraftwerke, Staudämme, Stahlwerksbau) oder im Schiffbau vorkommt, kann die **Zwischenkalkulation** und mehr noch die **Mitkalkulation** unter Berücksichtigung der für die Teilleistung schon angefallenen Kosten fallweise zur Erhöhung der Wirtschaftlichkeit der Fertigung beitragen.

2.7.2.4 Aufgaben einer Plankostenrechnung

Nicht jede Kostenrechnung (= Betriebsabrechnung und Kalkulation) mit geplanten Kosten ist eine Plankostenrechnung. Es kommt darauf an, **wie** die Kosten geplant werden.

Werden lediglich die **Istkosten** des letzten Jahres, evtl. unter Berücksichtigung absehbarer Veränderungen, fortgeschrieben als Soll-Vorgabe für die künftigen Istkosten, dann zeigt der Soll/Ist-Vergleich, ob man besser oder schlechter als im Vorjahr ist. Vielleicht vergleicht man Schlendrian mit Schlendrian (Schmalenbach). Eine Vorkalkulation mit Sollkosten dieser Art ist ungenau; die erforderliche Nachkalkulation kommt spät.

Sollkosten, die als längerfristiger Durchschnitt von Istkosten der Vergangenheit, etwa der letzten drei bis fünf Jahre gebildet sind, werden **Normalkosten** genannt. Auch sie enthalten keine Zielsetzung im Sinne hoher Wirtschaftlichkeit. Auch sie können aus unwirtschaftlichen Verhältnissen abgeleitet sein. Dennoch wurde die Normalkostenrechnung als großer Fortschritt angesehen. Sie ermöglicht eine vereinfachte Betriebsabrechnung durch stabile innerbetriebliche Verrechnungspreise für den Gutsverbrauch und durch Normalkostenzuschlagsätze; außerdem sind mit ihrer Hilfe Normalkalkulationen möglich, die bei Preisänderungen bestimmter Materialgruppen oder Löhne durch Indexrechnung einigermaßen
∗ 682 zutreffende aktuelle Vorkalkulationen ergeben. ∗

Plankosten dagegen müssen auf technisch-wissenschaftlicher Basis ermittelt, als wirtschaftliche Zielsetzung vertretbar sein, mit möglichst getrennter Planung der Mengen und der Preise. Eine fallweise sinnvolle Ableitung aus Vergangenheitszahlen ist jedoch nicht
∗ 683 ausgeschlossen. ∗

Plankosten = Planmenge x Planpreis

Die Plankostenrechnung ermöglicht
1. eine objektive Wirtschaftlichkeitskontrolle,
2. eine verbesserte Wirtschaftlichkeitskontrolle durch eine differenzierte Abweichungsanalyse der Istkosten.
3. vereinfachte Betriebsabrechnung durch die Anwendung von innerbetrieblichen Planverrechnungspreisen, von Planzuschlagsätzen und Planverrechnungssätzen
∗ 684 4. Plankostenkalkulation, mit der Möglichkeit schnellen Zugriffs. ∗

Der entscheidende Unterschied zur Normalkostenrechnung liegt in der auf wirtschaftliche Zielsetzung ausgerichteten Planung der einzelnen Kostenarten.
Je nach Ausgestaltung können durch eine für unterschiedliche Beschäftigungsgrade vorbereitete sog. **flexible Plankostenrechnung** die Preis- und Mengenabweichungen der Istkosten getrennt festgestellt und die Mengenabweichungen aufgegliedert werden. Die Mindestgliederung der Mengenabweichungen sollte **kapazitätsausnutzungsbedingte** und durch **Produktionsmängel** bedingte **Verbrauchsabweichungen** zeigen. Eine weiterge-

hende Analyse kann z.B. leistungsgradbedingte, materialqualitätsbedingte, anlagenbedingte und dispositionsbedingte Abweichungen unterscheiden.

2.7.2.5 Aufgaben einer Wirtschaftlichkeitsrechnung

Im Rahmen der Kostenrechnung ist Wirtschaftlichkeitsrechnung **Kostenkontrollrechnung.**
Ihre Aufgabe ist es, Unwirtschaftlichkeiten schnellstmöglich am Ort der Entstehung festzustellen, um sie unverzüglich zu beheben. ✽   ✽ 685

Sie setzt voraus, daß man zahlenmäßig faßbare Vorstellungen von wirtschaftlicher Leistungserstellung hat: Planzahlen, die Maßstabcharakter für wirtschaftlichen Leistungsvollzug haben.
Zur Leistungserstellung sind die Kernfunktionen Beschaffung, Produktion und Absatz notwendig, Verwaltung eingeschlossen, aber auch Ergänzungsfunktionen, wie Forschung und Entwicklung und viele andere Aufgaben, je nach Branche und Größe der Unternehmung.
Inhalt der Wirtschaftlichkeitsrechnung ist deshalb die Kontrolle der Wirtschaftlichkeit der Betriebsgebarung aller Büros, Werkstätten, Prüffelder, Labors usw., kurz aller Stellen, die zusammen die Unternehmung bilden.

Die Wirtschaftlichkeitsrechnung erfordert die Vorgabe geplanter Kosten für jede Stelle und für jedes Produkt als Sollkosten. Haben diese Sollkosten den Charakter von Plankosten, sind sie also ein Wirtschaftlichkeitsmaßstab, dann können die entstehenden tatsächlichen Kosten, die Istkosten, durch Soll/Ist-Vergleich auf ihre Wirtschaftlichkeit überprüft werden. ✽   ✽ 686
Werden als Sollkosten nicht Plankosten, sondern nur Normalkosten oder nur Istkosten der letzten Abrechnungsperiode vorgegeben, dann ist die Qualität der Wirtschaftlichkeitsrechnung entsprechend fragwürdig.

Die Wirtschaftlichkeitsrechnung erfolgt kurzfristig, d.h. monatlich, dekadisch oder wöchentlich. Die Istkosten (oder verrechneten Plankosten) werden den Sollkosten in einer Liste gegenübergestellt. Nennenswerte Abweichungen einzelner Kostenpositionen werden anhand der Belege analysiert. Die Ursache der Abweichung wird mit dem Veranlasser der Kosten besprochen, mit dem Ziel, sie zu beheben.

2.7.3 Betriebsabrechnung

2.7.3.1 Überblick

Das Grundprinzip der Kostenrechnung ist das **Verursachunsprinzip.** Danach sind den Kostenträgern alle durch ihre Herstellung bedingten Kosten zuzurechnen. ✽   ✽ 687
Dazu gehören die Kosten des Pförtners, des Generaldirektors, der Abfallbeseitigung und der Luftreinhaltung ebenso wie Arbeits- und Materialkosten.

Kosten, die nach Art und Höhe durch die Herstellung einer einzelnen Produktart ausgelöst werden, nennt man **Einzelkosten.** Sie können dem Kostenträger direkt zugerechnet werden. Es ist Fertigungsmaterial und Fertigungslohn, und es sind Sondereinzelkosten der Fertigung, z.B. Spezialwerkzeuge für einen bestimmten Auftrag sowie Sondereinzelkosten des Vertriebes, z.B. eine vom Kunden gewünschte Spezialverpackung, auftragsbezogene Provision, Frachtkosten. ✽   ✽ 688

2.7 Kostenrechnung

∗ 689
Andere Kosten sind durch mehr als eine Produktart gemeinsam bedingt. Sie heißen **Gemeinkosten** und müssen den Kostenträgern anteilig über **Bezugsbasen** zugerechnet werden. ∗

Die Bezugsbasis, z.B. Fertigungslohn oder Fertigungsstunden oder Maschinenlaufzeit oder Fertigungsmaterial oder anderes, muß eine Brücke bilden zwischen den Gemeinkosten und den Produkten. Die Bezugsbasis soll die Produkte mit dem Gemeinkostenanteil belasten, der von den betreffenden Produkten verursacht ist.

Die Wahl der richtigen Bezugsbasis entscheidet darüber, ob die Gemeinkosten den Produkten sinnvoll zugeordnet werden oder ob eine verzerrte Kostenzuordnung erfolgt, die entsprechende Fehlentscheidungen und eine Fehlentwicklung der Unternehmung zur Folge hat.

Da alle Gemeinkosten in Büros, Werkstätten usw. der Unternehmung ihren Ursprung haben, werden diese Orte der Kostenentstehung **Kostenstellen** genannt. Sie sind die geeigneten Orte für die Zurechnung der dort entstehenden Kosten auf die Kostenträger.

Die Durchführung der Kostenzurechnung auf die Kostenträger ist Aufgabe der Betriebsabrechnung. Sie ist eine »Kostenarten-, Kostenstellen-, Kostenträgerrechnung«.

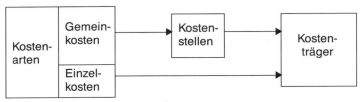

∗ 690   Abbildung 166: Betriebsabrechnung ∗

Gelegentlich wird der Begriff Einzelkosten nicht nur für Kosten verwendet, die dem Produkt als Kostenträger einzeln zugerechnet werden, sondern auch für Kosten, die man irgend einer anderen Bezugsbasis einzeln zurechnen kann. Ohne Notwendigkeit können dadurch Mißverständnisse auftreten.

Die Betriebsabrechnung gehört zu den freiwilligen Teilen des Rechnungswesens. Die folgenden Ausführungen enthalten deshalb beispielhaft Darstellungen, die nicht in jedem Betrieb in gleicher Form wiederzufinden sind.

2.7.3.2 Kostenartenrechnung

Die Kostenartenrechnung steht am Anfang der Betriebsabrechnung.

Die Bezeichnungen der Kostenarten richten sich nach der Art der verbrauchten Güter: Arbeitslöhne, Hilfslöhne, Urlaubslöhne, Büromaterial, Stromverbrauch, Heizkosten, Schmiermittel, verschiedenste andere Materialarten, Reisekosten usw.

∗ 691
Um sie zu ordnen und zu gliedern, wird ein **Kostenartenverzeichnis** angelegt. Darin werden zuerst **Kostenartenhauptgruppen** gebildet; etwa die folgenden: ∗

```
0 Löhne                      )
1 Gehälter                   )  Arbeitskosten
2 Sozialkosten zu 1 und 2    )
3 Materialkosten
4 Kapitalkosten
5 Fremdleistungskosten
6 Steuern und Abgaben für allgemeine Zwecke
7 frei
8 frei
9 frei
```

Das hier angewendete dekadische System hat sich seit vielen Jahrzehnten im Rechnungswesen bewährt. Erst recht empfiehlt es sich im Hinblick auf die elektronische Datenverarbeitung.

Die Untergliederung der Kostenartenhauptgruppen in **Kostenartengruppen** kann wie folgt aussehen:

Kostenartenhauptgruppe 0, Löhne
Kostenartengruppen:
00 Fertigungslöhne
01 Gemeinkostenlöhne für Arbeit
02 Übrige Gemeinkostenlöhne
03 freiwillige Zuwendungen
04 Prämien für Verbesserungsvorschläge
05 Sachbezüge
06 Vergütungen an gewerbliche Auszubildende
07 – 09 frei

Kostenartenhauptgruppe 1, Gehälter
10 – 19 **Kostenartengruppen entsprechend Hauptgruppe 0**

Kostenartenhauptgruppe 2, Sozialkosten zu Löhnen und Gehältern
Kostenartengruppen:
20 Arbeitgeberanteile zur Sozialversicherung (Lohnbereich)
21 Arbeitgeberanteile zur Sozialversicherung (Gehaltsbereich)
22 Beiträge zur Berufsgenossenschaft
23 Sonstige gesetzliche Sozialkosten
24 Kosten der freiwilligen Altersversorgung und Unterstützung
25 Sonstige freiwillige Sozialkosten
26 – 29 frei

Kostenartenhauptgruppe 3, Materialkosten
Kostenartengruppen:
30 Rohstoffe (= Hauptbestandteile der Erzeugnisse)
31 Vorproduktion von Fremdfirmen (»verlängerte Werkbank«)
32 Hilfsstoffe (= untergeordnete Bestandteile der Erzeugnisse; z.B.
   Schrauben, Muttern, Schweißdraht, Leim, Konservierungsstoffe)∗   ∗ 692
33 Betriebsstoffe (= Brennstoffe, Schmiermittel, Kühlmittel, Büromaterial,
   Putz- und Pflegemittel u.a.)∗   ∗ 693
34 Verschleißwerkzeuge
35 Energie
36 Handelswaren
37 Verpackungsmaterial
38 Reparaturmaterial
39 Sonderabschreibungen auf Stoffe und Handelswaren

In Hauptgruppe **4, Kapitalkosten,** wären die kalkulatorischen Kostenarten Zinsen, Abschreibungen und Wagnisse einzuordnen.

In Hauptgruppe **5, Fremdleistungskosten,** gehören vielfältige Leistungen fremder Betriebe: Fremde Instandhaltung, Mieten, Werbekosten, Postkosten, Frachten, Beratungskosten, Schornsteinfeger-, Straßenreinigungs-, Müllabfuhrgebühren, Beiträge an Verbände u.ä.

In Hauptgruppe **6, Steuern und Abgaben,** wären Gewerbekapital-, Vermögen-, Grund-, Kraftfahrzeug-, Wechsel-, Gesellschaftsteuer, Ausfuhrzölle, Verbrauchsteuern und andere Abgaben ohne spezielle Gegenleistung aufzunehmen.

2.7 Kostenrechnung

Teil 1: **2 Betriebswirtschaft**

Besonders die Hauptgruppen 0, 1, 3 und 5 erfordern eine viel weitergehende Untergliederung.

Von den hier zweistellig numerierten Kostenartengruppen aus erfolgt die Untergliederung in **Kostenarten.** Beispiel:

Kostenartengruppe 02, Übrige Gemeinkostenlöhne
Kostenarten:
020 Lohnfortzahlung
021 Urlaubslohn
022 Feiertagslohn
023 Betriebsratssitzung
024 Betriebsversammlung
025 Wartezeiten
026 Ausfallzeiten
027 Arzt- und Behördenbesuche
028 Einstellung / Entlassung
029 Sonstige GK-Löhne

Manchen Kostenarten ist nicht anzusehen, ob es Einzel- oder Gemeinkosten sind. Deshalb muß **auf allen Verbrauchsbelegen,** wie Lohnzetteln und Materialentnahmescheinen, genau angegeben sein, **wofür die Kosten bestimmt sind.**
Das geschieht durch richtige »**Kontierung**«, d.h. Angabe der Auftragsnummer (»des Kontos«) auf den Belegen, dem Lohnzettel, Materialentnahmeschein oder Unterauftrag.
Entweder ist der Verbrauch für einen
Fertigungsauftrag (Kundenauftrag, Lagerauftrag oder Innenauftrag für Eigenbedarf der Unternehmung) bestimmt, dann ist dessen Auftragsnummer in das vorgesehene Nummernfeld einzutragen. Oder der Verbrauch ist als
Gemeinkostenbedarf für eine Kostenstelle bestimmt. Dann ist in das Nummernfeld die

* 694
* 695   **Kostenstellennummer** des veranlassenden Kostenstellenleiters und die zutreffende Kostenart einzusetzen, die er dem Kostenartenverzeichnis des Betriebes entnehmen kann. * *

Der Beleg ist die Grundlage der Kostenzurechnung.
Der Grundsatz: **Keine Buchung ohne Beleg,** erfordert aus der Sicht des Werkstattmeisters den weiteren Grundsatz: **Keine Arbeit ohne Auftragsnummer;** denn ohne Auftragsnummer gehen alle Kosten zu Lasten der Gemeinkosten der eigenen Kostenstelle.

Auf einem **Materialentnahmeschein,** als Beispiel, müssen angegeben sein:
die benötigte Materialart,
die benötigte Materialmenge,
die Kontierung je nach dem Grund des Verbrauchs,

* 696   das Datum und die Kostenstellennummer und Unterschrift des Veranlassers. *

Der Kostenstellenleiter muß alle von ihm veranlaßten Kosten vertreten. Über die Gemeinkosten anderer Kostenstellen wachen deren Kostenstellenleiter. Die Istkosten von Fertigungsaufträgen werden von der Kalkulation überwacht.

Auf Lohnzetteln muß auch dann die Kostenstellennummer der leistenden Stelle vermerkt werden, wenn es Fertigungslohn (Einzelkosten für einen Fertigungsauftrag) ist; denn der Fertigungslohn ist eine wichtige **statistische Bezugsbasis** für die Gemeinkostenweiterverrechnung der leistenden Kostenstelle. (Näheres in Abschn. 2.7.3.3.)

Die Geschäftsbuchhaltung gibt nach Abgrenzung des neutralen Aufwands den bei ihr als Zweckaufwand erfaßten Gutsverbrauch der Betriebsabrechnung auf. Für die Betriebsabrechnung sind das die Grundkosten (vgl. Abschn. 2.7.1.2). Die Beträge der kalkulatorischen

Kosten (kalkulatorische Zinsen, kalkulatorische Abschreibungen usw.) werden in der Betriebsabrechnung rechnerisch hinzugefügt. * * * 697
* 698

Die Einzelkosten werden getrennt nach Fertigungsmaterial und Fertigungslohn gebucht. Die Kontierung der Buchungsbelege ermöglicht die statistische Zuordnung zu den Fertigungsaufträgen, so daß es monatlich oder bei Bedarf möglich ist, durch eine Zwischenaddition die aufgelaufenen Kosten auftragsweise festzustellen.

Die übrigen Kosten finden als Gemeinkosten ihren Niederschlag auf Kostenartenkonten, entsprechend dem Kostenartenverzeichnis des Betriebes.

Mit der Möglichkeit, für Einzel- und Gemeinkosten artenweise periodisch Zwischensummen zu bilden, ist die Kostenartenrechnung abgeschlossen, es schließt sich die Kostenstellenrechnung an.

2.7.3.3 Kostenstellenrechnung (BAB)

Der Mittelteil der Betriebsabrechnung ist die Kostenstellenrechnung.
Alle Dienststellen einer Unternehmung sind Kostenstellen oder gehören zu einer Kostenstelle (Büros, Werkstätten, Labors usw.).
Eine Kostenstelle ist eine Kostensammel- und Kostenverantwortungseinheit. Sie sollte zugleich eine Funktionseinheit sein, damit die Kosten sinnvoll gruppiert werden.

Wie es ein Kostenartenverzeichnis gibt, das die Kostenarten des Betriebes gruppiert und mit Nummern versehen ausweist, gibt es ein **Kostenstellenverzeichnis.** Darin sind die Kostenstellen nach Funktionsbereichen gegliedert und systematisch numeriert. * * 699

Als **Funktionsbereiche** kommen im Industriebetrieb in Betracht:
– **Allgemeiner Bereich**
 Er stellt seine Leistungen allen anderen Kostenstellen zur Verfügung.
 (Grundstücks- und Gebäudeverwaltung, Wasser-, Strom-, Gas-, Dampfversorgung, Heizung, Werkschutz, Sozialeinrichtungen u.a.)* * 700
– **Materialbereich**
 Er besorgt das Material zur Leistungserstellung.
 (Einkauf, Warenannahme und -prüfung, Materialverwaltung, -lager und -ausgabe)
– **Fertigungsbereich**
 Hier erfolgt die Leistungserstellung, teils durch
  • **Fertigungshilfsstellen** (unmittelbare Fertigungsvorbereitung und -einleitung, evtl. Zwischenlager für Material und Werkzeuge) und vor allem durch die
  • **Fertigungshauptstellen** (Werkstätten).
– **Forschungs- und Entwicklungsbereich**
 In Großbetrieben ist »F. und E.« oft selbständiger Bereich zur ständigen Aktualisierung der technischen Leistungsfähigkeit.
 (Forschungs- und Entwicklungslabors, Konstruktionsbüros, Musterbau, Prüffelder, je nach Organisation)
– **Verwaltungsbereich**
 Oft Kaufmännischer Bereich genannt. Er umfaßt vielfältige Verwaltungsaufgaben.
 (Kaufmännische Leitung, Rechnungswesen, Personalverwaltung, Organisation, Rechtsabteilung, Steuerabteilung, Übersetzerbüro, Büromateriallager u.a.)
– **Vertriebsbereich**
 Er besorgt den Absatz der erstellten Leistungen.
 (Marktforschung, Werbung, Verkauf, Rechnungen und Versandpapiere erstellen, Fertigfabrikatelager verwalten, Versand, Kundendienst)* * 701

2.7 Kostenrechnung

Beispiel für ein Kostenstellenverzeichnis:

0   Allgemeiner Bereich
000 Kostenstelle Grundstücke und Gebäude
001 Kostenstelle Wasser
002 Kostenstelle Dampferzeugung
003 Kostenstelle Stromerzeugung
004 Sozialeinrichtungen
005 Werkschutz

1   Materialbereich
100 Einkaufsabteilung
101 Materialannahme u. -prüfung
103 Materiallager

2   Fertigungsbereich
20 Fertigungshilfsstellen
200 Technische Leitung
201 Konstruktionsbüro
    (Gehört hier zum Fertigungsbereich, da kein F.- und E.-Bereich existiert)
202 Fertigungsplanung
203 Arbeitsvorbereitung
204 Revision
205 Maschinenwartung
21 Fertigungshauptstellen
210 Stanzerei
211 Blechnerei
212 Dreherei,
213 Fräserei
214 Bohrerei
215 Gestellbau
216 Leitungsbau
:
∗ 702   219 Endmontage ∗

3   Verwaltungsbereich
300 Kaufmännische Leitung
301 Geschäftsbuchhaltung
302 Betriebsbuchhaltung
303 Kalkulation
304 Personalbüro
305 Telefonzentrale
306 Fahrdienst

4   Vertriebsbereich
400 Fertigfabrikatelager
401 Vertriebsbüro
402 Versandbüro
403 Expedition

∗ 703   Die Betriebsabrechnung kann buchhalterisch auf Konten oder statistisch in tabellarischer Form durchgeführt werden. Die tabellarische Form läßt sich sinnfällig der Unternehmensstruktur anpassen und hat sich als **Betriebsabrechnungsbogen (BAB)** durchgesetzt (Abb. 167). **Er enthält die Kostenstellenrechnung.** ∗

In der Vorspalte des BAB werden untereinander die Kostenarten und dahinter die dazugehörigen, von der Geschäftsbuchhaltung gelieferten Gemeinkostenbeträge des Abrechnungszeitraumes aufgeführt. Im Kopf des Bogens stehen nebeneinander die Kostenstellen, gruppiert nach Funktionsbereichen.

Vor den Summenbeträgen der Kostenarten ist für jede Kostenart die Zurechnungsgrundlage für die Verteilung der Summe auf die Kostenstellen angegeben (Spalte 3 der Abb. 167).

Kostenarten, die **nicht nach Verbrauchsbelegen** den verursachenden Kostenstellen zugerechnet werden können, müssen nach **Verteilungsschlüsseln**, die die Kostenverursachung berücksichtigen, den Kostenstellen belastet werden. Z.B. kann die kalkulatorische Miete nach den von den Kostenstellen genutzten m² zugerechnet werden. Wo aber Schlüsselung dem Verursachungsprinzip nicht gerecht wird, sollte gemessen werden. Beispiel: Die Wasserkosten werden den Kostenstellen anteilig nach der Kopfzahl der dort Beschäftigten belastet. In vielen Betrieben berücksichtigt das nicht den sehr unterschiedlichen, fertigungstechnisch bedingten Wasserverbrauch mancher Werkstätten (z.B. Galvanik). Installiert man in den Fertigungshauptstellen Wassermesser, so kann der größte Teil des Wasserverbrauchs nach Messung zugerechnet werden; für den verbleibenden Rest ist die Schlüsselung nach Köpfen in der Regel ausreichend genau.∗ ∗ 704

Ist die Zurechnung auf die Kostenstellen erfolgt, dann ergibt die Addition dieser sog. **primären Gemeinkosten** jeder Stelle die Zahlen der Zeile 13 im dargestellten BAB. Die Queraddition dieser Zeile ergibt, wie die Addition der Spalte 4, die **Summe aller Gemeinkosten des Abrechnungszeitraumes.**∗ ∗ 705

Der nächste Schritt ist die **Verrechnung innerbetrieblicher Leistungen** (Leistungen einer Kostenstelle für **andere** Kostenstellen).
Es gibt verschiedene Verfahren dafür.
Nullmethode: keine Verrechnung; die Kosten belasten die leistende Stelle.
Einzelkostenverfahren: es werden nur Einzelkosten und keine Gemeinkosten auf die empfangende Stelle verrechnet.
Stellenkostenumlageverfahren (zumeist Kostenstellenumlageverfahren genannt):
a) Blockkostenverfahren und
b) Stufenverfahren (auch Treppenverfahren genannt).
Beim **Blockkostenverfahren** werden die Kosten der leistenden Stellen, ohne daß zuvor zwischen ihnen wechselseitig Kosten verrechnet wurden, den empfangenden Hauptkostenstellen zugerechnet (nach Schlüsseln).
Beim **Stufenverfahren** werden vor der Belastung der empfangenden Hauptstellen auch Kosten zwischen den leistenden Stellen verrechnet, aber nur in einer Richtung.
Stellenkostenausgleichsverfahren (zumeist Kostenstellenausgleichsverfahren genannt): die Einzelkosten werden auf den empfangenden Stellen erfaßt. Die anteiligen Gemeinkosten der leistenden Stelle werden als Zuschlag nachverrechnet.
Kostenträgerverfahren: Abrechnung der Einzelkosten mit Gemeinkostenzuschlägen wie für einen normalen Fertigungsauftrag. Es kommt vor allem für große Aufträge wie Großreparaturen oder Bauaufträge in Frage.

Im dargestellten BAB werden die beiden Stellenkostenumlageverfahren gezeigt.∗ ∗ 706
Das **Stufenverfahren** wird hier für die Umlage der Allgemeinen Kostenstellen benutzt. Es bewirkt, daß **keine wechselseitigen Leistungen** zwischen den Kostenstellen verrechnet werden, sondern nur Leistungen in einer Richtung. Deshalb müssen im BAB diese Kostenstellen in der hauptsächlichen Leistungsreihenfolge geordnet sein.
Die Zurechnungsgrundlagen für die Umlage sind in Spalte 3 angegeben.
Nach der Umlage ist der Bereich Allgemeine Kostenstellen entlastet. Seine Gemeinkosten sind als **sekundäre Gemeinkosten** anderen Kostenstellen zugeordnet.
Die Queraddition der Zeile 18 ergibt wieder die Gesamtsumme aller Gemeinkosten des Abrechnungszeitraumes.
Innerhalb des Fertigungsbereichs müssen nun die Kosten der Fertigungshilfsstellen den

2.7 Kostenrechnung   Teil 1: **2 Betriebswirtschaft**

Abbildung 167: Betriebsabrechnungsbogen (BAB); Systembeispiel mit Istzahlen.
Zur Systemverdeutlichung wurde hier nur eine kleine Anzahl von Kostenarten und Kostenstellen eingesetzt. ✱
Auch bei elektronischer Datenverarbeitung ist die Vielzahl zusammenhanglos erscheinender Tabellen auf ein System ähnlich dem hier dargestellten zurückzuführen.

✱ 707

Fertigungshauptstellen zugerechnet werden. Das geschieht hier im **Blockkostenverfahren:** Die Kosten einer Fertigungshilfsstelle nach der anderen werden – ohne Kostenzuteilung untereinander – im Block auf die Fertigungshauptstellen umgelegt; und zwar als sekundäre Gemeinkosten entsprechend den in Spalte 3 angegebenen Zurechnungsgrundlagen. Der Unterschied zwischen Stufenverfahren und Blockkostenverfahren ist sichtbar.

Nunmehr steht für jede Kostenstelle die Summe der Gemeinkosten (primäre + sekundäre) fest, die den Kostenträgern, für die sie tätig war, zugerechnet werden müssen.∗   ∗ 708
Aber in welchem Verhältnis sollen die Gemeinkosten den einzelnen Kostenträgern zugerechnet werden?

Materialbereich:
Für die Gemeinkosten des Materialbereichs wird das **Fertigungsmaterial** (= Materialeinzelkosten) als beste Zuschlagsbasis angesehen.∗   ∗ 709
Die im Abrechnungszeitraum erfaßten Gemeinkosten des Materialbereichs werden als prozentualer Zuschlag auf das im Abrechnungszeitraum verbrauchte (dem Lager entnommene) Fertigungsmaterial errechnet. In dem Maße, in dem ein Kostenträger Fertigungsmaterial benötigt, werden ihm anteilig auch die Gemeinkosten des Materialbereichs zugerechnet (siehe Zeilen a bis d in Abb. 167).

Fertigungsbereich:
Für die Gemeinkosten der Fertigungshauptstellen werden die **Fertigungslöhne** (= Lohneinzelkosten) als beste Bezugsbasis angesehen, mit der Begründung, daß alle Gemeinkosten nur aufgewendet werden, soweit sie notwendig sind, die Fertigung durchzuführen. Die Fertigung, ausgedrückt durch den Fertigungslohn, bringt die Gemeinkosten mit sich.
Aus den Lohnbelegen wird statistisch der Fertigungslohn jeder Kostenstelle ermittelt und in der Kostenstellenspalte notiert (Zeile f der Abbildung).
Je Fertigungshauptstelle wird nun ein **prozentualer Fertigungsgemeinkostenzuschlag** errechnet (Zeile g). Durch seine Zurechnung auf den Fertigungslohn als Zuschlagsbasis werden alle Gemeinkosten der Stelle auf die Kostenträger weiterverrechnet.
Mit demselben Anteil, mit dem ein Kostenträger Fertigungslohn einer Kostenstelle in Anspruch nimmt, übernimmt er auch deren Stellengemeinkosten.

Je mehr der Fertigungslohn durch maschinenintensive Fertigung ersetzt wird, desto zweckmäßiger wird als Zuschlagsbasis die Arbeitszeit der maschinellen Anlage und die Bildung und Verrechnung von Maschinenstundensätzen.

Verwaltungsbereich:
Wenn die Unternehmung das Ziel höchster Rentabilität hat, muß sie als Ganzes ein möglichst wirtschaftlicher Organismus sein. Deshalb geht die Kostenrechnung davon aus, daß die Verwaltungsgemeinkosten für die Leistungserstellung insgesamt notwendig sind.
Für ihre Zurechnung als Verwaltungsgemeinkostenzuschlag auf die Kostenträger muß deshalb eine möglichst **breite Zuschlagsbasis** als Bezugsgröße gefunden werden.∗   ∗ 710
Als breiteste Zuschlagsbasis bieten sich die Herstellkosten der Erzeugnisse an:
Fertigungsmaterial + Materialgemeinkosten = **Materialkosten**
Fertigungslohn + Fertigungsgemeinkosten = **Fertigungskosten**

Materialkosten + Fertigungskosten = Herstellkosten

Die Verwaltungsgemeinkosten werden als prozentualer Zuschlag (in Abb. 167 Zeile k) auf die Herstellkosten des Abrechnungszeitraumes (Zeile j) verrechnet.

Vertriebsbereich:
Für den Vertriebsbereich gilt gleiches wie für den Verwaltungsbereich (Vgl. in Abb. 167 Spalten 26 – 28, Zeilen l – n).
In kleineren Betrieben werden sogar beide Bereiche zusammengefaßt zum **V.- und V.-Bereich** (Verwaltungs- und Vertriebsbereich) mit einem einheitlichen Zuschlag auf die Herstellkosten.

2.7 Kostenrechnung

Die abrechnungstechnische Trennung beider Bereiche ergibt durch unterschiedliche Gemeinkosten in beiden Bereichen unterschiedliche Zuschlagsätze **auf die Herstellkosten des Abrechnungszeitraumes.** Zugleich ermöglicht die differenzierte Zuschlagsermittlung eine bessere Kontrolle der Kostenentwicklung.

Der **Betriebsabrechnungsbogen (BAB),** der monatlich mit den aufgelaufenen Zahlen des Geschäftsjahres erstellt werden sollte, zeigt die Gesamtübersicht über alle Kosten des Abrechnungszeitraumes: Nach Kostenstellen, nach Bereichen, bezogen auf die Einzelkosten (Fertigungslohn und Fertigungsmaterial) bzw. auf Herstellkosten und er zeigt die Wirtschaftlichkeit des Abrechnungszeitraumes durch Vergleich der Ist-Gemeinkosten mit den nach Planzuschlagsätzen im laufenden Geschäftsjahr tatsächlich auf Fertigungsaufträge weiterverrechneten Gemeinkosten.

Zwischen verrechneten Gemeinkosten und Ist-Gemeinkosten ergibt sich stets eine Differenz. Sind weniger Gemeinkosten tatsächlich entstanden, so ergibt sich durch die effektiv erfolgte höhere Gemeinkostenverrechnung mit Planzuschlagsätzen eine »Gemeinkostenüberdeckung«. Sie kommt dem Betriebsergebnis zugute. Sind die Ist-Gemeinkosten höher ausgefallen als die planmäßig verrechneten, dann hat der Abrechnungszeitraum eine »Unterdeckung« erbracht. Ein Gemeinkostenrest wurde nicht auf die Kostenträger verrechnet. Er belastet das Betriebsergebnis.

Den Ablauf der Kostenstellenrechnung im BAB kann man wie folgt zusammenfassen:
1. Gemeinkostenzahlen von der Buchhaltung nach Kostenarten in die Summenspalte eintragen; kalkulatorische Kosten hinzufügen;
2. Kostenartenweise die Gemeinkosten nach Belegen und Schlüsseln auf die Kostenstellen verteilen (Primäre Stellengemeinkosten);
3. Umlage der Allgemeinen Kostenstellen und der Hilfskostenstellen zur Verrechnung innerbetrieblicher Leistungen (Sekundäre Gemeinkosten) und Summenbildung;
4. Zuschlagsätze, bezogen auf die Zuschlagsbasen, berechnen für die Kalkulation und Gemeinkostenverrechnung auf die Kostenträger. *

* 711

Der BAB ermöglicht bei entsprechender Ausgestaltung kostenstellenweise Soll/Ist-Vergleiche je Kostenart und eine Analyse, in welchen Kostenstellen sich die Relation von Gemeinkosten zu Einzelkosten bzw. in Verwaltung und Vertrieb von Gemeinkosten zu Herstellkosten verschlechtert hat.

Bei der **Abweichungsanalyse** zieht man hauptsächlich drei Abweichungsursachen in Betracht:
1. Preisabweichungsen,
2. Mengenabweichungen,
3. Beschäftigungsabweichungen.

Zu 1. Preisabweichungen: Liegt die Ursache in Preissteigerungen der Istkosten, so ist der Kostenstellenleiter dafür nicht verantwortlich. Einkauf und Produktgestaltung müssen überprüft werden oder auch die Soll-Vorgabe.

Zu 2. Mengenabweichungen: Sind Mengenabweichungen der Grund, dann muß der **Kostenstellenleiter** Stellung nehmen. Dazu braucht er Informationen.

Zerlegt man den BAB nach Bereichen und weiter nach Kostenstellen, dann erhält man Bereichskosten- und Stellenkostenblätter (Abb. 168). Sie geben den Abteilungsleitern und den Kostenstellenleitern Übersicht über die Kosten, die sie verantworten sollen.

Das Stellenkostenblatt ist das wichtigste Instrument der Wirtschaftlichkeitskontrolle. Deshalb sollte monatlich in der ersten Woche dem Kostenstellenleiter (Meister) eine Ausfertigung seines Stellenkostenblattes für den abgelaufenen Monat vorliegen, ebenso wie der Auswertungsstelle, damit nennenswerte **Abweichungen vom Soll** sofort geklärt und Unwirtschaftlichkeiten behoben werden können. Das Stellenkostenblatt muß deshalb die Kostenstellengemeinkosten »monatlich«, »aufgelaufen« und die »Abweichung vom Soll« ausweisen. * *

* 712
* 713

Teil 1: **2 Betriebswirtschaft** 2.7 Kostenrechnung

Zu 3. Beschäftigungsabweichungen: Liegt die Ursache für eine Gemeinkostenunterdeckung in einer verringerten Kapazitätsausnutzung, so kann die Ursache in Absatzschwierigkeiten bestimmter Produktarten liegen. Eine »Erfolgsquellenanalyse« nach Produktgruppen und Produktarten ist erforderlich. Für sie stellt die Kostenstellenrechnung nur die kostenseitigen Grundlagen zur Verfügung. Durchgeführt wird sie im letzten Teil der Betriebsabrechnung, der Kostenträgerzeitrechnung.

Die Verantwortung für Beschäftigungsabweichungen trägt die Unternehmensleitung, nicht der Kostenstellenleiter.

Stellenkostenblatt

Monat _____ 19 __

Kostenstelle 215

Gestellbau

Nr.	Kostenarten Text	Zurechnungs- grundlagen	Monat DM IST	Monat Abw. v.Soll	Seit Jahresanfang DM IST	Seit Jahresanfang Abw. v.Soll
1	2	3	4	5	6	7
1	01/02 Gemeinkostenlöhne	Hilfslohnscheine	43.563	+ 63	130.308	− 192
2	11/12 Gehälter	Gehaltsliste	2.900	−	8.700	−
3	20/25 Sozialkosten zu Löhne + Gehälter	% auf Löhne+Gehälter	37.170	+ 50	111.206	− 154
4	32 Hilfsstoffe	Entnahmescheine	13.417	+217	40.040	+ 440
5	33 Betriebsstoffe / Büromaterial	Entnahmescheine	415	+ 65	1.124	+ 74
6	34 Verschleißwerkzeuge	Entnahmescheine	3.111	− 189	10.116	+ 216
7	35 Fremdstrom	Rechnungen	−	−	−	−
8	38 Reparaturmaterial	Rechnungen	1.208	+ 8	3.474	− 126
9	41 Kalkul. Abschreibungen	Anlagenkartei	12.820	−	38.460	−
10	53 Miete	m² belegte Fläche	1.270	−	3.810	−
11	56 Reise- und Repräsentationskosten	Abrechnungsbelege	−	−	−	−
12	61 Kostensteuern	Bemessungsgrundlage der Steuer	3.718	−	11.154	−
13	Summe PRIMÄRE GEMEINKOSTEN	Zeilen 1 − 12	119.592	+799	358.392	+ 412
14	Umlage Allgm. Bereich: Kostenstelle 000, Grundstück + Gebäude	m² belegte Fläche	1.102	− 98	3.306	− 294
15	Kostenstelle 003, Stromerzeugung	Gemessene kWh	6310	+ 10	18960	+ 60
16	Kostenstelle 004, Sozialeinrichtungen	Kopfzahl	2.600	+ 30	7.800	+ 90
17	Summe SEKUNDÄRE GK aus Allgem. Bereich	Zeilen 14 − 16	10.012	− 58	30.066	− 144
18	Summe PRIM.GK + SEKUND. Allgem. Bereich	Zeilen 13+17	129.604	+741	388.458	+ 268
19	Umlage der Fertig.- Hilfsstellen: Kostenstelle 200, Technische Leitung	Zeile 18 + Fert.-Lö.	7.060	+ 10	21.220	+ 40
20	Kostenstelle 201, Konstruktionsbüro	Zeile 18 + Fert.-Lö.	8.015	+215	24.112	+ 712
21	Kostenstelle 202, Arbeitsvorbereitung	Kopfzeile	8.117	+317	24.360	+960
22	Summe SEKUNDÄRE GK aus Hilfsstellen	Zeilen 19 − 21	23.192	+542	69.692	+1.712
23	Summe GEMEINKOSTEN vor Weiterverr.	Zeilen 18+22	152.786	+1.283	458.150	+1.980

Abbildung 168: Stellenkostenblatt (Beispiel)

Durch die Freiwilligkeit der Kostenrechnung sind Aufgaben und Gliederung der Formulare von Betrieb zu Betrieb unterschiedlich. Wesentlichen Einfluß haben die Wünsche der Geschäftsleitung und die Möglichkeiten der EDV.

2.7.3.4 Kostenträgerzeitrechnung

Die Betriebsabrechnung als Kostenarten-, Kostenstellen-, Kostenträgerrechnung findet für einen Abrechnungszeitraum ihren Abschluß in der **Betriebsergebnisrechnung** (auch

2.7 Kostenrechnung

* 714
kurzfristige Erfolgsrechnung genannt). Sie ist die eigentliche **Kostenträgerzeitrechnung** mit der Zurechnung aller Kosten eines Abrechnungszeitraumes auf die Kostenträger und der Gegenüberstellung des Leistungswertes, des Betriebsertrages. Somit ist die **Betriebsabrechnung** nicht nur eine Kosten-, sondern eine **Kosten- und Leistungsrechnung**. *

Die Geschäftsbuchhaltung mit ihrer jährlichen Abschlußrechnung kann die zur Unternehmenssteuerung kurzfristig erforderlichen Informationen nicht liefern. Das Betriebsergebnis als Resultat der Gegenüberstellung von Kosten und Betriebsertrag kann dagegen monatlich oder zumindest vierteljährlich ermittelt werden.

* 715
Zwei Verfahren können angewendet werden: das **Gesamtkostenverfahren** oder das **Umsatzkostenverfahren**. *

Beim **Gesamtkostenverfahren** werden den Gesamtkosten der Abrechnungsperiode (Einzel- und Gemeinkosten) der Betriebsertrag der Periode (Umsatzerlöse ± Bestandsänderung) gegenübergestellt.
Das Verfahren setzt voraus, daß entsprechend kurzfristig die Bestandsänderungen der fertigen und unfertigen Erzeugnisse sowie der aus Innenleistungen für Eigenbedarf entstandenen Bestände ermittelt werden. Notfalls muß geschätzt werden, mit entsprechender Ungenauigkeit des Betriebsergebnisses.
Das Gesamtkostenverfahren ist wenig aussagefähig. Es bedarf einer detaillierten Ergänzung durch Berichte, um als Entscheidungsgrundlage auszureichen. Als wenig differenzierte Betriebsergebnisrechnung eignet sie sich am ehesten für kleine und mittlere Unternehmen mit wenigen Fertigungsstufen und einfachem Produktionsprogramm.

Das Umsatzkostenverfahren läßt die Bestandsänderungen außer Acht. Es stellt nur den Umsatzerlösen der Abrechnungsperiode die Selbstkosten der umgesetzten Leistungen (die nach der Kalkulation auf sie entfallen) gegenüber. Daraus ergibt sich das Betriebsergebnis als Umsatzergebnis des Abrechnungszeitraumes. Umsatzerlöse und Selbstkosten lassen sich nach Produktarten gliedern. Das ermöglicht die kurzfristige Analyse, welche
* 716
Produktarten am meisten zum Erfolg beitragen **(Erfolgsquellenanalyse)**. *

Kostensumme (Einzelk. + GK) der Abrechnungsperiode + Bestandsminderung an Halbfertig- und Fertigfabrikaten zu Herstellkosten	Umsatzerlöse der Abrechnungsperiode + Bestandsmehrung zu HK an Halbfertig- und Fertigfabrikaten und Innenleistungen
Summe	Summe
Saldo = Betriebsergebnis	

a) Gesamtkostenverfahren

Selbstkosten der in der Abr.-Periode umgesetzten Erzeugnisse gegliedert nach Produktarten	Umsatzerlöse der in der Abr.-Periode umgesetzten Erzeugnisse gegliedert nach Produktarten
Summe	Summe
Saldo = Betriebsergebnis	

* 717
b) Umsatzkostenverfahren *

Abbildung 169: Verfahren der Betriebsergebnisrechnung

2.7.4 Kalkulation

2.7.4.1 Einführung

Kalkulation befaßt sich mit der Ermittlung von Selbstkosten der Erzeugniseinheit oder Teilen davon. Die verbreitete Bezeichnung »Kostenträgerstückrechnung« für Kalkulation soll den Unterschied zur Kostenträgerzeitrechnung verdeutlichen. Obwohl Erzeugniseinheiten nicht immer in Stück gemessen werden, hat sich der Begriff Kostenträgerstückrechnung eingebürgert.∗

∗ 718

Teile **einer Erzeugniseinheit** sind z.B. Zwischenerzeugnisse, halbfertige Erzeugnisse, Montageleistungen.
Teile **von Selbstkosten** sind z.B. die Herstellkosten.

Selbstkosten enthalten über die Herstellkosten hinaus Forschungs- und Entwicklungsgemeinkosten, die Verwaltungs- und die Vertriebsgemeinkosten sowie Sondereinzelkosten des Vertriebes.
Die **Zusammensetzung der Selbstkosten** zeigt das folgende Schema:

	1.		Fertigungsmaterialkosten	
	2.	+	Materialgemeinkosten	
A		=	**Materialkosten**∗	∗ 719
	3.		Fertigungslohnkosten	
	4.	+	Fertigungsgemeinkosten	
	5.	+	SEK der Fertigung	
B		=	**Fertigungskosten**∗	∗ 720
C = A+B		=	**Herstellkosten**∗	∗ 721
	6.	+	Forschungs- und Entwicklungs-GK	
	7.	+	Verwaltungsgemeinkosten	
	8.	+	Vertriebsgemeinkosten	
	9.	+	SEK des Vertriebes	
D		=	**Selbstkosten**∗	∗ 722

(SEK = Sondereinzelkosten; GK = Gemeinkosten)

Abbildung 170: Zusammensetzung der Selbstkosten

2.7.4.2 Vor- und Nachkalkulation — ihre Unterschiede

Die **Vorkalkulation** wird vor der Leistungserstellung durchgeführt. Sie ist eine Vorschaurechnung, basiert aber großenteils auf Vergangenheitswerten und muß nach realistischen Zukunftserwartungen korrigiert werden.
Materialeinzelkosten (Fertigungsmaterial) und weitgehend auch Lohneinzelkosten (Fertigungslohn) können der Menge nach aus Fertigungsunterlagen (Stücklisten, Rezepturen, Mengenaufbaurechnungen bzw. Zeitvorgaben, Arbeitszeitaufschreibungen u.ä.) objektiv entnommen werden.
Grundsatz der Vorkalkulation ist die Bewertung der Kostenmengen mit (notfalls geschätzten) Wiederbeschaffungspreisen. Anderenfalls würde man bei steigenden Wiederbeschaffungspreisen Substanz verschenken und bei sinkenden zu teuer anbieten. Als Gemeinkostenzuschlagsätze können die Normal- oder Planzuschlagsätze der Be-

2.7 Kostenrechnung

Teil 1: **2 Betriebswirtschaft**

triebsabrechnung verwendet werden. Bei unverändertem Prozentsatz auf höhere Wiederbeschaffungspreise ergibt sich von selbst eine meist realistische Erhöhung des kalkulierten Gemeinkostenumfangs. Unbedacht schematisches Kalkulieren ist jedoch nicht angebracht. ∗

✱ 723

Die **Nachkalkulation** dient der Kontrolle der Istkosten. Es können die verbrauchten Istmengen, bewertet mit Istpreisen, also die entstandenen Istkosten unverfälscht erfaßt werden. Abweichungen gegenüber der Vorkalkulation können dann sowohl aus Preisabweichungen als auch Mengenabweichungen bestehen. Werden die verbrauchten Mengen mit internen Verrechnungspreisen (Normalkosten oder Plankosten) bewertet, dann sind Abweichungen der so abgerechneten Istkostenmengen nur Mengenabweichungen.

Durch ein einheitliches Kalkulationsschema für Vor- und Nachkalkulation werden Quellen der Abweichung eingegrenzt. Bei Aufklärungsbedarf dienen Buchungsbelege zur Abweichungsanalyse.

(Die Aufgaben der Vor- und Nachkalkulation sind im Abschnitt 2.7.2.3 behandelt).

2.7.4.3 Divisionskalkulation

Für die Beispiele dieses Abschnitts werden dieselben Einzelkosten- und Gemeinkostenzahlen verwendet wie im BAB-Beispiel, Abb. 167, Spalte 4, Zeilen b, f und 23.

Die einfachste Form der Kalkulation ist die **einfache Divisionskalkulation:**
Alle Kosten einer Abrechnungsperiode werden durch die Zahl der erzeugten Produkteinheiten dividiert:

✱ 724

Gesamtkosten : Menge = Selbstkosten je Einheit ∗

Beispiel:
Gesamtkosten 1.922.413,— DM : 15.000 t = 128,16 DM/t.

Diese Divisionskalkulation kann angewendet werden, wenn nur gleichartige Produkte hergestellt werden. Sie ist daher typisch für Betriebe mit Massenfertigung einer Produktart. Anwendbar ist sie aber auch für Teilbereiche, wo nur eine Produktart eine Kostenstelle (Spezialwerkstatt, Fließband) in Anspruch nimmt. ∗

✱ 725

Eine **verfeinerte Divisionskalkulation,** durch Aufgliederung des Kostenblocks, ermöglicht es, bei Kostenänderungen durch Nachkalkulation den Entstehungsbereich einzugrenzen:

	Monatskosten DM		Menge t	DM/t
1. Fertigungsmaterial	949.311,—	:	15.000	63,29
2. Fertigungslohn	285.283,—	:	15.000	19,02
3. Material- und Fertigungsgemeinkosten	527.700,—	:	15.000	35,18
4. Verw.- u. Vertr.-GK	160.119,—	:	15.000	10,67
Selbstkosten	1.922.413,—	:	15.000	= 128,16

Eine Erweiterung der Anwendbarkeit ergibt sich durch »Äquivalenzziffern«, mit denen ähnliche Produkte addierbar gemacht werden. Durch einmalige Einzelbewertung wird festgestellt, in welchem Verhältnis den ähnlichen Produkten Kosten zugerechnet werden müßten. Das Standardprodukt erhält die Äquivalenzziffer 1. Durch Multiplikation der Mengeneinheiten der verschiedenen Produktarten mit ihren Äquivalenzziffern und Addition dieser rechnerischen »Produkteinheiten« ergibt sich die rechnerische Produktmenge, durch die die Gesamtkosten geteilt werden müssen, um den Kostenwert für den Äquivalenzwert 1 zu erhalten.

Teil 1: **2 Betriebswirtschaft**   2.7 Kostenrechnung

Die **Äquivalenzziffernkalkulation** kommt besonders für Sortenfertigung in Betracht, wie in Brauereien, Ziegeleien, Blechwalzwerken u.ä.∗   ∗ 726

2.7.4.4 Zuschlagskalkulation

Auch für die Beispiele dieses Abschnitts werden die Einzelkosten- und Gemeinkostenzahlen aus dem BAB-Beispiel, Abb. 167, verwendet.

Eine Zuschlagskalkulation kann angewendet werden, wenn Einzelkosten und Gemeinkosten getrennt erfaßbar sind.∗   ∗ 727
Die Gemeinkosten werden mit einem Prozentsatz, dem Zuschlagsatz, auf ermittelte Einzelkosten, die Zuschlagsbasis, verrechnet.

Der Zuschlagsatz errechnet sich stets nach der Formel:

$$\text{Gemeinkostenzuschlagsatz} = \frac{\text{Gemeinkosten} \times 100}{\text{Zuschlagsbasis}} = n\,\%\ast$$ ∗ 728

Man unterscheidet
— die summarische
— die differenzierende
— die erweiterte
Zuschlagskalkulation.

In ihrer einfachsten Form, der **summarischen Zuschlagskalkulation,** ist die Selbstkostenermittlung nicht befriedigender als mit einer Divisionskalkulation mit getrennt erfaßten Einzel- und Gemeinkosten.
Das Kalkulationsschema der Zuschlagskalkulation kann jedoch nach Bedarf erweitert werden, so daß es auch bei Kostenstellen mit unterschiedlicher Kostenstruktur und für kompliziert strukturierte Fertigungen mit sehr differenziertem Produktionsprogramm geeignet ist, die Selbstkosten der Produkte zu ermitteln. Zwischen den Produkten unterschiedliche Relationen von Gemeinkosten zu Einzelkosten bzw. zu Herstellkosten kann es rechnungstechnisch erfassen.

Im einfachsten Falle, der **summarischen Zuschlagskalkulation,** wird für die gesamten Gemeinkosten **ein einziger Zuschlagsatz** auf die Einzelkosten gebildet.∗   ∗ 729
Beispiel:
Einzelkosten im Monat
(Fertigungsmaterial u. Fertigungslöhne)   1.234.594,— DM
Gemeinkosten im Monat   687.819,— DM

$$\text{GK-Zuschlags.} = \frac{\text{Gemeinkosten} \times 100}{\text{Einzelkosten}} = \frac{687.819{,}- \times 100}{1.234.594{,}-} = 55{,}7\,\%$$

Mit Hilfe des Zuschlagsatzes können nun die Selbstkosten unterschiedlicher Produkte ermittelt werden, wenn deren Einzelkosten errechnet sind. Beispiel:

	Produkt A	Produkt B	Produkt C
1. Einzelkosten DM/Stück	7,—	3,50	12,—
2. GK-Zuschlagsatz 55,7%	3,90	1,95	6,68
Selbstkosten DM/Stück	10,90	5,45	18,68

2.7 Kostenrechnung

Teil 1: **2 Betriebswirtschaft**

* 730
Bildet man für mehr als eine Zuschlagsbasis Zuschlagsätze, so ist dies eine **differenzierende Zuschlagskalkulation**.*
Als Zuschlagsbasen kommen z.B. das Fertigungsmaterial und der Fertigungslohn in Betracht.
Die Gemeinkosten der Abrechnungsperiode müssen dann gegliedert werden in solche, die eher durch das Fertigungsmaterial verursacht werden und andere, für deren Verursachung die Fertigungslöhne oder Fertigungszeiten repräsentativer sind. Für die differenzierende Zuschlagskalkulation müssen dann auch die Materialeinzelkosten und die Fertigungseinzelkosten als Zuschlagsbasen getrennt ermittelt werden.

Beispiel:
Fertigungsmaterial im Monat   949.311,— DM
Materialgemeinkosten im Monat   42.719,— DM
Fertigungslöhne im Monat   285.283,— DM
Fertigungs-, Verwalt.- u. Vertr.-GK   645.100,— DM

$$\text{Mat.-GK-Zuschlagsatz} = \frac{42.719{,}- \times 100}{949.311{,}-} = 4{,}5\,\%$$

$$\text{Rest-GK-Zuschlagsatz} = \frac{645.100{,}- \times 100}{285.283{,}-} = 226\,\%$$

	Produkt A	Produkt B	Produkt C
1. Fertigungsmat. DM/Stück	4,—	2,50	10,00
2. Mat.-GK-Zuschlag 4,5%	0,18	0,11	0,45
Materialkosten	4,18	2,61	10,45
3. Fertigungslöhne, DM/Stück	3,—	1,00	2,00
4. Rest-GK-Zuschlag 226%	6,78	2,26	4,52
Fertigungs-, Verw.- u. Vertr.Kosten	9,78	3,26	6,52
Selbstkosten DM/Stück	13,96	5,87	16,97

* 731
Eine **erweiterte Zuschlagskalkulation** beruht auf einer Breitengliederung des Betriebes mit verschiedenen Kostenstellen und stelleneigenen Zuschlagsätzen.*
Sinnvoll ist eine Differenzierung der Zuschlagsätze zumindest nach so unterschiedlichen Kostenstellenbereichen wie dem Material-, dem Fertigungs- und dem V.- und V.-Bereich. Bei mittleren und größeren Betrieben ist eine Aufgliederung des V.- und V.-Bereichs in selbständige Bereiche für Verwaltung und für Vertrieb anzuraten. Existiert ein Forschungs- und Entwicklungsbereich, dann ist selbstverständlich auch für diesen ein F.- und E.-GK-Zuschlagsatz auf Herstellkosten zu errechnen. Für den Haupt-Kostenbereich, die Fertigung, sollte man auf jeden Fall **für jede Kostenstelle einen eigenen Zuschlagsatz** anwenden. Die unterschiedliche Kostenrelation von Gemeinkosten zu Einzelkosten in jeder Kostenstelle und die unterschiedliche Inanspruchnahme der verschiedenen Kostenstellen durch die Produkte erfordern diese Differenzierung. Damit ermöglicht die erweiterte Zuschlagskalkulation eine brauchbare Selbstkostenermittlung auch in Betrieben mit differenziertem und wechselndem Fertigungsprogramm, mit Groß- und Kleinserienfertigung,
* 732 Chargen- und Einzelfertigung.*

Teil 1: 2 Betriebswirtschaft 2.7 Kostenrechnung

Beispiel entsprechend dem BAB (Abb. 167):

$$\text{Mat.-GK-Zuschlagsatz} = \frac{\text{Mat.-GK} \times 100}{\text{Fertigungsmat.}} = \frac{42.719,- \times 100}{949.311,-} = 4,5\,\%$$

$$\text{Fert.-GK-Zuschlagsatz} = \frac{\text{GK Kostenstelle N} \times 100}{\text{Fert.-Lohn K'stelle N}} = n\,\%$$

$$\text{Fert.-GK-Zuschlagsatz Kostenst. 214} = \frac{129.964,- \times 100}{98.550,-} = 132\,\%$$

$$\text{Fert.-GK-Zuschlagsatz Kostenst. 215} = \frac{152.796,- \times 100}{80.513,-} = 190\,\%$$

$$\text{Verw.-GK-Zuschlags.} = \frac{\text{Verw.-GK} \times 100}{\text{Herstellkosten}} = \frac{98.949,- \times 100}{1.762.294,-} = 5,6\,\%$$

Herstellkosten siehe Zeile j im BAB, Abb. 167.

$$\text{Vertr.-GK-Zuschlags.} = \frac{\text{Vertr.-GK} \times 100}{\text{Herstellkosten}} = \frac{61.170,- \times 100}{1.762.294,-} = 3,5\,\%$$

Das folgende Beispiel zeigt die Kalkulation zweier Produkte, die mit gleichem Aufwand an Fertigungslohn erzeugt werden. Der Fertigungsprozeß des Produktes D vollzieht sich jedoch überwiegend in Kostenstelle 214, der von Produkt E überwiegend in Kostenstelle 215:

			Produkt D	Produkt E
	1.	Fertigungsmaterial	4,—	4,—
	2.	+ Mat.-GK-Zuschlags. 4,5%	0,18	0,18
A		**= Materialkosten**	4,18	4,18
	3.	Fertigungslohn K'st. 214	2,—	1,—
	4.	+ Fert.-GK-Zuschlags. 132%	2,64	1,32
	5.	+ Fertigungslohn K'st. 215	1,—	2,—
	6.	+ Fert.-GK-Zuschlags. 190%	1,90	3,80
B		**= Fertigungskosten**	7,54	8,12
C = A + B		**= Herstellkosten**	11,72	12,30
	7.	+ Verwaltungsgemeinkosten 5,6%	0,66	0,69
	8.	+ Vertriebsgemeinkosten 3,5%	0,41	0,43
D		**= Selbstkosten**	12,79	13,42

Die Selbstkosten unterscheiden sich um 0,63 DM/Stück, obgleich nur für 1,— DM Fertigungslohn zwischen zwei Werkstätten ausgetauscht wurde.
Das Beispiel zeigt – verglichen mit den vorangegangenen, einfacheren Kalkulationsbeispielen – die Wichtigkeit einer differenzierten, dem Verursachungsprinzip so gut wie möglich entsprechenden Selbstkostenermittlung; denn sie ist eine Entscheidungsgrundlage für die Festlegung des Produktionsprogramms wie auch für die Wahl des kostengünstigsten Fertigungsprozesses. **Eine verzerrte Darstellung der Selbstkosten je Produktart führt zur Fehlleitung der Unternehmung.** Da viele Gemeinkosten geschlüsselt werden müssen, kommt der richtigen Wahl der Bezugsbasen – immer mit dem Ziel einer

verursachungsgerechten Kostenzurechnung auf die Kostenträger – entscheidende Bedeutung für die Genauigkeit einer Kalkulation zu. Im Normalfall einer vollbeschäftigten Unternehmung ist die Ungenauigkeit verursachungsgerechter Gemeinkostenzurechnung auf die Kostenträger ein Qualitätsproblem. Ungenauigkeiten, die sich nur mit großem Aufwand beheben ließen, nimmt man in der Praxis hin.

Die hohe Kapitalintensität der Industrie durch zunehmenden Einsatz hochwertiger Produktionsanlagen führt dazu, daß der Fertigungslohn als Zuschlagsbasis immer höhere Zuschlagsätze tragen muß, manchmal über 1.000 %. Dadurch führen schon geringe Fertigungslohnänderungen bei der Kalkulation zu erheblichen Sprüngen der errechneten Fertigungskosten. In diesen Fällen zieht man Zuschlagsbasen vor, die die Inanspruchnahme der Fertigungskostenstelle durch das Produkt genauer repräsentieren, die eine breitere Zuschlagsbasis bilden. Maschinen-Arbeitszeiten bieten sich an. Je höher der Automationsgrad des Fertigungsverfahrens ist, desto mehr muß die Kostenzurechnung auf den Kostenträger vom Fertigungslohn abgekoppelt und an Maschinen-Fertigungszeiten gebunden werden.

Ausdruck dieser Entwicklung ist die Maschinenstundensatzrechnung. Alle mit dem Einsatz der Maschine verbundenen Gemeinkosten werden direkt der Maschine zugerechnet, so daß der Maschinenstundensatz bereits alle dazugehörigen Gemeinkosten enthält. Die Kostenstelle trägt nur die Restgemeinkosten, die dann mit relativ niedrigen Zuschlagsprozentsätzen entweder auf die Zuschlagsbasis »verrechnete Maschinen-Arbeitskosten« oder

✱ 733 weiterhin auf die Zuschlagsbasis Fertigungslohn den Kostenträgern belastet werden. ✱

Die Abrechnungs- und Kalkulationsverfahren können frei gestaltet werden. Sie können daher den betriebsindividuellen Erfordernissen angepaßt werden.

2.7.4.5 Die Grenzen der traditionellen Vollkostenrechnung

Die dargestellten traditionellen Kalkulationsverfahren gehen davon aus, daß alle Einzel- und Gemeinkosten den Kostenträgern voll zugerechnet werden.
Eine Vollkostenrechnung ist notwendig, denn zumindest muß man wissen, ob man die vollen Kosten eines Produktes durch die Erlöse erstattet bekommt, oder ob die Unternehmung durch Verkauf dieses Produktes Substanz verliert.
Es gibt aber Bedingungen, unter denen die traditionelle Vollkostenrechnung versagt.
Wird z.B. in einer Kostenstelle wegen fehlender Aufträge nur die Hälfte im Vergleich zur Vorperiode gearbeitet, fällt also nur halb so viel Fertigungslohn an, dann muß dieser Lohn zur Abdeckung der sicher nur wenig veränderten Gemeinkosten der Stelle annähernd das Doppelte an Gemeinkosten tragen. Diese nur rechnerischen Mehrkosten der Produkteinheit sind nicht durch die Erzeugung dieses Kostenträgers verursacht. Er wird mit Kosten belastet, die durch Nichtfertigung übrig bleiben würden. Die »erhöhten Selbstkosten« bei unverändertem Marktpreis, geben Anlaß, die Produktion einzustellen, was zu weiterer Unterbeschäftigung führt.

✱ 734 Folgerung: ✱
Bei Unterbeschäftigung der Unternehmung kann die traditionelle Vollkostenrechnung das Problem einer sinnvollen Kostenzurechnung prinzipiell nicht lösen.

2.7.4.6 Deckungsbeitragsrechnung

Wenn der Erlös für ein Produkt nicht die vollen Kosten einbringt, soll man dann kurzerhand die Fertigung einstellen, um nicht Verluste zu erleiden?
So einfach ist die Entscheidung nicht. Die Einstellung der Fertigung dieses Produktes ist

richtig, wenn man stattdessen ein Produkt herstellen und absetzen kann, das Gewinn bringt. Wenn aber z.B. ein Konjunkturabschwung nur die Entscheidung offen läßt, mit Verlust zu produzieren und zu verkaufen oder die vorhandene Produktionskapazität zum Teil oder ganz ungenutzt zu lassen, dann muß bedacht werden, daß **nichts teurer ist, als ungenutzte Kapazität.** Denn ungenutzte Kapazität verursacht Kosten ohne Gegenleistung.

Die Kosten, die ununterbrochen mit einem festen Betrag monatlich anfallen, ob die Kapazität genutzt wird oder nicht, werden in der Kostenrechnung **Fixkosten** genannt. Fixkosten sind daher immer Gemeinkosten. ∗

∗ 735

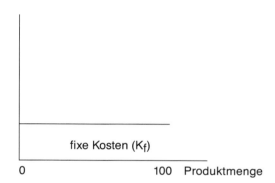

Abbildung 171: Fixkosten

Einige Kostenarten gehören eindeutig zu den Fixkosten. Für diese Kostenarten fallen auch Kosten an, wenn der vorhandene Produktionsapparat überhaupt nicht genutzt würde. Es sind die Kosten der obersten Unternehmensleitung, es sind Gemeinkostenlöhne für Bewachung, für unabdingbare Hausmeisterarbeiten (Heizung, Wartung von Sicherheitseinrichtungen und dergl.), u.U. Löhne und Gehälter für eine Stammbelegschaft, ohne die der Betrieb nicht wieder produzieren könnte; es sind einige Gebühren und Steuern, die unabhängig von Produktion und Umsatz zu zahlen sind, z.B. Kfz.-Steuer, schließlich sind es die Fremdkapitalzinsen, Miete und wenige andere Kostenarten.
Dagegen heißen diejenigen Kosten, die variabel in Abhängigkeit von der Produktionsmenge entstehen, also die Einzelkosten und die mehr oder weniger proportional zu ihnen anfallenden Gemeinkosten, **variable Kosten.**

Fixkosten und **variable Kosten** sind **immer auf einen Zeitraum bezogen fix bzw. variabel,** nicht etwa je Produkteinheit. ∗ ∗

∗ 736
∗ 737

Es gibt variable Kosten, die sich direkt proportional zur produzierten Menge verhalten. Es sind die direkt den Produkten zurechenbaren Einzelkosten (Fertigungsmaterial und Fertigungslohn), einige Hilfsstoffarten wie auch nutzungsbezogene kalkulatorische Abschreibungen.
Eine ganze Reihe von Kostenarten sind jedoch **Mischkosten.** Sie enthalten teils fixe und teils variable Kostenteile. Wasserkosten und Stromkosten, Betriebsstoffe ebenso wie Sozialkosten enthalten neben fixen variable, abhängig von der Produktionsmenge anfallende Kostenanteile.

Durch **Gemeinkostenauflösung** wird kostenstellenweise jede Mischkostenart in einen fixen (produktionsmengenunabhängigen) und einen variablen (produktionsmengenabhängigen) Anteil zerlegt. ∗

∗ 738

2.7 Kostenrechnung

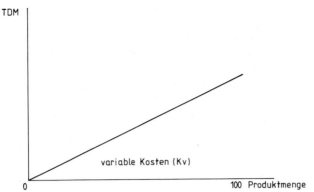

Abbildung 172: Variable Kosten; (hier mengenproportional (= linear) dargestellt)

Den Kosten steht als Wert der Leistung der erzielbare Erlös gegenüber:

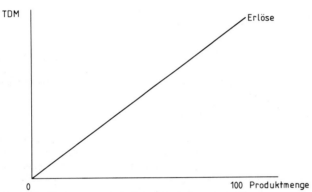

Abbildung 173: Umsatzerlös (Stückpreis x umgesetzte Menge)

Produziert man Güter, deren Marktpreis zwar nicht die vollen Kosten deckt, aber doch mehr als die variablen Kosten, dann leistet deren Produktion und Umsatz einen Deckungsbeitrag zu den Fixkosten.

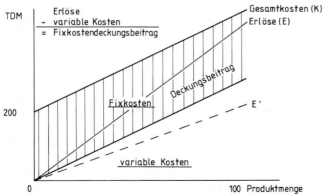

Abbildung 174: Gegenüberstellung von Erlös und Kosten

Deckt dagegen der Marktpreis nicht einmal die variablen Kosten (in Abb. 174 die gestrichelte Erlöskurve E'), dann treten zu den nicht gedeckten fixen Kosten ungedeckte variable Kosten hinzu; der Verlust (der Anteil der nicht gedeckten Kosten) vergrößert sich. Deshalb wird man kein Produkt herstellen, dessen Marktpreis nicht einmal seine variablen Kosten deckt.∗ ∗ 739

Die Deckungsbeitragsrechnung, die auch **Fixkostendeckungsrechnung** genannt wird, erfordert eine Aufgliederung der Kostenarten in fixe und variable Kosten.

Da die traditionellen Systeme der Kostenzurechnung, die vom Verursachungsprinzip ausgehen, bei Unterbeschäftigung der Unternehmung zu zufallsbedingten »Selbstkosten« der Erzeugnisse führen, sind zusätzliche Erkenntnisse nötig, wie ein Verlust verringert werden kann.

Die Deckungsbeitragsrechnung geht vom **Kostentragfähigkeitsprinzip** aus. Sie fragt nicht, welche Kosten die Kostenträger tragen müssen, sondern welche Kosten sie tragen können. Zuerst wird ermittelt, welche Erlöse für die Produkte erzielbar sind, dann werden ihre variablen Kosten abgezogen. Der verbleibende Erlösteil ist der Deckungsbeitrag zu den Fixkosten.

Kalkulationsschema: Erzielbare Umsatzerlöse
　　　　　　　　　　　− Einzelkosten　　　　　　　） Variable
　　　　　　　　　　　− variable Gemeinkosten　） Kosten
　　　　　　　　　　　= Fixkostendeckungsbeitrag∗ ∗ 740

Die Deckungsbeitragsrechnung muß für jede Produktart des Produktionsprogramms durchgeführt werden. Als Ausgangsbasis kann die traditionelle Kostenarten-, Kostenstellenrechnung dienen, wobei die Aufteilung in fixe und variable Gemeinkosten kostenartenweise auf den Kostenstellen vorzunehmen ist.

Nachdem für jedes Produkt errechnet ist, welchen Deckungsbeitrag es beim Verkauf erbringt, nimmt man in das Produktionsprogramm zuerst das Produkt mit dem höchsten Fixkostendeckungsbeitrag in der absetzbaren Menge auf, danach das Produkt mit dem nächstfolgenden Deckungsbeitrag in der absetzbaren Menge und so weiter, bis die verfügbare Fertigungskapazität ausgenutzt ist bzw. bis kein weiteres Produkt bei Fertigung mit der Restkapazität einen Fixkostendeckungsbeitrag erbringt. Auf diese Weise wird der durch Unterbeschäftigung der Unternehmung ungedeckte Fixkostenrest so weit wie möglich reduziert.∗ ∗ 741

Es versteht sich, daß auf lange Sicht eine Teilkostendeckung nicht ausreicht und notfalls durch Kapazitätsanpassung an veränderte Markterfordernisse wieder eine Phase der Vollkostendeckung erreicht werden muß.

Die Teilkostenkalkulation bietet für bestimmte Zwecke Entscheidungsgrundlagen, die sich aus der traditionellen Vollkostenrechnung nicht ergeben. Eine Vollkostenkalkulation ist aber für den Normalfall unentbehrlich. In der Praxis werden daher beide Verfahren zugleich, manchmal in Kombination angewendet.

In der Betriebsabrechnung erfordert dies eine Aufgliederung der Spalten der Soll- und Istkosten (monatlich und aufgelaufen) in fixe und variable Anteile der einzelnen Kostenarten. Für den Kostenstellenleiter hat die Aufgliederung zusätzliche Vorteile. Er sieht, welche Kosten ihm als Fixkosten belastet werden. Gegen manche wird er längerfristig durch Rationalisierungsvorschläge angehen können (z.B. Raum abgeben, den er nicht benötigt, auf innerbetriebliche Transportwege oder Transportmittel einwirken, um weniger Transportkostenumlage abzubekommen usw.). Er sieht daneben die variablen Gemeinkosten, die er unmittelbar durch wirtschaftliches Verhalten beeinflussen kann.

Abschließend wird hier ein Ausschnitt eines Stellenkostenbogens gezeigt, mit einer Aufgliederung der Kopfspalte, wie sie als Voraussetzung für eine Deckungsbeitragsrechnung notwendig ist.

2.7 Kostenrechnung — Teil 1: 2 Betriebswirtschaft

Stellenkostenblatt			Monat:		19
Kostenst.: Schlosserei		Nr. 8412	Leiter:		

1 Bezugsgröße: Fertigungsstunden
2 Planbeschäftigung: 12.000 Std.
3 Sollbeschäftigung: 10.800 Std.

prop. Planverrechnungssatz f. Kostenstelle Schlosserei: DM ..,.. je F.-Stunde

	Kostenarten	Kostenart Nr.	Istkosten insgesamt	Istkosten fixe	Istkosten prop.	prop. Sollkosten	Verbrauchsabweichungen
5	Fertigungslöhne für Erzeugnisse	4 100	27 905	—	27 905	26 700	+ 1205
6	Fertigungslöhne für interne Aufträge	4 170	1 310	—	1 310	1 170	+ 140
7	Summe Fertigungslöhne		29 215	—	29 215	27 870	+ 1345
8	Rüstlöhne	4 180	3 390	—	3 390	3 280	+ 110
9	Zusatzlöhne	4 185	1 430	420	1 010	990	+ 20
10	Hilfslöhne für Meister, Kontr. usw.	4 188	3 920	3 100	820	760	+ 60
11	Lohnzuschläge für Überzeit, Schicht, Akkord	4 190	735	—	735	720	+ 15
12	Gehälter	4 200	1 600	1 600	—	—	—
13	Werkzeuge, Meßwerkzeuge	4 430	450	70	380	350	+ 30
14	Öle, Fette, Schmierstoffe	4 480	188	—	188	160	+ 28
15	Treib- und Heizstoffe	4 490	990	—	990	950	+ 40
16	Elektromaterial	4 510	280	—	280	270	+ 10
17	Autoreifen, Treibriemen	4 530	70	—	70	70	—
18	Büromaterial, Drucksachen, Packmaterial	4 570	55	55	—	—	—
19	Reinigungsmittel	4 580	202	150	52	40	+ 12
20	Innenleistungen	4 660	620	400	220	250	− 30
21	Fehlerbeseitigung + Nacharbeit	4 730	435	210	225	180	+ 45
22	Ausschuß	4 750	470	—	470	420	+ 50
23	Kalk. Zinsen	4 801	1 920	1 920	—	—	—
24	Kalk. Abschreibungen	4 800	4 500	4 500	—	—	—
25	Kalk. Energiekosten	4 860	1 860	1 860	—	—	—
26	Kalk. Raumkosten	4 870	640	640	—	—	—
27	Kalk. Leistungsanteil	4 881	2 700	2 700	—	—	—
28	Summe Istkosten		55 670				
29	Summe fixe Kosten			17 625			
30	Summe proportionale Istkosten				38 045		
31	Summe proportionale Sollkosten					36 310	
32	Summe Verbrauchsabweichungen						1735

Abbildung 175: Beispiel eines Stellenkostenbogens mit fixen und variablen GK

2.7.5 Der Zusammenhang zwischen Beschäftigungsgrad und Ergebnis

2.7.5.1 Der Begriff Beschäftigungsgrad

Der Begriff »Beschäftigungsgrad« ist mißverständlich. Er bezieht sich nicht auf Personen und deren Beschäftigung. Es ist ein traditioneller Begriff für die Beschäftigung des Unternehmens.

Mit »Beschäftigung« ist die Nutzung der verfügbaren Produktionskapazität gemeint. Vollbeschäftigung (Beschäftigungsgrad = 100 %) ist jedoch nicht gleichbedeutend mit hundertprozentiger Ausnutzung der technischen Kapazität.

Würde man die technische Produktionskapazität einer Unternehmung ständig zu hundert Prozent nutzen, dann wäre unverhältnismäßig hoher Verschleiß die Folge, Wartungszeiten kämen zu kurz; selbst kleine Ausfälle würden die Produktion erheblich stören. ∗   ∗ 742

In der Regel wird deshalb eine geringere als die technisch mögliche Maximalausnutzung der Kapazität, nämlich die wirtschaftlich optimale Kapazitätsausnutzung angestrebt, so daß das wirtschaftliche Optimum der Kapazitätsausnutzung als Vollbeschäftigung gilt:

Vollbeschäftigung = Optimale Kapazitätsausnutzung

Angenommen, die wirtschaftlich optimale Kapazitätsausnutzung liegt bei 80 % der technischen Kapazität, dann ist

Kapazitätsausnutzungsgrad 80 % = Vollbeschäftigung
= Beschäftigungsgrad 100 %

Den jeweiligen (Ist-) Beschäftigungsgrad ergibt die Formel:

$$\text{Beschäftigungsgrad} = \frac{\text{Istbeschäftigung} \times 100}{\text{Vollbeschäftigung}} = n \, \% \, \ast$$

∗ 743

Ist die Vollbeschäftigung Planziel der bevorstehenden Planperiode, dann gilt auch:

$$\text{Beschäftigungsgrad} = \frac{\text{Istbeschäftigung} \times 100}{\text{Planbeschäftigung}} = n \, \%$$

Da Vollbeschäftigung nicht hunderprozentige Kapazitätsausnutzung bedeutet, kommen Beschäftigungsgrade von über 100 % vor; z.B. wenn mehr produziert wird als planmäßig vorgesehen ist. ∗   ∗ 744

2.7.5.2 Gesamtkostenkurve und Erlöskurve

Die folgenden Überlegungen gehen davon aus, daß die im Rahmen einer gegebenen Produktionskapazität herstellbare Menge durchweg zu einem bestimmten Stückpreis absetzbar ist.

Die **Erlöskurve (E)** ist dann das Produkt aus Stückpreis (e) mal Stückzahl (m). Es ergibt sich ein bei Null beginnender, zur Menge proportionaler, daher linearer Verlauf.

$$E = e \cdot m$$

Eine graphische Gegenüberstellung der **Erlöskurve** und der **Gesamtkostenkurve** zeigt als Saldo (Differenzbetrag) das **Ergebnis** für jede im Rahmen der gegebenen Kapazität herstellbare Produktmenge. **Erlöse − Gesamtkosten = Ergebnis.** ∗   ∗ 745

2.7 Kostenrechnung

Die Gesamtkostenkurve enthält **Fixkosten** (auch Kapazitätskosten, Bereitschaftskosten, beschäftigungsunabhängige Kosten, feste Gemeinkosten genannt) und **variable Kosten**. Sie hat also schon bei der Produktionsmenge Null die Höhe der Fixkosten und verläuft entsprechend dem Verhältnis von variablen Kosten zur produzierten Stückzahl mit der Menge ansteigend. Steigen die variablen Kosten (mengenabhängige Kosten = Einzelkosten + beschäftigungsabhängige Gemeinkosten) proportional (linear) zur hergestellten Stückzahl, dann verläuft bei unveränderter Kapazität auch die Gesamtkostenkurve linear (Siehe Abb. 176).

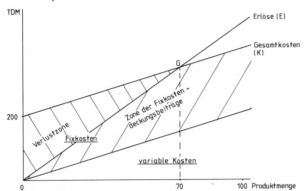

Abbildung 176: Das Ergebnis aus Erlös und Gesamtkosten (mit mengenproportionalen variablen Kosten) in Abhängigkeit vom Beschäftigungsgrad
(E = Erlöskurve; K = Gesamtkostenkurve; G = Gewinnschwelle)

Die Darstellung zeigt, daß eine geringe Umsatzmenge noch nicht die Erlöskurve über die Gesamtkostenkurve kommen läßt. Über die variablen Kosten hinaus müssen die Fixkosten gedeckt werden, ehe man am Punkt G (hier bei der Menge 70.000 Stück) aus der Verlustzone **über die Gewinnschwelle in die Gewinnzone** kommt. Die Gewinnschwelle wird zumeist englisch **Break-even-point** genannt.

Der Systemdarstellung liegt die Gesamtkostenformel

Gesamtkosten = Gesamtfixkosten + gesamte variable Kosten

zugrunde:

$$K = K_f + K_v$$

Während die Fixkosten für die unterschiedlichen Beschäftigungsgrade einer unveränderten Kapazität Monat für Monat unverändert fest sind, verändern sich die als mengenproportional angenommenen variablen Gesamtkosten K_v mit der gefertigten Menge. Handelt es sich der Art nach nur um ein einziges Produkt, dann schreibt man für K_v besser $k_v \cdot m$, wobei k_v die variablen Kosten je Produkteinheit und m die Menge bezeichnet. Das ergibt:

$$K = K_f + k_v \cdot m$$

Bei der Menge, bei der sich die lineare Erlöskurve und die lineare Gesamtkostenkurve schneiden, beginnt der Betrieb Gewinn zu machen. Der Break-even-point liegt also bei der Menge, bei der sich $E = e \cdot m$ und $K = K_f + k_v \cdot m$ schneiden. Beide Funktionen haben hier die gleiche Größe:

$$e \cdot m = K_f + k_v \cdot m$$

Löst man die Gleichung nach m auf, dann erhält man für die Gewinnschwellenmenge (m_G) bei linearer Erlös- und linearer Gesamtkostenkurve folgenden Ausdruck:

$$m_G = \frac{K_f}{e - k_v}$$

Unterstellt man, wie in der Darstellung Abbildung 176, daß die variablen Kosten durchweg mengenproportional anfallen, dann führt das zu dem Schluß, daß stets die höchstmögliche Beschäftigung, nämlich die hundertprozentige Kapazitätsausnutzung den größten Gewinn bringt.

Empirische Kostenaufnahmen haben jedoch gezeigt, daß die variablen Kosten in unterschiedlichem Maße auch unterproportional (degressiv) oder überproportional (progressiv) anfallen können.

Einen Gesamtkostenverlauf mit teils proportionalem, teils unter- und teils überproportionalem Verlauf der variablen Kosten zeigt die graphische Darstellung in Abb. 177. Die Kurve verläuft spiegelbildlich s-förmig.

Während die Fixkosten beschäftigungsunabhängig bei jeder Produktmenge die gleiche Höhe haben (in der Abbildung 200 TDM), steigen die in der Darstellung darübergelegten variablen Kosten im unteren Beschäftigungsbereich proportional (linear) zur produzierten Menge an. Das heißt, jede zusätzliche Produkteinheit verursacht so viel variable Kosten wie die vorangehende. Im weiteren Kurvenverlauf nehmen die variablen Gesamtkosten langsamer zu als die produzierte Menge. Die Kurve krümmt sich nach rechts. Die Betriebsmittelkapazität läßt hier in einem gewissen Bereich eine Produktionsmengensteigerung zu, ohne daß für einige fertigungsbedingte Kostenarten die Kosten in gleichem Maße steigen. So steigen z.B. die Energiekosten eines laufenden Betriebsmittels prozentual nicht im selben Maße wie seine Kapazitätsausnutzung. Dasselbe Betriebsmittel kann aber bei weiter steigender Produktionsmenge je bearbeitete Mengeneinheit überproportional steigende Kosten mit sich bringen, wenn seine Nutzung die Grenzen der Kapazität erreicht. Wird die Beschäftigung wegen guter Auftragslage oder aus anderen Gründen so gesteigert, daß Überstundenlöhne, Leistungsprämien und überdurchschnittliche Instandhaltungskosten hinzukommen, dann steigen die variablen Kosten im Verhältnis zur gleichmäßig steigenden Produktmenge drastisch überproportional an (Linkskrümmung der Kurve).

Die Erlöskurve (E) ist mengenproportional als Produkt aus Stückerlös (hier 11,— DM) mal Menge eingezeichnet.

Die Differenz zwischen Gesamtkostenkurve und Erlöskurve, das Ergebnis (es entspricht dem Betriebsergebnis der Kosten- und Leistungsrechnung), kann für jeden Kapazitätsausnutzungsgrad abgelesen werden.

2.7.5.3 Der Zusammenhang zwischen Gesamt- und Stückkosten

Teilt man die in Abb. 177, zu a) dargestellten Gesamtkosten (K) schrittweise für jede realisierbare Produktionsmenge durch die Stückzahl, dann ergibt sich jeweils ein Durchschnittskostenbetrag für eine Produkteinheit. Das Vorgehen entspricht dem der einfachen Divisionskalkulation. Es ergeben sich Stückkosten oder allgemeiner gesagt Einheitskosten.∗ ∗ 746
Im unteren Teil der Abb. 177 kann man sehen, wie die aus der darüber befindlichen Gesamtkostenkurve errechnete Einheitskostenkurve (Durchschnittskostenkurve für eine Produkteinheit) aussieht. Sie zeigt, wie sich die Durchschnittskosten für die Herstellung einer Produkteinheit durch unterschiedliche Kapazitätsausnutzung ändern.

Die Tabelle, Abb. 178, gibt in ihren Spalten 3 und 6 dasselbe in Zahlen wieder.

2.7.5.4 Vier »kritische Punkte«

Kostenkurven und Erlöskurven zeigen als Differenz **das Ergebnis** für jeden beliebigen Beschäftigungsgrad. Eine Reihe von Punkten auf den Kostenkurven (Wendepunkte und Schnittpunkte mit anderen Kurven) geben nützliche Hinweise für Entscheidungen.

2.7 Kostenrechnung

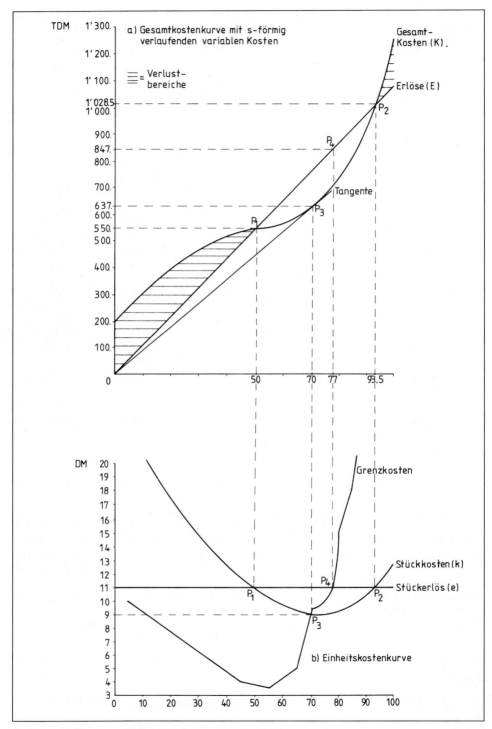

Abbildung 177: Kosten- und Erlöskurven in Bezug zum Beschäftigungsgrad

Teil 1: **2 Betriebswirtschaft** 2.7 Kostenrechnung

	Stück Menge m	Umsatz-Erlös (E) DM 11 DM/Stück	Gesamt-kosten (K) Statist. ermittelt	Grenz-kosten (k') DM $K_m - K_{m-1}$	Ergebnis DM Sp. 2–3	Stück-kosten (k) DM Sp. 3 : 1
	1	2	3	4	5	6
	0	—	200.000		− 200.000	—
	10.000	110.000	300.000	→ 10,00	− 190.000	30,00
	20.000	220.000	385.000	→ 8,50	− 165.000	19,25
	30.000	330.000	455.000	→ 7,00	− 125.000	15,17
				→ 5,50		
	40.000	440.000	510.000	→ 4,00	− 70.000	12,75
P1	50.000	550.000	550.000	→ 3,50	± 0	11,00
	60.000	660.000	585.000	→ 5,20	+ 75.000	9,75
P3	70.000	770.000	637.000	→ 9,38	+ 133.000	9,10
	71.000	781.000	646.384	→ 9,46	+ 134.616	9,104
	72.000	792.000	655.848	→ 9,47	+ 136.152	9,109
	73.000	803.000	665.322	→ 9,48	+ 137.678	9,114
	74.000	814.000	674.806	→ 9,49	+ 139.194	9,119
	75.000	825.000	684.300	→ 9,58	+ 140.700	9,124
	76.000	836.000	693.880	→ 9,90	+ 142.120	9,13
P4	77.000	847.000	703.780	→ 11,09	+ 143.220	9,14
	78.000	858.000	714.870	→ 11,93	+ 143.130	9,165
	79.000	869.000	726.800	→ 14,80	+ 142.200	9,20
	80.000	880.000	741.600	→ 18,09	+ 138.400	9,27
	90.000	990.000	922.500	→ 30,29	+ 67.500	10,25
P2	93.500	1.028.500	1.028.500	→ 37,15	± 0	11,00
	100.000	1.100.000	1.270.000		− 170.000	12,70

Abbildung 178: Tabellarische Auswertung der Abb. 177

Hier werden vier »kritische Punkte«, wie sie auch genannt werden, erörtert, weil sie für die Planung des Beschäftigungsgrades besonders wichtig sind.
Im Gegensatz zur vereinfachten Darstellung mit durchgehend linearen Kostenkurven, verlaufen in Abb. 177 im **ersten Schnittpunkt** (P1) der Gesamtkostenkurve mit der Erlöskurve, dem **Break-even-point,** die variablen Gesamtkosten unterproportional, steigen bald aber zunehmend an, so daß sich eine linsenförmige Gewinnzone (Gewinnlinse) bildet, an deren Ende der **zweite Schnittpunkt** (P2) der Gesamtkostenkurve mit der Erlöskurve, die **Gewinngrenze,** liegt.
Die Stückerlöskurve (e) gibt in Abb. 177, zu b) an, daß unabhängig von der umgesetzten Menge je Produkteinheit 11,— DM erzielt werden.
Die (lineare) Stückerlöskurve schneidet die Stückkostenkurve bei denselben Erzeugnismengen, bei denen die Gesamterlöskurve die Gesamtkostenkurve schneidet.

P1: In der graphischen Darstellung (Abb. 177 zu a) ist bei 50.000 Stück der erste Schnittpunkt der Erlöskurve mit der Kostenkurve; Erlös und Kosten sind hier gleich (Ergebnis = 0).
Hier ist der Break-even-point, die Gewinnschwelle. Die Gewinnzone beginnt. ∗   ∗ 747

P2: Bei 93.500 Stück, am zweiten Schnittpunkt von Erlös- und Kostenkurve, ist die Gewinngrenze (Ergebnis auch hier = 0). ∗   ∗ 748

2.7 Kostenrechnung

Sowohl aus der **Gesamtkostenkurve** als auch aus der Einheitskostenkurve ergibt sich, daß die Gewinnzone bei einer Fertigung von 50.000 Stück beginnt und bei 93.500 Stück durch Kostenanstieg endet. **Bei beiden Mengen sind die Gesamtkosten gleich den Erlösen und die Stückkosten gleich dem erzielbaren Stückpreis** (11,— DM). Das Ergebnis ist bei beiden Mengen ± 0.

Selbstverständlich wird man stets einen Beschäftigungsgrad anstreben, der in der Gewinnzone liegt. Aber welchen?

*749 **P3: Die Stückkostenkurve k** (Durchschnittskostenkurve!) hat hier den Minimalkostenpunkt (= optimaler Kostenpunkt auf der Gesamtkostenkurve). Aus der Stückkostenkurve geht hervor, daß bei einer Fertigung von 70.000 Stück dieser Minimalkostenpunkt mit den **niedrigsten Stückkosten** (9,10 DM) erreicht wird **(Punkt 3).** *

*750 **Auf der Gesamtkostenkurve findet man den optimalen Kostenpunkt, indem man vom Nullpunkt des Koordinatensystems eine Tangente (T) an die Gesamtkostenkurve legt.** *

Da am Minimalkostenpunkt der Unterschied zwischen Stückkosten und Stückpreis am größten ist, kann man annehmen, daß die Produktmenge dieses Punktes auch das Gewinnmaximum erbringt. Das ist aber nicht so, denn eine geringfügig größere Menge kann zwar nur mit progressiv zunehmenden Stückkosten gefertigt werden, sie bringt aber, wenn auch für jedes weitere Stück weniger, zusätzlichen Gewinn.

P4: Dies ist der Maximalgewinnpunkt. Das Gewinnmaximum wird durch diejenige Produktmenge erreicht, bei der der senkrechte (!) Abstand zwischen Gesamtkosten- und Erlöskurve am größten ist.

Sie kann auf verschiedene Weise mathematisch ermittelt werden. In der statistischen Tabelle (Abb. 178) geschieht es durch schrittweise Analyse des Bereichs zwischen den beiden besten Ergebniszahlen (+ 133.000 und + 138.400 DM, oberhalb des Minimalkostenpunktes), die sich aus Schritten von je 10.000 Stück Fertigungsmengenunterschied ergeben haben. Der genauer zu untersuchende Bereich wurde in der Tabelle grau unterlegt und in Schritten von je 1.000 Stück Fertigungsmengenunterschied analysiert.

Bei Mengenunterschieden von je 1.000 Stück zeigt sich das Gewinnmaximum von 143.220 DM bei 77.000 Stück. Die durchschnittlichen Stückkosten betragen bei dieser Menge 9,14 DM.

Rechnerisch findet man diesen Punkt mit Hilfe der »Grenzkosten«.

Grenzkosten sind der absolute Kostenzuwachs durch Herstellung einer weiteren Produkteinheit. Sie werden näherungsweise ermittelt, indem man die Gesamtkostendifferenz zwischen zwei angrenzenden Fertigungsmengen errechnet und den Betrag durch den Mengenunterschied teilt (siehe Tabelle, Abb. 178, Spalte 4).

Die **Grenzkostenkurve** schneidet die Stückkostenkurve (k) im Minimalkostenpunkt (P3). Bei weiterer Erhöhung der Produktionsmenge sind die Kosten für jedes zusätzliche Stück größer als die durchschnittlichen Stückkosten. Das bedeutet, daß der Kostenzuwachs für jede weitere Produkteinheit von dieser Menge an die durchschnittlichen Stückkosten erhöht. Der Gesamtgewinn nimmt aber noch zu.

Danach schneidet die **Grenzkostenkurve** im Punkt P4 die Stückerlöskurve (e). Dieser Schnittpunkt gibt die Menge an, die den höchsten Gesamtgewinn erbringt. **Das heißt, wo Grenzkosten gleich Grenzerlös (= erzielbarer Stückpreis) sind, liegt der**
*751 **Maximalgewinnpunkt.** *

Bei weiterer Erhöhung der Produktionsmenge ist der Kostenzuwachs pro Stück größer als der Stückerlös, so daß trotz Mehrumsatzes der Gewinn sinkt, bis er an der Gewinngrenze ± 0 ist (P2).

Die Ermittlung der Gewinngrenze (P2) ist von geringerer praktischer Bedeutung, da bereits von der gewinnmaximalen Menge an jede Mehrproduktion den Gewinn mindert.

Aus den Kostenkurven und ihren Beziehungen zum Beschäftigungsgrad erkennt man, daß bei Konkurrenz am Absatzmarkt Gewinnmaximierung weniger durch hohe Preise als durch einen Beschäftigungsgrad zu erreichen ist, der etwas oberhalb der Minimalkostenkombination der Produktionsfaktoren liegt.

In der Praxis geben die Gefahren der Überbeschäftigung häufig Anlaß, die Planbeschäftigung nicht zu hoch anzusetzen. Der Grund ist die Kostenremanenz.

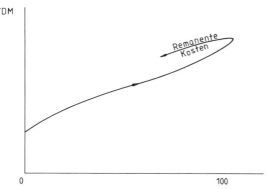

Abbildung 179: Remanente Kosten

Kosten, die einmal veranlaßt sind, lassen sich nämlich bei Produktionseinschränkung nicht so schnell abbauen, wie sie zugenommen haben. Sie verharren, vor allem infolge vertraglicher Bindungen, auf wirtschaftlich unvertretbarer Höhe und verschlechtern das Ergebnis. Bestellte Waren treffen noch ein, obgleich sie nicht mehr benötigt werden. Sie binden Kapital, kosten Zinsen und müssen evtl. mit Verlust verwertet werden. Arbeiskräfte, die man bei Hochbeschäftigung zusätzlich einstellte, können nicht sofort entlassen werden.
Die Kosten sind remanent, d.h. sie bleiben zurück und folgen dem Produktionsrückgang nicht sogleich.
Sicherheitshalber strebt man deshalb als Planbeschäftigung nicht den Maximalgewinnpunkt an, sondern den Bereich zwischen dem optimalen Kostenpunkt (P3) und dem Maximalgewinnpunkt (P4).

Um zum Abschluß dieses Abschnittes einen Eindruck zu vermitteln, wie unterschiedlich sich Kurven der Gesamtkosten wie auch von Teilkosten im Verhältnis zur Produktionsmenge verhalten können, gibt Abbildung 180 einen Überblick.

Eine möglichst richtige Gemeinkostenauflösung in fixe und variable Anteile ist Voraussetzung nicht nur für jede ordentliche Fixkostendeckungsrechnung, sondern auch für die Ermittlung der Gewinnschwelle, der Gewinngrenze, des optimalen Kostenpunktes (Minimalkostenpunkt) wie des Maximalgewinnpunktes und für die Planung eines optimalen Beschäftigungsgrades.

2.7.6 Kostenvergleichsrechnung

2.7.6.1 Zwecke und Grundlagen

Kostenvergleichsrechnungen nimmt man vor, um insgesamt eine optimale Faktorkombination zu erreichen; das heißt auf der Beschaffungsseite, um die Produktionsfaktoren nicht zu teuer einzukaufen, im Betrieb, um den organisatorischen Aufbau und die Abläufe ratio-

2.7 Kostenrechnung

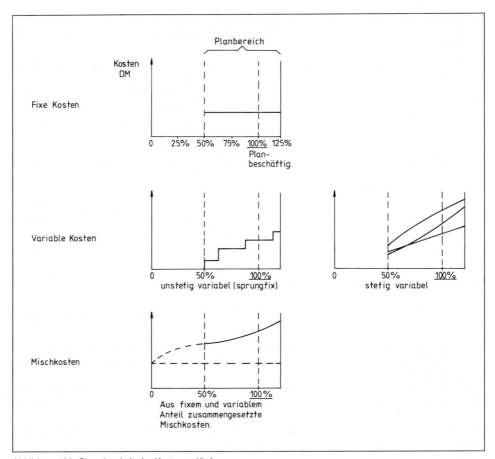

Abbildung 180: Charakteristische Kostenverläufe

nell einzurichten, um die Produkte kostengünstig zu gestalten und den Herstellungsprozeß zu optimieren.

Kostenvergleichsrechnungen haben demnach immer den Zweck, die Wirtschaftlichkeit der Leistungserstellung zu verbessern.

* 752

Im **Beschaffungsbereich** geht es um Kostenvergleiche bei der Beschaffung von Betriebsmitteln (Anlagen, Einrichtungen, Maschinen), von Werkstoffen (Roh- und Hilfsstoffe, die in die Produkte eingehen und Betriebsstoffe) und von Arbeitskräften.

Ein schwieriges Gebiet ist die praxisgerechte Kostenvergleichsrechnung für Betriebsmittelinvestitionen in der laufenden Unternehmung. Sie muß als vergleichende Investitionsrechnung in einem veränderlichen Datenkranz in wechselseitiger Abstimmung mit der Planung durchgeführt werden.

Weniger Probleme wirft der Kostenvergleich beim **Wareneinkauf** auf. Die Einkaufsabteilung muß eine gut organisierte Preiskartei führen, bei Bestellungen systematisch Preisvergleiche im Beschaffungsmarkt vornehmen und ihre Markterfahrungen der technischen Abteilung vermitteln.

Hier liegt in vielen Betrieben eine Schwachstelle der Kostenvergleichsrechnung. Die Produktgestaltung in der Entwicklungsabteilung und im Konstruktionsbüro soll einerseits Funktionstüchtigkeit und ansprechende Gestaltung gewährleisten, sie muß aber zugleich kostengünstige Materialbeschaffung (Normteile!) und rationelle Fertigungsverfahren ermöglichen. Unzureichende Kostenvergleichsrechnungen in dieser Phase haben nachhaltige Folgen.

Im **Betriebsbereich** ist die kurzperiodische, man kann sagen laufende Wirtschaftlichkeitskontrolle der Abläufe in den Kostenstellen Gegenstand der Kostenvergleichsrechnung. Hier sind Soll/Ist-Vergleiche mit Hilfe der Stellenkostenbögen und ihrer Zusammenfassungen in Bereichskostenbögen und dem Betriebsabrechnungsbogen die wichtigsten Grundlagen, wie im einzelnen ausgeführt wurde. Es werden aber auch Zeitvergleiche (= Zahlenvergleiche zwischen verschiedenen vergleichbaren Zeiträumen oder Zeitpunkten) vorgenommen und fallweise, wo dies möglich ist, auch Betriebsvergleiche. Ergänzt werden diese stellenbezogenen Kostenvergleiche durch kostenträgerbezogene Vergleiche auf der Grundlage der periodischen Betriebsergebnisrechnung und bedarfsweise auf der Grundlage der Kalkulation.

Die Qualität der Kostenvergleiche hängt weitgehend davon ab, ob Sollvorgaben auf der Basis von Plankosten vorliegen und die Aufgliederung der Gemeinkosten in fixe und variable eine aussagefähige Kosten-/Leistungsanalyse ermöglicht.

2.7.6.2 Gesamtkostenvergleiche

Abschließend werden der **Gesamtkostenvergleich** und die **Berechnung der Grenzstückzahl** dargelegt.

Grundlage der Gesamtkostenvergleichsrechnung ist die Gemeinkostenauflösung in fixe und variable Gemeinkosten, wie sie bei der Behandlung der Deckungsbeitragsrechnung erläutert wurde.

Zweck dieser Vergleichsrechnung ist es, bei Wahlmöglichkeit zwischen zwei oder mehr Produktionsanlagen zur Herstellung eines bestimmten Erzeugnisses die kostengünstigere zu bestimmen.

Das erfordert, die Jahresgesamtkosten für die geplante Erzeugnismenge zu vergleichen, die auf den verschiedenen Produktionsanlagen entstehen würden.* * 753

Die Gesamtkostenkurve verläuft in jedem praktischen Fall anders.
Hier seien lineare Gesamtkostenkurven vorausgesetzt. Die Gesamtfixkosten fallen ausnutzungsunabhängig in einem festen Jahresbetrag an (K_f) und die variablen Gesamtkosten (K_v) verlaufen durchweg mengenproportional ($k_v \cdot m$ = variable Kosten pro Stück mal Menge):

$$\text{Gesamtkosten } K = K_f + k_v \cdot m.$$

Welche von zwei oder mehreren Produktionsanlagen zur Fertigung eines bestimmten Produktes man erwerben sollte, ergibt sich aus einem **Vergleich der Jahresgesamtkosten für die geplante Produktmenge je Anlage.** Anschaffungskosten und Lebensdauer der Anlagen sind durch Abschreibungs- und Zinskosten in den Jahresfixkosten berücksichtigt.

Beispiel eines Gesamtkostenvergleichs für eine geplante Menge:	Fixkosten/Jahr	var. Kosten/Stück
Anlage A	30.000,—	6,—
Anlage B	20.000,—	8,—

Im Jahr benötigt: 70.000 Stück.

Zu A) 30.000,— + 6,— · 70.000 = 450.000,— DM Gesamtkosten
Zu B) 20.000,— + 8,— · 70.000 = 580.000,— DM Gesamtkosten

2.7 Kostenrechnung

Die Entscheidung fällt für Anlage A; ihre Jahresgesamtkosten sind für die geforderte Erzeugnismenge um 130.000,— DM niedriger als die der Anlage B.

Beim Vergleich zweier gleich leistungsfähiger Anlagen, mit denen das gleiche Erzeugnis gefertigt werden kann, kann man auch die **»Grenzstückzahl«, allgemeiner gesagt die Grenzmenge** (m_{Gr}) ermitteln. Es ist die jährliche Produktmenge, bei der beide Anlagen kostengleich sind. ✻

✻ 754

Hat eine der zu vergleichenden Anlagen sowohl niedrigere Fixkosten im Jahr als auch niedrigere variable Kosten pro Stück als die andere Anlage, dann sind die Stück- und Gesamtkosten der günstigeren Anlage für jede Stückzahl niedriger. Eine Grenzstückzahl, bei der die andere Anlage kostengünstiger würde, gibt es nicht. ✻

✻ 755

Sind aber von einer Anlage die Jahresfixkosten und von der anderen die variablen Kosten pro Stück niedriger, dann ist nach der Grenzmenge zu fragen, von welcher an die Anlage mit den höheren Fixkosten günstiger wird. ✻

✻ 756

Ermittlung nach der **Gleichsetzungsmethode:**
Durch Gleichsetzung der Jahresgesamtkostengleichungen für beide Anlagen und Auflösung nach der Menge (m), ergibt sich die Grenzmenge (m_{Gr}).

Beispiel für eine Ermittlung der Grenzmenge:
Gesamtkostengleichung $K = K_f + k_v \cdot m$

Anlage A: Jahresfixkosten 30.000 DM, variable Stückkosten 6 DM
Anlage B: Jahresfixkosten 20.000 DM, variable Stückkosten 8 DM

$$20.000 + 8 \cdot m = 30.000 + 6 \cdot m;$$
$$8 \cdot m - 6 \cdot m = 30.000 - 20.000;$$
$$2 \cdot m = 10.000;$$
$$m_{Gr} = \underline{5.000 \text{ Stück}.}$$

Sind weniger als 5.000 Stück pro Jahr zu fertigen, dann ist die Anlage mit den niedrigeren Fixkosten kostengünstiger; sind jährlich über 5.000 Stück zu fertigen, dann ist die Anlage mit den höheren Fixkosten kostengünstiger.

Zum selben Ergebnis führt die Formel für die Grenzmenge:

✻ 757
✻ 758

$$m_{Gr} = \frac{K_{fA} - K_{fB}}{k_{vB} - k_{vA}} \text{✻ ✻}$$

Zahlenbeispiel: $m_{Gr} = \dfrac{30.000 - 20.000}{8 - 6} = \dfrac{10.000}{2} = \underline{5.000 \text{ Stück.}}$

Probe:
Gesamtkosten bei 4.999 Stück?

Anlage A
K = 30.000 + 6 · 4.999
= 59.994,— DM

Anlage B
K = 20.000 + 8 · 4.999
= 59.992,— DM !

Anlage B ist kostengünstiger.

Gesamtkosten bei 5.001 Stück?

Anlage A
K = 30.000 + 6 · 5.001
= 60.006,— DM !

Anlage B
K = 20.000 + 8 · 5.001
= 60.008,— DM

Anlage A ist kostengünstiger.

Literaturverzeichnis zu 2.7

Bundesverband der Deutschen Industrie e.V. (Hrsg.):
Empfehlungen zur Kosten- und Leistungsrechnung
— Band 1: Kosten- und Leistungsrechnung als Istrechnung, Bergisch Gladbach 1988
— Band 2: Kosten- und Leistungsrechnung als Planungsrechnung, Bergisch Gladbach 1983

Hoepfner, F.G./Preißler, P.: Praxis der Betriebsabrechnung, Würzburg 1981

Seicht, Gerhard: Moderne Kosten- und Leistungsrechnung — Grundlagen und praktische Gestaltung, 4. Aufl., Wien 1984

Stichwortverzeichnis

Abbau	33,34
Abgrenzungsergebnis	295
Ablaufabschnitte	137
Ablaufanalyse	158
Ablauforganisation	113
Ablaufprinzip	180
Ablaufstruktur	260
Ablaufstufe	137
Absatzplanung	83
Abschreibungen	32
Abweichungsanalyse	300,310,314
Ähnlichkeitsbildung	265
Äquivalenzziffernkalkulation	315
Akkordlohn	194
Aktie	60,61
Aktiengesellschaft	60,61,63
Anbau	33,34
Anforderung	192
Anforderungsart	193
Angebotskurve	47
Anordnungsbeziehung	269
Anstalt	62,63
Anthropometrie	185
Arbeit	34,35
Arbeitgeberverband	67,68,70
Arbeitnehmererfindung	108
Arbeitnehmerorganisation	67
Arbeitsablauf	136,157
Arbeitsaufgabe	157,248
Arbeitsbedingungen	238,240
Arbeitsbewertung	193
Arbeitsgang	137
Arbeitsgegenstand	171
Arbeitsgestaltung	249
Arbeitsmethode	179
Arbeitspapiere	219
Arbeitsplan	134,170,174,199, 211
Arbeitsplanung	134
Arbeitsplatzgestaltung	178,186,187
Arbeitsplatztyp	179
Arbeitsschein	82
Arbeitsspeicher	277
Arbeitssteuerung	216
Arbeitsstrukturierung	121
Arbeitsstudium	130
Arbeitssystem	153,157,158,178,248
Arbeitsteilige Fertigung	87
Arbeitsteilung	153
Arbeitsverfahren	179
Arbeitsverteilung	218
Arbeitsvorbereitung	115
Arbeitsvorgang	137
Arbeitsweise	179
Artteilung	153
Aufbauorganisation	112,113
Aufbaustruktur	258
Aufgabenanalyse	118
Aufgabenbereicherung	190
Aufgabendurchführung	216,229
Aufgabenerweiterung	190,191
Aufgabensynthese	118
Aufgabenwechsel	190
Auftrag	198
Auftragsabwicklung	216
Auftragsdisposition	201
Auftragssteuerung	217
Auftragsstückliste	82
Auftragszeit	138
Aufwand	29,193,290,291,295,296
Aufwendung	291
Ausführungszeit	138
Ausgabe	158,290,296
Ausgabenpolitik	44,49
Ausland	37,39
Außenfinanzierung	31,32
Auswertung	295,296,297,298
Automatische Fertigung	185
AWF-Maschinenkarte	172
BAB	305,306,308,310
Balkendiagramm	162
Bebauung	34
Bedarfsplanung	196
Bedarfsdeckung	25
Bedürfnisse	19,20,21,23
Beleg	304,310
Belegungsplan	201
Belegungszeit	140
Beleuchtung	187
Bereitstellung	201,217
Bereitstellungstermin	201
Bericht	221
Beschaffungsfunktion	79
Beschäftigungsgrad	323,328
Bestandsänderung	29,293,294,295
Bestellmenge	198
Bestellung	199
Betrieb	75
Betrieblicher Wirtschaftsschutz	109
Betrieblicher Kreislaufprozeß	104
Betriebliches Vorschlagswesen	108
Betriebsabrechnung	236,295,296,297, 300,301,302,304,305,306,312,321
Betriebsabrechnungsbogen	298,306, 308,310
Betriebsbuchhaltung	296
Betriebsdatenerfassung	235,280
Betriebsergebnis	295
Betriebsergebnisrechnung	298,299,311, 312,331
Betriebsertrag	294,295
Betriebskalender	231
Betriebsmittelbedarf	197
Betriebsmittelbereitstellung	201

Betriebsmittelkarteikarte	172
Betriebsorganisation	130
Betriebsstättenplanung	151
Betriebsstoff	177
Bewegungsablauf	190
Bewegungsanalyse	150,190
Bewegungselemente	137,150
Bewegungsgeschwindigkeit	146
Bewegungsgrundelemente	149
Bewegungsverdichtung	191
Bewegungsvereinfachung	190
Beziehungszahlen	28
Bezugsbasis	302,309
BGB-Gesellschaft	55
Blechaufteilungsplan	198
Blendung	188
Boden	33,34,35
Brachzeit	142
Break-even-point	324,327
Breitstaffelkartei	275
Brutto-Investition	32
Bruttosozialprodukt	39
Buchungsbeleg	305,314
COMECON	72
Daten- und Zeitermittlung	142,143
Datenart	255,256
Datenbank	287
Datenbankprogramm	287
Datenbezug	255
Datenerfassung	280
Datenflußplan	281
Datenschutz	285
Datenträger	277
Datenverarbeitung	275
Deckungsbeitrag	320
Deckungsbeitragsrechnung	318,321
Deflation	48
Diagramm	267
Dienstleistungen	20,22
Dienstleistungsbetrieb	33,76
DIHT	69,70
Diskette	278
Disponieren	201
Divisionskalkulation	314
Durchführungszeit	227
Durchlaufzeit	169,226
Durchschnittskostenkurve	236,328
EFTA	72
EG	70
Eigenfinanzierung	31,32
Eigenkapital	31,32
Eignungspotential	87
Einführung (neuer Produktionsverfahren)	135
Eingabe	158
Einheitskosten	326

Einkommensverteilung	42
Einnahme	290,293,296
Einzelarbeit	248
Einzelauftrag	199
Einzelbereitstellung	207
Einzelfertigung	134,201
Einzelkosten	301,304,305,310,319
Einzelunternehmung	54,63
Entlohnungsgrundsatz	192
Entlohnungsmethode	192
Erfolgsmeßzahl	29
Erfolgsquellenanalyse	299,312
Erfolgsrechnung	299,312
Ergebnis	295,323,326
Ergonomie	84,185
Erholungszeit	140
Erlös	29,293,294,320
Erlöskurve	323,326,327
Ersatzinvestition	30,32,37
Ersparnis	37
Ersparnisprämie	194
Erstellung (neuer Produkte)	134
Erstinvestition	30
Ertrag	29,290,293,295,296
Erweiterungsinvestition	30,31
Erzeugnisgliederung	136,204,265
Etablissementsbezeichnungen	51
Europäische Freihandelszone	72
Europäische Gemeinschaft	70
Existenzsicherung	26
Expansionsstreben	26
Export	39
Fachverband	69
Fertigteil	207
Fertigung, arbeitsteilige	87
Fertigung, automatische	185
Fertigungsablauf	174
Fertigungsablaufplanung	153
Fertigungsfamilie	266
Fertigungsfunktion	80
Fertigungskosten	309,313,317
Fertigungsorganisation	114
Fertigungsplanung	134,170
Fertigungssteuerung	225
Fertigungsverfahren	153
Finanzbuchhaltung	295
Finanzierung	31,54,56,57,58,59,61
Finanzierungsarten	31,32
Firma	51,54,55,56,57,59,60
Fixkosten	319,320,321,324,326
Fixkostendeckungsbeitrag	320
Fixkostendeckungsrechnung	321,329
Fließarbeit	183
Fließfertigung	182
Fließfertigung, verfahrenstechnische	185
Flußdiagramm	161
Flußprinzip	155,180
Folgestruktur	282

Fördergut	155	Handelsregister	51,53,54,55,56,57,58
Fördermenge	156	Handwerk	76
Fördern	185	Hängetasche	274
Förderweg	155	Hardware	279
Fremdfinanzierung	31,32	Hauptfunktion	211
Fremdkapital	31,32	Hauptnutzungszeit	142
Fristenplan	166	Hauptziele	27
Funktion	211	Haushalte, öffentliche	37
Funktionalsystem	126	-, private	35
Funktionsanalyse	212	Herstellkosten	294,295,299,309,310,313,317
Funktionsklasse	211	Hilfsstoff	176,207
GATT	73	**I**dealtyp	40
Gebrauchsfunktion	211	IHK	69,70
Gebrauchsgüter	20,21	Import	39
Geld	45,46	Indexzahlen	28
Geldkreislauf	36,45	Individualbedürfnisse	19
Geldschöpfung	45	Industrie- und Handelskammer	53,68, 69,70
Geldstrom	36		
Geltungsfunktion	211	Industriebetrieb	78
Gemeinkosten	302,304,305,307,309, 310,316,318,319,331	Inflation	47,48
		Information	245
Gemeinkostenauflösung	319,329,331	Informationsaustausch	247
Gemeinkostenzuschlagsatz	315	Informationsflußplan	246
Gemeinnützigkeit	25	Informationsträger	246
Genossenschaft	62	Informationswahrnehmung	189
Gesamtablauf	137	Innenfinanzierung	31,32
Gesamtkostenkurve	323,326,331	Innovation	77
Gesamtkostenverfahren	312	Inspektion	242
Gesamtkostenvergleich	331	Instandhaltung	241,242
Geschäftsbuchhaltung	295,296,298,304	Instandsetzung	242
Geschäftsführung	51,53,54,55,56,57,59,60	Intensität	146
Gewerkschaft	67	Internationaler Währungsfonds	73
Gewinn	295	Investition	30
Gewinngrenze	327,328,329	Investitionsarten	30,31,32
Gewinnmaximierung	329	Investitionsbegriffe	32
Gewinnmaximum	328	Istkosten	301
Gewinnschwelle	324,327,329	Istkostenerfassung	299
Gewinnstreben	25,27	IWF	73
Gleichsetzungsmethode	332		
Gliederungszahlen	28,29	**J**ahresfehlbetrag	295
Globalsteuerung	42,44,49	Jahresüberschuß	295
GmbH	58,59,60,63		
Graphikprogramm	287	**K**alkulation	295,296,298,299,300, 313,317,318,331
Grenzkosten	328		
Grenzmenge	332	Kalkulationsprogramm	287
Grenzstückzahl	331	Kammer	68
Grundkapital	60,61	Kapazität	97,223
Grundkosten	292,293,297,304	Kapazitäten (des Arbeitssystems)	158
Grundlohn	193	Kapazitätsauslastung	99
Grundzeit	139	Kapazitätsausnutzung	26
Gruppenarbeit	248	Kapazitätsermittlung	223
Gruppenfertigung	81	Kapital	34,35
Güter	20,21	Kapitalgesellschaft	58,63
Güterknappheit	21,22,23	Kapitalgüter	35
Güterstrom	35	Kartell	64
Haftung	51,53,54,56,57,58,60,61	Kennzahlen	24,29,30,222
Halbzeuge	207	Kollektivbedürfnisse	19
Handelskammer	53,68,69,70		

Stichwortverzeichnis

Kommanditgesellschaft	57
Kommanditgesellschaft auf Aktien	62
Kommanditist	57,58
Komplementär	57,58,62
Konglomerat	64
Konjunkturverlauf	48
Konjunkturzyklus	50
Konsumausgaben	36,37
Konsumgüter	20,21,34,36
Konsumverzicht	37
Kontierung	304,305
Konzentration	63,64
Konzern	64,65
Kooperation	63
Körperschaft	62
Körperschaft öffentlichen Rechts	63, 68
Kosten	35,290,292,293,294,296,297, 299,300,301,302,305,320
Kosten- und Leistungsrechnung	296,312
Kostenarten	304
Kostenartenrechnung	302
Kostenartenverzeichnis	302
Kostenkontrollrechnung	301
Kostenkurve	327
Kostenplanung	297
Kostenrechnung	295,296,297,298,300
Kostenremanenz	329
Kostenstelle	302,305,310
Kostenstellenrechnung	237,305,306,310
Kostenstellenverzeichnis	305,306
Kostenträger	299,301,302,318,321
Kostenträgerrechnung	236
Kostenträgerstückrechnung	299,313
Kostenträgerzeitrechnung	299,311,312
Kostentragfähigkeitsprinzip	321
Kostenüberwachung	236
Kostenvergleich	331
Kostenvergleichsrechnung	236,299, 329,330
Kostenverlauf	330
Kredit	31
Kreislaufprozeß, betrieblicher	104
-, volkswirtschaftlicher	36
Kundenauftrag	199
Lagerauftrag	199
Lagerbestand	209
Lagerung	156
Lärm	188
Leistung	290,293,294,295,307
Leistungsbereitschaft	87
Leistungsbewertung	195
Leistungsentlohnung	90
Leistungsfähigkeit	87
Leistungsgrad	94,145
Leistungsrechnung	295
Leitmaximen	25
Leitungsfunktion	79,83
Lenkungsmaßnahme	42
Lenkungsmechanismus	40
Leuchtdichtenkontrast	188
Liniensystem	126
Liquiditätssicherung	26
Lochkarte	278
Lochstreifen	277
Logistik	226
Lohngruppe	193
Losgröße	198,227
Machtstreben	26
Magnetband	278
Magnettafel	274
Makroablaufabschnitte	137
Markt	40
Marktanteil	26
Marktforschung	83
Marktmechanismus	40
Marktwirtschaft	40,41,42,43,44
Maschinenkartei	82
Maschinen-Stundenkosten	99
Maschinenstundensatz	318
Material	171
Materialart	206
Materialbedarf	207,208
Materialbereitstellung	201
Materialdaten	206
Materialdisposition	207
Materialdurchlaufzeit	103
Materialfluß	154,155,202
Materialkosten	309,313,317
Materialplanung	197
Materialvorrat	209
Maximalgewinnpunkt	328,329
Maximalprinzip	23
Mechanische Schwingungen	189
Mehrmaschinenbedienung	96
Mehrstellenarbeit	248
Mengeneinheit	138
Mengenleistungsprämie	194
Mengenteilung	153
Meßzahlen	24,28,29
Mikroablaufabschnitte	137
Minimalkostenkombination	35
Minimalkostenpunkt	328,329
Minimalprinzip	23
Mischkosten	319
Mitkalkulation	296,300
Modernisierungsinvestition	31
Multimomentaufnahme	146
Nachfragekurve	47
Nachkalkulation	296,299,313,314
Nachrichten	246
Nebenfunktion	211
Nebennutzungszeit	142

Nebenziele	27
Nettoinvestition	32,36,37
Nettosozialprodukt	36,39
Netzplan	234
Netzplanart	269
Netzplanstruktur	270
Netzplantechnik	162,268
Netztafel	268
Nomogramm	267
Normalkosten	300,301
Normteil	207
Nummerungstechnik	262
Nummernsystem	263
Nummerungsobjekt	263
Nutzungskapazität	97
Nutzungsprämie	194
OECD	72
Ökonomisches Prinzip	23
Offene Handelsgesellschaft	56,63
Optimale Absatzplanung	83
Ordnungsfunktion	79
Organ	53,58,59,60,69
Organisationseinheit	122
Organisationssystem	126
Org-Tasche	232
Periodenkostenrechnung	236
Personalplanung	196
Personengesellschaft	53,55,63
Persönliche Verteilzeit	140
Phon	188
Physiologische Arbeitsplatzgestaltung	187
Planbeschäftigung	329
Plankosten	237,300,301,331
Plankostenkalkulation	300
Plankostenrechnung	236,300
Planung	134,164
Planungsaufgabe	164
Planungsebene	164
Planungshorizont	164
Planungsrechnung	295,297,298
Planungstafel	233
Planwirtschaft	40
Planzeiten	150
Platzprinzip	185
Prämienart	194
Prämienlohn	194
Preisniveau	43,47,48
Preisniveaustabilität	46
Prestigestreben	26
Privatperson	51
Privatrecht	51
Produkte, neue	134
Produktionsfaktoren	34,35
Produktionsgüter	20,21,34,36
Produktionsorganisation	114
Produktionsprogramm	199,217
Produktionsverfahren, neue	135
Produktivität	24,35
Produktivitätsmeßzahlen	28
Programm	284

Programmablaufplan	282,285
Programmschleife	282
Projektgruppe	252
Prozeßelement	137
Prozeßzeit	148
Pufferzeiten	272
Qualitätsprämie	194
Qualitätsstreben	26
Rationalisierungsinvestition	30
Rationalisierungsansatz	251
Realtyp	40,41
Rechenwerk	277
Rechnungswesen	295,298
Rechtsform	51,52,61,63
REFA-Methodenlehre	130
REFA-Normalleistung	96,145
REFA-Verband	130
Regiebetrieb	62
Reihenfertigung	81,180
Remanente Kosten	329
Rentabilität	24,25
RGW	72
Risiko, unternehmerisches	83
Rohstoff	207
Rohstoffgewinnungsbetrieb	33
Rückmeldesystem	218
Rückmeldung	167,231
Rückwärtsrechnung	272
Rückwärtsterminierung	168
Rüstzeit	138
Sachgüter	20
Sachleistungsbetrieb	33,76
Sachliche Verteilzeit	140
Sachnummer	264
Schallpegel	188
Schätzen	149
Schiebetafel	274
Schlüsselung	307,310
Schüttgüter	208
Schwingungen, mechanische	189
Selbstfinanzierung	31
Selbstkosten	299,313,314,315,316,317
Serienfertigung	134,201,208
Sichern (der Aufgabenführung)	216
Sichteinlage	45
Software	279
Soll/Ist-Vergleich	299,300,301,310
Sollkosten	301
Sollvorgabe	331
Sollzahlen	297
Sondereinzelkosten	301
Sozialprodukt	36
Sparprinzip	23
Staat	37,38
Stabilitätsgesetz	42
Stablinienorganisation	127

Stichwortverzeichnis

Stabsstelle	123
Stammeinlage	59
Stammkapital	59,60
Stecktafel	274
Stellenbeschreibung	79
Stellenkostenblatt	310,311
Stellenkostenbogen	321,322
Stellenkostenplan	237
Stellenplan	196
Steuer	37,38,39
Steuerung	216
Stiftung	62,63
Stiller Gesellschafter	54
Struktogramm	282
Stückkosten	326
Stückkostenkurve	328
Stundenkosten (Maschinen-)	99
Substanzerhaltung	26
Systemanalyse	106
Systeme vorbestimmter Zeiten	150
Systemgestaltung	249
Systemtechnik	156
Taktverfahren	81
Tarifpartner	67,70
Tarifvertrag	192
Tätigkeitszeit	139
Teilablauf	137
Teilkostenkalkulation	321
Teilvorgang	137
Terminermittlung	167
Terminkarte	232
Terminkontrolle	230,231
Terminliste	234
Terminplanung	166,217
Terminüberwachung	229
Textverarbeitung	285
Transferzahlung	37,38,39
Trust	64,65
Umgebungseinflüsse	187
Umsatzerlös	293,294,295,320
Umsatzkostenverfahren	312
Umsatzstabilisierung	26
Umsatzsteigerung	26
Umwelteinflüsse	158
Unabhängigkeitsstreben	26
Unternehmenskennzahlen	24
Unternehmerisches Risiko	83
Unternehmung	35
Unterweisungsplan	219
Urerzeugung	33
Variable Kosten	319,320,321,324,326
Verbrauchsgüter	20,21
Verfahrenstechnische Fließfertigung	185
Vergleichen	149
Verkehrsgleichung	48
Verkehrswirtschaft	40,41,42
Verlust	295
Verrichtungsprinzip	155,180
Versandbericht	221
Verteilungsschlüssel	307
Verteilzeit	140
Verteilzeitprozentsatz	140
Vertretung	51,53,54,56,57,59,60
Verursachungsprinzip (Kosten)	301,321
Verwaltungsfunktion	81
Verzweigung	284
Volkseinkommen	36,37,38,45
Vollbeschäftigung	26,43,46,47
Vollkostenkalkulation	321
Vorbestimmte Zeiten (Systeme)	150
Vorgabezeit	138
Vorgangselement	137
Vorgangsstufe	137
Vorkalkulation	296,299,300,313
Vorschlagswesen, betriebliches	108
Vortragsbericht	221
Vorwärtsrechnung	272
Vorwärtsterminierung	167
Wachstumssicherung	26
Währung	46
Währungsfonds, internationaler	73
Währungspolitik	46
Wanderprinzip	185
Waren	20
Wartezeit	139
Wartung	242
Wartungspläne	241
Wechselkurs	46
Werbeinvestition	31
Werkbankfertigung	180
Werkstattfertigung	81
Werkstoff	176
Werkstoffbedarfsrechnung	176
Werkzeuge	207,243
Wertanalyse	210
Wertanalyse-Arbeitsplan	211
Wertgestaltung	214
Wertverbesserung	214
Wettbewerb	40,43
Wirksamkeit	146
Wirkungsgrad	28
Wirtschaftlichkeit	24
Wirtschaftlichkeitsmeßzahlen	29
Wirtschaftlichkeitsprinzip	23
Wirtschaftlichkeitsrechnung	301
Wirtschaftlichkeitskontrolle	299,300
Wirtschaftskreislauf	36
Wirtschaftsschutz, betrieblicher	109
Wirtschaftsordnung	40
Wirtschaftssektoren	33
Wirtschaftssystem	41
Wirtschaftswachstum	43

Zahlungsbilanzausgleich	43	Zielkonkurrenz	27
Zahlungsmittel	45	Zollunion	71
Zeit je Einheit	138	Zugriffschutz	285
Zeitaufnahme	143	Zusatzkosten	292,293
Zeitgrad	194,223,240	Zusatzzeit	227
Zeitlohn	195	Zuschlagsatz	315,316,318
Zeitpunkt	270	Zuschlagsbasis	316,318
Zentraleinheit	277	Zuschlagskalkulation	315,316
Zentralverwaltungswirtschaft	40,41,42	Zweckaufwand	291,292,
Zerstörungsschutz	285		293,297,304
Ziele	251	Zwischenkalkulation	296,300
Zielhierarchie	27	Zwischenzeit	227

Überblick über das Fachbuchprogramm für die Weiterbildung zum Industriemeister und Berufsausbilder

Fachrichtungsübergreifender Teil der Industriemeister-Ausbildung

Lernprogramm »DER INDUSTRIEMEISTER«

Lehrbücher

Buch 1
Grundlagen für kostenbewußtes Handeln
344 S., 16,5 x 24 cm, 180 Abb., brosch., ISBN 3 88264 095 2

Buch 2
Grundlagen für rechtsbewußtes Handeln
Grundlagen für die Zusammenarbeit im Betrieb
392 S., 16,5 x 24 cm, 37 Abb., brosch., ISBN 3 88264 096 0

Die Lehrbücher enthalten den gesamten Lehrstoff des fachrichtungsübergreifenden Teils der Industriemeisterprüfung nach dem Rahmenstoffplan des DIHT und dem Stoffkatalog des BIBB.

Prüfungsbücher

Prüfungsbuch 1
222 S., 16,5 x 24 cm, brosch., ISBN 3 88264 097 9

Prüfungsbuch 2
376 S., 16,5 x 24 cm, brosch., ISBN 3 88264 098 7

Die Prüfungsbücher enthalten in gleicher Gliederung und Reihenfolge wie die Lehrbücher zusammen je ca. 1800 Fragen in programmierter und herkömmlicher Form. Lehrbuchtext und die Fragen im Prüfungsbuch sind durch ein Ziffernsystem miteinander verknüpft.

Berufs- und arbeitspädagogische Kenntnisse

Lernprogramm »DER BERUFSAUSBILDER«

Lehrbuch
392 S., 90 Abb., 16,5 x 24 cm, brosch., ISBN 3 88264 100 2

Das Lehrbuch enthält eine sehr gründliche und umfassende Darstellung der arbeitspädagogischen Kenntnisse, die in der Ausbildereignungsprüfung und in anderen Prüfungen, die die Ausbildereignung einschließen (z.B. Industriemeister), gefordert werden. Inhalt und Gliederung sind nach den Rahmenstoffplänen des DIHT und des Bundesausschusses für Berufsbildung ausgerichtet.

Prüfungsbuch
384 S., 16,5 x 24 cm, brosch., ISBN 3 88264 101 0

Das Prüfungsbuch enthält je ca. 1000 Fragen in programmierter und herkömmlicher Form in gleicher Gliederung und Reihenfolge, wie der Stoff im Lehrbuch erscheint. Ein Ziffernsystem verbindet den Text des Lehrbuches mit den Fragen im Prüfungsbuch.

FELDHAUS VERLAG, Postfach 73 02 40, 2000 Hamburg 73, ☏ (0 40) 6 78 00 25, Fax (0 40) 6 78 00 51

Andere Fachbücher für die Ausbildung, Weiterbildung und Berufspraxis – sonstige Verlagserzeugnisse

Industrielle Kostenrechnung und Kalkulation für den Praktiker (F. W. Grahl)

Für Betriebspraktiker, die sich auf dem Gebiet der Kostenrechnung weiterbilden wollen, ist dieses Buch die richtige, ihrer Lernsituation entsprechende Grundlage. Neben der praktischen Handhabung der Kostenrechnung werden auch die Entwicklungsrichtungen und Erkenntnisse der modernen Kostenrechnung vermittelt: Deckungsbeitragsrechnung, Grenzplankostenrechnung, lineare Planungsrechnung.

152 Seiten, DIN A 5, ISBN 3 88264 053 7

Fallstudien Materialwirtschaft
(Reetz / Beiler / Seyd)

Herausgegeben vom Berufsförderungswerk Hamburg. Ein praxisnahes Curriculum mit detailliert ausgearbeiteten Unterrichtsentwürfen, Lehr- und Lernhilfen. Die zu vermittelnden Qualifikationen zum Themenbereich Einkauf, Lagerhaltung, Materialwirtschaft wurden in einer Expertenbefragung ermittelt. Das didaktische Konzept der Fallstudien bietet den Vorteil eines aktiven, selbstentdeckenden Lernens.

246 Seiten, DIN A 4, ISBN 3 88264 068 5

Erfolgreiche Mitarbeiterführung (Klaus Rischar)

Wer auf Grund fachlicher Leistungen zum Vorgesetzten befördert wird, ist in den meisten Fällen nicht auf die damit verbundenen Aufgaben der Mitarbeiterführung vorbereitet. Diese Fertigkeit muß erst entwickelt werden, wobei der vorliegende Band durch systematisches Verhaltenstraining eine wertvolle Hilfe ist. Der Anhang enthält praktische Hinweise zu bestimmten Situationen und zum Arbeitsrecht.

144 Seiten, DIN A 5, ISBN 3 88264 090 1

Wie wähle ich den richtigen Mitarbeiter aus?
(Rischar / Titze)

Die Grundsätze einer systematischen und methodisch einfandfreien Personalauswahl, begründet auf experimentellen und statistischen Ergebnissen. Neben der Darstellung der Auswahlmethoden werden auch Rechtsfragen, die organisatorische Abwicklung und die praktische Durchführung behandelt.

192 Seiten, DIN A 5, ISBN 3 88264 036 7

Die Ausbilder-Eignung (Paul Alef)

Ein praxisorientiertes Lehr / Lernbuch, das in konzentrierter Form und in bewußter Beschränkung auf das Wesentliche das für die Ablegung der Prüfung und für die Ausbildertätigkeit im Betrieb erforderliche Grundwissen bietet. Es enthält einen Anhang mit den für die Berufsausbildung maßgebenden Gesetzen und Verordnungen.

292 Seiten, 16,5 x 24 cm, ISBN 3 88264 083 9

Ausbildung rationell und zuverlässig planen
(R.-H. Schaper)

Im dualen Ausbildungssystem ist die praxisgerechte Planung der Berufsausbildung im Betrieb eine der schwierigsten und verantwortungsvollsten Aufgaben des Ausbilders. Das Buch vermittelt die Anwendung eines sicheren Planungssystems, das sich in der Praxis bewährt hat.

60 Seiten, DIN A 4, ISBN 3 88264 047 2

Die Auswahl von Auszubildenden (Klaus Rischar)

Das Buch vermittelt geeignete Auswahlverfahren, die auf langjähriger praktischer Erfahrung beruhen, dabei werden nicht nur die leicht feststellbaren Fähigkeiten wie Intelligenz und handwerkliches Geschick geprüft, sondern auch Kriterien wie Persönlichkeitsstruktur, Motivation, Kooperationsbereitschaft u.a. erfaßt.

80 Seiten, DIN A 5, ISBN 3 88264 084 7

Objektives Beurteilen von Auszubildenden
(Klaus Rischar)

Das Buch vermittelt Methoden, gute Beurteilungssysteme zu entwickeln, objektiv zu beobachten, zu beurteilen und zu prognostizieren.

108 Seiten, DIN A 5, ISBN 3 88264 055 3

Schlüsselqualifikationen

Zu diesem hochaktuellen Thema fand in Hamburg eine vielbeachtete Tagung statt, auf der Pädagogen, Lehrer und Ausbilder gemeinsam diskutierten. Der Band enthält alle Referate sowie die Protokolle der Diskussionen in den 11 Arbeitskreisen. Da bestimmte Schlüsselqualifikationen (z.B. selbständiges Planen, Durchführen und Kontrollieren) bereits Eingang in die neueren Ausbildungsordnungen gefunden haben, ist das Buch für jeden Ausbilder von Bedeutung.

280 Seiten, 16,5 x 24 cm, ISBN 3 88264 086 3

Weitere Fachbücher und Verlagserzeugnisse für die Bereiche

* Handwerksmeister-Ausbildung
* Kaufmännisches Grundwissen
* Ausbildung im Gastgewerbe
* Ausbildung zum Bankkaufmann
* Ausbildung zum Außenhandelskaufmann
* Fremdsprachen (Handelskorrespondenz)
* Testverfahren für Auszubildende
* Ausbildungsnachweise (Berichtshefte)
* Ausbildungsordnungen
* Formulare zur Durchführung der Berufsausbildung

Bitte fordern Sie das aktuelle Verlagsverzeichnis a

FELDHAUS VERLAG, Postfach 73 02 40, 2000 Hamburg 73, ☎ (0 40) 6 78 00 25, Fax (0 40) 6 78 00